Politikwissenschaft aktuell

Band 2

Reihe Lehre

Ulrich Druwe

Politische Theorie

ars una

2. überarbeitete und erweiterte Auflage

Die Deutsche Bibliothek – CIP-Einheitsaufnahme

Druwe, Ulrich:
Politische Theorie / Ulrich Druwe. - 2. Aufl. - Neuried : Ars
Una, 1995
  (Politikwissenschaft aktuell ; Bd. 2 : Reihe Lehre)
  ISBN 3–89391–756–X
NE: Hahlbohm, Dörte:; Singer, Alex:; GT

Druck und Verarbeitung: WB-Druck GmbH Buchproduktions KG, 87669 Rieden
Printed in Germany

Gedruckt auf säurefreiem Papier

Inhaltsverzeichnis

Editorisches Vorwort

Mit dem Lehrbuch "Politische Theorie" liegt Ihnen die überarbeitete, zweite Auflage des zweiten Bandes der Lehrbuchreihe "Politikwissenschaft aktuell" vor. Die Reihe richtet sich an Studierende und politikwissenschaftlich Interessierte, die sich mit aktuellen Fragestellungen, dem Wissensstand und modernen Methoden des Fachs beschäftigen wollen. Die moderne Politikwissenschaft versteht sich heute als empirisch-analytisch verfahrende Disziplin. Entsprechende Lehrbücher müssen 1. in die Theorien und Methoden der Disziplin **einführen** und 2. den Stoff **vertiefen und diskutieren**. Die Reihe "Politikwissenschaft aktuell" besteht folglich aus einer Lehrbuchreihe für das Grund- und das Hauptstudium. Studienanfänger der Politikwissenschaft wollen einen Überblick über das Fach bzw. seine Teildisziplinen bekommen. Fortgeschrittene Studenten möchten ihr Wissen vertiefen und interessante Problemstellungen finden, aus denen sich Magister- oder Diplomarbeiten entwickeln lassen. Für sie ist es wichtig, den aktuellen Forschungsstand und seine Probleme vermittelt zu bekommen.

1. Lehrbücher für das Grundstudium

- Band 1: **Ulrich Druwe: Studienführer Politikwissenschaft, 2. Auflage, 1994;** Themen: Berufsperspektiven für Politikwissenschaftler; Studienorganisation; wissenschaftliches Arbeiten; Wissenschaftstheorie und Methodik; Politikwissenschaftliche Kernbereiche: Politische Theorie, Analyse und Vergleich politischer Systeme, Internationale Politik.
- Band 2: **Ulrich Druwe: Politische Theorie, 2. Auflage, 1995;** Themen: Wissenschaftstheorie der Politikwissenschaft; Politische Ideengeschichte; Politische Philosophie und Ethik; Moderne politikwissenschaftliche Modelle und Theorien, z.B. Rational Choice oder Systemtheorie.
- Band 3: **Ulrich Druwe/Dörte Hahlbohm/Alex Singer: Internationale Politik, 1995;** Themen: Theorien und Methoden der Internationalen Politik; Analyse der Außenpolitik; Analyse des Internationalen Systems, seiner Akteure und seiner Prozesse; Diskussion relevanter Problemfelder: Sicherheit, Wohlfahrt und Herrschaft.

Geplante Bände:

- Band 4: **Oscar W. Gabriel/Frank Brettschneider: Analyse und Vergleich politischer Systeme, 1996;** Themen: Methodik der Analyse und des Vergleichs; Theoretische Konzepte der vergleichenden Politikforschung; Untersuchungsfelder: zentrale Strukturen und Prozesse, Politikfelder, sozioökonomische Rahmenbedingungen der Politik.

- Band 5: N.N.: **Analyse des politischen Systems der Bundesrepublik Deutschland, 1997;** Themen: Zur Analyse politischer Systeme; Analyse des Grundgesetzes, der obersten Bundesorgane, Parteien, Wahlen, Partizipation, Bürokratie, ausgewählter Politikfelder (z.B. Wirtschafts- und Sozialpolitik) und der bundesdeutschen Politischen Kultur.
- Band 6: **Hartmut Buck: Methodik der empirischen Politikwissenschaft, 1996;** Themen: Erläuterung der verschiedenen empirischen Methoden, wie Interview, Inhaltsanalyse etc.; Datenverarbeitung mittels EDV; Statistik, erläutert an einschlägigen politikwissenschaftlichen Beispielen.

2. Lehrbücher für das Hauptstudium

Die Lehrbücher ab Bandnummer 7 richten sich an Studierende des Hauptstudiums. Im Mittelpunkt dieser Bände stehen aktuelle Probleme bzw. offene Fragen der Einzeldisziplinen der Politikwissenschaft. Ziel ist es, den Studierenden den aktuellen Diskussionsstand in der jeweiligen Thematik nahezubringen und so die Wahl von Themen für Abschlußarbeiten (Magister-, Diplom- oder Zulassungsarbeiten) zu erleichtern. Dazu wird explizit auf offene Fragen im Zusammenhang mit der jeweiligen Problematik verwiesen, sowie Möglichkeiten zu deren Bewältigung skizziert.

Für alle Lehrbücher gelten folgende Gemeinsamkeiten:
- Sie stellen die Teildisziplinen des Fachs bzw. die gewählte Thematik aus der Sicht der empirisch-analytisch verfahrenden Politikwissenschaft dar;
- Sie führen in die wissenschaftliche Terminologie der Politikwissenschaft ein, die zusätzlich in einem Glossar zusammengefaßt wird;
- Sie verweisen auf Standardliteratur zum Thema;
- Sie sind für Prüfungsvorbereitungen (Zwischen- oder Schlußprüfung) verwendbar, weil sie Prüfungsaufgaben und Lösungen enthalten.

Ich hoffe, daß mit den Lehrbüchern der Reihe "Politikwissenschaft aktuell" den Studierenden die Beschäftigung mit dem Fach erleichtert wird und sie in die Lage versetzt werden, effektiver und zügiger zu studieren. Für Verbesserungsvorschläge und kritische Hinweise jeder Art ist der Herausgeber der Reihe dankbar.

Prof. Dr. Ulrich Druwe   Oktober 1995
Löwenstr. 2
86157 Augsburg

1. Einleitung: Das Teilgebiet "Politische Theorie" im Rahmen der Politikwissenschaft

Die moderne Politikwissenschaft hat sich seit Beginn des 20. Jahrhunderts als eigenständige Disziplin innerhalb der Sozialwissenschaften entwickelt. Vor allem nach dem 2. Weltkrieg setzte eine umfassende Spezialisierung ein. Wenn Sie sich jedoch die verschiedenen Studienordnungen des Faches einmal ansehen, wird Ihnen auffallen, daß es in der Politikwissenschaft einen gewissen Kernbereich gibt, der aus folgenden Teildisziplinen besteht:

- Internationale Politik (auch "Internationale Beziehungen" genannt),
- Analyse und Vergleich politischer Systeme (andere Namen dafür sind: "Vergleichende Regierungslehre", "Vergleichende Systemanalyse" oder "Systemforschung"),
- Analyse des politischen Systems der Bundesrepublik Deutschland und
- Politische Theorie (häufig auch als "Politische Theorie und Ideengeschichte" bezeichnet).

Das vorliegende Lehrbuch "Politische Theorie" möchte Ihnen die letztgenannte Teildisziplin vorstellen.[1] In diesem Kapitel will ich Ihnen einen Überblick darüber geben, womit sich die Politische Theorie beschäftigt und wie sie mit den anderen Teildisziplinen der Politikwissenschaft - Internationale Politik, Analyse und Vergleich politischer Systeme und Analyse des politischen Systems der BRD - zusammenhängt.

---

1. Es ist aus einer einführenden Vorlesung in die Politische Theorie entstanden, die ich mehrmals an der Universität Stuttgart hielt. Von vielen Kollegen und Studierenden erhielt ich kritische, hilfreiche Stellungnahmen. Vier Personen möchte ich an dieser Stelle explizit danken: Anette Schmitt (Mainz) und Gregg Alan Davia (Stuttgart, Mainz) für zahlreiche Verbesserungsvorschläge, Malte Herwig (Mainz), Thomas Kirchner (Heidelberg), Dieter Klemann (Stuttgart) und Carsten Otto (Mainz) für formale Korrekturen.

1.1. Gegenstandsbestimmung

Die Teildisziplin Politische Theorie weist ein klassisches und ein modernes Theorieverständnis auf, vgl. Abb.

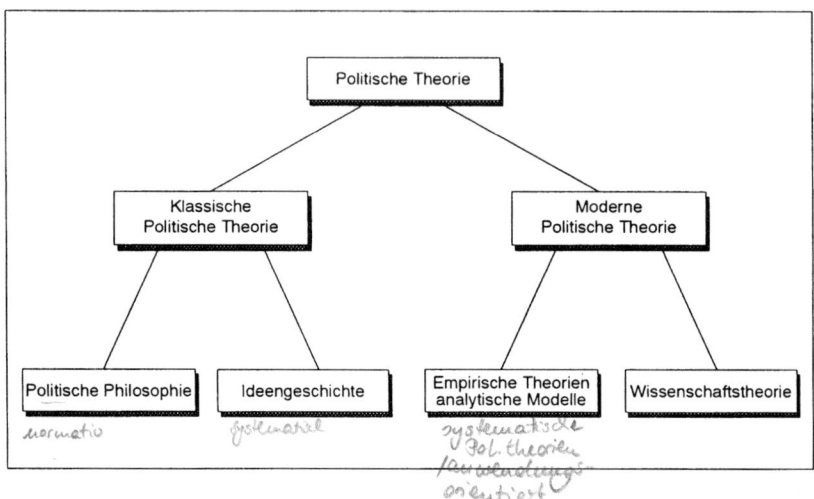

Dies ergibt sich, wenn man den Gebrauch des Begriffes "Politische Theorie" in der politikwissenschaftlichen Gemeinschaft untersucht[2]. Die klassische Politische Theorie wird von der Politischen Philosophie und Politischen Ideengeschichte gebildet[3], während die systematischen Politiktheorien und die Wissenschaftstheorie des Faches das moderne Verständnis der Politischen Theorie bestimmen. Folglich besteht die Politi-

---

2.   vgl. J. Falter/G. Göhler: Politische Theorie, Entwicklung und gegenwärtiges Erscheinungsbild, in: K. v. Beyme (Hg.): Politikwissenschaft in der Bundesrepublik, Opladen 1986, S. 118 ff.

3.   Zahlreiche Vertreter der Politischen Theorie - vgl. etwa D. Berg-Schlosser/T. Stammen: Einführung in die Politikwissenschaft, München 1992 - setzen die klassische Politische Theorie mit Politischer Theorie gleich. Die systematischen und anwendungsorientierten politikwissenschaftlichen Theorien werden den Teildisziplinen Analyse und Vergleich politischer Systeme sowie Internationale Politik zugeordnet.

11

sche Theorie selbst aus vier Teilbereichen:
(1)   Politische Philosophie,
(2)   Politische Ideengeschichte,
(3)   Moderne Politische Theorie und
(4)   Wissenschaftstheorie der Politikwissenschaft.

(1) Das älteste, aber immer noch aktuelle Verständnis von Politischer Theorie nimmt den Begriffsbestandteil "politisch" wörtlich. Damit sind Entwürfe gemeint, die bestimmte politische Ordnungsvorstellungen als beste ausgeben bzw. fordern, daß bestimmte politische Ziele anzustreben seien. Anders formuliert: Politische Theorie erstellt nach diesem Verständnis handlungsleitende oder **normative** Konzepte für die Politik. Beispiele für solche normativen Konzepte finden sich nicht nur im politischen Denken der Antike, etwa bei Platon oder Aristoteles, sie durchziehen vielmehr die ganze Geschichte politischer bzw. politikwissenschaftlicher Reflexion bis in die Gegenwart hinein. Wichtig ist die Feststellung, daß die entwickelten Überlegungen tatsächlich politisch gemeint sind. Sie sind im Sinne von politischen Programmen zu verstehen. Man spricht insoweit auch von "politischen Dogmen".

Die Tradition, politisch-normative Ordnungsvorstellungen zu entwerfen, existiert wie schon gesagt auch heute noch, nur ist ihre wissenschaftliche Einordnung problematisch geworden. In der Gegenwart hat sich ein Wissenschaftsverständnis durchgesetzt, wonach wissenschaftliche Erkenntnisse mit empirisch-analytischen Verfahren gewonnen werden (vgl. 2.1.3.). Der Entwurf normativer Konzepte paßt in dieses Wissenschaftsverständnis offensichtlich nicht so ohne weiteres hinein, wird doch nicht über etwas reflektiert, was konkret existiert, sondern über etwas, das es geben **sollte**. Woher weiß man jedoch, was es geben sollte und wie kann man dieses Sollen begründen? Insbesondere das Begründungsproblem konnte bislang nicht allgemein akzeptiert gelöst werden.

Nachdem normative Fragen den auf die Realität bezogenen Bereich der Politikwissenschaft offensichtlich sprengen, werden sie heute zwischen Politikwissenschaft und Philosophie angesiedelt. Der Teilbereich, der sich in der Gegenwart mit allen normativen politischen Überlegungen bezüg-

12

lich Politik, Staat, Recht, Moral und dem Menschen befaßt, heißt Politische Philosophie.

PJ (2) Seit der griechischen Antike befaßt man sich systematisch mit politischen Fragen. Die wissenschaftliche Erforschung der gefundenen Antworten, die zusammengefaßt als "politische Ideen" bezeichnet werden, wird in dem Teilbereich Politische Ideengeschichte geleistet. Die Politische Ideengeschichte ist damit zugleich die Wissenschaftsgeschichte der gesamten Politikwissenschaft.

mod. PT (3) Der dritte Teilbereich der Politischen Theorie basiert auf dem modernen, sog. empirisch-analytischen Wissenschaftsbegriff (vgl. 2.2.3.); hier entwickelt man empirische Theorien oder analytische Modelle. Der Begriff "Politische Theorie" ist streng genommen jetzt nicht mehr korrekt, denn es handelt sich nicht um politische Theorien, sondern um politikwissenschaftliche Theorien (und Modelle). Deshalb heißt dieser Teilbereich der Politischen Theorie, zur Abgrenzung und Verdeutlichung, Moderne Politische Theorie. Falter/Göhler sprechen von systematischer bzw. anwendungsorientierter Politische Theorie[4].

Empirische politische Theorien haben das Ziel, politische Realität zu erklären und zu prognostizieren. Analytisch-politische Modelle versuchen, das "Wesentliche" der sozialen Realität zu erfassen; es sind **Konstrukte** über die Realität. Man benötigt sie, um die Komplexität der Wirklichkeit überhaupt erfassen und verarbeiten zu können. Ein Beispiel für solche politischen Modelle sind die Systemtheorien (vgl. 5.5.).

Wiss.th. (4) Bei der bisherigen Begriffsdifferenzierung fällt auf, daß die Interpretation des Begriffs "Politische Theorie" vom jeweils zugrundeliegenden Wissenschaftsverständnis abhängt, d.h. von der Frage, was denn die Politikwissenschaft als Wissenschaft charakterisiert.

Warum beschäftigt man sich überhaupt mit der Frage, was Wissenschaft und speziell Politikwissenschaft ist? Dafür sind vor allem zwei Gründe

---

4.   vgl. J. Falter/G. Göhler, S. 120

ausschlaggebend:
1. Man will Wissenschaft und Spekulation gegeneinander abgrenzen können;
2. die Wissenschaftlichkeit politikwissenschaftlicher Arbeit soll gewährleistet werden.

Die Politikwissenschaft wird insoweit selbst Gegenstand der wissenschaftlichen Reflexion. Aus dieser modernen Perspektive ist dann ein wesentlicher Teil der Politischen Theorie Wissenschaftstheorie der Politikwissenschaft, welche sich mit der Analyse dessen beschäftigt, was die Wissenschaftler als Wissenschaft ansehen, was die Politikwissenschaft zur Wissenschaft macht, welche politikwissenschaftlichen Methoden wissenschaftlichen Standards genügen etc.

1.2. Bedeutung der Politischen Theorie

Die Politische Theorie besteht also aus vier Teilbereichen:
1. Politische Ideengeschichte,
2. Politische Philosophie,
3. Moderne politische Theorie und
4. Wissenschaftstheorie der Politikwissenschaft.

Welche Bedeutung hat nun die Politische Theorie mit den genannten vier Teilbereichen für die Politikwissenschaft?

𝒫𝒥 1. Die Politische Ideengeschichte erforscht die Vielzahl politischer Ideen, mit denen sich die Menschen im Laufe der Geschichte beschäftigt haben. Solche Ideen beziehen sich auf alle politischen Phänomene. Damit ist die Politische Ideengeschichte nicht nur die Wissenschaftsgeschichte der Politischen Theorie, sondern die des gesamten Fachs. Die Politische Ideengeschichte gibt uns beispielsweise Antwort auf die Frage, wie es zur demokratischen Staatsform kam; wer, wann und wie erstmals politische Systeme vergleichend untersucht hat; wann und in welcher Form man sich mit internationaler Politik beschäftigt hat. Sie weist uns darauf hin, daß viele "moderne" Gedanken eine lange Vorgeschichte haben, so etwa Pazifismus, Herstellung eines internationalen Friedens, Gleichheit, Rechtsstaatlichkeit oder Legitimation. Ihre Ergebnisse bieten daher allen Teildisziplinen der Politikwissenschaft einen unerschöpflichen Fundus an Ideen, Argumenten, Konzepten und Lösungen.

2. Das Erkenntnisinteresse der Politischen Philosophie geht in der Regel über die rein theoretische Reflexion hinaus: Sie will vielmehr Politik gestalten und begreift sich somit als praktische Wissenschaft. Die damit einhergehende normative Orientierung läßt sich z.B. in folgenden Fragen ausdrücken: Welches politische Ziel ist sinnvoll, gerecht oder demokratisch? Welche Mittel zur Durchsetzung politischer Ziele sind legitim? Grundlage einer solcher Art praktischen Wissenschaft ist die Entwicklung und Begründung von Wertmaßstäben, d.h. der Politische Philosoph muß zunächst Gerechtigkeit, Demokratie oder Legitimität bestimmen.

Allerdings verlangt die Lösung der normativen Probleme notwendig eine Ergänzung durch andere politikwissenschaftliche Teildisziplinen bzw. andere Wissenschaften, etwa durch die Ökonomie. Jeder Ratschlag für die politische Praxis und jede Gestaltung der Realität basiert auf Wissen über den Ist-Zustand, sei es das Wesen des Menschen, die Ordnung eines politischen Systems oder der Zustand des Internationalen Systems. Politische Philosophie bedarf daher der Kenntnisse aus Internationaler Politik und Vergleichender Analyse politischer Systeme. Umgekehrt gehen auch Ergebnisse der Politischen Philosophie in diese Teildisziplinen ein. Politikberatung als eine der zentralen Aufgaben der Politikwissenschaft ist ohne politikphilosophisches Wissen für die Praxis unzureichend. Als Beispiel denke man an die Diskussionen um den technischen Fortschritt oder die Reform des Sozialstaates.

3. Die Moderne Politische Theorie umfaßt die Summe der empirisch-analytischen Theorien und Modelle der Politikwissenschaft. Nur aus theoretischen Ansätzen lassen sich präzise Forschungshypothesen ableiten, die, empirisch überprüft, zu allgemeinen Erkenntnissen oder zu Erkenntnissen "mittlerer Reichweite" (Merton) über Politik führen können. Analytische Konstrukte erlauben die Ordnung der komplexen sozialen Realität, beispielsweise in der internationalen Politik. So spricht

man dort vom Internationalen System und übernimmt damit implizit Gedanken und Ordnungsvorstellungen der Systemtheorie. Die Moderne Politische Theorie mit ihren hier entwickelten Modellen und Theorien bildet folglich die Grundlage der Forschung in den anwendungsorientierten Teildisziplinen Internationale Politik und Analyse und Vergleich politischer Systeme.

wiss th. 4. Für die gesamte Politikwissenschaft stellen sich Fragen, wie: Was ist überhaupt politikwissenschaftliches Wissen? Welche Methoden sind auf bestimmte Probleme anwendbar? Mit welchen Argumenten können politikwissenschaftliche Aussagen begründet werden? Welche Fragen können gegenwärtig überhaupt wissenschaftlich behandelt werden? Nachdem die Wissenschaftstheorie der Politikwissenschaft über das Fach als Ganzes reflektiert, ist es unmittelbar einleuchtend, daß ihre Resultate nicht nur für die Moderne Politische Theorie, die Politische Ideengeschichte und die Politische Philosophie bedeutsam sind, sondern in gleicher Weise für die Internationale Politik und die (vergleichende) Analyse politischer Systeme.

Die Gegenstandsbereiche der Politischen Theorie sind also vielfältig mit den anderen Teildisziplinen der Politikwissenschaft verflochten. Die Politische Theorie reflektiert Methoden, initiiert Problemstellungen, stellt Theorien und Konzepte für die empirische Forschung bereit etc. Umgekehrt benötigt sie das "Feedback" der anderen Teildisziplinen, um beispielsweise Theorien verbessern bzw. verwerfen oder um adäquate normative Orientierungen formulieren zu können.

1.3. Überblick

Ziel des vorliegenden Lehrbuchs ist es, Ihnen die Problemstellungen, Forschungsstrategien und Erkenntnisse der politikwissenschaftlichen Teildisziplin Politische Theorie einführend nahe zu bringen.

Was man unter Politischer Theorie versteht ist, wie gesehen, abhängig vom zugrundegelegten Wissenschaftsverständnis. Im 2. Kapitel beginne ich daher nicht mit einem der vier genannten Teilbereiche der Politischen Theorie, sondern ich diskutiere zunächst die drei Wissenschaftskonzepte, die für die Politikwissenschaft als Ganzes relevant sind. Sie heißen normativ-ontologischer, kritisch-dialektischer und empirisch-analytischer Ansatz. Legt man an die Wissenschaftskonzepte bestimmte Kriterien an, die als Rationalitätspostulat bezeichnet werden und in der wissenschaftlichen Gemeinschaft unumstritten sind, dann läßt sich zeigen, daß nur der empirisch-analytische Ansatz mit diesen Kriterien völlig übereinstimmt. **Deshalb basiert das Lehrbuch im weiteren auf dem empirisch-analytischen Wissenschaftsansatz.**

Dieser empirisch-analytische Zugang ist in der Teildisziplin Politische Theorie nicht unumstritten. Insbesondere die Ideengeschichte und die Politische Philosophie, die hier mit klassischer Politischer Theorie bezeichnet wurden, werden bislang überwiegend aus normativ-ontologischer Perspektive betrieben.[5] Weshalb trotzdem in diesem Lehrbuch empirisch-analytisch vorgegangen wird, hat die bereits genannten wissenschaftstheoretischen Gründe. Des weiteren wird damit der modernen politiktheoretischen Forschung Rechnung getragen, die überwiegend auf der Basis des empirisch-analytischen Wissenschaftsverständnisses abläuft und zu einem deutlichen wissenschaftlichen Fortschritt geführt hat. An einem Beispiel will ich Ihnen das kurz verdeutlichen.

Die traditionelle Politische Philosophie arbeitet normativ-ontologisch. Seitdem sich jedoch das moderne empirisch-analytische Wissenschaftskonzept immer mehr durchsetzte, kam es in den angelsächsischen Ländern zu dem verstärkten Bemühen, die empirisch-analytische Vorgehensweisen auch für politikphilosophische Fragestellungen zu nutzen. Das Ergebnis dieser Bemühungen ist die moderne Analytische Politische Philosophie und Ethik. Sie verbindet sich mit so bekannten Theoretikern wie John Rawls, James Buchanan, Robert Nozick, Kenneth Arrow, John Harsanyi u.v.a. Deren Studien haben zu erheblichen Fortschritten z.B. bei der Entwicklung und Begründung von Gerechtigkeit oder Legitimität geführt.

---

5. vgl. U. Bermbach (Hg.): Politische Theoriegeschichte, Opladen 1984, S. 9 ff.

Ab dem 3. Kapitel erfolgt nun die Diskussion der vier genannten Teilbereiche der Politischen Theorie. Dabei ist jedem Teilbereich ein eigenes Kapitel gewidmet. Der Aufbau ist strukturgleich. Im ersten Abschnitt werden jeweils die Forschungsziele und die Methoden des Teilbereichs erörtert. Es folgt die Diskussion ausgewählter Problembereiche. Die Entscheidung für bestimmte Methoden und Themen ist jeweils durch das zugrundegelegte empirisch-analytische Wissenschaftskonzept motiviert.

Für den Bereich der Ideengeschichte (3. Kapitel) bedeutet dies, daß ich, nach der Betrachtung der wichtigsten ideengeschichtlichen Methoden, zentrale politische Ideen a) in ihrem zeitlichen Kontext darstelle, b) ihren wissenschaftlichen Gehalt (Stringenz der Argumentation) erörtere und c) Hinweise zu ihrer aktuellen Relevanz, d.h. zu ihrer Bedeutung für aktuelle politiktheoretische Fragestellungen gebe.

Das 4. Kapitel über Politische Philosophie beginnt mit der grundlegenden Diskussion über das Problem der normativen Begründung. Wie bereits erwähnt, versteht sich die Politische Philosophie als praktische Wissenschaft, d.h. sie ist handlungsanleitend oder normativ. Damit stellt sich als zentrales Problem die Frage, welche Normen entwickelt und wie sie begründet werden können. Der empirisch-analytische Wissenschaftsansatz behauptet, daß normative Sätze nicht "wahrheitsfähig" sind, d.h. es existiert keine Basis, auf der die Wahrheit eines normatives Satzes intersubjektiv nachgeprüft werden kann. Wie werden dann Probleme wie: Bestimmung politischer Gerechtigkeit, Legitimation des Staates und der Politik usw. behandelt und gelöst?

Dazu betrachte ich vor allem die Vorgehensweise der politikphilosophischen Strömung, die auf der Basis des empirisch-analytischen Wissenschaftsansatzes arbeitet: die Analytische Politische Philosophie.

Aus ihrer Sicht will ich noch vier weitere zentrale Themen der aktuellen politikphilosophischen Debatte aufgreifen:
a) Politische Gerechtigkeit,
b) Probleme politischer Legitimation,

c)   Politische Anthropologie und
d)   Demokratietheorie.

Das 5. Kapitel ist der Modernen Politischen Theorie, also systematischen oder anwendungsorientierten politikwissenschaftlichen Theorien und Modellen vorbehalten. Wichtige umfassende Theorien bzw. Modelle sind Behavioralismus, Neue Politische Ökonomie und Systemtheorien. Ich versuche zunächst, die jeweiligen Grundstrukturen dieser Ansätze darzustellen. Desweiteren erläutere ich anhand politikwissenschaftlicher Beispiele einige Anwendungen dieser Konzepte.

Das 6. Kapitel ist der Wissenschaftstheorie der Politikwissenschaft gewidmet. Im Mittelpunkt meiner Diskussion steht zunächst der empirisch-analytische Wissenschaftsansatz; unter diesem Begriff werden nämlich verschiedene Konzepte zusammengefaßt. Die moderne empirische Politikwissenschaft arbeitet vor allem mit dem Konzept Karl Poppers; es heißt "Kritischer Rationalismus". Ich will zunächst die Schwächen dieses Ansatzes aufzeigen, um dann auf moderne Strömungen in der Wissenschaftstheorie einzugehen. Der Vorteil dieser neueren Wissenschaftstheorien liegt darin, daß mit ihnen zentrale wissenschaftstheoretische Probleme der Politikwissenschaft einer Lösung zugeführt werden können.

Am Ende des Buches finden Sie einen Anhang bestehend aus Glossar, Literaturverzeichnis, Prüfungsfragen und einem Register. Im Glossar habe ich wichtige Begriffe nochmals kurz erläutert. Im Literaturverzeichnis sind Angaben zu grundlegender und weiterführender Literatur, geordnet nach den Kapiteln, zusammengestellt. Anschließend habe ich, ebenfalls nach Kapiteln geordnet, Prüfungsfragen aufgeführt; in Klammern finden Sie einen Hinweis, in welchem Abschnitt ich das Thema behandelt habe. Die Arbeit mit dem Buch soll ein Namen- und Sachregister erleichtern.

2. Wissenschaftstheorie der Politikwissenschaft

Die Politische Theorie ist eine Teildisziplin der Politikwissenschaft. Die Betonung des Begriffs "Wissenschaft" verdeutlicht, daß sich die Politikwissenschaft den Kriterien unterwirft, die in der wissenschaftlichen Gemeinschaft als Konstitutionsbedingungen der Wissenschaft gelten. Die Beschäftigung mit derartigen Regeln ist Gegenstand der Wissenschaftstheorie, einer analytischen Teildisziplin der Philosophie. Wissenschaftstheorie ist eine sog. Metawissenschaft (meta, griech. = über), d.h. sie gehört zu den wissenschaftlichen Disziplinen, die über die Wissenschaften selbst Erkenntnisse gewinnen wollen.

(1) Warum benötigt man solche Regeln? Wie kommt man zu solchen konstituierenden Regeln? Wie sind sie selbst zu begründen? Die Notwendigkeit von Kriterien für wissenschaftliches Arbeiten ergibt sich einfach daraus, daß die Wissenschaft eben zu Wissen kommen möchte. Wissen zu haben bedeutet, daß eine Aussage nicht nur für mich gilt, sondern auch für alle anderen Menschen. Daher muß eine Aussage verständlich sein, und ihr Gehalt muß von anderen kontrolliert werden können. Andernfalls bestünde kein Unterschied zwischen Glauben, Alltagswissen und wissenschaftlichem Wissen.

(2) In der Art und Weise wie man zu den Regeln des wissenschaftlichen Arbeitens kommt, unterscheidet sich die Wissenschaftstheorie grundsätzlich von einer anderen philosophischen Disziplin, die sich ebenfalls mit Wissenschaft beschäftigt, der Erkenntnistheorie. Diese argumentiert normativ, weil sie festlegt, wie Wissenschaft sein soll. Die Erkenntnistheorie schreibt folglich dem Wissenschaftler vor, was er tun muß, um wissenschaftlich zu arbeiten.

Die Wissenschaftstheorie argumentiert dagegen analytisch[6]. Was bedeutet dies? Zunächst bedeutet dies, daß sie eben nicht den Wissenschaftlern vorschreibt, wie sie zu arbeiten haben. Stattdessen wird wissen-

---

6.   vgl. W. Stegmüller: Personelle und Statistische Wahrscheinlichkeit, Berlin 1973, S. 1 ff.

schaftshistorisch und -soziologisch, d.h. empirisch, untersucht, wie Wissenschaftler verschiedenster Disziplinen in der Praxis de facto arbeiten. Diese Vorgehensweise wird mittels logisch-mathematischer Verfahren analysiert; eine solche Vorgehensweise nennt man "rationale Rekonstruktion". Wissenschaftstheorie versteht sich daher als "angewandte Logik"[7]. Einfach ausgedrückt heißt dies: Kann dem Wissenschaftler bei seiner Arbeit kein logischer oder formaler Fehler nachgewiesen werden, muß sein Verfahren oder seine Argumentationsweise akzeptiert werden.

Sind wissenschaftliche Ergebnisse und Verfahren nicht rational rekonstruierbar, so gelten sie deshalb noch nicht per se als unwissenschaftlich. Erst wenn definitiv mit formal-logisch **bewiesen** wird, daß eine rationale Rekonstruktion **nicht** möglich ist, werden sie verworfen. Damit enthält die Wissenschaftstheorie "ein stillschweigendes Zugeständnis an die Einzelwissenschaften, nämlich daß die Intuitionen der Fachwissenschaftler im Prinzip korrekt sind ...(, solange) nicht das Gegenteil bewiesen ist."[8]

Die wissenschaftstheoretisch formulierten Regeln des wissenschaftlichen Arbeitens sind daher, im Gegensatz zur Erkenntnistheorie, **implizit** gewonnen, d.h. sie gehen aus der Praxis der Wissenschaft selbst hervor. Auf der Basis dieses Verfahrens, d.h. der Kombination aus empirischer Beobachtung dessen, was Wissenschaftler tun und seiner logischen Rekonstruktion, wurden grundlegende Bedingungen zusammengefaßt, die in der wissenschaftlichen Gemeinschaft allgemein anerkannt sind und die folglich jedem wissenschaftlichen Arbeiten immanent sind. Diese Bedingungen heißen **Rationalitätspostulat**.

---

7.   W. Stegmüller: Personelle und Statistische Wahrscheinlichkeit, S. 8
8.   W. Stegmüller: Personelle und Statistische Wahrscheinlichkeit, S. 9

2.1. Das Rationalitätspostulat

Mit dem Rationalitätspostulat[9] sind drei Forderungen angesprochen, die Wissenschaft erfüllen muß. Die erste Anforderung betrifft das Kriterium der sprachlichen Klarheit und logischen Präzision. Gefordert ist zumindest ein ausreichendes Bemühen um diese, sonst müßte jedes wissenschaftliche Arbeiten zusammenbrechen. Die zweite Forderung besteht in der Kontrolle wissenschaftlicher Tätigkeit durch andere Wissenschaftler. Diese beiden Aspekte münden in die Forderung, Wissenschaft müsse intersubjektiv sein. Intersubjektivität gründet damit auf Verständlichkeit und Kontrolle. Die dritte Forderung an die Wissenschaftlichkeit lautet: Aussagen, Hypothesen und Theorien müssen durch Argumente belegt werden. Das Rationalitätspostulat verlangt also - auf der Basis dessen, was heute in der wissenschaftlichen Gemeinschaft als Wissenschaft gilt (implizite Definition) - die Einhaltung minimaler Standards, wenn etwas als Wissenschaft gelten will. Die drei Forderungen sollen nun in Kürze etwas genauer erläutert werden.

1. **Sprachliche und logische Präzision** - Unsere Alltagssprache ist vage und mehrdeutig. Dennoch ist sie das grundlegende Instrument, mit dem die Welt geordnet wird (Ordnungsfunktion). Um der Mehrdeutigkeit der Alltagssprache zu entgehen, werden in der Wissenschaft sog. Wissenschaftssprachen verwendet. Wichtig ist daher, daß die wissenschaftlichen Begriffe ausdrücklich definiert sein müssen. Nur so können Aussagen einer Person genau an eine andere übermittelt werden (Übermittlungs- oder Kommunikationsfunktion). Die Definition garantiert das genaue Begriffsverständnis und die gleichartige Begriffsverwendung.

Präzise Begriffe/Sätze können nur dann zu sinnvollen Satzsystemen oder Aussagen verbunden werden, wenn logische Kriterien berücksichtigt werden. Die Logik formuliert die formalen Regeln korrekten Argumentierens. Nur auf dieser Grundlage ist es möglich, korrekte Schlußfolgerungen zu ziehen. Zwei Prinzipien sind hier bedeutsam: die Deduktion und die Widerspruchsfreiheit.

---

9.   vgl. W. Stegmüller: Personelle und Statistische Wahrscheinlichkeit, S. 5 f.

Logisch richtige Schlüsse haben immer deduktiven Charakter, d.h. aus allgemeinen Sätzen wird auf etwas Spezielles bzw. auf einzelne Phänomene geschlossen.

Beispiel: Alle Menschen sind sterblich. (Allsatz)
Sokrates ist ein Mensch. (Singularsatz)

gültiger Schluß: Sokrates ist sterblich.

Umgekehrt wäre ein solcher Schluß logisch falsch, d.h. aus der Tatsache, daß Sokrates sterblich ist folgt nicht, daß alle Menschen sterblich sind. Leider spricht man in der Literatur in diesem Falle von einem induktiven Schluß, d.h. man suggeriert, daß es sich um eine korrekte logische Schlußform handelt. Dies ist nicht der Fall: Vom Einzelnen ist niemals auf das Allgemeine zu schließen, weil Logik keine Wahrheitserweiterung zuläßt.

Das Prinzip der Widerspruchsfreiheit verlangt, daß wissenschaftliche Aussagensysteme (Modelle oder Theorien) keine internen Widersprüche aufweisen dürfen. Aussagensysteme, in denen sich Sätze widersprechen oder aus denen sich gegensätzliche Schlußfolgerungen ziehen lassen, sind wissenschaftlich unbrauchbar.

2. **Intersubjektivität** - Dieser Begriff umschreibt die Forderung, daß Wissenschaft im Prinzip für **alle** Menschen verständlich und nachvollziehbar sein muß, wenn sie die nötige Vorbildung haben. Wer versichert, zu einem bestimmten Ergebnis gekommen zu sein, welches andere beim Einsatz **gleicher** Methoden nicht bestätigen können, der arbeitet nicht wissenschaftlich. Dies ist der Grund, warum man die Begriffe definieren sowie die gewählte Methode genau beschreiben muß.

Bitte bedenken Sie, daß Intersubjektivität nicht bedeutet, eine gefundene Tatsache sei wahr; sie bedeutet nur, daß man bei der Anwendung der gleichen Methode zum gleichen Resultat kommen muß. Die Methode kann aber möglicherweise dem Gegenstand nicht angemessen sein und deshalb zu einem falschen Ergebnis führen.

Intersubjektivität ist die Voraussetzung für die Überprüfung von Resultaten. Erst die Angabe der Definitionen, der gewählten Methode und des verwendeten Datenmaterials erlaubt die wissenschaftliche Kontrolle. An dieser Stelle wird Ihnen deutlich, weshalb Sie bei wissenschaftlichen Arbeiten eine Gliederung, eine Einleitung und ein Literaturverzeichnis anführen müssen. Die Gliederung stellt den "roten Faden" der Argumentation dar, die Einleitung präzisiert die Problemstellung und erläutert die verwendete Methodik und das Literaturverzeichnis dokumentiert die in der Argumentation verwendeten Daten und Quellen.

3. **Begründbarkeit** - Wenn der Wissenschaftler gefragt wird, woher er etwas weiß, dann muß er Gründe oder Argumente für seine Position anführen. Gründe/Argumente sind Sätze, die sprachlich und logisch präzise sind, d.h. sie sind verstehbar und kontrollierbar. Wer nur auf seine (subjektive) Meinung oder eine göttliche Erleuchtung verweist, der gibt keinen intersubjektiven Grund an, sondern formuliert eine subjektive Überzeugung, einen Glauben.

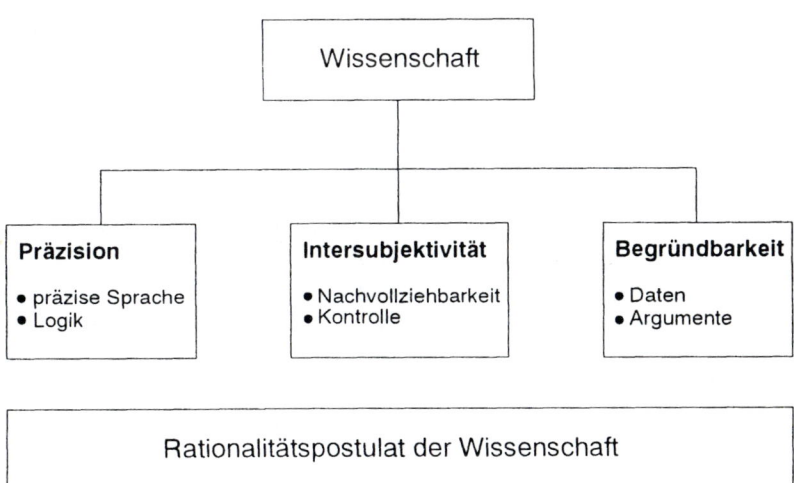

Damit sind die drei Forderungen des Rationalitätspostulats erläutert. In diesen Standards ist sich die wissenschaftliche Gemeinschaft einig. Allerdings muß deutlich gesagt werden, daß die Wissenschaft mit diesen wenigen, sehr allgemeinen Regeln allein nicht auskommt. Über weitere Regeln ist man sich in der wissenschaftlichen Gemeinschaft aber leider nicht einig. Deshalb existieren verschiedene "Wissenschaftskonzepte", die sich detailliert Gedanken über so schwierige Probleme, wie Präzisierung von Begriffen, methodischem Vorgehen, der Überprüfung von Aussagen, Status von Argumenten etc. machen.

2.2. Wissenschaftskonzepte in der Politikwissenschaft

Für die Politikwissenschaft werden drei Gruppen von Wissenschaftskonzepten unterschieden. Ihre Namen werden in der politikwissenschaftlichen Literatur überwiegend mit "normativ-ontologisch", "kritisch-dialektisch" und "empirisch-analytisch" angegeben. Alle drei Gruppen bestehen jeweils aus verschiedenen Wissenschaftskonzepten, die jedoch bestimmte Gemeinsamkeiten aufweisen und deshalb zusammengefaßt werden.

Im folgenden will ich nur die zentralen Aspekte jedes Wissenschaftskonzeptes kurz erläutern und dabei vor allem auf die über das Rationalitätspostulat hinausgehenden Unterschiede achten. Dabei wird deutlich werden, daß der normativ-ontologische und der kritisch-dialektische Ansatz mit bestimmten Forderungen des Rationalitätspostulats nur schwer vereinbar sind. Korrekter wäre es daher, sie nicht als wissenschaftstheoretische sondern als **erkenntnis**theoretische Konzepte aufzufassen. In der einschlägigen politikwissenschaftlichen Sekundärliteratur wird ein solcher Unterschied allerdings nicht gemacht. Die Konsequenzen werde ich in 2.2.4. diskutieren.

2.2.1. Der normativ-ontologische Ansatz

Dieses älteste, heute immer noch gebräuchliche Erkenntniskonzept entstammt den Wissenschaftsüberlegungen der klassischen griechischen

Philosophie (Vorsokratiker, Platon, Aristoteles u.a.). Neben dem - natürlich modernen - Namen "normativ-ontologisch" finden sich noch die Bezeichnungen: "ontologisch-normativer Ansatz", "normativer Ansatz", "praktisch-philosophischer Ansatz" oder auch "essentialistischer Ansatz". Der von mir gewählte Terminus wird jedoch in der Sekundärliteratur am häufigsten verwendet.

Das mit diesen Namen bezeichnete Konzept wurde im Laufe der Geschichte vielfach modifiziert. Dennoch kann man einen erkenntnistheoretischen Kern identifizieren, der im folgenden skizziert wird.

Betrachten wir zum näheren Verständnis zunächst den Namen selbst. "Normativ" bezieht sich auf eine Methode: Die Vertreter dieses Erkenntniskonzeptes arbeiten nicht nur empirisch und analytisch, sondern auch normativ (alle drei Methodenbezeichnungen sind moderne Begriffe). "Ontologie" wird übersetzt als "Lehre vom Sein" bzw. "Lehre der Seinsordnung". Die zentrale Vorstellung lautet: Das Sein ist alles. Es enthält existentiell das Reale, das Mögliche, das Denkbare, Wahrheit, Schönheit, Werte und Moral. In dieser Vorstellung kann also nicht zwischen wirklich, wahr, gut und schön getrennt werden. Alles Wahre ist auch gut und schön.

Die zentrale These dieses Ansatzes lautet: Es gibt a priori **ein** Sein und dieses ist **absolut**. D.h. es gibt **eine** Realität, es gibt **eine** Wahrheit und es gibt **eine** Moral. Nachdem es alle diese Phänomene **gibt**, d.h. sie existieren, können sie mit den richtigen Methoden **gefunden** werden. Die Formulierung "gefunden" impliziert, daß Methoden verwendet werden, die einen "Seinsbezug" haben. "Seinsbezug" haben jedoch alle Methoden, weil das Sein allem, der Existenz des Menschen, seinem Denken und Sprechen, vorausgeht. Seinsbezug von Methoden ist daher umfangreicher zu verstehen, als dies üblicherweise geschieht, wenn man von empirischen Methoden[10] spricht.

---

10. Im Rahmen des empirisch-analytischen Wissenschaftskonzeptes gelten nur solche Verfahren als empirisch, die Bezug auf die unmittelbare Erfahrung nehmen.

Untersuchen wir kurz die Auswirkung des normativ-ontologischen Erkenntniskonzeptes für das Verständnis von Politikwissenschaft:

- Ziel der wissenschaftlichen Arbeit von Vertretern dieses Ansatzes ist nicht nur die Beschreibung und Erklärung der Welt wie sie ist (empirische Arbeit), sondern zusätzlich die Analyse der Welt wie sie möglich oder denkbar ist (analytische Methodik) oder von ihrem Wesen her sein sollte (normative Argumentation). Es wird nach dem guten, gerechten, fairen bzw. sonstigen sinnvollen "Sein" gesucht, dessen Existenz über die Ontologie gegeben ist.

- Dieses "Sein" kann **"gefunden"** werden, d.h. zwischen empirischen, analytischen und normativen Methoden kann eigentlich gar nicht differenziert werden. Hat man eine empirische Wahrheit gefunden, so impliziert dies zugleich Normativität. Hegel hat dies einmal sinngemäß so formuliert: Die Welt ist, so wie sie ist, gut.

- Über die Beschreibung, Analyse und Erklärung von Phänomenen hinaus, will man praktischen Rat geben, der sich auf das Wissen um das wahre, gute und schöne Wesen der Dinge, gegeben in der Ontologie, stützt.

Folgende Methoden werden im normativ-ontologischen Erkenntniskonzept favorisiert:

- historisch-genetische Verfahren, mit denen nach dem Sinn, dem Ziel (griech.: télos) eines Prozesses, der Geschichte o.ä. gesucht wird;

- Hermeneutik, eine Interpretationslehre, die den "Sinn" deutet;

- Phänomenologie, hier handelt es sich um eine hermeneutische Version des empirischen Arbeitens, d.h. die Phänomene werden aus der Warte ihres "Wesens" her gedeutet;

- Topik, eine Argumentationslehre zur Überzeugung von anderen Menschen; dabei werden Topoi - das sind allgemein anerkannte und akzeptierte Begriffe und Thesen - verwendet, die für andere Menschen besonders einleuchtend sind.

Für die Politikwissenschaft ergeben sich demnach auf der Basis dieses Wissenschaftsverständnisses die folgenden typischen Problemstellungen:

- Suche und Bestimmung der "richtigen" politischen Ordnung;

- Suche und Bestimmung des "wahren" menschlichen Wesens;
- Ratschläge zur Verwirklichung "guter" Politik;
- Interpretation der Geschichte unter dem Aspekt des linearen Fortschritts, der stetigen Verbesserung oder einer sonstigen Zielorientierung.

Das normativ-ontologische Erkenntniskonzept wird in der Politikwissenschaft breit verwendet; vor allem werden damit empirisch-analytische Studien ergänzt. Bedeutsame Vertreter in der Politischen Theorie sind beispielsweise: H. Arendt, W. Hennis, L. Strauss und E. Voegelin. Darüber hinaus finden sich in allen Teildisziplinen der Politikwissenschaft Vertreter dieses Ansatzes, so etwa C. J. Friedrich oder K. Loewenstein in der Vergleichenden Regierungslehre oder E.-O. Czempiel in der Internationalen Politik.

2.2.2. Der kritisch-dialektische Ansatz

Das kritisch-dialektische Erkenntniskonzept geht auf die idealistische (Hegel) bzw. materialistische Philosophie (Marx, Engels) im Deutschland des 19. Jahrhunderts zurück. In der Gegenwart erfuhr der Ansatz vor allem durch die Theoretiker der sog. "Frankfurter Schule" (= "Kritische Theorie") wie z.B. Theodor W. Adorno und Max Horkheimer verschiedene wichtige Modifikationen. Von daher ist es eigentlich nicht statthaft, die Vielzahl der Varianten unter einen Begriff zu subsumieren. Aber auch hier gilt: Es lassen sich einige zentrale Gemeinsamkeiten feststellen, die als Kern dieses Erkenntniskonzeptes skizziert werden können.

Zuvor sollen aber noch die Namen genannt werden, unter denen der Ansatz in der Literatur ebenfalls zu finden ist: "marxistischer Ansatz", "historisch-dialektischer Ansatz", "Kritische Theorie", "Marburger Schule" und vor allem "Frankfurter Schule". Der von mir gewählte Begriff findet sich allerdings in der Sekundärliteratur am häufigsten.

Analog zum normativ-ontologischen Erkenntniskonzept geht auch der kritisch-dialektische Ansatz von einer absoluten Wahrheits- und Moralvorstellung aus, allerdings steht beides in engem Zusammenhang mit den jeweiligen gesellschaftlich-sozialen Bedingungen. D.h., daß die absolute Wahrheit und Moral nur auf der Endstufe der historischen Entwicklung, die zum Teil als gesetzmäßig verlaufend angesehen wird, zum Ausdruck kommt (**Prinzip der Geschichtlichkeit**). Erst die klassenlose Gesellschaft (wie sie Marx als Ziel der Geschichte versteht), der emanzipierte Mensch (so das Ziel der Kritischen Theorie) oder der "herrschaftsfreie Diskurs" (so die durch J. Habermas revidierte Zielvorstellung der Kritischen Theorie) verfügen über die absolute Wahrheit und die absolute Moral.

Phänomene können nach diesem Ansatz nicht isoliert untersucht werden, sondern nur in ihrem Wechselspiel mit anderen Phänomenen (**Totalität**). Die umfassende, dynamische Wechselwirkung zwischen allen Phänomenen (**Struktur**), die spezifische Form der Entwicklung von Denken, Mensch, Geschichte und Natur (**Entwicklung**) und die Methode, mit der all dies erfaßt werden kann, heißen "**Dialektik**".

Dialektik ist also erstens das Strukturprinzip der Welt. Zweitens ist Dialektik auch das geschichtliche Entwicklungsprinzip; alles entwickelt sich dialektisch der Form: These, Antithese und Synthese. Zum dritten ist Dialektik die Methode des Wissenschaftlers, die Möglichkeit, die historische und totale Komponente zu erfassen.

Für das Verständnis der Politikwissenschaft hat der kritisch-dialektische Ansatz folgende Konsequenzen:
-   Ziel politikwissenschaftlicher Erkenntnis ist die Erfassung historisch-politischer Gesetze und der Totalität politischer Phänomene.
-   Daneben muß Politikwissenschaft gesellschaftliche Kritik formulieren, denn Wissenschaft muß ihren Teil zur Entwicklung der klassenlosen Gesellschaft bzw. zur Emanzipation der Gesellschaft und des Menschen leisten. Wissenschaft und Erkenntnis sind so verstanden immer auch Gesellschaftstheorie und Gesellschaftskritik.
-   Methodisch arbeitet man auf der Grundlage dieses Konzeptes zwar auch mit empirischen und analytischen Verfahren, ergänzt diese aber immer um normative, d.h. marxistische, emanzipatorische

oder "kritische" Aspekte. Dies nennt sich dann Dialektik oder ideologiekritische Verfahren.

Auch das kritisch-dialektische Erkenntniskonzept wird in der Politikwissenschaft vielfach verwendet. Wichtigste Vertreter in der Politischen Theorie sind: T. Adorno, M. Horkheimer und J. Habermas als Vertreter der Kritischen Theorie, als Vertreter der (marxistischen) Marburger Schule kann z.B. W. Abendroth angeführt werden. Darüber hinaus finden sich in allen Teildisziplinen Vertreter dieses Ansatzes, so etwa C. Offe im Bereich Analyse und Vergleich politischer Systeme oder H. Elsenhans in der Internationalen Politik.

2.2.3. Der empirisch-analytische Ansatz

Der empirisch-analytische Wissenschaftsansatz entwickelte sich seit der frühen Neuzeit. Er verbindet sich in den aufkommenden Naturwissenschaften mit Namen wie Galilei, Kopernikus, Descartes, Locke, Bacon etc. Für die "Sozialwissenschaften" - die damals noch Teil der Philosophie waren - sind insbesondere Machiavelli, Hobbes, Locke, Comte und Max Weber zu nennen. Mit dem veränderten Wissenschaftskonzept gelang den Naturwissenschaften ein phänomenaler wissenschaftlicher Fortschritt. Hieran schlossen im 19. Jahrhundert die Sozialwissenschaften an, d.h. erst unter Bezugnahme auf empirisch-analytische Verfahren emanzipierten sich die Sozialwissenschaften von der Philosophie.

Allerdings darf dies nicht dahingehend mißverstanden werden, als wäre der empirisch-analytische Ansatz nicht in sich zersplittert. Im Gegenteil finden sich unter dem Namen "empirisch-analytischer Ansatz" eine Fülle unterschiedlicher Strömungen, beispielsweise: "Empirismus", "Rationalismus", "Positivismus", "Neopositivismus", "Kritischer Rationalismus", "Verifikationismus", "Induktivismus", "Wiener Kreis", "Falsifikationismus" und "Logischer Empirismus". Diese Konzepte weisen jedoch zwei wesentliche Gemeinsamkeiten auf. Diese bestehen:
1.   in einer bestimmten Konzeption der Wissenschaftssprache und
2.   in einer damit korrespondierenden Wahrheitstheorie.

1. Ziel der empirisch-analytischen Wissenschaftstheorie ist die wertfreie Beschreibung, Erklärung (Theorie) und Prognose der Realität. Dabei erkannte man zu Beginn dieses Jahrhunderts, daß Wissenschaft vor allem ein sprachlicher Prozeß ist. Diese Hinwendung zur Sprache bezeichnet man in der Wissenschaftstheorie als "linguistische Wende". Im Mittelpunkt stand der Versuch, die Sprache der Wissenschaft zu formalisieren, denn die Alltagssprache ist zu vage und zu mehrdeutig, um mit ihr wissenschaftlich arbeiten zu können. Je formalisierter eine Sprache ist, desto präziser ist sie; die Mathematik ist dafür das beste Beispiel. Die modernen Naturwissenschaften verwenden nur noch die mathematische Form, um ihre Phänomene zu "beschreiben".

Rudolf Carnap, der bedeutendste Vertreter des sog. Wiener Kreises, entwickelte vor diesem Hintergrund das sog. Zweistufenmodell der Wissenschaftssprache. Es unterteilt die Sprache in empirische und analytische Begriffe/Sätze. Die empirische Sprache ist definiert über eine Äquivalenzrelation zwischen Sprache und Realität. Die Voraussetzung dafür ist die Existenz der Realität. Die analytische Sprache basiert hingegen auf sprachlichen Regeln und Konventionen.

2. Mit den beiden Formen der Wissenschaftssprache korrespondiert der Wahrheitsbegriff: Empirische Sätze können nur anhand der Realität oder der Erfahrung, analytische Sätze nur via logischer Verfahren überprüft werden. Es gibt folglich zwei Hauptformen von Wahrheitskonzepten: die Korrespondenztheorie der Wahrheit und die Kohärenztheorie der Wahrheit.

Wenn empirische Sätze mit der Realität korrespondieren, dann sind sie wahr (anderenfalls falsch). Der Satz "Der Schnee ist weiß" ist also genau dann wahr, wenn der Schnee wirklich weiß ist. Wenn analytische Sätze sich logisch aus anderen analytischen Sätze ableiten lassen (kohärent sind), dann sind sie gültig (andernfalls kontradiktorisch). Beachten sollten Sie, daß der Wahrheitsbegriff in der Wissenschaftstheorie im strikten Sinn nur auf empirische Sätze bezogen wird, während für analytische Sätze von Gültigkeit gesprochen wird.

In den Erfahrungswissenschaften - und dazu gehört auch die Politikwissenschaft - wird mit empirischer und analytischer Sprache gearbeitet. In den Formalwissenschaften - Mathematik, Logik, reine Linguistik, Informatik - wird dagegen nur die analytische Sprache verwendet.

Wie kommt man nun zu präzisen Begriffen, Hypothesen und Theorien? Dazu müssen wir uns den wissenschaftlichen Prozeß anschauen, wie er in den Erfahrungswissenschaften verläuft. Es lassen sich dabei zwei Schritte unterscheiden:

1. **Induktion**: Der Wissenschaftler beobachtet einzelne Ereignisse, Phänomene etc. Darüber werden Sätze formuliert, präzisiert (Begriffsbildung und Definitionen) und mittels analytischer Begriffe - z.B. den Wörtern "und", "oder", "alle" - verallgemeinert. Die Verallgemeinerung (und hier handelt es sich nicht um einen logisch korrekten Schluß, sondern nur um ein Postulat[11]) von empirischen Sätzen führt, wenn sie zusätzlich in eine bestimmte Form gebracht werden ("wenn...dann" oder "je...desto") zu empirischen Vermutungen oder sog. **Hypothesen**.

2. **Deduktion**: Mittels strenger Tests (Experimente, Befragung, Beobachtung etc.) werden die Hypothesen oder daraus abgeleitete Sätze anhand der Realität bzw. der Erfahrung immer wieder überprüft. Hält die Hypothese stand, dann ist sie je nach empirisch-analytischem Konzept belegt, vorläufig bewährt oder verifiziert. Erweist sie sich als nicht haltbar, dann ist sie (vorläufig) falsifiziert. Verbundene Hypothesen (Hypothesensysteme), die sich bewährt haben, werden zur **Theorie**. Langfristig bewährte Theorien bezeichnet man als **Gesetz**.

Für die Auffassung von Politikwissenschaft hat die empirisch-analytische Wissenschaftstheorie folgende Auswirkungen:
- Ziel ist die Formulierung von Hypothesen über politische Phänomene. Zu diesem Zweck werden politische Phänomene beobachtet,

---

11. Bitte beachten Sie hier die Formulierung "Postulat"; in der Literatur ist nämlich oft von einem "induktiven Schluß" die Rede. Im logischen Sinn liegt aber kein Schluß vor, da man von Einzelfällen nicht auf das Allgemeine schließen kann. Induktives Schließen ist also logisch falsch.

mittels empirischer und analytischer Sprache möglichst präzise beschrieben und darüber Hypothesen gebildet.

- Anhand der Realität bzw. der Erfahrung werden die Hypothesen getestet; falls sie sich bewähren, werden sie zu Theorien.

- Mittels der Theorien kann man politische Phänomene erklären und prognostizieren.

- Methodisch gilt für diesen Ansatz, daß alle Methoden rational, dem Problem adäquat (valide) und intersubjektiv (reliabel) sein müssen. Die empirischen Methoden werden unter dem Etikett "Methoden empirischer Sozialforschung" zusammengefaßt. Darunter versteht man beispielsweise folgende qualitative und quantitative Verfahren: das Interview, die Beobachtung, das Experiment und die Inhaltsanalyse. Die wichtigsten analytischen Verfahren (vgl. 5.2.) sind: Simulationstechniken, Modellkonstruktion und die rationale Rekonstruktion.

In allen Teildisziplinen der Politikwissenschaft hat sich das empirisch-analytische Wissenschaftskonzept weitgehend durchgesetzt. Im Bereich der Politischen Theorie gilt dies insbesondere für die systematischen und anwendungsorientierten Theorien.

2.2.4. Diskussion

Zu Beginn dieses Kapitels hatte ich Ihnen das Rationalitätspostulat der Wissenschaft skizziert, wonach Wissenschaft sprachlich und logisch präzise, intersubjektiv und begründbar zu sein hat. Anhand dieser allgemeinen Kriterien will ich nun die Grenzen der vorgestellten Wissenschaftsansätze kurz diskutieren.

Der normativ-onotologische Ansatz geht von einer umfassenden Seinsordnung mit absoluter Wahrheit und Moral aus. Wie ist eine solche Voraussetzung für die Wissenschaft zu begründen? Wieso ist das, was wahr ist, auch gut und schön? Es gibt Kriege in der Welt; das ist wahr, aber ist es auch gut? Woher weiß man, ob es wirklich nur eine absolute Wahrheit gibt? Anhand welcher Kriterien weiß man, wann man diese eine Wahrheit gefunden hat? Vielleicht erliegt man einem Irrtum, vielleicht verfügen wir noch nicht über die richtigen Instrumente, um die wahre Natur eines Phänomens zu verstehen. Offensichtlich ist doch Wahrheit auch abhängig von der Perspektive und den menschlichen Möglichkeiten, die Welt zu verstehen. Wie kann man eine absolute Moral begründen? Es gibt doch in jeder Kultur andere Werte und diese verschiedenen Werte lassen sich offensichtlich nicht zu einer Moral zusammenfassen.

Schon auf dieser alltäglichen Ebene lassen sich zentrale Probleme des normativ-ontologischen Ansatzes erkennen. Hinzu kommen die begrifflichen Unschärfen: Wie definiert man denn die "Seinsordnung"? Was ist das "Wesen" der Dinge? Und wie funktionieren die normativ-ontologischen Methoden? Was genau ist Hermeneutik oder Phänomenologie? Bohrt man hier genauer nach, bleibt vieles ungenau.

Ähnliche Einwände gegen den Absolutheitsanspruch bezüglich Wahrheit und Moral und die begriffliche Unschärfe, lassen sich auch gegen den kritisch-dialektischen Ansatz vorbringen. Wie geht man beispielsweise vor, wenn man eine dialektische Untersuchung macht? Wie kann es gelingen, die Totalität und Geschichtlichkeit der Phänomene wirklich vollständig zu erfassen? Schließt das Bemühen, die Totalität der Dinge zu erfassen nicht automatisch aus, daß man sie überhaupt erfassen kann, weil eben alles mit allem zusammenhängt?

Auf einen weiteren problematischen Punkt will ich noch etwas genauer eingehen. Der normativ-ontologische und der kritisch-dialektische Ansatz argumentieren normativ, wobei sie die **objektive Existenz** von Normen voraussetzen. Diese Voraussetzung ist jedoch nicht haltbar. Bisher konnte nicht eine empirische Methode angegeben werden, mit deren Hilfe man Normen in der Realität finden konnte. Es läßt sich lediglich zeigen, daß Menschen an bestimmte Normen **glauben**, oder sie für richtig halten. Der Glaube an die Existenz von etwas ist aber kein Beleg für seine tatsächliche Existenz.

Die postulierten Werte werden **gefunden**, d.h. man arbeitet empirisch. Logisch gesehen liegt jedoch ein unterschiedlicher Status zwischen empirischen und normativen Begriffe/Sätzen vor: Das, was ist, kann ich empirisch finden; das, was sein soll ist eben noch nicht vorhanden, wie kann ich es dann finden? Der behauptete Zusammenhang ist logisch gesehen ein falscher Schluß. Man spricht hier vom "naturalistischen Fehlschluß" (G. Moore): Aus dem was ist, ergibt sich nicht logisch zwingend, daß etwas Bestimmtes sein soll. Als erster machte der britische Philosoph David Hume auf diesen Fehlschluß aufmerksam, daher heißt die Unmöglichkeit, vom Sein auf ein Sollen zu schließen, auch "Humes Gesetz".

Der normativ-ontologische und der kritisch-dialektische Ansatz haben also gewisse Schwierigkeiten mit dem Rationalitätspostulat. Warum werden sie dann nicht einfach verworfen? Wie Sie sich erinnern, fordert das Rationalitätspostulat, daß man dann definitiv beweisen müßte, daß die Ansätze ungültig sind; andernfalls sind sie zu akzeptieren. Ein solcher Beweis ist ebenfalls (bislang) nicht zu erbringen.

Auch wenn wir nur in aller Kürze die in der Politikwissenschaft relevanten Wissenschaftsansätze betrachtet haben, so wird doch deutlich, daß das empirisch-analytische Konzept eher den Anforderungen, wie sie das Rationalitätspostulat stellt, entspricht. Im Rahmen der "linguistischen Wende" hat man sich um sprachliche und logische Präzision bemüht. Es liegen zahlreiche Arbeiten zur empirisch-analytischen Überprüfung von Theorien und Modellen vor. Theorien mittlerer Reichweite und Prognosen in bestimmten sozialwissenschaftlichen Gebieten belegen den wissenschaftlichen Fortschritt gerade auch der Sozialwissenschaften, während im philosophisch-normativen Bereich eher "Stillstand" zu vermerken ist.

2.3. Der empirisch-analytische Ansatz als Basis der Politischen Theorie

Alle Wissenschaften, deren Bemühungen sich auf "die" Realität richten, sei es, daß man Phänomene ordnen, beschreiben, auf Ursachen zurückführen, in Zusammenhänge einordnen, erklären und prognostizieren will, arbeiten heute auf der Grundlage des empirisch-analytischen Ansatzes.

Von den Naturwissenschaften ist dies allgemein bekannt; es gilt heute gleichermaßen für die Sozialwissenschaften. In der modernen Politikwissenschaft hat sich der empirisch-analytische Ansatz, nach den Kontroversen in den 60er und 70er Jahren (Positivismusstreit: Auseinandersetzung zwischen Vertretern der Kritischen Theorie um Adorno und des Kritischen Rationalismus um Popper) vor allem in den anwendungsorientierten Teildisziplinen Internationale Politik sowie Analyse und Vergleich politischer Systeme und ihrem politiktheoretischen Pendant, der Modernen Politischen Theorie, durchgesetzt. Für die Politische Ideengeschichte und die Politische Philosophie gibt es Einschränkungen, auf die ich in den jeweiligen Kapiteln gesondert eingehe.

Nachdem ich bereits erwähnt habe, daß der empirisch-analytische Ansatz selbst in verschiedene Positionen zerfällt, soll im Rahmen dieses Abschnittes u.a. die Variante skizziert werden, die in der empirischen Politikwissenschaft dominiert. Sie stammt von dem 1994 verstorbenen österreichisch-britischen Wissenschaftstheoretiker Karl Popper und heißt "Kritischer Rationalismus".

2.3.1. Kritischer Rationalismus *(nach Popper)*

Der wissenschaftliche Prozeß beginnt nach Popper nicht mit der Suche nach Hypothesen, d.h. mit Induktion, sondern erst **nach** der Formulierung von Hypothesen oder wie es bei ihm heißt, von "kühnen Vermutungen". Das Problem, wie man zu "kühnen Vermutungen" kommt, interessiert Popper nicht, weil dies immer ein induktiver Prozeß ist und Induktion mit Wissenschaft nichts zu tun hat. Von daher kann jede beliebige Idee oder Behauptung zur Hypothese werden, sofern sie sich in empirisch-analytischer Sprache formulieren und Möglichkeiten zur Überprüfung zuläßt. Letzteres nennt Popper "das Verbot der Immunisierung von Hypothesen".

Wissenschaftler gehen nach seiner Auffassung rational vor, und das bedeutet: Sie verwenden nur deduktive Verfahren, oder wie Popper es formuliert: kritische Methoden. Deren Kern besteht darin, daß man als Wissenschaftler versucht, Hypothesen zu falsifizieren, d.h. sie als falsch beweist. Der Wissenschaftler will also nicht beweisen, daß eine Hypothese wahr ist, sondern umgekehrt, daß sie falsch ist.

Nach Popper läßt sich eine Theorie prinzipiell nicht als wahr beweisen. Dies ist logisch unmöglich, da es sich dabei um einen induktiven Prozeß handelt. Um eine Hypothese als wahr beweisen (verifizieren) zu können, muß man **alle** Fälle überprüfen. Der Mensch (und auch die Gattung Mensch) kann aber immer nur eine begrenzte Anzahl an Fällen testen; die zukünftigen Fälle entziehen sich immer der Überprüfung. Von daher liegt bei der Verifikation also ein Induktionsschluß von Einzelfällen - auch wenn es sich um Millionen Einzelfälle handelt - auf das Allgemeine vor. Ein solcher Schluß ist logisch falsch.

Wie falsifiziert man nun eine Hypothese? Die gewählte Hypothese wird nach Popper "strengen Tests" unterzogen. Dazu muß die Hypothese a) in empirisch-analytischer Sprache formuliert sein; b) darf sie nicht immunisiert sein, d.h. es muß möglich sein, sie tatsächlich anhand der Realität, der Erfahrung zu überprüfen. Die konkrete Überprüfung (strenger Test) von Hypothesen erfolgt mittels sogenannter Basissätze. Das sind singuläre, empirische Existenzsätze der Form: An der Raum-Zeit-Stelle x gibt es y. Formal werden damit Existenzsätze zur Überprüfung von Allsätzen verwendet; damit ist dem Deduktionsschema Genüge getan.

Beispiel:

Allsatz → Alle Schwäne sind weiß.

Daraus folgt: Es gibt keinen nicht-weißen Schwan. (Hier zeigt sich die Zahl der potentiellen Falsifikatoren: Damit sind all die Basissätze gemeint, welche die Existenz nicht-weißer Schwäne feststellen.)

Existenzsatz → In Australien gibt es einen schwarzen Schwan. (Basissatz)
Schluß: Die Hypothese ist falsch.

Ein einziges Gegenbeispiel, formuliert in einem Basissatz, genügt also, um allgemeine Hypothesen zu falsifizieren.

Haben sich Hypothesen jedoch **bewährt**, so werden sie zu Theorien. Beachten Sie, daß Popper in diesem Kontext nicht den Wahrheitsbegriff verwendet. Auch Sätze, die sich diverse Male bewährt haben, können sich prinzipiell irgendwann als falsch erweisen. Der Mensch hat nach Popper nicht die Möglichkeit, etwas als wahr zu belegen. Er kann sich nur durch Eliminierung falscher Sätze der Wahrheit annähern, so Poppers These zum wissenschaftlichen Fortschritt.

Theorien sind somit Systeme von widerspruchsfrei verbundenen, bewährten Aussagen aus empirischen-analytischen Sätzen. Auf ihrer Grundlage kann man Phänomene erklären und evt. auch voraussagen (Prognose).

2.3.2. Die wissenschaftliche Erklärung

Was ist nun eine Erklärung? Eine Erklärung ist in der Regel die Antwort auf eine Warum-Frage. Einen Sachverhalt zu erklären bedeutet, ihn als Folge bestimmter Ursachen zu erkennen. Anders formuliert muß das zu Erklärende (Explanandum) auf erklärende Aussagen (Explanans) zurückgeführt werden bzw. aus dem Explanans deduziert, also logisch korrekt abgeleitet werden. Die deduktiven Erklärungen oder Kausalerklärungen liegen in zwei Versionen vor:
1. nomologisch-deterministische Erklärung (das sog. HO-Schema; der Name ist zurückzuführen auf die beiden Wissenschaftstheoretiker Carl Hempel und Paul Oppenheim[12]);
2. probabilistische oder statistische Erklärung.

Die Struktur dieses Erklärungsschemas ist in beiden Fällen identisch. Zunächst gilt es, den Einzelfall (sog. Anfangs- oder Antecedensbedingungen) präzise zu beschreiben. Dann ist die damit korrespondierende allgemeine Theorie oder Gesetzmäßigkeit anzuführen. Die allgemeine Gesetzmäßigkeit und die Antecedensbedingung heißen zusammengefaßt Explanans; daraus folgt deduktiv das zu erklärende Phänomen oder Explanandum.

---

12. vgl. C. G. Hempel/P. Oppenheim: Studies in the Logic of Explanation, in: Philosophy of Science, 15, 1948, S. 135 - 175

Das Erklärungsschema sieht also wie folgt aus:

> Gesetz/Theorie (Allaussage)
> Einzelfall (Antecedensbedingung)
>
> _____
>
> Explanandum (Schluß)

Bei der nomologisch-deterministischen Erklärung enthält das Explanans alle Bedingungen, die zum Explanandum führen. Hier liegt strenge oder deterministische Kausalität vor. Dafür gilt: Wenn x dann y und wenn nicht-x dann auch nicht-y. Deduktiv-nomologische Erklärungen können daher zu sicheren Prognosen führen; die formale Struktur der Prognose entspricht der der Erklärung.

Demgegenüber sind statistische Erklärungen immer nur wahrscheinliche Erklärungen, d.h. ein Schluß ist nicht definitiv sicher, sondern lediglich wahrscheinlich. Auch im Fall einer 100% Wahrscheinlichkeit - die es nicht gibt - muß der Sachverhalt nicht notwendig eintreten. Deshalb sind statistische Aussagen auch nicht mit einem Gegenbeispiel zu verwerfen, sondern nur relativ zu der vorher angegebenen Häufigkeit. Gleiches gilt für die probabilistische Prognose: Sie ist immer nur wahrscheinlich im Rahmen der gegebenen Häufigkeit.[13]

Der Kritische Rationalismus setzt wie gesehen erst bei der Überprüfung von bereits vorhandenen Hypothesen an. Wie aber kommt man zu plausiblen Hypothesen? Das ist für Popper ein induktives Problem, welches nicht wissenschaftlich diskutiert werden kann. Angesichts der Komplexität der sozialen Realität ist es aber kaum praktikabel, mit Introspektion oder Versuch und Irrtum zu geeigneten Hypothesen kommen zu wollen. Ich will daher im folgenden noch etwas weiter ausholen und auf die **Begriffsbildung** sowie **Hypothesenentwicklung** eingehen.

---

13. vgl. zu dem Problem der Erklärung den sehr ausführlichen Band von Wolfgang Stegmüller mit dem Titel "Wissenschaftliche Erklärung und Begründung", Berlin 1973, S. 72 ff.

2.3.3. Begriffsformen

Die Politische Theorie - und auch alle anderen Erfahrungswissenschaften - greift bei der Entwicklung von Hypothesen vor allem auf analytisch-konstruktive Verfahren zurück. Der Ausgangspunkt jeder Hypothesenentwicklung ist eine Problemstellung. Sie ergibt sich relativ zum einzelnen Individuum, zu seiner Sozialisation und zur wissenschaftlichen Disziplin, was die von Popper kritisierte subjektive Dimension verdeutlicht. Das gewählte Problem muß in einem ersten Schritt in präziser Sprache formuliert werden. Die Begriffsbildung ist damit die erste Stufe der Informationsverdichtung als Voraussetzung für alle weiteren Erkenntnisprozesse.

Für die Begriffsbildung stehen verschiedene Begriffsniveaus zur Verfügung. Die elementarste Form bilden die **qualitativen, deskriptiven** oder auch **klassifikatorischen Begriffe**. Mit diesen Begriffen wird das Ziel verfolgt, die Gegenstände in verschiedene Klassen zu zerlegen. Wenn wir sagen, ein Ding sei blau, dann ordnen wir es einer Klasse zu, nämlich der Klasse blauer Dinge. Qualitative Begriffe müssen scharf abgegrenzt sein und sich gegenseitig ausschließen (Disjunktion). Ein Gegenstand, der blau ist, kann nicht zugleich rot oder grün sein. Die Zuordnung blau schließt andere Farben aus. Mit diesen Begriffen können Gegenstände nur auf einer **Nominalskala**, gemäß dem Kriterium gleich - ungleich, eingeordnet werden. Qualitative Begriffe verfügen über den geringsten Informationsgehalt. Schließlich beziehen sie sich nur auf einzelne Sachverhalte.

Größeren Informationsgehalt haben die **komparativen oder topologischen** Begriffe. Hierbei handelt es sich um Relationsbegriffe, die Vergleiche ermöglichen. Wenn man sagt, a sei größer als b (oder wärmer, schneller, besser etc.), dann liegen komparative Begriffe vor. Sie ermöglichen es, die Phänomene in eine Rangordnung zu bringen bzw. **ordinal** zu skalieren.

Den größten Informationsgehalt haben **quantitative** oder **metrische** Begriffe. Mit ihnen ist nicht nur die Bildung einer Rangordnung möglich, sondern sie erlauben zudem eine Orientierung über die Qualität der Rangordnung selbst. So ist beispielsweise der Unterschied zwischen 77 und 78 cm genau der gleiche wie zwischen 2 und 3 cm. Sachverhalte, die mit quantitative Begriffen erfaßt werden, können auf einer Intervallskala abgebildet werden.

Quantitative Begriffe haben darüber hinaus den Vorteil, Phänomene sehr viel differenzierter beschreiben zu können, weil man auf verschiedene Zahlensysteme (z.b. natürliche oder rationale Zahlen) zurückgreifen kann. Zugleich bleibt das wissenschaftliche Vokabular übersichtlich. Stellen Sie sich nur einmal vor, Sie müßten sich die Temperatur anstatt in Celsius in qualitativer Sprache merken. Für jedes Grad müßte man dann einen bestimmten Namen und die damit verbundene Ordnungsrelation im Kopf haben.

2.3.4. Hypothesenbildung

Die präzise formulierte Fragestellung (z.B. der Form: Warum ist X?) soll erklärt werden. Etwas zu erklären bedeutet, ein Phänomen auf seine Ursachen zurückzuführen. Über Ursachen muß nach Popper zunächst spekuliert werden, d.h. man formuliert in präziser Sprache eine Vermutung über Ursache-Wirkungszusammenhänge. Eine solche empirische Vermutung ist eine Hypothese. In der Sprache der Sozialforschung ausgedrückt muß die abhängige Variable - das zu erklärende Phänomen, die Wirkung - auf die unabhängige(n) Variable(n) - die Ursache - zurückgeführt werden.

Hier stellt sich das Problem, wie man die Variablen findet und strukturiert. Wie Popper richtig bemerkt, ist die Suche nach Hypothesen immer ein induktiver Prozeß von Versuch und Irrtum. Hilfestellung dazu leisten Modelle. Modelle sind analytische Konstrukte, mit deren Hilfe die Realität auf ihre - aus der Sicht des Konstrukteurs - wesentlichen Aspekte reduziert wird. Einziges zentrales Kriterium ist die logische Stringenz des Modells, d.h. beispielsweise, daß sich die Aussagen nicht widersprechen dürfen. Was die wesentlichen Elemente eines Modells sind, hängt wiederum von der Problemstellung und der Perspektive des

Wissenschaftlers ab. Durch ein Modell werden jedenfalls konstruierte Zusammenhänge über die Realität vermittelt, die es erlauben, Vermutungen über Ursachen und ihre Wirkungen anzustellen.

Betrachten wir als Illustration für die Leistungsfähigkeit analytischer Konstrukte einmal die Systemtheorie. Die Systemtheorie ist, anders als ihr Name sagt, keine Theorie, sondern ein Modell. Allerdings gehen in ihre Konstruktion Erfahrungen des Wissenschaftlers ein. Die wichtigste politikwissenschaftliche Systemtheorie stammt von David Easton (vgl. 5.5.1.2). Easton geht davon aus, daß das "politische System" von bestimmten "Inputs" des "sozialen Systems" (der Gesellschaft) abhängig ist und umgekehrt der "Output" des "politischen Systems" das "soziale System" beeinflußt. Die hochkomplexe Beziehung zwischen Politik und Gesellschaft ist hier auf die Form eines Feed-Back-Kreislaufs reduziert - was nicht heißt, daß dies in der Realität wirklich so ist. Ein Modell behauptet nur einen solchen Zusammenhang.

Auf dieser Basis gelingt es aber relativ einfach, Hypothesen zu formulieren. Beispielsweise könnte man postulieren, daß die "Stabilität" des "politischen Systems" von adäquaten "Inputs" des "sozialen Systems" abhängt. Oder es läßt sich umgekehrt behaupten, daß der "Output" des "politischen Systems" Einfluß auf das "soziale System" hat.

Deutlich wird allerdings, daß die Thesen auf der Basis eines Modells präzisiert werden müssen. Wissenschaftlich formuliert muß für die These zunächst ein empirisches Relativ gefunden und dieses dann operationalisiert werden, um zu einer Hypothese, einer empirischen Vermutung zu werden. Was bedeutet es z.B. von "Stabilität", dem "politischen System" oder "adäquaten Inputs" zu sprechen (empirisches Relativ)? Wie messe ich diese Sachverhalte (Operationalisierung)? Die Übersetzung in ein empirisches Relativ und die Operationalisierung bedeuten also, analytische Begriffe in empirische, beobachtbare Begriffe zu übersetzen bzw. sog. Indikatoren zu finden.

Erst danach kann ein empirischer Test erfolgen und erst dann stellt sich heraus, ob die aus dem Modell abgeleitete, operationalisierte Hypothese von der Erfahrung bestätigt wird, d.h. ob wirklich die "Stabilität" eines "politischen Systems" vom gesellschaftlichen "Input" abhängt.

2.3.5. Sozialwissenschaftliche Erklärung

Abschließend will ich noch einmal auf die wissenschaftliche Erklärung eingehen, weil sie in der Politikwissenschaft eine besondere Form annimmt.[14] Dies hängt mit den Phänomenen zusammen, die in dem Fach erklärt werden sollen.

Legen wir den modernen, dreidimensionalen Politikbegriff[15] zugrunde, dann zeigt sich, daß der Politikwissenschaftler Institutionen und Werthaltungen (Polity-Dimension), politische Prozesse (Politics-Dimension) und gesellschaftliche Probleme und ihre politische Lösung (Policy-Dimension) erklären möchte. Beispielsweise möchte man erklären, warum sich das Parteiensystem in der Bundesrepublik Deutschland so entwickelt hat, wie es sich aktuell darstellt; oder man möchte erklären, warum bestimmte Instrumente der politischen Steuerung, z.B. ein Gesetz, erfolgreich sind. Wenn Sie solche Fragestellungen genauer analysieren, wird Ihnen auffallen, daß die zu erklärenden Phänomene kollektive Sachverhalte sind. Kollektive Sachverhalte ergeben sich aus zusammengefaßtem Handeln einzelner Akteure. Das zu erklärende Phänomen ist folglich immer das zusammengefaßte (aggregierte) Resultat des Handelns verschiedener Akteure. Warum die einzelnen Akteure so handeln, ist abhängig von ihren individuellen Zielen, den zur Verfügung stehenden Alternativen sowie von der sozialen Situation der Akteure.

Eine politikwissenschaftliche Erklärung läßt sich als Grundmodell[16] schematisch wie folgt darstellen:

---

14. Bei den folgenden Ausführungen lehne ich mich an Überlegungen von Hartmut Esser an, vgl. H. Esser: Soziologie, Frankfurt 1993, S. 83 ff.
15. Dieser entstand in Anlehnung an den angelsächsischen Politikbegriff, der nicht nur "Politik" kennt, sondern die Begriffe "Polity" für Instituionen und Werte, "Politics" für Prozesse und "Policy" für politische Inhalte unterscheidet.
16. H. Esser: Soziologie, S. 98

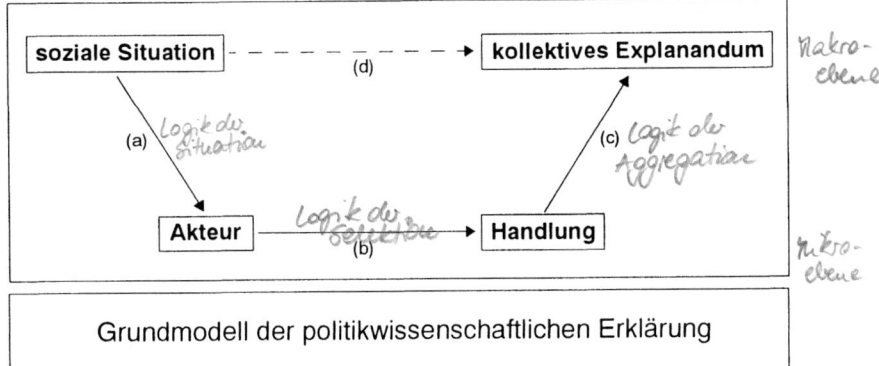

Grundmodell der politikwissenschaftlichen Erklärung

Es setzt sich aus verschiedenen Schritten zusammen:

1. Zunächst gilt es, die soziale Situation der Akteure zu untersuchen. "Wir wollen die besondere Art der Beziehung zwischen Situation und Akteur die Logik der Situation nennen. Mit der Logik der Situation wird eine Verbindung zwischen der Makro-Ebene der jeweiligen speziellen sozialen Situation und der Mikro-Ebene der Akteure hergestellt. (...) In der Logik der Situation ist festgelegt, welche Bedingungen in der Situation gegeben sind und welche Alternativen die Akteure haben. Die Logik der Situation verknüpft die Erwartungen und die Bewertungen der Akteure mit den Alternativen und den Bedingungen der Situation. Diese Verbindung zwischen sozialer Situation und Akteur erfolgt bei der jeweiligen Erklärung über Beschreibungen, über die sog. Brückenhypothesen."[17]

2. Im zweiten Schritt muß das Handeln der einzelnen Akteure erklärt werden. Im Mittelpunkt steht dabei die Frage, warum der Akteur eine bestimmte Alternative aus verschiedenen Handlungsoptionen auswählt. Damit wird deutlich, daß man sich hier ausschließlich auf der Mikro-Ebene bewegt. Esser nennt diesen Schritt "Logik der Selektion".

---

17. H. Esser: Soziologie, S. 94

3. Abschließend muß wiederum die Verbindung zu Makro-Ebene hergestellt werden, denn schließlich geht es um die kollektiven Handlungsfolgen individuellen Handelns. Notwendig sind bei dieser "Logik der Aggregation" (Esser) Transformationsregeln, welche die genannte Verknüpfung empirisch und logisch korrekt bewerkstelligen.

Je nach Explanandum muß es modifiziert werden. Will man beispielsweise einen sozialen Prozeß erklären, dann muß das Grundmodell dynamisiert werden, vgl. Abb. "Erklärung sozialer Prozesse".[18]

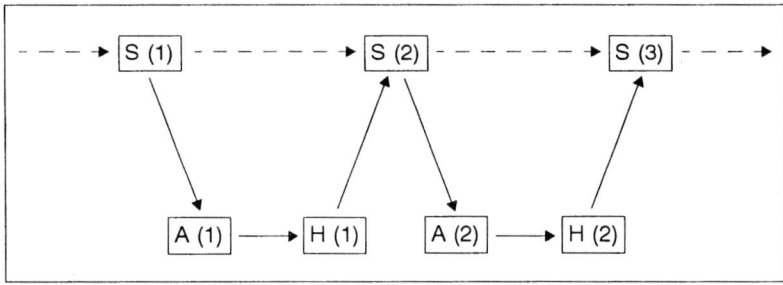

S: Soziale Situation
A: Akteur
H: Handlung

Eine weitere Modifikation des Grundmodells ist nötig, wenn man sich verdeutlicht, daß bislang nur von der Unterscheidung Mikro-Ebene (individuellem Akteur) und Makro-Ebene (Gesellschaft) ausgegangen wurde. In der sozialen Realität finden sich jedoch Zwischengrößen wie beispielsweise Familie, Freundeskreis, Betrieb, Gemeinde etc. Hierfür wurde die sog. Meso-Ebene eingeführt.

---

18. H. Esser: Soziologie, S. 107

Sie ist im Grundmodell nicht berücksicht. Wird sie in das Modell eingefügt, spricht man von einem Mehr-Ebenen-Modell sozialer Erklärung.

Das Grundmodell bzw. seine Modifikationen verdeutlichen Ihnen, wie schwierig es ist, in der Politikwissenschaft zu wissenschaftstheoretisch akzeptablen Erklärungen zu kommen. Politik und politische Prozesse können aber nicht anders als dynamisch oder in Form von Mehr-Ebenen-Modellen erklärt werden.

Damit möchte ich den wissenschaftstheoretischen Einstieg in die Politische Theorie abschließen. Im 6. Kapitel werden wir uns noch einmal mit Wissenschaftstheorie befassen. Dort geht es um einige zentrale Probleme des empirisch-analytischen Wissenschaftskonzeptes sowie um aktuelle Entwicklungen der Modernen Analytischen Wissenschaftstheorie. Anhand einiger Beispiele sollen außerdem die sich hieraus ergebenden Konsequenzen für die Politische Theorie erörtert werden.

Die allgemeinen Postulate des empirisch-analytischen Ansatzes bilden die Grundlage für die nun folgende ausgewählte Darstellung und Diskussion der vier Teilbereiche der Politischen Theorie, d.h. der Politischen Ideengeschichte, der Politischen Philosophie, der Modernen Politischen Theorie und der Wissenschaftstheorie der Politikwissenschaft.

3. Politische Ideengeschichte

Die Politische Ideengeschichte ist ein interdisziplinär betriebenes Fach, das zunächst der Geschichtswissenschaft zugeordnet ist, wie dies bereits der Name des Faches verdeutlicht. Daneben beschäftigen sich jedoch auch Philosophen und eben Politikwissenschaftler mit politischen Ideen. Allgemein formuliert geht es dabei um sämtliche Ideen, die sich in irgendeiner Form auf die Politik beziehen, sei es, daß in Form von Utopien, Ideologien oder Literatur (Essay, Roman usw.) der ideale Staat o.ä. beschworen wird, in Form von Pamphleten, Handzetteln, Bildern oder Filmen zu politischen Aktionen aufgerufen wird, in literarischer oder karikierender Weise Kritik an Politik und Politikern geübt wird, in empirisch-theoretischer Form politikwissenschaftliche Erklärungen versucht oder in analytischer Form politische Konstrukte entwickelt werden. Jede Quelle mit politischem Inhalt, sei es ein Text, ein Bild, ein Film usw., kann folglich von der Politischen Ideengeschichte untersucht werden. Der Forschungsschwerpunkt liegt allerdings auf sog. "Klassikern" der Politischen Ideengeschichte, die sich durch hohen politiktheoretischen Gehalt (zentrale Begriffe, Argumente und Lösungsschemata) auszeichnen.

Warum Historiker sich mit der Entwicklung politischer Ideen beschäftigen, liegt angesichts ihrer Profession auf der Hand. Ebenfalls verständlich ist das Interesse der Philosophen, schließlich sind alle "Klassiker" der Politischen Ideengeschichte Philosophen gewesen. Warum betreibt aber ein Politikwissenschaftler Ideengeschichte? Welche Methoden verwendet er? Und worin unterscheidet er sich von dem Historiker oder dem Philosophen, der sich gleichfalls mit Politischer Ideengeschichte befaßt? Die Ziele und Methoden in der Politischen Ideengeschichte will ich im folgenden Abschnitt ausführlicher behandeln. Dabei wird dann auch der Unterschied zwischen politikwissenschaftlicher, historischer und philosophischer Ideengeschichte deutlich.

3.1. Ziele und Methodik der Politischen Ideengeschichte

Die Politische Ideengeschichte, so wie sie von Politikwissenschaftlern betrieben wird, ist eine ziemlich heterogene Disziplin, je nachdem, welche Ziele mit ihr jenseits der historischen Interessen verfolgt werden. Die jeweilige Problemstellung und natürlich auch die gewählte Methodik leiten sich aus dem jeweiligen wissenschafts- oder erkenntnistheoretischen Konzept ab, deren Grundformen wir im vorausgegangenen Kapitel kennengelernt haben.

3.1.1. Forschungsziele

In der empirisch-analytischen Variante der Politischen Ideengeschichte[1] geht es um folgende Fragen und Probleme:

1. Zunächst will man wissen, welche Ideen überhaupt entwickelt worden sind. Dazu gilt es, den genauen Text eines Autors im Rahmen kritischer Quellenstudien herauszupräparieren.
2. Warum wurden in einer bestimmten Zeit spezifische Ideen entwickelt? Diese Frage zielt darauf ab, die Entstehung politischer Ideen durch Zurückführung auf den historischen Kontext zu erklären. So kann z.B. die Thematik des "Leviathan" von Thomas Hobbes darauf zurückgeführt werden, daß Hobbes in der Zeit des englischen Bürgerkriegs lebte.
3. Im Laufe ihres Lebens haben Autoren oft unterschiedliche Positionen vertreten, zugleich kann ihr Werk aber auch Kontinuitäten aufweisen. Solche werkimmanenten Zusammenhänge bei einzelnen Autoren herauszuarbeiten, ist ein weiteres ideengeschichtliches Ziel.
4. Schließlich geht es um die Frage, welche historischen Entwicklungslinien existieren, d.h., wie die Idee eines Autors andere Autoren beeinflußt hat. Dies nennt man Analyse der Wirkungsgeschichte.

---

1. In dieser Form wird Politische Ideengeschichte vor allem von Historikern betrieben.

Diese vier Forschungsziele kennzeichnen den **historischen** Umgang mit Politischer Ideengeschichte. Anders formuliert: Ein Politikwissenschaftler, der sich "nur" mit solchen Fragen beschäftigen würde, unterschiede sich nicht vom Historiker. Ein Grund für eine rein historische Vorgehensweise liegt jedoch darin, daß die Politische Ideengeschichte die Geschichte der Wissenschaftsdisziplin Politikwissenschaft darstellt. Folglich ist sie für jeden Politikwissenschaftler und nicht nur für den Politischen Theoretiker interessant.

In aller Regel verfolgt jedoch der Politikwissenschaftler weitere Ziele bei der Beschäftigung mit Politischer Ideengeschichte. An dieser Stelle werden jetzt die verschiedenen erkenntnis- bzw. wissenschaftstheoretischen Ansätze relevant. Welche weiteren Forschungsziele verfolgt werden, hängt nämlich vom Wissenschaftsverständnis des Politischen Theoretikers ab.

(1) Der **normativ-ontologisch** orientierte Politikwissenschaftler, der Politische Ideengeschichte betreibt, hat über die historische Dimension hinaus folgende Forschungsziele:

1. Untersuchung politischer Ideen und ideengeschichtlicher Zusammenhänge, um ideologisch-politische Argumentationen und ihren Einfluß bis hin zur Gegenwart aufzuzeigen.
2. Analyse politischer Ideen, um geistesgeschichtliche Entwicklungen zu kritisieren oder zu beeinflussen, d.h. man will mit den in der Ideengeschichte entwickelten Überlegungen genuin politisch-normativ argumentieren. Beispielsweise werden einschlägige politische Ideen zur Legitimation (eigener) politischer Überzeugungen oder zur Kritik anderer Anschauungen verwendet.
3. Verwendung ideengeschichtlicher Zusammenhänge, um die "Philosophie des Gemeinwesens heute in der historischen und philosophischen Verarbeitung der klassischen Tradition der Politik"[2] weiter zu betreiben.
4. Schließlich werden klassische Ideen benutzt, um Politik und Gesellschaft Ratschläge zu erteilen. Hier wirkt sich das aristoteli-

---

2. D. Oberndörfer (Hg.): Wissenschaftliche Politik, Freiburg 1962, S. 54

sche Politikverständnis aus, das keinen Unterschied zwischen Politik und Ethik macht; vgl. 3.2.4.

Mit Quentin Skinner kann man feststellen, daß das Studium der Ideengeschichte hier im Sinne einer "Ersatzphilosophy"[3] betrieben wird. Innerhalb der deutschen Politikwissenschaft hat diese eher philosophische, genauer neoaristotelische Richtung den stärksten Anteil an der politikwissenschaftlich-ideengeschichtlichen Forschung. Dies geht zurück auf die sog. "Freiburger Schule" um Arnold Bergstraesser und die "Münchner Schule" um Eric Voegelin. Weitere bekannte Vertreter dieser Forschungsbemühungen sind z.b.: Jürgen Gebhard (Erlangen), Wilhelm Hennis (Freiburg), Hans Maier (München), Ulrich Matz (Köln), Alexander und Gesine Schwan (Berlin), Dolf Sternberger (Heidelberg), Ernst Vollrath (Köln), Peter Weber-Schäfer (Bochum).

Der Hauptvorwurf, der einem solchen Umgang mit der Ideengeschichte gemacht wurde, ist der der (normativen) Beliebigkeit. Die Grenzen zwischen Ideengeschichte und Sozialphilosophie sind fließend, die Ideengeschichte wird zu einem "subsidiären Instrument, das fallweise immer dann benutzt wurde, wenn der Argumentationsgang eine historische Stützung angeraten sein ließ."[4]

(2) Ähnliche Intentionen wie die Vertreter des normativ-ontologischen Ansatzes haben ideengeschichtlich arbeitende Politikwissenschaftler, die sich dem **kritisch-dialektischen** Erkenntnisverständnis verpflichtet fühlen.

Dieser Ansatz hat sich a) innerhalb der marxistischen "Marburger Schule" um Wolfgang Abendroth und b) auf der Basis einer von der Kritischen Theorie ausgelösten Neubetrachtung der Ideengeschichte im Umkreis der Frankfurter Schule entwickelt.

---

3. vgl. Q. Skinner: Hobbes' Leviathan, in: The Historical Journal, Jg. 8, 1964, S. 333
4. U. Bermbach: Über die Vernachlässigung der Theoriegeschichte als Teil der Politischen Wissenschaft, in: ders. (Hg.): Politische Theoriegeschichte, PVS-Sonderheft 15, Opladen 1984, S. 20

Das Forschungsprogramm zeichnet sich durch den Versuch aus, erstens politische Ideen auf ihren sozial-historischen Entstehungs- und Bedingungszusammenhang zu beziehen (Frankfurter Schule) und zweitens damit ideologie- bzw. gesellschaftskritische Interessen zu verbinden (Marburger Schule).[5] Wichtige Vertreter der Frankfurter Schule in der Politischen Ideengeschichte sind z.B. Iring Fetscher (Frankfurt), Kurt Lenk (Aachen), Herfried Münkler (Berlin), Richard Saage (Halle).

Der Hauptvorwurf, der vor allem den in der Tradition der Marburger Schule stehenden politikwissenschaftlichen Ideengeschichtlern gemacht wurde, lautet: "Die meisten dieser Arbeiten nehmen die ideologiekritische Tradition marxistischer Analysen auf und wenden sie mehr oder weniger differenziert auf ihre jeweiligen Gegenstandsbereiche an..."[6]

Resümierend kann man feststellen, daß der normativ-ontologische und der kritisch-dialektische Ideengeschichtler die ideengeschichtlichen Resultate als Begründung für philosophische Argumentationen im normativ-ontologischen (Suche nach dem idealen Staat, dem Wesen des Menschen etc.) oder im kritisch-dialektischen Sinn (Kritik an den gesellschaftlichen Zuständen, Beitrag zur Emanzipation usw.) verwendet. In dieser Perspektive verschmelzen folglich Ideengeschichte und Politische Philosophie.

(3) Die **empirisch-analytische** Variante der Teildisziplin Politische Theorie will, wie erinnerlich, politische Phänomene systematisch ordnen, erklären und prognostizieren. Dazu benötigt sie entsprechende Raster und Konzepte, also Modelle und Theorien. Zu beidem kommt man nur induktiv, d.h. über einzelne Erfahrungen, Ideen etc., die man präzisiert und verknüpft. So entstehen Hypothesen, die nach eingehender Überprüfung zu Theorien werden. Aus dieser Sicht stellt die Politische Ideengeschichte einen großartigen Fundus an Ideen und Überlegungen und möglicherweise Argumenten, Modellen, Hypothesen und sogar Theorien bereit. Ihn zu erschließen und für die moderne Politikwissenschaft

5.   vgl. U. Bermbach: Über die Vernachlässigung der Theoriegeschichte, S. 20 f.
6.   U. Bermbach: Über die Vernachlässigung der Theoriegeschichte, S. 22

fruchtbar zu machen, ist die zentrale Aufgabe für einen empirisch-analytisch verfahrenden politikwissenschaftlichen Ideengeschichtler bzw. Politischen Theoretiker. Das zentrale Forschungsziel sieht also vor, die politischen Ideen nach Möglichkeit in Argumente, Modelle und Theorien **umzuwandeln**, um ihre wissenschaftliche Relevanz diskutieren und nutzen zu können.

Diese analytische Sicht auf die Politische Ideengeschichte, die damit die Ideengeschichte zu einer wirklichen **Theorie**geschichte machen würde, kommt allerdings erst in jüngster Zeit zum Tragen.[7] Die in diesem Lehrbuch vorgelegten ideengeschichtlichen Abschnitte sind, neben der historischen Darstellung, vor allem diesem Ziel verpflichtet.

3.1.2. Methodik der Politischen Ideengeschichte

Um die genannten Forschungsziele zu erreichen, verwendet der Politische Ideengeschichtler interdisziplinäre (historische, philosophische, politikwissenschaftliche, literaturwissenschaftliche etc.) Methoden. Die wichtigsten Verfahren werden im folgenden ohne kritische Diskussion kurz angeführt[8]. Zur besseren Übersichtlichkeit werden die verschiedenen Methoden den genannten ideengeschichtlichen Forschungsprogrammen zugeordnet. Dadurch ergeben sich vier Forschungsstrategien, deren einzelne Methoden sich durchaus überschneiden (können):

a)   der historische Ansatz - er liegt der Arbeit aller Ideengeschichtler zugrunde, unabhängig von ihrer wissenschaftstheoretischen Einordnung;

b)   der philosophische Ansatz - dieser kommt vor allem bei normativ-ontologischen Ideengeschichtlern zum Einsatz;

c)   der politische Ansatz - er wird primär von kritisch-dialektischen Ideengeschichtlern verwendet;

7.   vgl. W. Patzelt: Formen und Aufgaben von "Theorieforschung" in den Sozialwissenschaften, in: Ethik und Sozialwissenschaften, 4, 1993, S. 111 f.; U. Druwe: Moderne Theorieforschung und ihre Methodik, in: Ethik und Sozialwissenschaften, 4, 1993, S. 128 f.
8.   Für genauere Methodenbeschreibungen und einschlägige Kritik verweise ich auf die Literatur im Anhang.

d)   der analytische Ansatz - sein Einsatz findet sich insbesondere beim empirisch-analytischen Ideengeschichtler.

3.1.2.1. Historischer Ansatz

Die historischen Forschungsziele setzen bei einer korrekten Edition der jeweiligen Texte an. Von daher wird zunächst **Quellenforschung** betrieben. Dabei geht es in einem ersten Schritt um das bloße Auffinden von Quellen. Selbst wenn man weiß - was oft leider nicht der Fall ist - in welchen Archiven Material lagert, so nimmt doch die Sichtung des Materials, das in der Regel mühsame Entziffern, die Transkription etc., oft Jahre in Anspruch.

Anschließend muß das gesammelte Material systematisch-kritisch erschlossen werden. Zumeist existieren nämlich von einem Werk verschiedene Ausgaben evt. auch noch in verschiedenen Sprachen. Parallel dazu erfolgt eine textkritische Übersetzung des Werkes, um es der internationalen wissenschaftlichen Gemeinschaft zur weiteren Forschung zur Verfügung zu stellen. Hier ist immer eine enge Zusammenarbeit zwischen Historikern und Philologen (Altphilologen, Romanisten, Anglisten, Sinologen etc.) notwendig. Die Quellenforschung führt im Ergebnis zu kritischen Werkausgaben.

Die Analyse von Texten - oder sonstigen Zeichen, wie etwa Klänge, Bauwerke, Bilder, Tanz, Handlungen - basiert zumeist auf **hermeneutischen** Methoden. "Wir nennen den Vorgang, in welchem wir aus Zeichen, die von außen sinnlich gegeben sind, ein Inneres erkennen: Verstehen... Dieses Verstehen reicht von dem Auffassen kindlichen Lallens, bis zu dem des Hamlet oder der Vernunftkritik. Aus Steinen, Marmor, musikalisch geformten Tönen, aus Gebäuden, Worten und Schriften, aus Handlungen, wirtschaftlichen Ordnungen und Verfassungen spricht derselbe menschliche Geist zu uns und bedarf der Auslegung. (...) Diese Kunstlehre des Verstehens schriftlich fixierter Lebensäußerungen nennen wir Hermeneutik..."[9]

---

9.   W. Dilthey: Gesammelte Schriften, Bd. 5, Stuttgart 1957 ff., S. 317

Nehmen Sie an, Sie wollen einen Text hermeneutisch interpretieren, d.h. seinen Sinn verstehen. Sie beginnen dann bei den Worten und Zeichen des Textes, denen Sie einen bestimmten Sinn zuordnen. Dies machen Sie, weil Sie einen Text als Ausdruck eines menschlichen Geistes deuten. Den Text verstehen Sie natürlich um so besser, je mehr Hintergrundwissen (sonstige Texte eines Autors, Wissen über die Zeit etc.) Sie haben. Hier deutet sich der sog. "hermeneutische Zirkel"[10] an, wie es Martin Heidegger nannte: Um einen Text verstehen zu können, benötigt man Hintergrundwissen. Wie aber kommt Hintergrundwissen zustande? Es resultiert in der Regel aus dem Verstehen von Texten, deren Verständnis wieder Hintergrundwissen verlangt und so fort.

Hermeneutisches Interpretieren bedeutet, so können wir zusammenfassen, das Verstehen von Zeichen durch Zeichen, denen jeweils ein **Sinn** zugeordnet wird.

Mit hermeneutischen Verfahren werden in der Politikwissenschaft nicht nur Texte und wirkungsgeschichtliche Zusammenhänge, sondern auch Handlungen interpretiert. Will man also beispielsweise die Frage beantworten, warum jemand eine bestimmte Handlung ausgeführt hat, so sucht der hermeneutisch verfahrende Wissenschaftler nach dem Sinn (Ziel, Zweck), den der Handelnde mit der Handlung verbunden hat. Eine solche sinnorientierte Interpretation wird auch als **teleologische Erklärung** bezeichnet[11].

3.1.2.2. Philosophischer Ansatz

Das Forschungsprogramm der normativ-ontologischen Ideengeschichtler verbindet empirisch-ideengeschichtliche Forschung mit sozialphilosophischen Zielen. Entsprechend werden hier die verschiedene philosophischen Methoden der Textauslegung angewendet. Im Mittelpunkt steht dabei die Hermeneutik.

---

10. Dieser ist eigentlich eine Spirale.
11. Die teleologische Erklärung ist jedoch nichts anderes als eine Kausalerklärung, vgl. U. Druwe: The structural identity of the natural and the social sciences, in: Zeitschrift für allgemeine Wissenschaftstheorie, 1987, S. 96 ff.

Ein weiteres zentrales Verfahren ist die **Phänomenologie.** Ausgangspunkt ist die ontologische These, daß es bestimmte absolute, evidente (unzweifelhaft sichere) Phänomene gibt, die für den Menschen via (vernünftige) Intuition erkennbar sind. Die reale Komplexität muß daher, will sie erkennbar sein, auf diese evidenten Grundphänomene reduziert werden. Edmund Husserl verwendet dafür den Begriff der "eidetischen Reduktion" (eidos, griech. = Wesen), d.h. es geht um das **Wesen** der Dinge.

Wie kann man das Wesen bzw. das Wesentliche der Dinge erkennen, wie kann Wesens-Schau oder, wie Husserl es nennt, "Ideation" betrieben werden? Die Antwort ist leider unklar. Das Wesentliche der Dinge erkennt man intuitiv. Versuchen wir trotzdem eine Präzisierung. Allen Phänomenen ist nach ontologischem Verständnis etwas Allgemeines immanent. Dieses Allgemeine können formale, materielle und/oder normative Elemente sein. Illustrieren wir das an einem Beispiel: Das "Wesen" der Katze ist "das Katzenhafte", das man intuitiv erkennt. Wegen dieser intuitiven Erkenntnis nennt man ein bestimmtes Tier eben "Katze" und nicht "Hund". Es gibt also irgendwelche Merkmale, die eine Katze ausmachen und die für alle Katzen zutreffen. Diese allgemeinen Merkmale sind das "Wesen" der Katze. Am Beispiel des Menschen kann das "normative Wesen" eines Phänomens erläutert werden. Das Wesen des Menschen besteht nicht nur in materiellen Aspekten, z.B. Augen, Gehirn etc., sondern zu seinem Wesen gehören ebenso normative Elemente. Als eine phänomenologische Erkenntnis über das Wesen des Menschen gilt folglich, daß der Mensch ein nach Sittlichkeit und Transzendenz strebendes Wesen ist.

Phänomenologische Analyse bedeutet daher das Verstehen des idealen - formalen, materialen und normativen - Wesens der betrachteten Objekte. Die phänomenologische Analyse von Texten, Handlungen oder sonstigen realen Dingen sucht folglich nach den jeweils "wesentlichen" Aspekten oder allgemeinen Wahrheiten.

3.1.2.3. Politischer Ansatz

Politische Ideengeschichtler, die auf der Basis des kritisch-dialektischen Erkenntniskonzeptes arbeiten, haben neben einer ganzheitlichen Betrachtung der Phänomene vor allem gesellschaftskritische Ziele. Neben den bereits erwähnten historischen und hermeneutischen Verfahren verwenden sie vor allem die **Dialektik** als Methode.

Ziel der Dialektik ist die totale Erfassung aller Aspekte eines Phänomens, gemäß der Devise: Das Wahre ist das Ganze. Üblicherweise wird unter Dialektik der fortschrittliche Dreischritt (Triade): These, Antithese und Synthese verstanden. Für Hegel ist dieser Dreischritt die Form des sich selbst entwickelnden, fortschreitenden Denkens, in der die These (das subjektive Denken) in der Antithese (dem objektiven Denken) und beides wiederum auf einer nochmals höheren Ebene in die Synthese (dem absoluten Denken) münden. Die Dialektik beschreibt damit sowohl einen strukturellen als auch einen zeitlichen und schließlich einen normativen Zusammenhang (Verbesserung) des Denkens.

Versucht man die Dialektik als Vernunftmethode alltagssprachlich zu erläutern, dann gilt: Jedes Ding oder Thema hat in der Regel zwei Seiten. Beiden Seiten (These, Antithese) muß man gerecht werden, um den Gegenstand als Ganzes (Totalität) zu verstehen. Die jeweils plausiblen Aspekte beider Seiten werden zu einer neuen, besseren Erkenntnis zusammengefaßt (Synthese).

Im Marxismus wandelt sich das Verständnis von einer Transzendentaldialektik (die sich nur auf die dialektische Entwicklung des menschlichen Geistes bezog, wie es noch von Hegel gesehen wurde) zu einer materialen Dialektik. Dialektisch entwickeln sich jetzt die Geschichte (Historischer Materialismus bei Marx) und die Natur (Dialektischer Materialismus bei Engels). Materiale Dialektik heißt, daß sich eben nicht nur die vernünftige Erkenntnis als dialektischer Prozeß ergibt, sondern alle Dinge und Erscheinungen in der Welt dialektisch mit anderen zusammenhängen. Entwicklungen und vor allem Höherentwicklungen bzw. Verbesserungen sind als Synthese immer das Ergebnis des Wechselspiels von

These und Antithese. Dieses Wechselspiel wird "dialektischer Antagonismus" genannt.

Am Beispiel der geschichtlichen Entwicklung, die Marx in seiner "Deutschen Ideologie" beschreibt, kann dies erläutert werden: Marx geht von fünf Stufen aus, der Urgesellschaft, der Sklavenhaltergesellschaft, dem Feudalismus, dem Kapitalismus und dem Kommunismus. Greifen wir uns den Feudalismus zur Illustration einmal heraus. Diese Stufe ist durch bestimmte Produktionsweisen charakterisiert (These). Diese Produktionsweisen führen zu Problemen und Widersprüchen (Antithese). Werden die Widersprüche und Probleme zu stark, kommt es zu einem Umbruch (Revolution) mit der Entstehung des Kapitalismus (Synthese). Der Kapitalismus entsteht also durch antagonistische Widersprüche innerhalb einer Ebene; deren Auflösung bringt Fortschritt: den Kapitalismus. Verglichen mit dem Feudalismus ist der Kapitalismus ein Fortschritt, eine Verbesserung. Antagonistische Widersprüche sind also der Motor der Geschichte.

Neben dialektischen Verfahren haben sich im Zusammenhang mit den Entwicklungen in der Kritischen Theorie Formen der **Pragmatik** als Analyseraster durchgesetzt. Wichtige Theoretiker im deutschsprachigen Raum sind hier vor allem K.-O. Apel und J. Habermas.

Erkenntnis vollzieht sich danach im Rahmen von Interpretationsgemeinschaften, deren Zahl prinzipiell unbegrenzt ist. Die Bezugseinheit für jede reale Kommunikation ist die - nur theoretisch konstruierbare - ideale Kommunikation. Hier handelt es sich quasi um ein Gedankenexperiment, in dem alle Kommunikationsteilnehmer über gleiche Rechte und die gleiche Sprachfähigkeit verfügen. Die ideale Sprechsituation führt zur idealen Lebensform, und diese wiederum impliziert Normen bzw. das Idealbild von Humanität, Recht und gesellschaftlicher Ordnung. Letzteres ist dann der Maßstab, an dem sich Gesellschaftstheorien, Gesellschaft und Politik in der Realität messen lassen müssen.

3.1.2.4. Analytischer Ansatz

Das aus empirisch-analytischer Sicht zentrale politiktheoretische Forschungsziel geht davon aus, daß historisch-politische Ideen heute noch brauchbare Argumente oder Konzepte darstellen. Um ihre Relevanz für die Politische Theorie belegen zu können, wird die Methode der (rationalen) Rekonstruktion[12] verwendet.

Mit (rationaler) Rekonstruktion ist ein sprachlogisches Verfahren gemeint, in dem es um die Präzisierung der Begriffe, die Erhellung der logischen Struktur von Aussagen(systemen) und die konsistente Formulierung eines theoretischen Konzeptes geht. Ergebnis ist die Rekonstruktion von Texten als Modell oder Hypothese (empirische Vermutung, die bei Bewährung zur Theorie wird). Damit ist die Voraussetzung dafür geschaffen, daß sich rekonstruierte Texte überhaupt in den wissenschaftlichen Diskurs einbinden und in einem zweiten Schritt gegebenenfalls empirisch überprüfen lassen.

Die Rekonstruktion basiert auf drei Prinzipien, dem der Similarität, der Präzision und der Konsistenz[13]. Sie sollen kurz erläutert werden.

1. Das Prinzip der **Similarität** fordert, daß die Rekonstruktion so erfolgt, daß sie mit den **Grundideen des Autors** in Einklang steht. Es gilt also, einen Text aus der Sicht des Autors zu rekonstruieren. Dabei muß insbesondere der jeweilige historische Kontext des Autors, d.h. sein Weltbild, sein Sprachverständnis usw., berücksichtigt werden.

Dieses zugegebenermaßen relativ vage Prinzip ist unvermeidlich, da es sich auf einen Text bezieht, **bevor** der Rekonstruktionsversuch gemacht wurde. Der vorsystematische Eindruck muß daher immer das Resultat

---

12. Die Klammerung des Begriffs "rational" soll darauf verweisen, daß in der Politische Theorie in aller Regel keine rationale Rekonstruktion vorgenommen wird, da dies eine formalisierte Darstellung verlangt.
13. vgl. W. Stegmüller: Gedanken über eine mögliche rationale Rekonstruktion von Kants Metaphysik der Erfahrung, in: ders.: Aufsätze zu Kant und Wittgenstein, Darmstadt 1974, S. 2 ff.

einer intensiven, auf historischen Methoden beruhenden Beschäftigung mit dem Text bzw. mit dem Kontext eines Autors sein.

2. Das Prinzip der **Präzision** fordert, daß der Text soweit wie möglich mit präzisen Begriffen (und das bedeutet, analytische und/oder empirische Begriffe) reformuliert werden soll. Dieser Grundsatz verlangt, daß zumindest die zentralen Begrifflichkeiten der politischen Ideen in die moderne Wissenschaftssprache zu "übersetzen" sind, andernfalls wären solche Ideen aufgrund ihrer Vagheit und Unverständlichkeit bereits zu verwerfen.

Auf dieses Prinzip will ich explizit hinweisen, tauchen doch in den Rekonstruktionen von Klassikern (und modernen Theoretikern) nicht mehr die Originalbegriffe, sondern ausschließlich deren empirische und/oder analytische Ersetzungen auf. Betrachten wir dazu ein Beispiel.

Aristoteles lehnt in seiner "Politik" die "Demokratie" als "entartete Staatsform" ab. Als real beste Staatsform bezeichnet er die "Politie". Würden Sie hier rekonstruktiv verfahren, so kämen Sie zu der Erkenntnis, daß Aristoteles' Politie eigentlich unserem empirischen Verständnis von Demokratie in vielen Punkten entspricht (Herrschaftsform mit wechselnden Eliten; gleicher Zugang zu allen politischen Ämtern; Besoldung der Ämter; Mehrheitsprinzip, etc.) Aristoteles müßte folglich u.a. als Demokratietheoretiker rekonstruiert werden und nicht in der Aura eines Demokratiefeindes verbleiben, was in der Sekundärliteratur[14] zumeist geschieht.

3. Das Prinzip der **Konsistenz**: Der Text ist als konsistente(s) Theorie oder Modell zu rekonstruieren. Dabei müssen die Anforderungen 1 und 2 erfüllt werden. Dieses dritte Prinzip verlangt, klassische Texte als stringente, widerspruchsfreie Argumentation darzustellen. Dabei ist es bei Klassikern oft nötig, eine vollständige Darlegung des philosophischen Hintergrundes zu geben, um implizite Argumentationsvoraussetzungen,

---

14. vgl. beispielsweise den Artikel von B. Guggenberger über "Demokratietheorie" in: D. Nohlen (Hg.): Pipers Wörterbuch zur Politik, München 1985, S. 130 ff.

die zum Teil den Autoren selbst nicht bewußt waren, zu explizieren. Ebenfalls häufig ist die Ergänzung von Argumentationslücken und die Beseitigung von Argumentationsfehlern.

Bei Hobbes etwa findet sich im "Leviathan" der Hinweis, er arbeite "more geometrico"; an späterer Stelle wird dies als empirische Methode ausgegeben. Hier muß in der Rekonstruktion eine Verbesserung erfolgen, denn zu Hobbes' Zeiten galt die Geometrie als empirische Wissenschaft, während sie heute, als Teil der Mathematik, zu den analytischen Wissenschaften gehört. Ihren äußeren Niederschlag finden solche Rekonstruktionsmaßnahmen zumeist in einer veränderten Anordnung des Materials.

Bei der Methode der rationalen Rekonstruktion arbeitet man mit einer impliziten Prämisse. Sie lautet: Die Aussagen und Konzeptionen eines Autors sind so lange als korrekt anzusehen, bis das Gegenteil bewiesen ist. Wenn es einem nicht gelingt, einen Text zu rekonstruieren, dann kann daraus natürlich nicht geschlossen werden, daß dieser Text kein System wissenschaftlicher Aussagen darstellt. Dies wäre nur möglich, wenn man beweist, daß der Text **prinzipiell nicht** rekonstruierbar ist.

Oft sind gerade bei Klassikern verschiedene, sich widersprechende Interpretationen möglich. Rekonstruktionen weichen naturgemäß vom Original ab; ihre Darstellung kann nur mehr oder weniger exakt sein, mehr oder weniger vom intuitiven Gehalt des Textes abweichen, einen größeren oder kleineren Teil der Theorie umfassen. Für rationale Rekonstruktionen gilt aber immer, daß diejenige gewählt werden sollte, die bei Wahrung des intuitiven Gehalts (Anforderung 1), die konsistenteste Argumentation aufweist.

Rekonstruktionen sind also in dem Sinn zu verstehen, daß damit ein **mögliches** Modell des rekonstruierten Textes geboten wird, nicht aber eine wahre Interpretation. Die Rekonstruktion belegt, daß ein Text gültig (logische Struktur) ist, d.h. widerspruchsfrei.

Eingangs hatte ich festgestellt, daß es dem analytischen Ansatz der Ideengeschichte um die Relevanz klassischer Texte geht, d.h., um die Frage, ob klassische politische Ideen brauchbare Argumente, Modelle oder Theorien für die aktuelle politiktheoretische Debatte bereitstellen. Um die Relevanz eines Textes beurteilen zu können, ist die Rekonstruktion ein erster Schritt. Die erfolgreiche Rekonstruktion ergibt, daß ein Text als gültiges Modell aufgefaßt werden kann. Damit ist ein Text aber noch nicht relevant. Die Politikwissenschaft ist eine Erfahrungswissenschaft, sie will Aussagen über die Realität machen. Relevant ist ein Text folglich dann, wenn er zu diesem Ziel einen Beitrag leistet.

Relevanz bedeutet folglich, daß ein rekonstruierter Text ein Problem strukturiert, zur Hypothesenableitung verwendet werden kann oder sogar ein Problem erklärt. Die Relevanz einer Argumentation ist folglich nur dadurch zu belegen, daß sie auf aktuelle Problemstellungen angewendet wird. Damit muß man sich aus dem ideengeschichtlichen Kontext lösen und der aktuellen politiktheoretischen Diskussion zuwenden.

3.1.2.5. Resümee

Die politikwissenschaftlich betriebene Ideengeschichte verfolgt, je nach metawissenschaftlichem Hintergrund, unterschiedliche Forschungsziele: Historische Interessen werden entweder mit philosophischen, politischen oder analytischen Zielen kombiniert. Mit dem Forschungsziel korrespondieren die angewandten Methoden.

Im Mittelpunkt des vorliegenden Lehrbuchs steht die Politische Theorie aus empirisch-analytischer Sicht. Ausgewählte politische Ideen werden daher im folgenden nicht nur historisch-deskriptiv betrachtet, sondern zumindest teilweise auch **rekonstruiert**, d.h. auf ihre logische Stringenz hin überprüft. Das ist die Voraussetzung dafür, daß klassische politische Ideen als Argumente, Modelle oder gar Theorien für die aktuelle politiktheoretische Diskussion relevant werden können.

Die Relevanzdiskussion selbst kann nicht auf der Basis der Ideengeschichte erfolgen, denn dafür sind Kenntnisse der gegenwärtigen politiktheoretischen Debatte notwendig. Als erste Orientierung verweise ich daher auf Problemfelder, in denen klassische Ideen möglicherweise relevant sind.

Die Auswahl der dargestellten und der rekonstruierten historischen Konzepte orientiert sich an den wichtigsten Klassikern. Für einen detaillierteren ideengeschichtlichen Überblick verweise ich auf die Angaben im Literaturverzeichnis.

3.2. Modelle der Politik in der Antike

Die Politikwissenschaft nahm ihren Ursprung in der klassischen Philosophie der Griechen. Sie entwickelten Probleme und Begrifflichkeiten, die immer noch grundlegend sind. Die griechische Denkweise unterschied sich allerdings in einem wichtigen Punkt von der Gegenwart: Zwischen politischem Denken und politischer Praxis bestand völlige Identität. Damit entfallen einige typische Dichotomien der Moderne, etwa die zwischen Theorie und Praxis oder zwischen Wahrheit und Moral. Das politische Denken der Griechen war deshalb nicht nur an den Einrichtungen und Verhaltensweisen interessiert, die für die Gegenwart politisch sind, sondern schloß selbstverständlich wirtschaftliche, moralische, religiöse, kurz alle Aspekte, die die Gesellschaft betrafen, mit ein. Die Polis war eben nicht nur eine politische Gemeinschaft, sondern auch ein privater Freundschaftsbund. Daher mußte der Bereich des Politischen auch erst **entdeckt** werden. Um diese historische These zu belegen, betrachten wir kurz den Inhalt einschlägiger Schriften. Die Entdeckung des Politischen beginnt in der Zeit des 8. und 7. Jahrhunderts vor unserer Zeitrechnung. Besonders schön illustriert wird dies in den Schriften des Homer.

3.2.1. Die Entdeckung des Politischen

Homer schildert in seinen Epen "Ilias" und "Odyssee" die Welt einer vornehmen, wohlhabenden und zunehmend machthungrigen Oberschicht von Großbauern sowie die politischen Strukturen einer Frühform der gemeindlichen Entwicklung, der Polis. Sie besteht aus einem teilweise befestigten Siedlungszentrum mit Heiligtümern, Markt- und Versammlungsplatz, einem Primus inter Pares ("König"), der sich mit dem Rat ("Gutsherren") berät. Jeder Gutsherr herrscht eigenmächtig über seinen Haushalt ("oikos"), bestehend aus Familie, Gefolgsleuten, Sklaven und Tieren. Wer keinen Oikos besitzt oder keinen Herrn, der ihn beschützt, befindet sich in einer mißlichen Situation; die "Odyssee" schildert dies am Beispiel der Theten (Lohnarbeiter), Demiurgen (Handwerker) und der Bettler.

Die Schicht der nichtadligen, aber freien Bauern bleibt in den Epen unberücksichtigt; sie spielen lediglich im Krieg eine wichtige Rolle. Sonst dürfen sie in der von den Adligen beherrschten Diskussion ihre Meinung nur durch Beifalls- oder Mißfallenskundgebungen ausdrücken.

Folgende Themen stehen in beiden Epen im Mittelpunkt:
1. Krieg und Frieden - Zentral sind vor allem das Problem des **gerechten Krieges**, die Diskrepanz zwischen den Zielen der Führer und dem Denken der Krieger (vgl. "Achilleus' Zorn"), die Verhältnismäßigkeit zwischen Anlaß und Ausmaß des Krieges bzw. die durch den Krieg bewirkte Not.
2. Rolle und Verantwortung von Herrscher und Elite - Im Mittelpunkt steht dabei die Frage, was einen **guten** König ausmacht und wie die Eliten in die gemeinschaftlichen Normen eingebunden werden können.
3. Rolle des Volkes - In diesem Zusammenhang wird vor allem die Passivität der Bevölkerung kritisiert und zugleich diskutiert, wie das politische Bewußtsein des Volkes gestärkt werden kann.
4. Rechtswesen und Konfliktregulierung - Hier wird auf die Bedeutung normativer Prinzipien, beispielsweise Gerechtigkeit, und geeigneter Konfliktregulierungsverfahren hingewiesen.

Ebenso bedeutsam wie Homer ist Hesiod, der um die Wende des 8./7. Jahrhunderts lebte. Er war Hirte und Bauer, trat aber bei Festen und an Höfen mit Epen auf. Hesiod schildert die Welt der freien Kleinbauern. Zwei Dichtungen sind politologisch relevant: "Theogonie" und

"Werke und Tage". Erstere schildert die Entwicklung der Welt bis zur Machtübernahme des Gottes Zeus; dessen Herrschaft steht für Gerechtigkeit und Frieden. "Werke und Tage" ergänzen die Götterwelt um die diesseitige Komponente. Dabei wird der guten göttlichen Ordnung die korrupte irdische Realität gegenübergestellt. Allerdings sind die Menschen an dem Übel selbst Schuld. Die Verantwortung zum Besseren liegt also bei den Menschen selbst: Sie müssen das Rechte erkennen und verwirklichen. Dabei hat sich der König an Zeus zu orientieren, und der "kleine" Mann muß im Rahmen seiner Möglichkeiten das Rechte tun.

Das politische Denken Homers und Hesiods bezieht sich auf die Erfahrung adliger Willkür und Macht. Sie stellen bereits die These von der Polis als Rechtsgemeinschaft dagegen; außerdem finden sich erste Hinweise auf die Notwendigkeit eines verstärkten Engagements des Volkes ("demos") in der Gemeinschaft.

Im 7. und 6. Jahrhundert setzten Entwicklungen ein, die die Grundlage der kulturellen Blüte Griechenlands bildeten. Es prägten sich vor allem die gemeinsame Sprache, Schrift und Religion aus, mit der man sich von den "Barbaren" unterschied. Die Polis wurde zur allgemein akzeptierten Gemeinschaftsform. Das schwache Königtum wurde vom Adelsrat absorbiert und mit der Zeit setzte sich dessen Besetzung durch Akklamation durch. Schließlich wurde das Recht kodifiziert, Änderungen mußten vom Volk akzeptiert werden. Mit der Polis kam auch das Verständnis vom Bürger auf. Bürger konnte nur sein, wer Grundbesitz hatte und wehrfähig war. Krieg und Frieden (mit der Folge von Überbevölkerung), Kolonialisierung, Vereinigung mehrerer Poleis zu einer neuen Polis, Rivalitäten und soziale Konflikte in den Poleis führten zum Phänomen der Tyrannis.

Zwar gab es unterschiedliche Formen der Tyrannis, im Prinzip wiesen sie aber folgende Gemeinsamkeiten auf:
- Der Tyrann überlebte Dank seiner militärischen Macht.
- Er zerstörte die herrschenden politischen Institutionen und die Macht des Adels.
- Er achtete auf Ruhe und Ordnung.
- Er kümmerte sich vor allem um die Bauern und Unterschichten.

Vor allem die Eliten kämpften daher gegen die Tyrannis. Setzte sich ein Tyrann durch, mußte er oft den selbstbewußteren bäuerlichen Schichten politischen Einfluß einräumen. Die Tyrannis ist daher ein wichtiges Zwischenglied bei der Entwicklung hin zur Demokratie.

Auch Athen erlebte zahlreiche Tyrannen. Um 625 versuchte der legendäre **Drakon** hier Abhilfe zu schaffen, indem er eine Teilkodifizierung des Rechts vornahm. Dennoch stand Athen zu Beginn des 6. Jahrhunderts wieder vor einem Bürgerkrieg. In dieser Situation trat der Reformer **Solon** auf. Sein Werk ist ein Meilenstein des politischen Denkens, nicht weil sie die erste oder wichtigste Reform war, sondern weil ihr ein theoretisches Konzept zugrundelag. Zusammengefaßt ging Solon davon aus, daß Dike (Göttin der Gerechtigkeit) notwendig jede Schuld rächt.

Damit formuliert er einen Kausalzusammenhang zwischen negativem Verhalten und entsprechenden Folgen für alle. Vor diesem Hintergrund muß es jedem einzelnen Bürger einleuchten, daß er sich in der Polis engagieren muß. Solon versuchte diese Ideen auch in die Praxis umzusetzen. Er schaffte die Schuldsklaverei ab, freie Bürger blieben frei; er kodifizierte das Recht weiter und entwickelte das Instrument des Geschworenengerichts; er ergriff Maßnahmen, um das politische Engagement der Bürger zu fördern, beispielsweise durch Einführung der Popularklage; er führte das Leistungsprinzip als Maßstab für Ämterbekleidung ein.

Solons Ideen waren die Grundlage für die demokratische Entwicklung Athens. Um 500 v. Chr. schlossen sich die Reformen des **Kleisthenes** an. Er eröffnete vor allem den Mittelschichten neue politische Handlungsoptionen. Sein zentraler Begriff war "isonomia" (Gleichheit). Gleichheit der Bürger bezog sich zwar nicht auf die Herrschaft, zumindest aber auf die Entscheidungsfindung. Dazu mußte die Bürgerschaft aber erst befähigt werden. Kleisthenes setzte daher eine neue, die Mittelschicht integrierende Phylenordnung durch.

Weitere Neuerungen waren die Einführung des Rats der Fünfhundert, des Scherbengerichts und die Loswahl der Archonten.

Ephialtes und **Perikles** fügten weitere Reformen an, sicherten und festigten die Demokratie in Athen. Erstmals in der Weltgeschichte konnten jetzt die Beherrschten politisch mitentscheiden. Allerdings zeigte sich sofort ein zentrales Problem jeder Demokratie: Politische Entscheidungen waren **Mehrheitsentscheidungen.** Polarisierungen zwischen "demos" und "oligoi" waren die Folge. **Thukydides** greift das Problem auf, wenn er von der Versklavung der Minderheit durch die Mehrheit oder umgekehrt spricht. Demokratie und Oligarchie wurden fortan als gegensätzliche Herrschaftsformen aufgefaßt. Die Demokratie besetzte in diesem Zusammenhang den Begriff der **Freiheit.**

Die Demokratie in Athen umfaßt die Zeit von 480 (Ende der Perserkriege) bis 411 v. Chr. (Peloponnesischer Krieg). Das politische Denken dieser Epoche ist zunächst mit Personen verknüpft, die heute als Dichter betrachtet werden: Aischylos, Sophokles und Euripides. Ihre Tragödien sind Darstellung, Diskussion, Theorie und Praxis eines neuen Seins- und Gemeinschaftsbewußtseins, eines neuen Selbstverständnisses; sie verkörpern ein neues Menschenbild. Vor allem das Drama hat hieran entscheidenden Einfluß, denn durch den Einsatz eines zweiten (Aischylos) und eines dritten (Euripides) Schauspielers verwandelt sich die Erzählung in eine Handlung. Die dialogische Form ist Ausdruck dafür, daß sich das Verhältnis von Personen und Begebenheiten umkehrt. Der Zuschauer erlebt jetzt Menschen, denen etwas zustößt. So verlagert sich der Schwerpunkt; nicht **was** sich ereignet, sondern **wie** es sich ereignet und wie die Menschen damit fertig werden steht jetzt im Mittelpunkt. Der Zuschauer wird gezwungen, sich mit handelnden Personen zu identifi-zieren. Die Handlung wird zum menschlichen Problem, zur Suche nach Schuld und richtigem Verhalten. Immer geht es um Ordnung, um die, die der Mensch akzeptieren muß und um Ordnung, für die er selbst verantwortlich ist. Eine politische Gemeinschaft ist nach diesem Verständnis eine Existenzgemeinschaft, die ihr Recht zur Autonomie aus der Übereinstimmung mit der Seinsordnung ableitet. An dieser Stelle setzt die (neue) Verantwortung des Menschen ein. Die Tragödien konstruieren solche Situationen, die dem Menschen neue Entscheidungen abverlangen, ihm seinen Handlungsbedarf bewußt machen.

Wichtigstes politiktheoretisches Thema der Tragödien ist das Problem des mit Schuld verbundenen Zivilisationsprozesses. Mit der wachsenden Macht des Menschen über die Natur und seinesgleichen werden "göttliche Rechte" verletzt. Die Entscheidung zwischen alter und neuer Ordnung zeigt sich beispielsweise in Aischylos' "Orestie" oder in Sophokles' "Oedipus".

Neben dem Drama entsteht die ebenfalls politiktheoretisch relevante Geschichtsschreibung. Sie verbindet sich mit den Namen **Herodot** (484 - 424/414 v. Chr.) und **Thukydides** (455 - 396 v. Chr.).

Herodot benutzt die Geschichte, um grundlegende Probleme seiner Zeit zu analysieren, Hintergründe und Folgen darzustellen. Er formuliert damit implizit eine Geschichtstheorie, die von allgemeinen Faktoren und typischen Verlaufsmustern ausgeht. Zur Begründung dieses Geschichtsverständnisses verweist er auf die relativ konstante menschliche Natur. Dennoch ist der Mensch für seine Geschichte selbst verantwortlich. Er kann sie gestalten und aus ihr lernen. Bei Herodot findet sich zudem ein zentraler moderner Gedanke: Macht korrumpiert aufgrund der in ihr innewohnenden Eigendynamik. Auch Thukydides betrachtet die Beschäftigung mit Geschichte als Mittel zur vernünftigen Bewältigung des Daseins, da sie im Speziellen das Allgemeine aufspürt (vgl. Einleitung zu seiner "Geschichte des Peloponnesischen Kriegs").

Parallel zu den Dramatikern und Geschichtsschreibern treten im demokratischen Athen die Vorsokratiker und vor allem die Sophisten (Lehrer der Weisheit) auf. Mit ihnen beginnt das Zeitalter der griechischen Aufklärung.

3.2.2. Vorsokratik und Sophistik

Die klassische griechische Naturphilosophie heißt **Vorsokratik**. Ihr Begründer ist **Thales** von Milet (624 - 546). Thales ging davon aus, daß alles Sein einen gemeinsamen natürlichen Grund hat und daß allem Sein folglich ein gemeinsames Prinzip immanent ist.

Diesen Gedanken griff vor allem **Anaximander** (611 - 546) auf. Er formulierte - und dies erstmals in Prosa - die These von einem Weltgesetz, auf dem alle Weltprozesse beruhen. (Die moderne Suche nach der einen Weltformel ist also nicht neu.) Mit diesen einflußreichen Überlegungen entsteht die klassische griechische **Ontologie** (Lehre vom Sein), die Vorstellung von einem Sein, welches alles umfaßt, ewig und unendlich ist.

Heraklit (544 - 483) bündelt diese Philosophien in seiner These vom Logos. Das Logos ist die eine, ewige, unendliche, transzendente und allmächtige Weltvernunft, die zugleich das Weltgesetz, das Schicksal, die Allnatur und die Gottheit selbst ist. "Herakleitos behauptet, daß das All eins ist: getrennt, ungetrennt, geworden, ungeworden, sterblich, unsterblich, Logos, Aion (Ewigkeit, U.D.), Vater, Sohn, Gott und Gerechtigkeit."[15] Damit wird das Absolute geschaffen und ein metaphysischer Seinsgrund gedacht. Heraklit ist auch der erste Philosoph, der den Menschen als geistiges Wesen in eine bestimmte Beziehung zum Logos setzt; damit wird er zum Begründer der Erkenntnistheorie.[16]

Weitere Ausgestaltung erfährt die Ontologie durch **Parmenides** (540 - 480). Er geht dabei allerdings nicht vom Sein selbst, sondern vom Denken aus. Gegenstand des Denkens ist das "konkrete" Sein; das logische Urteil jedoch ist allgemein und zeitlos. Sein Inhalt ist deshalb ein "reines", universelles und zeitloses Sein. Dies impliziert das Erkennen der absoluten Wahrheit.

Damit sind die wesentlichen Elemente der Ontologie entwickelt:
- Alles Sein hat einen gemeinsamen Urgrund: das Logos (die umfassende kosmologische Vernunft).
- Alles Seiende ist ewig bzw. zeitunabhängig.
- Alle Weltprozesse beruhen auf einem Weltgesetz, das sich aus dem Logos ableitet.
- Der Mensch hat über seine Vernunft (Seele) Teil am Logos.

---

15. W. Capelle (Hg.): Die Vorsokratiker, Stuttgart 1968, S. 131
16. vgl. W. Capelle, S. 149, Nr. 89 und 90

Beschäftigte sich die Vorsokratik zunächst mit dem Sein, der Natur, so wendet sie sich später - parallel zur demokratischen Entwicklung in Athen - dem Menschen und seinen Handlungen zu. Diese zweite Phase der Vorsokratik heißt **Sophistik**.

Ihre Protagonisten gaben sich den Namen Sophisten ("Lehrer der Weisheit"), weil ihre Lehre auf der Bildung des Geistes, auf Rationalität aufbaute, Fähigkeiten, die sich im demokratischen Athen als notwendig für den Bürger herausstellten. Die Sophisten traten in einer Situation auf, in der es für die Bürger Athens zwingend wurde, Wissen zu erwerben und argumentieren zu können, um z.B. die eigenen Interessen in der Politik durchsetzen zu können.

Um der sophistischen Politischen Philosophie gerecht werden zu können, empfiehlt es sich, zuvor ihr Wissenschaftsverständnis zu skizzieren. Dieses ist überraschend modern. Das Hauptproblem der sophistischen Erkenntnistheorie läßt sich mit der Frage "Was ist Wissen, Erkenntnis und Wahrheit?" umschreiben. In Beantwortung dieser Frage läßt sich die Sophistik - in aller Vorsicht - mit folgenden Begriffen charakterisieren: Subjektivismus, Relativismus, Sensualismus, Agnostizismus, Skeptizismus und Rhetorik. Diese Begriffe sollen im folgenden anhand der Thesen wichtiger Sophisten verdeutlicht werden.

Als bedeutendster Sophist gilt **Protagoras** (481 - 411 v. Chr.). Wegen Gottlosigkeit in Athen verklagt, wird Protagoras zum Tode verurteilt, er entzieht sich der Vollstreckung durch Flucht, und seine Schriften werden öffentlich verbrannt.

Protagoras' Subjektivismus wird in dem sog. "Homo-Mensura-Satz" deutlich, wonach "der Mensch ... der Maßstab aller Dinge (sei), der Seienden, daß sie sind und der Nichtseienden, daß sie nicht sind."[17] Jedem Menschen erscheinen also die Dinge anders. Damit führt Protagoras zugleich den Relativismus ein, denn "er behauptet, es seien sämtliche Vorstellungen und Meinungen wahr, und die Wahrheit gehöre zu den relativen

---

17.   W. Capelle, S. 327

Dingen, weil alles, was ein Mensch sich vorstellt oder meint, in Hinsicht auf diesen <auch> wirklich wahr sei."[18] Impliziter Bestandteil ist des weiteren der Sensualismus, denn nach Protagoras erkennt der Mensch über seine Sinne.[19] Berühmt wurde vor allem auch eine andere These des Protagoras, in der seine Skepsis und sein Agnostizismus (Lehre von der Unerkennbarkeit des wahren Seins) zum Ausdruck kommt: "Von den Göttern vermag ich nichts festzustellen, weder, daß es sie gibt, noch, daß es sie nicht gibt, was für eine Gestalt sie haben; denn vieles hindert ein Wissen hierüber: die Dunkelheit der Suche und die Kürze des menschlichen Lebens."[20]

Noch radikaler ist die Skepsis, die **Gorgias** (483 - 375 v. Chr.) in seiner Schrift "Vom Nichtseienden" vertritt. "Erstens: es gibt nichts; zweitens: wenn es auch etwas gäbe, wäre es doch für den Menschen unerkennbar; drittens: wenn es auch erkennbar wäre, wäre es doch unserem Mitmenschen nicht mitteilbar und nicht verständlich zu machen."[21] Die erste These wird durch die Reflexion des Seinsbegriffs des Parmenides' belegt, der vom Sein als Grenzenlosem, Ewigem und gleichzeitig Werdendem spricht - Gegensätze, die sich aufheben und folglich zum Nichts führen. Die zweite These basiert auf der Erkenntnis, daß zwischen Vorstellungen, denen eine Realität entspricht, und Vorstellungen, denen keine Realität entspricht, nicht unterschieden werden kann. Und die dritte These formuliert, daß das, was mitgeteilt wird, immer nur Worte über die Dinge sind, nicht jedoch die Dinge selbst.

Gorgias' Resultat ist also die Negation wahrer Erkenntnis; wenn überhaupt gibt es nur Wahrscheinliches. Dies führt zu der zentralen Argumentationsmethode der Sophisten, der Rhetorik. Diese ist nicht - wie wir es heute tun - als Lehre von der schönen Rede zu verstehen, sondern die Sophisten entwickeln sie als Theorie der **wahrscheinlichen** Argumentation.

---

18.   W. Capelle, S. 327
19.   vgl. W. Capelle, S. 332
20.   W. Capelle, S. 333
21.   W. Capelle, S. 345

Resümieren wir die Erkenntnistheorie der Sophistik:
1. Wahrheit ist keine absolute Größe.
2. Erkenntnis ist abhängig vom Menschen.
3. Argumentation kann immer nur mit Wahrscheinlichkeiten arbeiten.

Relativismus und Skeptizismus beeinflussen natürlich auch die Politische Philosophie der Sophisten. Sie stellt den Versuch dar zu erklären, wie man gut in einer Gemeinschaft leben kann. Die verschiedenen Theoretiker unterscheiden sich in ihren Konzepten durchaus, dennoch lassen sich folgende Gemeinsamkeiten belegen: Ziel und Sinn des Menschen ist es, gut zu leben, d.h., ein erfolgreicher Bürger zu sein, in der Volksversammlung und in den Gerichtshöfen einen guten Eindruck zu machen. Um Erfolg zu haben ist es notwendig, mit den herrschenden Konventionen über das, was gerecht, richtig und angemessen ist, übereinzustimmen. Jeder Staat hat, so die Erfahrung der weitgereisten Sophisten, diesbezüglich seine eigenen Vorstellungen. Daher muß man die örtlichen Gegebenheiten studieren und lernen, sich ihnen anzupassen, oder umgekehrt die Mitmenschen nach den eigenen Intentionen zu "formen". Das ist die "techné" (Technik, Handwerk, Fähigkeit), die zu lehren das Geschäft des Sophisten darstellt.

Der Sophist muß das lehren, was im jeweiligen Staat gut und vernünftig ist. Tugend und Vernunft sind also keine Absolutgrößen, sondern das Problem ist: Was ist gut in Athen? Was ist gut in Sparta? Daraus folgt die zentrale Konsequenz der Sophisten: Handlungsanleitungen können nicht allgemein gegeben werden, etwa indem man von einer angeblichen "Natur des Menschen" ausgeht, sondern der Mensch ist ein Geschöpf der Konvention, der Gemeinschaft.

Erkenntnis der Konvention und deren Beeinflussung zu eigenen Gunsten (Rhetorik) stehen somit im Mittelpunkt der sophistischen Strategie. Sowohl das Gerechte als auch das Schädliche existieren nicht von Natur aus, sondern sind das Produkt der Konvention, so **Archelaos**. Das politische Handeln der Menschen ist daher konventionell zu bestimmen. Hier greift wieder der Homo-Mensura-Satz des Protagoras: "Der Mensch ist das Maß aller Dinge", da sich "Dinge" (chremata) auf die Beziehung der Gegenstände zum Menschen bezieht. Protagoras' Satz bedeutet daher auch, daß Handlungen abhängig vom Menschen sind; ein "Ding" (chrema) wird in Gebrauch genommen.

Der Mensch ist damit auch das Maß der Polis; sie besitzt keine eigene Natur, sondern ist Menschenwerk. Ihr Ziel ist es, die menschlichen Bedürfnisse zu befriedigen. Das Gesetz wird zum "Vertrag" und somit zum Bürgen zwischen den Menschen; es kann den Menschen aber weder gut noch schlecht machen (so der Sophist **Lykophron**).

Damit stellt sich das Problem, wie Gesetz und menschliche Natur zueinander in Beziehung gebracht werden können. Zwei Möglichkeiten sind gegeben:
1. Das Gesetz geht von der Gleichheit der Menschen aus und verurteilt alle Hierarchien als willkürlich.
2. Das Gesetz geht von der Ungleichheit der Menschen aus und leitet davon Hierarchien ab. Entsprechend kann ein "Recht der Schwächeren" oder ein "Recht der Stärkeren" formuliert werden.

Für die erste Version plädiert Lykophron, wenn er betont, daß die Vorrechte des Adels nicht dem Glanz echter Würde entsprechen, sondern nur verbaler Natur sind. In Wirklichkeit sieht er jedenfalls keinen Unterschied zwischen den Menschen.

Alkidamas vertritt ebenfalls die Gleichheitsthese, wenn er meint, daß es gegen die Natur ist, wenn der eine Sklave, der andere frei ist. Und auch **Antiphon** formuliert in seiner Schrift "Über die Wahrheit": Von Natur aus sind wir alle in allen Beziehungen gleich geschaffen, Barbaren wie Hellenen. Zugleich warnt Antiphon aber davor, daß die allgemeine Gleichheit nicht in Anarchie ausarten dürfe. Deshalb muß man den vereinbarten Gesetzen unbedingt gehorchen.[22]

Für die These von der menschlichen Ungleichheit in Verbindung mit einem "Recht des Stärkeren" argumentiert der Sophist Gorgias. Er sieht

---

22. vgl. Antiphon, in: W. Capelle, S. 376 f.

in der Natur, daß das Schwächere das Stärkere nicht behindert, und so soll es dann auch in der Politik sein. Ähnlich argumentiert der Sophist **Trasymachos**, wenn er das Gerechte als Nutzen für den Stärkeren definiert.[23]

Im Mittelpunkt des politischen Programms der Sophisten steht die Erziehung. Erziehungsinstrument ist die Rhetorik. Die Ausgangsthese lautet dabei: "Was immer jemand auf den höchsten Gipfel der Vollendung bringen will..., das kann man auf Grund der folgenden Ausführungen erreichen. Vor allem muß man von Natur dazu Anlage haben. Das ist freilich nur ein Geschenk des Zufalls; das übrige aber steht in der Macht des Menschen selber, nämlich ein Sucher des Guten und Schönen zu werden und ein Freund von Mühe und Arbeit, und mit dem Lernen schon ganz früh zu beginnen und lange Zeit dabei auszuharren."[24]

Merkmal einer richtig eingesetzten Tüchtigkeit ist das Wohl aller; man muß, so sehen die Sophisten im Prinzip die Natur des Menschen, dem Gesetz und den Menschen helfen. Aus der guten Ordnung, der "eunomia", resultieren weitere positive Elemente, so z.B. das Vertrauen, der Kredit, der den Geldumlauf und damit das wirtschaftliche Wohlergehen aller fördert und den einzelnen in die Lage versetzt, sich um sein eigenes Leben zu kümmern. Die Sophisten formulieren also schon eine Staatszwecklehre, die ein materiell sorgenfreies Leben in den Mittelpunkt stellt und für ökonomischen Fortschritt plädiert. Diese Gedanken werden in der Neuzeit, in den Wohlfahrtstheorien, wieder aufgegriffen.

Erziehungsinstrument ist die Rhetorik, die Kunst, richtig und plausibel (wahrscheinlich) zu argumentieren. Um plausibel argumentieren zu können, benötigt man Wissen, Kenntnisse über die Gesetze und Normen sowie Menschenkenntnis. In der Rhetorik werden diese Elemente verbunden, um die eigenen Intentionen durchzusetzen.

---

23.   vgl. Platon: Politeia, Bücher I - IV
24.   W. Capelle, S. 381

Das sophistische Denken läßt sich wie folgt resümieren: In der Vorsokratik wird die Ontologie geprägt, die für die klassische griechische, römische und mittelalterlich-christliche Philosophie dominierend sein wird. Sie geht davon aus, daß es eine Weltvernunft und daraus abgeleitet ein Weltgesetz gibt, auf das alle Weltprozesse zurückgeführt werden können. Im 5. Jahrhundert wird dieses Konzept von den Sophisten massiv kritisiert. Ihre Erkenntnistheorie ist skeptisch, relativistisch, agnostizistisch, sensualistisch und subjektivistisch. Es gibt keine absoluten Größen, alles ist abhängig vom Menschen und seinem jeweiligen Standpunkt. Auf dieser wahrscheinlichen Basis kann rhetorisch argumentiert werden.

Für die Politische Philosophie entstehen aus der Sophistik zahlreiche, zum Teil sehr langlebige Traditionen, die sich schlagwortartig so formulieren lassen:
1. Anthropologie:
   a) Es gibt eine individuelle "Natur des Menschen", gegen die der Mensch nicht ankommt, weil sie auf "Naturnotwendigkeiten" zurückgeht.[25] Zwar sind die Menschen "von Natur aus frei", was aber den Aspekt Gleichheit betrifft, so gilt sowohl die These von den angeborenen Unterschieden, als auch die der völligen Gleichheit.
   b) Das Gegenkonzept zur These von der "Natur des Menschen" sieht den Menschen als konventionell bestimmt an. Der Mensch ist ein Gemeinschaftswesen.
2. Relativismus: Alles, was vom Menschen in Gebrauch genommen wird, ist von seinem Maß abhängig, d.h., Gegenstände, Handlungen, Beziehungen sind konventionelle, menschliche Ergebnisse. Dies gilt auch für Staat, Politik, Recht und Moral.
3. Staatszwecke dienen dem Menschen; darunter fallen sowohl das Prinzip der Gerechtigkeit als auch das des materiellen Wohlstands (Wohlfahrtstheorie).
4. Allgemein wird von den Sophisten anerkannt, daß der Mensch nur in der Gemeinschaft leben kann. Deren Regeln muß er akzeptie-

---

25. vgl. Antiphon, in: W. Capelle, S. 376, 11

ren. Anarchie wird abgelehnt.

5. Die Einbindung in die Gesellschaft muß von der Erziehung geleistet werden. Sie macht mit den Regeln und Konventionen vertraut. Gleichzeitig muß sie lehren, wie die Regeln durch Rhetorik veränderbar sind.

Zwei interessante Nebenaspekte der sophistischen Politikphilosophie sollen noch erwähnt werden:

-   Die Sophisten formulierten die erste Version eines sozialistischen Konzeptes. **Phaleas von Chalkedon** und **Hippodamos von Milet** führen Konflikte innerhalb einer Polis und zwischen verschiedenen Poleis auf ungleiche Besitzverhältnisse zurück. Phaleas fordert daher, daß alle Bürger in einer Polis über gleichen Besitz verfügen sollen, gleiches gilt für ihre Bildung.
-   Erstmals findet sich bei ihnen der Gedanke, wonach das Gemeinwohl durch Übereinkunft (Vertrag), also a posteriori entsteht. Dies wird von den Vertragstheorien und den modernen Pluralismuskonzepten wieder aufgegriffen.

Diese vielfältigen Ideen und Anregungen der Sophisten hatten und haben bis zur Gegenwart Konsequenzen, sei es, daß sie aufgegriffen oder modifiziert wurden, sei es, daß sie Gegenstand der Kritik bis hin zu totaler Verfolgung wurden. Letzteres war auch in der griechischen Antike der Fall. Die klassische griechische Politische Philosophie eines Platon oder Aristoteles kann als entschiedene Gegenposition zur Sophistik aufgefaßt werden. Man wollte den Relativismus und Skeptizismus überwinden. Insbesondere der ethische Relativismus wurde zum "Stein des Anstoßes".

3.2.3. Die Politischen Ideen Platons

Platon (429 - 347 v. Chr.) stammte aus einer vornehmen und reichen Athener Familie. In Athen verbrachte er den größten Teil seinen Lebens und gründete dort auch die berühmte Akademie. Wahrscheinlich hätte er sich politisch betätigt, wäre er nicht zur Zeit des Peloponnesischen Krieges aufgewachsen, in der den demokratischen Institutionen zuneh-

mend mißtraut wurde. Ein zweiter Faktor, der sein Leben wesentlich
beeinflußte, war die Begegnung mit der charismatischen Gestalt des
Sokrates, der 399 v. Chr. unter der kurz zuvor wiedererrichteten Demokratie wegen Verführung der Jugend angeklagt und hingerichtet wurde.

Aus Platons Zeit sind keine Zeugnisse über ihn erhalten. Später füllte
man die Lücke mit Erfindungen. In der antiken Literatur spielten
angebliche Briefe berühmter Personen eine große Rolle, und Platon
wurden eine Reihe solcher Briefe zugeschrieben. Einer der Briefe, der
sog. "7. Brief"[26] wurde trotz des Wissens um die oben genannte Tradition häufig ernst genommen. Der Hauptgrund dafür war die "Politeia",
in der Platon einen "Idealstaat" entwirft. Man konnte nun nicht glauben,
daß er nicht auch bemüht war, dieses Modell in die Praxis umzusetzen.
Die meisten Forscher lehnen diesen Brief heute jedoch als unecht ab,
da er in Form und Art dem sonstigen platonischen Stil widerspricht.[27]

Platons Werke sind in Dialogform geschrieben. Man teilt sie in drei
Perioden ein:
1. Die frühe Periode umfaßt die kurzen, sokratischen Dialoge, in
    denen Streitfragen (Aporeme) diskutiert werden. Dabei entlockt
    Sokrates seinen Gesprächspartnern Gedanken, um diese dann zu
    widerlegen.
2. In der mittleren Phase basieren die Dialoge auf einem festen
    metaphysischen System. Hierzu gehört die "Politeia".
3. In der späten Periode arbeitet Platon zwar immer noch dialogisch,
    aber die Dialoge haben nicht mehr den argumentativen Gehalt
    der frühen Dialoge.

In allen drei Phasen finden sich bedeutende politiktheoretische Werke,
die hier kurz behandelt werden sollen. Eigentlich müssen fast alle
platonischen Dialoge als Bestandteil der Politikwissenschaft gelten, da
es in ihnen um den Menschen, sein Wesen, seine innere Ordnung und

---

26. In ihm wird Platons Reise zum Tyrannen von Syrakus und sein Bemühen,
     diesen zu einem guten Herrscher zu machen, geschildert.
27. vgl. dazu J. Annas: Platon, in: I. Fetscher/ H. Münkler: Pipers Handbuch
     Politischer Ideen, Bd. I, München 1988, S. 373

seine Beziehung zum Ganzen geht. Dennoch werden in der Tradition nur vier Dialoge im engeren Sinn als politiktheoretische Werke angesehen: "Kriton" (frühe Phase), "Politeia" (mittlere Phase), "Politikos" und "Nomoi" (Spätphase). Auf diese vier will ich im folgenden eingehen. Zunächst soll jedoch die Problemstellung dieser vier Werke sowie die philosophische Basis (Prämissen) der Argumentation Platons skizziert werden.

3.2.3.1. Platons Problemstellung und Prämissen

Die gemeinsame **Problemstellung** aller politiktheoretischen Überlegungen Platons lautet: Was macht eine optimale Herrschaft aus, oder anders formuliert: Unter welcher Herrschaft werden die Bürger zu guten Menschen? Ist es die Herrschaft des Gesetzes oder eines weisen Mannes - des Philosophen?[28]

Grundlagen oder **Prämissen** zur Lösung dieser Fragen sind Platons Überlegungen zur Erkenntnistheorie und sein Menschenbild, die in seiner Ontologie (a) und seiner "Seelenlehre" (b) zusammengefaßt sind. (a) Die Ontologie wird prägnant im sog. "Höhlengleichnis" (7. Buch der "Politeia") dargestellt. Ihr Kern ist die sog. "Zwei-Welten-Lehre". Danach kann sich Wissen nur auf unwandelbares, zeitloses Sein beziehen. In der konkreten Realität macht nun aber der Mensch die Erfahrung des Werdens, der Wandlung, der Zeit; von daher muß der konkreten Realität eine andere Welt gegenüberstehen. Diese nennt Platon die Ideenwelt. Die Ideenwelt verhält sich zur Realität wie das Bild zum Original. Die immerwährende, einzig wirkliche Welt ist folglich nicht die sich wandelnde Realität, sondern die Ideenwelt. Grundidee der Ideenwelt ist die Idee des Guten, die auch das Wahre und Schöne umfaßt. Wenn man das "Wesen" der Dinge, ihr Idealtypisches erfaßt, erfaßt man ihre Idee, ihr "an sich sein" oder ihre Wahrheit. Daß bei Platon die Idee des Guten

---

28. Bereits das Ziel Platons markiert den Unterschied zu den Sophisten: Diese waren davon ausgegangen, daß ein Staat am Wesen der Bürger nichts verändert. Außerdem würden sie leugnen, daß es Kriterien des Guten gibt, zu dem die Bürger erzogen werden können, denn das Gute ist überall anders.

die höchste Stellung einnimmt, hängt mit dem griechischen Denken zusammen, wonach zwischen Theoretischem und Praktischem nicht zu trennen ist.[29]

(b) Wie kommt der Mensch zu Wissen, wenn die Ideenwelt und die wandelbare Realität getrennte Welten sind? Platon greift in seiner Antwort auf die "Seelenlehre" der Pythagoräer zurück. Danach ist die Seele Teil der Ideenwelt, weil sie unsterblich ist. Durch seine ewige, mit der Ideenwelt verbundene Seele ist der Mensch in der Lage, zu Erkenntnissen zu kommen; über die Seele läuft nämlich der Prozeß der Wiedererinnerung an die Ideenwelt ab ("anamnesis").

Im Mittelpunkt der Anamnesis steht der in der Seele ablaufende Prozeß der Begriffsbildung: Die Begriffe sind unwandelbar und ewig, sie geben wirkliches Wissen wieder, weil sie auf die Ideenwelt rekurrieren. D.h.: Die Sprache, die Begriffe sind Abbilder der Ideen, und die Erkenntnis des "Seins" funktioniert über den Begriff. Der Begriff kann nur von dem richtig verwendet werden, der wirklich begriffen hat, was das Wort an sich bedeutet. Andere Menschen, die über den Gegenstand, also über die konkrete Welt, den Begriff bestimmen wollen, kennen nur Gegenstände, die zufällig für den Begriff stehen. Sie sind nicht in der Lage zu erkennen, sondern sie verfügen immer nur über subjektives Wissen.[30]

---

29. Hintergrund der platonischen Ontologie, die als oberste Idee vom Guten ausgeht, ist vermutlich Sokrates Lehre, wonach Handeln und Wissen identisch sind.
30. An dieser Stelle wird die sog. Bedeutungstheorie der Sprache ins Spiel gebracht. Platon geht davon aus, daß es für die Sprache objektive Kriterien geben muß, da nur dann Begriffe Gegenstände bezeichnen können. Daneben wird eine Problematik angerissen, die seit dem Mittelalter diskutiert wird und als "Universalienstreit" bezeichnet wird. Es geht dabei um das Problem des Allgemeinen und des Individuellen. Mit Platon wird nun die eine Seite des Universalienstreites besetzt, denn er vertritt den Standpunkt, das Allgemeine sei die wahre Realität. Die Sophisten bestehen auf der Gegenposition, wonach wirklich real nur das Individuelle ist, und die Sprache nur die Namen dafür bereitstelle. In der Gegenwart lebt der Universalienstreit vor allem in der Metamathematik wieder auf. Der Grund dafür liegt in der Tatsache, daß die Mathematik mit Entitäten arbeitet, die offensichtlich Ähnlichkeit mit den platonischen Ideen haben, etwa Begriffe wie "Klasse", "Menge" usw.

Wie **argumentiert** nun Platon in den verschiedenen Dialogen, um sein Problem der optimalen Herrschaft zu lösen? Um diese Frage zu beantworten, fasse ich die Gedanken der wichtigsten Dialoge zusammen.

3.2.3.2. "Kriton"

Bereits in den frühen Dialogen steht das Problem des gerechten Handelns im Mittelpunkt der platonischen Überlegungen. Der Dialog "Kriton" behauptet eine moralische Autorität für die Gesetze, unter die sich der einzelne unterzuordnen habe, selbst wenn sein Leben auf dem Spiel steht. Leben ist letztlich nur innerhalb einer Gemeinschaft möglich. Hat man sich einmal eingeordnet, darf man nicht wegen eigener Interessen dagegen handeln, dies wäre ungerecht.

In der Schrift wird geschildert, wie Sokrates von seinem Freund Kriton im Gefängnis besucht und von ihm zur Flucht gedrängt wird. Sokrates erklärt jedoch, man dürfe nur das tun, was gerecht sei. Unrecht zu erleiden rechtfertige nicht, Unrecht zu tun, und Flucht wäre Unrecht.

Um diese These zu stützen, führt Sokrates einen fiktiven Dialog mit den Gesetzen Athens. Interessant ist dabei vor allem die Argumentation der Gesetze: Die Verpflichtung des Bürgers gegenüber den Gesetzen wird mit der Gehorsamspflicht gegenüber den Eltern verglichen. Die Gesetze argumentieren, daß Sokrates mit seiner Flucht sein stillschweigendes Abkommen[31] mit ihnen brechen würde. Als es ihm noch völlig offenstand, Athen zu verlassen, hat er es nicht getan. Damit hat er die implizite Zustimmung gegeben, den Gesetzen zu gehorchen. Würde er jetzt fliehen, so argumentieren die Gesetze, dann würde er sich letztlich als ihr Zerstörer offenbaren, da er seine Interessen über sie stellt. Mit dem Entschluß, Gesetze zu brechen, stellt man sich selbst über die Gesetze und deshalb - so die Gesetze weiter - würde ihn (Sokrates) kein anderer Staat aufnehmen, weil er potentiell auch die Gesetze des neu gewählten Staates brechen würde, wenn sie seinen Interessen zuwider

---

31. Hier findet sich erstmals der Gedanke des impliziten Vertrages, den später John Locke erneut aufgreift; vgl. 3.3.3.

laufen würden. Für Sokrates gibt es nur folgende Alternative: Entweder er gehorcht den Gesetzen, oder es gelingt ihm, das Vaterland vom eigenen Standpunkt zu überzeugen.

3.2.3.3. Die "Politeia"

Gerechtigkeit ist auch das zentrale Thema der "Politeia" ("Der Staat"). Nachdem es sich hier um das politiktheoretische Hauptwerk Platons handelt, will ich es darstellen und anschließend in einem eigenen Abschnitt rekonstruieren.

Um einen adäquaten Zugang zum Dialog "Politeia" zu finden, d.h., um ihn als politisches Konzept zu verstehen, müssen wir uns das Forschungsziel Platons vor Augen führen. Wie der volle Titel des Dialogs andeutet - "Die Verfassung oder über das Gerechte" - ist das Ziel des Dialogs die Bestimmung der Gerechtigkeit, um auf dieser Basis zu einem optimalen Staat zu kommen.

Prämisse in Platons Argumentation ist die bereits skizzierte Ideen- und Seelenlehre, wonach es zwei Welten gibt und die Welt der Ideen die eigentliche Realität darstellt, an der die unsterbliche Seele in ihrer Präexistenz Anteil hatte. Über die Erinnerung der Seele kommt es zu Wissen über die Ideen.

Um die Gerechtigkeit bestimmen und die Bedeutung, die ihr für die Ordnung der menschlichen Seele zukommt, ermessen zu können, führt Sokrates (als Sprecher Platons) den Staat ein. Damit ist das Gespräch über den Staat, seine Gründung, Ordnung und seinen Untergang im Dialog ein Instrument der philosophischen Analyse. Die Polis oder der Staat ist der "großgeschriebene Mensch". Die Staatsordnung ist das "in großen Buchstaben geschriebene" und daher leichter lesbare Muster der guten Ordnung der menschlichen Seele.

Bevor wir Platons Argumentation darstellen, betrachten wir kurz die Form des Werkes. Es zerfällt in drei größere Textpartien, die von einem Prolog und einem Epilog eingerahmt werden. Das 1. Buch referiert als eine Art Einleitung die Auffassungen von Gerechtigkeit, wie sie von den ehrbaren Bürgern (Kephalos), den Dichtern (Polemarchos, Simonides) und den Sophisten (Trasymachos) vertreten werden. Der erste Argumentationsteil (Buch 2-4) diskutiert Gerechtigkeit und Ungerechtigkeit am Beispiel der guten Polis. Der zweite Argumentationsteil (Buch 5-7) befaßt sich mit den Bedingungen, unter denen Gerechtigkeit in der Polis geschaffen und aufrechterhalten werden kann. Der dritte Argumentationsteil (Buch 8 und 9), die Erzählung vom Untergang der Polis, schildert, was Ungerechtigkeit in der Polis ist und gibt die Antwort auf die Frage, mit der der Mythos der Polis eingeleitet wurde: Ist es besser für den Menschen, gerecht oder ungerecht zu sein? Der Epilog schließlich (Buch 10) endet mit ontologischen Überlegungen.

Die Debatte über Gerechtgkeit beginnt mit der Definition des Kephalos, der formuliert: Gerechtigkeit bedeutet, die Wahrheit zu sagen und seine Schulden zu zahlen. Präziser formuliert dann Polemarchos: Gerecht ist, jedem das Schuldige zu leisten. Doch ist diese Definition nicht zu retten, da sie an dem Widerspruch leidet, daß einerseits der Gerechte immer das Schuldige leisten soll, andererseits die Gerechtigkeit dem Handelnden und dem Empfänger heilsam sein muß. Darauf aufmerksam gemacht, daß beide Bedingungen nicht immer gleichzeitig gelten, gibt Polemarchos die erste Bedingung auf und modifiziert die zweite. Jetzt formuliert er: Gerechtigkeit heißt, seinen Freunden zu helfen und seinen Feinden zu schaden. Doch auch hier ergeben sich Probleme, denn wie erkennt man Freund und Feind? Gerechtigkeit setzt Wissen voraus, und Polemarchos kann nicht angeben, wie man dieses Wissen erwirbt. Jetzt meldet sich Trasymachos, um gegen die bisher vorgebrachten Definitionen anzugehen. Für ihn ist das Gerechte das, was dem Stärkeren nützt. Gerechtigkeit nützt also den Herrschenden und nicht den Gehorchenden. Die Reden Glaukons und Adeimantos führen dann direkt zum Hauptteil der Politeia, denn in ihnen werden die Topoi der Gerechtigkeit, die von Kephalos, Polemarchos und Trasymachos formuliert wurden, auf die Lehrmeinungen ("doxai") zurückgeführt, denen sie entspringen.

Die erste Doxa lautet: Ursprünglich ist Unrecht zu tun gut, Unrecht zu erleiden aber schlecht. Erst als sich herausstellte, daß dies in der Praxis nicht möglich ist, entstanden Verträge, Gesetze und damit das Recht. Die Gerechtigkeit wird also nicht um ihrer selbst willen angestrebt, sondern sie ist die Folge der Unmöglichkeit, sich straflos der Ungerechtigkeit hinzugeben. Dies impliziert die zweite Doxa, wonach alle Menschen ungerecht handeln würden, wenn sie könnten, und nur durch kollektiven Egoismus zur Gesetzestreue gezwungen werden. Die dritte Doxa basiert auf den Idealtypen des vollkommen gerechten und des vollkommen ungerechten Menschen, d.h. letzterer wird nicht ertappt. Der Ungerechte führt ein glückliches Leben, während der Gerechte leidet und schließlich sogar hingerichtet werden kann. Die dritte Doxa lautet also, wer ungerecht ist, ist glücklicher als der Gerechte.

Diesen Doxai fügt Adeimantos weitere Meinungen hinzu: Eltern ermahnen ihre Kinder, gerecht zu sein, weil dies sozialen Erfolg sichert, nicht weil sie Gerechtigkeit als Tugend an sich schätzen. Ähnlich argumentieren Dichter und Sophisten. Diese insgesamt als offensichtlich sophistische These zu identifizierende Doxai bilden den Hintergrund, vor dem dann Sokrates um Belehrung gebeten wird. Die Antwort auf die Frage nach dem Wesen der Gerechtigkeit gibt Sokrates in der Erzählung von der Polis.

Die Gründung der guten Polis geschieht über vier Stufen: die gesunde Stadt, die üppige Stadt, die gereinigte Stadt und die schöne Stadt. Der Gründungsmythos geht davon aus, daß der Ursprung der Polis in der Befriedigung menschlicher Bedürfnisse liegt. Entsprechend ist die gesunde Stadt die Polis der Bauern, Hirten, Handwerker, Händler und Seeleute. Die gesunde Stadt, in der sich jeder auf das konzentriert, was er kann, ist zugleich die glückliche Stadt. Da sie keine übermäßigen Vermögensunterschiede kennt, wird Privateigentum nicht zum Problem der Gerechtigkeit. In ihr gibt es auch keinen Widerspruch zwischen Gemeinwohl und Individualwohl. Sie kennt keine Herrschaft und keinen Kriegszustand, d.h., sie ist im Prinzip anarchisch. Ist diese primitive Stadt auch von Natur aus harmonisch, so kann sie doch nicht das Ende der Suche nach der Gerechtigkeit sein. Sie wäre dann eine gute Polis, wenn alle Menschen allein mit der Befriedigung ihrer Bedürfnisse glücklich wären. Eine solche Stadt, meint Glaukon, sei eine Stadt der Schweine.

Die gesunde Stadt wird durch die üppige Stadt ersetzt. Diese ist wesentlich größer als die gesunde Stadt; sie verfügt über Handwerker, über Schauspieler, Tänzer und Köche für den Luxusbedarf. Die Polis erstreckt sich über ein größeres Territorium und hat mehr Einwohner. Innerhalb der Polis kommt es zu Problemen, weil die Bürger sich nur um Eigentumserwerb kümmern. Folge ist die Notwendigkeit, Herrschaft zu institutionalisieren. Wegen der Größe kommt es früher oder später zu Kriegen mit den Nachbarn. Man braucht daher Krieger. Die Krieger werden in der Folge allgemein zu Spezialisten politischer Macht. Gerechtigkeit und Ordnung sind in der üppigen Stadt das Hauptproblem. Dies führt nun zur gereinigten Stadt.

Um Untergang und Zerstörung der Polis zu verhindern und Gerechtigkeit und Ordnung zu wahren, müssen die Krieger genauer untersucht werden. Ihre Gruppe wird zunächst weiter differenziert, in die Gruppe der eigentlichen Krieger oder Wächter und in die der Herrscher. Beide müssen sorgfältig erzogen werden. Sokrates übernimmt zunächst das klassische Erziehungsschema aus Gymnastik und Musik. Die Dichtung muß allerdings reformiert werden, da die Lügen der Dichter nicht länger akzeptabel sind. Auch die private Lebensführung der Wächter muß einem Reinigungsprozeß unterworfen werden. Insbesondere die privaten Interessen der Wächter gilt es zu eliminieren. Deshalb fordert Platon die Frauen- und Kindergemeinschaft. Und aus dem gleichen Grund sollen die Wächter kein Eigentum haben.

Im Laufe des Erziehungsprozesses zeigt sich, wer aus der Gruppe der Wächter weiter zum Herrscher, zum Philosophen, aufsteigen kann. Dieser ist fähig zur Erkenntnis der Idee des Guten und auch zu ihrer Umsetzung. Die Polis besteht jetzt aus drei sozialen Schichten, die den drei Stufen der Entwicklung entsprechen: Bauern, Handwerkern, Wächtern und Herrschern.

Die letzte Stufe der schönen Stadt, die gute Polis, wird durch die Frage motiviert, ob soziale Bedingungen vorstellbar sind, unter denen die als gut erkannte Ordnung konkret umgesetzt werden kann, und hier kommt man dann auf die Philosophenherrschaft zu sprechen. Die wahre Ordnung gewinnt ihre Realität in der Seele des Philosophen. Nur dieser kann sie auf den Bereich der Sozialordnung einer Polis ausdehnen. Nur ein Philosoph, der um die Struktur der guten Polis weiß, kann die soziale Aufgabe der Erziehung aller übernehmen. Allerdings gibt sich Sokrates keinen Illusionen über die Erfüllung dieser Bedingungen hin. Er weiß, daß man den Menschen die Erkenntnis nicht aufdrängen kann. In der Philosophenherrschaft wäre jedenfalls die gerechte Herrschaft erreicht.

Dennoch ist auch sie dem Wandel und Vergehen ausgesetzt. Der Mythos vom Untergang der Polis wird im 8. Buch entwickelt. Ausgangspunkt ist, daß alles Entstandene auch dem Vergehen ausgesetzt ist, zumal die Polis auch noch das Werk des Menschen ist. Damit ist der Untergang unausweichlich, weil es die Kräfte des Menschen übersteigt, sich dem Rhythmus des Kosmos anzupassen. Die reine Form der Gerechtigkeit, die in der Polis der Philosophen verkörpert war, ist nicht durch Menschen als ewiges Sein im Fluß der Zeit zu schaffen. Die Konstruktion der Stufen des Niedergangs stellt dabei eine mythische Abfolge des Abfalls von der Ordnung dar. Es entstehen aus der ursprünglichen Monarchie oder auch Aristokratie der Philosophen die Timokratie, die Oligarchie, die Demokratie und schließlich die Tyrannis. Während also die Philosophenherrschaft der Herrschaft des vollkommen gerechten Menschen entspricht, ist die Tyrannis die Herrschaft der vollkommen ungerechten Menschen. Die Philosophenherrschaft steht unter der Dominanz des rationalen Seelenteils. In der Timokratie dominiert der Ehrgeiz und die Arroganz. In der Oligarchie dominiert die Gewinnsucht. In der Demokratie werden dann weitere negative Leidenschaften frei, und man neigt hier zur Anarchie und Verschwendung. In der Tyrannis schließlich werden die Leidenschaften auch noch verbrecherisch umgesetzt.

Die zeitliche Abfolge dieser Regimeformen ist kein historisches Gesetz, sondern gemäß der Analogie zwischen Seele und Polis spiegelt sich hier der psychische Prozeß der allmählichen Auflösung seelischer Harmonie. Die Elemente der Psyche entfernen sich von ihrem richtigen, gerechten Ort in der Seele, bis die Leidenschaften ihre Herrschaft ungezügelt ausüben können. Resultat ist dann die Herrschaft des Ungerechten.

Die Konfrontation des Philosophen mit seinem notwendigen Korrelat, dem Tyrannen als der Alternativmöglichkeit menschlicher Existenz, erlaubt es nun endlich, die Antwort auf die Frage des Glaukon zu geben, ob nicht sowohl "von seiten der Götter als der Menschen dem Ungerechten ein weit besseres Leben bereitet sei, als dem Gerechten"? Die Antwort des Sokrates lautet: Es ist richtiger und vernünftiger, wenn das Rationale die Leidenschaften beherrscht. Die Vernunft schafft Ordnung unter den Seelenteilen **im** Menschen und **zwischen** den Menschen, also im Staat. Die Vernunft ist das Gesetz, das allen Mitgliedern der Polis zu Hilfe kommt. Auf ihr basiert die Erziehung, die der jungen Generation erst die Freiheit gibt, weil sie ihnen hilft, ihre innere Ordnung zu finden. Deshalb ist der Ungerechte im Prinzip bestraft, auch wenn er Reichtum, Macht etc. besitzt. Denn Ziellosigkeit und innere Unordnung sind die schwerste Bestrafung, die einem Menschen widerfahren kann.

Im Epilog geht es - vor dem Hintergrund richtiger Erziehung - um den Streit zwischen Philosophie und Dichtkunst. Platon argumentiert, daß es der Philosophie um die Wahrheit (Ideenwelt) geht, während Dichtkunst oder Rhetorik nur den äußeren Schein (reale Welt) behandeln, die sie nachahmen (mimesis).

Damit ist die an der Struktur des Textes orientierte Darstellung abgeschlossen.

3.2.3.4. Rekonstruktion

Analysiert man den Dialog "Politeia" aus moderner Perspektive, dann kann er nur als politiktheoretisches **Modell** rekonstruiert werden, d.h. es geht nicht um die Fragen, was ein guter Staat ist, wie ein guter Staat verwirklicht werden kann o.ä., sondern nur um das theoretische Problem der Konstruktion der Gerechtigkeit bzw. des gerechten Staates als Abbild der gerechten Seele.

Modern formuliert konstruiert Platon den optimalen Staat.[32] Dafür müssen die von ihm verwendeten Begriffe im folgenden als analytische interpretiert werden.

Zentrales politikwissenschaftliches Anliegen oder **Ziel** Platons in der "Politeia" ist aus dieser analytischen Sicht die modellhafte Konstruktion der optimalen Herrschaft und des optimalen Staates.

Die platonische Argumentation basiert auf zwei **Prämissen**, die Sie als axiomatische Setzungen interpretieren müssen:

1. Platons Ontologie - Nach Platons erkenntnistheoretischem Konstrukt, seiner Ontologie, ist die Welt der Ideen die wahre Realität, während die wandelbare Welt nur die der Erscheinungen ist. Höchste Idee ist die Vernunft, die Wahrheit, Schönheit und Moralität impliziert, die jedem Ding immanent ist.[33] Platon kann folglich postulieren, daß es den optimalen Staat gibt, wenn er konstruiert werden kann.

2. Platons "Seelenlehre" - Nachdem die zwei Welten strikt voneinander getrennt sind, stellt sich für Platon ein Erkenntnisproblem: Wie kann der Mensch erkennen? Den Erkenntnisprozeß konstruiert Platon als Vernunftprozeß. Der Mensch hat über sein Denken und seine Vernunft - die er Seele zuordnet - Teil an der Vernunft der Ideenwelt. Das "Wesen der Dinge" ist daher via Vernunft konstruierbar und somit erkennbar.

Der argumentative Rahmen (Forschungsproblem und Prämissen) ist nun abgesteckt; die Grundstruktur der **Argumentation** sieht wie folgt aus:

Die menschlichen Fähigkeiten (Tugenden der Seele) sind in drei Kategorien zu ordnen: eine rationale ("logistikon"), eine charakterliche ("thymoeides") und eine triebhaft-handelnde ("epithymetikon"). Über die

---

32. Platons Dialog kann nun nicht nur als politiktheoretisches Modell gelesen werden, sondern auch als erkenntnistheoretisches oder ethisches Modell. Die Begründung hierfür ist einfach: In seiner Ontologie sind die drei Aspekte nicht getrennt, während wir heute Differenzierungen vornehmen.

33. vgl. Platon: Politeia, Buch 6, Abschnitt XVI und XVII

Dominanz einer bestimmten Kategorie kann man die Menschen "sortieren" und in Stände ordnen. An dieser Stelle wird der Areté-Begriff bedeutsam. Alles "Sein" ist zielorientiert ("areté"). Das "Wesen des Menschen" besteht also u.a. darin, "den Seelenteil zu verwirklichen, der in der Seele dominiert". Modern formuliert hat der Mensch das Ziel, sich selbst, d.h. seine Fähigkeiten zu verwirklichen. Es ergeben sich, geordnet via Fähigkeiten, drei Kategorien von Menschen: Bauern/Handwerker, Krieger und Weise (Philosophen).

Vor diesem Hintergrund gelangt Platon zu seiner Gerechtigkeitsdefinition: Gerechtigkeit bedeutet, daß "jeder das Seinige tut", d.h. daß sich jeder Mensch selbst gerecht wird und seine Funktion erfüllt. Gerechtigkeit wird damit nicht als Tugend definiert, wie es dem heutigen Verständnis entspricht, sondern funktional, als Funktion der Vernunft (Fähigkeit der Seele).

Der Mensch kann sich selbst optimal, so wie es seinen Fähigkeiten entspricht, nur in einer optimalen Umwelt verwirklichen. Nach Platon benötigt er also eine Gemeinschaft, die entsprechend funktional ist ("gerechte" Verfassung).

Der funktionale Staat ist damit parallel zum Menschen und seinen funktionalen Differenzierungen (rationaler, charakterlicher und triebhafter Mensch) konstruiert. Platons Staat ist folglich ein Ständestaat:
-   die Bauern und Handwerker sichern seine Lebensgrundlage (Trieb),
-   die Krieger schützen den Staat (Charakter) und
-   die Philosophen herrschen (Ratio).

Der optimale Staat ist davon abhängig, daß es Menschen gibt, welche zur Erkenntnis fähig sind. Erkenntnisfähig sind die Menschen, in denen die Vernunft dominiert und die entsprechend erzogen wurden ("paideia"). Der Philosoph ist damit derjenige, der die Wahrheit erkennt. Er muß herrschen, den Staat funktional (vernünftig) ordnen und selbst wieder die Menschen funktional erziehen. Die Erkenntnis der Wahrheit impliziert, daß man sie umsetzt, daß man entsprechend handelt. Anders formuliert: Funktionalität zeigt sich im Handeln. Die funktional-optimale Herrschaft ist im rekonstruierten Modell Platons die Herrschaft des Menschen, der seine menschliche Funktion am besten erfüllt, des Philosophen.

3.2.3.5. Die Dialoge der Spätphase

In seinen späteren Werken ist Platon immer deutlicher zu der Überzeugung gekommen, daß sein Staatsmodell an einer Überschätzung der menschlichen Vernunft leidet. Hinzu kam der zunehmende Respekt Platons vor der Geschichte. Entsprechend kritisch wurde er gegenüber seiner zeitlosen Konstruktion in der "Politeia". Die bedeutendsten politiktheoretischen Dialoge der Spätphase Platons sind "Politikos" ("Der Politiker") und "Nomoi" ("Die Gesetze").

Der "Politikos" beschäftigt sich vor allem mit der Definition des idealen Politikers. Kernaussage ist, daß der ideale Herrscher aufgrund seines Wissens herrscht. Daher wird er immer wieder mit Experten verglichen, dem Arzt, dem Steuermann oder dem Künstler. Vor dem Hintergrund seines Wissens ist er in der Lage, auf neue Situationen adäquat zu reagieren, er braucht nicht nur mechanisch nach dem Gesetzbuch zu entscheiden. Der wahre, wissende Herrscher ist daher auch nicht an das Gesetz gebunden. Als Experte kann er sich über Statisches hinwegsetzen, wenn es notwendig ist, um den Staat zu verbessern. Dem zu widersprechen wäre ebenso unsinnig, wie vom Arzt zu verlangen, er solle nach dem Lehrbuch und nicht nach seinem Fachwissen entscheiden.

Der "Politikos" lehnt sich eng an die "Politeia" an. Von daher will ich auf ihn auch gar nicht weiter eingehen; er enthält keine neuen Argumente.

Die "Nomoi" dagegen sind Platons zweite Version eines vernünftigen Staates und diesmal plädiert er für die Gesetzesherrschaft. In seiner Argumentation verändert Platon seine Grundprämissen. Er geht jetzt nicht mehr von seiner Ideenwelt aus, sondern seine Überlegungen basieren auf dem zweiten ontologischen Element: der sich wandelnden

Realität. Dieser Ansatz mündet in einem "empirischen" Menschenbild, von dem aus er "empirisch" argumentiert.

Ausgehend von der Prämisse eines empirischen Menschenbildes formuliert Platon die These, daß einzig die Gesetze eine realitätsangemessene Form der guten Herrschaft darstellen. In den "Nomoi" entscheidet sich Platon damit aufgrund empirischer Erkenntnis für die Gesetzesherrschaft.

Sein Argument lautet zusammengefaßt: Wenn die Macht zum Wohle aller ausgeübt wird, bedarf sie keiner Kontrolle. Wird Macht jedoch mißbraucht, wird alles um so schlimmer, je weniger sie kontrolliert wird. Vor diesem Hintergrund favorisiert Platon die Demokratie, weil sie Machtkontrolle ermöglicht. Platons Urteil über die Demokratie ist also hier sehr viel differenzierter: Die Demokratie ist schwach, weil sie am wenigsten zu Extremen neigt. Ihre Institutionen sind am wenigsten aufnahmebereit für Verbesserungen durch Sachkenntnis und einzelnes Engagement, sie sind aber auch weniger empfänglich für persönlichen Machtmißbrauch.

Platons politische Lehre mutet hier erstaunlich aristotelisch an und steht im völligen Gegensatz zur Geringschätzung der Gesetze in der "Politeia" und im "Politikos".[34] Platon verwendet in dieser Schrift eine Methode, die später Aristoteles in seiner "Politik" aufgreift: Er untersucht, welche Regierungsformen in der Vergangenheit funktioniert haben.

Im dritten Buch der "Nomoi" gibt daher ein Hauptredner eine kurze Darstellung der politischen Geschichte, von der letzten großen Naturkatastrophe, einer Flutkatastrophe, wie sie auch in der Bibel beschrieben wird, bis hin zur Gegenwart. Vor diesem realen Hintergrund zeigt sich, daß der ideale Herrscher und der ideale Staat in der sich wandelnden Realität keinen Bestand haben. In der wirklichen Welt scheint beides nicht zu verwirklichen zu sein, deshalb entwickelt Platon Gesetze und Institutionen für eine angeblich neu zu errichtende Stadt namens

---

34. Allerdings darf man auch nicht die unterschiedlichen ontologischen Prämissen vergessen: Die "Nomoi" basieren auf der wandelbaren Realität, "Politikos" und "Politeia" auf der Ideenwelt.

"Magnesia". Kern seiner Aussage ist dabei die Erkenntnis: Wenn das absolute Wissen nicht verfügbar ist, sollte man sich an Gesetze halten. Die Gesetze kommen im Prinzip dem Wissen des idealen Herrschers am nächsten. Das Rezept des Arztes ist immer noch besser als nichts und auch besser als Vermutungen oder Volksmedizin. Gesetze sind besser als Anarchie, oder als Regeln, die Gruppeninteressen favorisieren, bzw. als Herrscher, die nur ihre eigenen Interessen im Sinn haben.

Vor diesem Hintergrund diskutiert Platon dann in der Realität vorkommende Verfassungen. Er unterscheidet die drei Formen Monarchie, Aristokratie und Demokratie. Gibt es allgemein gültige Gesetze, dann ist die Monarchie die beste Staatsform, denn sie kommt der optimalen Herrschaft durch den vernünftigen Politiker am nächsten. Die zweitbeste Form ist die Aristokratie, an letzte Stelle steht die Demokratie. Werden die Gesetze allerdings mißbraucht, d.h., würde man auf der Basis eines negativen Menschenbildes argumentieren, dann ändert sich die Rangordnung der besten Staatsformen. In diesem Fall ist die Demokratie die beste, weil sie die geringsten Möglichkeiten für einen Machtmißbrauch bietet, an zweiter Stelle steht die Aristokratie und die schlimmste Form ist die entartete Monarchie, die Tyrannis, denn die willkürlichen Entscheidungen eines einzelnen sind am weitesten von der Regierung vernünftiger Politiker entfernt.

Als zentrale Frage ergibt sich, wie die vernünftigen Gesetze erreicht werden können. Platon geht davon aus, daß ein stabiler Staat keine Extreme aufweist, d.h. auf eine Mischverfassung zurückgeht. Er vereinigt also monarchistische, aristokratische und demokratische Elemente in sich. Letzteres kommt insbesondere bei der Ausgestaltung von Gesetzen zum Ausdruck, denn hier sollen alle Bürger ein Mitspracherecht haben. Vor ihrer eigentlichen Verabschiedung werden sie durch eine Versammlung weiser und politisch erfahrener Männer auf ihre Tauglichkeit hin überprüft. Die Versammlungsmitglieder sollen sich jedoch auch das Wissen von Reisenden zunutze machen.

Die Gesetze selbst, die Platon in den "Nomoi" für Magnesia vorschlägt, sind sehr detailliert ausgearbeitet: Sie reichen von der Kindererziehung bis zum Begräbnis. Oberste Bürgertugend ist es, den Gesetzen zu gehorchen. Die Gesetze sollen allerdings so abgefaßt sein, daß die Bürger aus Überzeugung gehorchen.

3.2.3.6. Wirkung und Relevanz

Platons politische Überlegungen zielen zusammengefaßt darauf ab, eine Antwort auf die zentrale Frage nach der optimalen (gerechten, funktionierenden, dem Menschen angemessenen) Staatsordnung zu geben. Diese Antwort fällt, je nach Randbedingung, zwiespältig aus.

1. Unter der Bedingung, daß ein Mensch fähig ist, das Vernünftige zu erkennen und zu tun (Ideenwelt-Prämisse), ist evident, daß ein solcher Mensch herrschen muß. Alles andere wäre unvernünftig.
2. Unter der Bedingung, daß der Mensch nicht fähig ist, das Vernünftige - das es aber gibt - zu erkennen und zu tun (Prämisse der sich wandelnden Welt), ist es vernünftig, einen Gesetzesstaat zu entwickeln. Zusätzlich muß dann überlegt werden, ob man den Menschen eher für gut oder schlecht hält; davon ist die Wahl der Staatsform - Monarchie oder Demokratie - abhängig.

Die **Wirkung** Platons kann hier nicht en detail diskutiert werden; Einflüsse seines Denkens sind bis zur Gegenwart nachweisbar. In erster Linie ist dabei die christliche, jüdische und islamische Philosophie und Theologie zu nennen. Von Augustinus bis Thomas von Aquin, vom Renaissance-Platonismus der Florentiner Akademie über den Platonismus in Cambridge im 17. Jahrhundert sowie den Platonismus der Rationalisten im 17. und 18. Jahrhundert bis hin zum Kantischen Idealismus und Hegels dialektischem Idealismus läßt sich Platons Einfluß nachweisen.[35] Philosophische Hauptleistung ist die Entwicklung eines für Jahrhunderte weithin überzeugenden Konzeptes, daß dem Sein und dem Menschen Vernunft zuordnet und damit Wahrheit, Schönheit und Moral in absoluter Form postuliert.

---

35.   vgl. dazu J. Findlay: Plato und der Platonismus, Königstein 1978

Der "absolute" Charakter seiner Philosophie hatte allerdings eine Konsequenz, auf die kurz eingegangen werden soll. Kaum eine Politische Philosophie ist so mißverstanden worden wie die Platons. Insbesondere alle totalitären und utopischen politischen Entwürfe haben sich - zu Unrecht - auf ihn bezogen. Selbst in der modernen Sekundärliteratur wird immer wieder betont, daß er der Pate totalitären Denkens sei. Hier liegt - in völliger Verkennung seiner Philosophie - ein Rezeptionsfehler vor. Platons Forschungsziel war eine **rationale** Diskussion der optimalen staatlichen Ordnung, ausgehend von bestimmten Prämissen. Die Rezeption hat in aller Regel den Modellcharakter dieses Denkens nicht erkannt. Ein Modell ist nicht einfach auf die Realität zu übertragen. Es versucht vielmehr durch Vereinfachung eine systematische Durchleuchtung komplexer Zusammenhänge.

Das Standardbeispiel einer völligen Fehlinterpretation Platons liefert einer der wichtigsten zeitgenössischen Philosophen und Begründer des Kritischen Rationalismus, Karl Popper. Popper hat in seinem wichtigsten Buch zur Gesellschaftstheorie ("Die offene Gesellschaft und ihre Feinde") Platon Totalitarismus vorgeworfen. Dabei ignoriert Popper, daß Platon auf der Basis einer Ontologie argumentiert, die ihm keine anderen Schlußfolgerungen ermöglicht. Anders formuliert: Platon argumentiert logisch korrekt. Popper verwendet dagegen Erkenntnisse der Gegenwart - z.B., das absolute Wahrheiten nicht begründbar sind - und wirft Platon ihr Nichtwissen vor. Des weiteren versteht Popper Platons Konzept normativ und empirisch. Er unterstellt Platon nämlich die Behauptung, nur der Philosophenstaat sei "gerecht" und gleichzeitig kritisiert er Platons Menschenbild. Dabei ignoriert er Platons ontologischen, axiomatischen Ausgangsbedingungen und d.h. seine funktionale Argumentation. Rekonstruiert man dagegen Platon korrekt als Modell, dann kann ihm kein Totalitarismus vorgeworfen werden. Aus dieser Sicht ist der Philosophenstaat kein realistisches oder normatives Konzept, sondern nur ein analytisches Konstrukt, abgeleitet aus bestimmten Bedingungen, analog etwa der Systemtheorie. Die ontologischen Prämissen sind nur analytisch rekonstruierbar, weil sich sonst bereits bei der Präzisierung der Sprache Platons Widersprüche ergäben und sein Konzept nicht verstehbar wäre.

Damit sind wir schon bei der politiktheoretischen **Relevanz** Platons, d.h. der Frage, welche aktuelle Bedeutung Platon für die Politikwissenschaft hat.

Die Relevanz eines Theoretikers erschließt sich nicht aus seinen Texten, sondern leitet sich aus der **aktuellen politiktheoretischen Diskussion** ab. Zu behaupten, ein Klassiker sei relevant, heißt daher, Probleme zu benennen, zu denen er ein Argument oder gar ein Lösungskonzept geliefert hat. Um dies wenigstens skizzenhaft zu illustrieren, nenne ich aktuelle Fragestellungen und verweise auf die moderne Literatur. Einige dieser modernen Diskussionen werden in den Kapiteln über Politische Philosophie, Moderne Politische Theorie und Wissenschaftstheorie der Politikwissenschaft näher aufgegriffen. Eine Relevanzdiskussion rekurriert also notwendig auf die moderne politiktheoretische Debatte.

Die erste wesentliche Leistung Platons besteht darin, daß er die Diskussion politischer Ordnung mit der Idee des Guten verknüpft hat. Wenn wir heute über politische Programme, Prozessse oder Institutionen nachdenken, dann geschieht dies oft vor dem Hintergrund der These, daß Politik etwas mit Moral zu tun hat oder haben sollte, und zwar mit einer Moral, die eben nicht nur für eine bestimmte Zeit und Kultur gilt, sondern **an sich** und **universell**. "Mit Platon beginnt das Bemühen, absolute Kriterien für moralisches Handeln zu finden. Reformuliert heißt dies: Platon versucht, die Bedeutungen moralischer Prädikate unabhängig von ihrer Anwendung zu verstehen."[36] Er setzt die Existenz absoluter, universeller Normen voraus und bindet ihre Erkenntnis und Umsetzung an die menschliche Vernunft.

Speziell hat Platon den Begriff der Gerechtigkeit in die Debatte eingeführt, um den auch die Debatte der aktuellen Politischen Philosophie kreist; man denke etwa an John Rawls' "Eine Theorie der Gerechtigkeit", Michael Walzers "Sphären der Gerechtigkeit" oder Otfried Höffes "Politische Gerechtigkeit". Gerechtigkeit ist bei Platon das Vernünftige, Funktionale, von daher ist es nur ein kurzer Weg hin zur modernen Ana-

---

36. U. Druwe-Mikusin: Moralische Pluralität, Würzburg 1991, S. 113

lytischen Ethik, wie sie sich z.B. bei Rawls findet. Gerechtigkeit ist bei Rawls das Resultat einer rationalen Entscheidung unter Unsicherheit, vgl. 4.2.1. Interessant ist, daß der antike Gerechtigkeitsbegriff eher mit den Überlegungen der Analytischen Ethik korrespondiert als mit denen der klassischen Ethik der Neuzeit.

Darüber hinaus findet sich bei Platon eine Fülle durchaus "revolutionärer" Denkweisen und Argumente, die hier nur aufgezählt werden:
- Platon formuliert in der "Politeia" implizit die These von der prinzipiellen, d.h. theoretischen Gleichheit der Menschen, inklusive der Gleichheit von Mann und Frau. Beides ist eine logische Folge seiner Überlegungen zu den menschlichen Fähigkeiten (Seelentheorie). Auch die Frau kann bei ihm Herrscherin werden, da sie wie der Mann prinzipiell zur Erkenntnis fähig ist. Aus modelltheoretischer Sicht kommt er also zur These der Gleichberechtigung.
- Platon betont die Bedeutung der Erziehung als staatliche Aufgabe; dabei liegt der Erziehbarkeit des Menschen die moderne These zugrunde, daß der Mensch sowohl durch Veranlagung als auch durch seine Umwelt bestimmt ist. Interessant ist, daß Platon die "Chancengleichheit" im Konstrukt am besten dadurch gewahrt sieht, daß alle Kinder nicht von ihren Eltern, sondern von der Gemeinschaft erzogen werden.
- Idealtypisch geht Platon davon aus, daß das Gemeinwohl mit dem Individualwohl identisch ist. Bei vollständiger Information und entsprechender Handlungsweise ist zwischen dem Herrscher und den Beherrschtem nicht zu unterscheiden, ein Ideal, welches bis heute Gegenstand politischer Utopien ist.

Modelltheoretisch kommt Platon also zu Schlüssen, die das politische Denken bis heute bestimmen. Im Unterschied zu vielen Nachfolgern ist Platon aber der Modellcharakter bewußt: Er weiß um die Kluft zwischen Ideal und Realität. In der Spätphase wendet er sich daher mehr der Politik in der wandelbaren, diesseitigen Welt zu:
- In den "Nomoi" betont er, auf "realistischer" Basis argumentierend, den Nutzen der Gesetzesherrschaft und des (immer "mittelmäßi-

gen") Kompromisses. Die optimale Herrschaft verlangt dagegen absolute Vernunft, über die ein Mensch nicht verfügt.

- Eine weitere Verschärfung des "realistischen" Denkens führt Platon sogar dazu, die Demokratie sozusagen als "die beste aller schlechten Staatsordnungen" (Churchill) anzuerkennen: Die Vorteile der Demokratie liegen für ihn in der Kontrolle politischer Macht.

Platon ist damit einer der ersten Demokratietheoretiker. Zugleich liefert er impli-zit ein Standardargument gegen "vernünftige" Staatsmodelle - und das sind viele totalitäre Staatskonzepte, beispielsweise der Kommunismus - bzw. gegen deren unreflektierte Übertragung auf die Realität: Diese ignorieren die begrenzten menschlichen Fähigkeiten.

Zusammenfassend kann Platon damit vor allem für folgende Fragestellungen und Themenbereiche Relevanz beanspruchen:
- Bestimmung von Wahrheit und Moral;
- Nutzen von Modellen;
- Übertragbarkeitsprobleme von Modellen auf die Realität;
- Gerechtigkeit als zentrale politische Norm;
- Begründung von Normen;
- Demokratietheorie.

3.2.4. Die politische Konzeption des Aristoteles

Aristoteles (384 - 322 v. Chr.) wird in Stageira als Sohn des Arztes Nikomachos geboren. Mit 17 Jahren kam Aristoteles nach Athen und trat in Platons Akademie ein, der er 20 Jahre angehörte. 347 verließ er Athen und wurde wenige Jahre später Erzieher des 13-jährigen makedonischen Königssohnes Alexander.

Aristoteles hat zahlreiche Schriften verfaßt. Antike Verzeichnisse führen an die 200 Titel an, die sich auf etwa 550 Bücher (Papyrusrollen) beziehen. Alle Schriften, die Aristoteles zu Lebzeiten veröffentlichte, sind verloren gegangen. Erhalten blieben nur die zum eigenen Gebrauch bestimmten Vorlesungsmanuskripte, die allerdings nicht immer ausgearbeitet sind.

Aristoteles gilt als eigentlicher Begründer der Politikwissenschaft; in seinen Werken bezeichnet er sie als Königsdisziplin, weil sie die Summe des theoretischen und praktischen Wissens umfaßt. Seine politiktheoretischen Gedanken finden sich vor allem in zwei Werken, der "Nikomachischen Ethik" und der "Politik".

Die "Nikomachische Ethik" (NE) und die "Politik" (P) sind deutlich miteinander verbunden. So wird das Programm der "Politik" in den letzten Sätzen der "Nikomachischen Ethik" entworfen. In den Einleitungen beider Werke werden die Untersuchungsbereiche der aristotelischen Politikwissenschaft (und Ethik) festgelegt: Die Frage nach dem Guten als Ziel des menschlichen Handelns und die Frage nach dem Guten als Ordnungsprinzip der Gesellschaft. "Jede Kunst und jede Untersuchung, ebenso wie jede Handlung und jede Entscheidung scheinen irgendein Gut zu erstreben. Deswegen hat man mit Recht das Gute als das bezeichnet, wonach alles strebt ... Wenn es aber ein Ziel der Handlungen gibt, das wir um seiner selbst willen wollen, alles andere aber um seinetwillen ... so wäre dies offenbar das Gute und Beste. Hat also nicht seine Erkenntnis großes Gewicht für das Leben und werden wir nicht, wie die Bogenschützen das Ziel besser treffen, wenn wir es kennen? Wenn es so ist, müssen wir versuchen, wenigstens im Umriß zu bestimmen, was es ist und welcher der Wissenschaften oder Fähigkeiten es angehört." (NE, Buch I, 1094a 1-27)

"Da, wie wir sehen, jede Polis eine Gemeinschaft ist, und jede Gemeinschaft um irgendeines Gutes willen besteht - denn um dessentwillen, was ihnen ein Gut zu sein scheint, tun ja alle alles - ist es klar, daß jede Gemeinschaft auf irgendein Gut hinzielt am meisten aber und auf das bedeutendste von allen diejenige, die die bedeutendste unter ihnen allen ist und alle die anderen umfaßt. Dies aber ist die sogenannte Polis oder die politische Gemeinschaft." (P, Buch I, 1252 a 1-7)

Der Aufeinanderfolge der Teile beider Werke - zuerst die Ethik, dann die Politik -entspricht die Reihenfolge der Untersuchung: Das Problem der Ordnung der politischen Gemeinschaft stellt sich erst, wenn das Problem der Ordnung der menschlichen Seele gelöst ist. Damit ist definiert, was Aristoteles unter Politikwissenschaft versteht: Sie ist die Wissenschaft vom Guten für den Menschen. Sie ist zugleich die höchste Wissenschaft, da sie die Summe der theoretischen und praktischen Philosophie impliziert. Als Wissenschaft vom Guten für den Menschen trägt sie ihren Namen, weil die Ordnung der Polis - wie schon bei Platon - die umfassendste Ordnung ist. In ihr entfaltet sich der Mensch. Auch wenn das Gute für die Menschen das Gleiche ist wie das Gute für die Polis, "erscheint es besser und vollkommener, es für die Polis zu erreichen und zu erhalten; denn erfreulich ist es schon, dies für einen einzelnen zu tun, edler und göttlicher aber für ein Volk oder eine Polis." (NE, I 1094 b 8-11)

3.2.4.1. Darstellung der "Nikomachischen Ethik" und der "Politik"

In den Anfangssätzen der "Nikomachischen Ethik" werden die Kategorien festgelegt, innerhalb derer die Untersuchung durchgeführt wird und die Inhalt und Gegenstand der aristotelischen Politikwissenschaft bestimmen: Aufgabe und Ziel der Politikwissenschaft als einer Wissenschaft vom richtigen Handeln des Menschen ist die Erforschung des Zieles menschlichen Handelns, also des Guten. Die Wissenschaft vom Guten für den Menschen ist nun insofern eine Politische Wissenschaft, als der Mensch ein von Natur aus auf das Leben in der Gemeinschaft angelegtes Wesen ist. Der Mensch ist von Natur aus politisch ("zoon politikon"). Anders formuliert: Weil der Mensch ein politisches Wesen ist, ist die Ethik immer auch Politikwissenschaft.

In der Nikomachischen Ethik geht es um die Ziele politischen Handelns. Handlung impliziert bei Aristoteles Zielgerichtetheit (Teleologie) bzw. die Ausrichtung auf ein Gut ("agathon"). Nur der Mensch kann also handeln, denn er verfolgt Ziele; Tiere verhalten sich. Zwischen den Gütern sieht Aristoteles eine Hierarchie. Es gibt nämlich welche, die wieder nur Mittel zum Zweck sind, und solche, die um ihrer selbst willen angestrebt werden. Von daher muß es also ein höchstes Gut geben ("agathon kai ariston"). Diejenige Wissenschaft, die danach sucht, ist die höchste Wissenschaft, und das ist die Politikwissenschaft.

Mit dieser Argumentation hat nun Aristoteles die logische Notwendigkeit eines höchsten Gutes belegt. Damit ist aber dessen Existenz nicht belegt. Das Wissen um das höchste Gut entspringt der Einsicht in Evidenzprinzipien ("archai"), deren Erkenntnis Gegenstand der Vernunft ("nous") und der Weisheit ("sophia") ist, nicht aber der Wissenschaft und deren Wahrheitsverständnis, "denn das Prinzip des Beweises kann ebensowenig Beweis sein, wie das Prinzip der Wissenschaft Wissenschaft." (Aristoteles: Analytica Posterioria, Buch II 100 b 13-14)

Aristoteles weist hier darauf hin, daß jeder Wissenschaft Evidenzprinzipien vorausgehen. Den Erkenntnisprozeß selbst, der zur Einsicht in diese Prinzipien führt, schildert Aristoteles in seiner "Metaphysik": Aus der Fähigkeit zur sinnlichen Wahrnehmung entsteht in der Erinnerung an das erste Allgemeine und aus der Wiederholung der Erinnerung die Erfahrung, in der wir die Prinzipien erkennen. (Aristoteles: Metaphysik A 980 a 27-982 a 3) Aristoteles weist folglich die Existenz des höchsten Gutes in der Nikomachischen Ethik topisch nach.

Sein Hauptargument für die Festlegung des höchsten Gutes ist die Feststellung, daß alle Menschen darin übereinstimmen, daß das höchste Gut die Glückseligkeit ("eudaimonia") ist. Inhaltlich finden sich natürlich Unterschiede, worin das Glück besteht. Aristoteles unterscheidet zunächst drei Glückskategorien:
-    das genußsüchtige, auf Lust ausgerichtete Leben (Hedonismus),
-    das politische Leben ("bios politikos") und
-    das kontemplative Leben ("bios theoretikos"), welches auf Erkenntnis ausgerichtet ist.

Welche dieser drei Kategorien ist nun die höchste Form? Als Kriterium für dessen Bestimmung verlangt Aristoteles, daß das Glück um seiner selbst willen angestrebt werden und daß es sich um ein autarkes Ziel handeln muß. Von daher ist die Identifikation der "eudaimonia" mit dem kontemplativen Leben zwar wahrscheinlich, aber noch nicht endgültig belegt. Die Analyse muß sich nun von der Topik weg auf die empirische Analyse verlagern, deren Gegenstand die feststellbaren Tatsachen über Natur und Fähigkeiten (Tugenden) des Menschen ist.

Aristoteles greift hierzu auf seine Lehre von den Tugenden der Seele bzw. auf den Funktionsbegriff zurück, der dem Platonischen "areté" entspricht. Alles Reale ist über seine Funktion bestimmt, d.h. allem Sein ist es immanent, seine "areté" zu erfüllen. Die "areté" oder Funktion des Menschen ist von der Seele abhängig. Die menschliche Seele ist bei Aristoteles eine Zusammenfassung aller Seinsstufen, von der unbelebten Materie bis hin zum göttlichen "nous" (Vernunft). Die Seinsstufen erlauben es, die Seele in einen "ethischen" und einen rationalen, "dianoethischen" Seelenteil zu unterscheiden; letztere ermöglichen die Erkenntnis der Wahrheit.

Die "ethischen Tugenden" sind überlagert von den "dianoethischen". Diese umfassen Wissenschaft, Kunstfertigkeit, Klugheit, Vernunft und Weisheit. Im Bereich des rationalen Seelenteils liegen also jene menschlichen Fähigkeiten, die es uns erlauben, die Wahrheit in ihren Aspekten der ersten Prinzipien ("nous"), der Universalien und der bewiesenen Wahrheit ("episteme"), der Beherrschung des Gegenstandes in Vereinigung von "nous" und "episteme" ("sophia"), der richtigen Mittel des Schaffensprozesses ("techné") und des Wissens um die Mittel, die dem Guten des menschlichen Handelns dienen ("phronesis" = Klugheit), zu erkennen. Im Handeln nach den dianoethischen Tugenden kann sich der Mensch zum wahren Glück des kontemplativen Lebens erheben. "Das Gute für den Menschen ist die Tätigkeit der Seele gemäß der Tugend, oder, wenn es mehrere Tugenden gibt, gemäß der besten und vollkommensten." (NE, I 1098 a 16-17) Der Mensch verfügt oft über mehrere Tugenden, die höchste ist aber die auf den rationalen Seelenteil zurückgehende.

Es gibt nun drei Tätigkeiten, die das gute Leben ausmachen, da sie offenbar um ihrer selbst willen angestrebt werden: das Streben nach Lust (Hedonismus), das politische Leben und das theoretische Leben.

Die drei Lebensweisen werden jetzt daraufhin untersucht, ob sie den Bedingungen Autarkie und Verwirklichung um ihrer selbst willen vollkommen entsprechen.

Vor dem Hintergrund der skizzierten Seelen- und Tugendlehre ist klar, daß das hedonistische Leben diesen Kriterien nicht voll entspricht. Muße, Entspannung und Lust können nicht das letzte vollkommene Ziel des Lebens sein. Tugendhaftes Handeln im Sinne des Politischen und die Schau der Wahrheit sind die beiden Ziele, die als Inhalt der "eudaimonia" übrig bleiben. Dabei wird letztlich das kontemplative Leben noch vorgezogen, weil es nicht nur auf die Verwirklichung des guten Lebens zielt, sondern weil es allein der menschlichen Natur vollständig gerecht wird, die danach strebt, ihre Grenzen zu transzendieren. Im kontemplativen Leben gelingt es dem Menschen, ein Leben zu führen, das dem Leben Gottes am nächsten kommt. Hier genießt er die vollkommene und autarke "eudaimonia" in einem Tätigsein - denn Theorie und Praxis decken sich im aristotelischen Verständnis - das sich weit ins Unendliche erstreckt.

Es gilt dennoch festzuhalten, daß Aristoteles zwei glückverheißende Lebensweisen favorisiert, das "bios politikos", also das tugendhafte und gerechte Handeln in der Welt, und das "bios theoretikos", weil der Mensch auch ein Element des Göttlichen in sich trägt. Für die Verwirklichung des "theoretischen Lebens" fehlt den meisten Menschen die Vernunft. Für sie liegt das Glück im politischen Leben.

Damit ist das erste Ziel der "Nikomachischen Ethik" erreicht. Im folgenden geht es nun darum zu diskutieren, wie das gute Leben zu sichern und zu bewahren ist. Eine Theorie des guten Handelns reicht nicht hin, denjenigen, an den sie sich richtet, zum guten Handeln zu veranlassen. Darum aber geht es Aristoteles. "Denn die vorliegende Theorie geschieht nicht um der Theorie willen, sondern um gut zu werden." (NE, II 1103 b 26-29) Folglich muß das gute Leben als Ziel der Politik in der Realität verwirklicht werden. Die Realisierung bedarf einer Theorie der Gesellschaft.

Diesen Übergang von der Theorie des Menschen, der seine Vollendung in der Glückseligkeit der Theorie findet, zur Theorie der Gesellschaft, in der sich die Aktualisierung des Menschen auf sein Ziel ("telos") hin vollzieht, schafft die Abhandlung über die Freundschaft (NE, 8. und 9.

Buch). Freundschaft ist die Basis aller menschlichen Beziehungen, d.h. Freundschaft führt zur Polis.

Aristoteles entwickelt daher zunächst eine Typologie der Freundschaft:
- die Freundschaft um des Nutzens willen;
- die Freundschaft um der Lust, des Vergnügens willen;
- die Freundschaft um des Guten willen.

Die beiden ersten Formen sind unvollkommene Typen, da Nutzen und Lust nur Mittel zum Zweck sind. Vollkommen ist nur die Freundschaft, bei der man um seines Freundes willen das Gute wünscht und tut und von seinem Freund erwartet, daß dieser um seiner selbst willen, also für sich, lebt und handelt. Diese Aspekte sind Resultat der Selbstliebe, der Freundschaft, die der tugendhafte Mensch zu sich selbst empfindet. Der tugendhafte Mensch lebt in völligem Einklang mit sich selbst, begehrt das Gute mit seiner ganzen Seele und handelt um der Erhaltung seiner von der Vernunft bestimmten Seele willen. Die vollkommene Freundschaft beruht also auf der Freundschaft des Tugendhaften mit sich selbst, auf dem Leben in Übereinstimmung mit der Vernunft in der eigenen Seele, wobei die Seele die Quelle der Ordnung in den menschlichen Beziehungen darstellt.

Entsprechend stellt die Vernunft auch die vollkommene Gemeinschaft her, d.h., die Ordnung unter den Menschen entspringt der Teilhabe am göttlichen Logos. Wenn die Menschen in innerer Harmonie leben, in Harmonie mit den Mitmenschen, dann entsteht die Gemeinschaft der Eintracht ("homonoia"), der Freundschaft auf vernünftiger Grundlage. "Homonoia" ist also die spezifisch politische Freundschaft. Die Theorie der Gesellschaft ist damit ein Bestandteil der Theorie des Menschen.

Die letzten Gedanken in der "Nikomachischen Ethik" weisen bereits auf die "Politik" hin. In ihnen geht es um die Begründung von Zwangsinstitutionen in der Gesellschaft. Theorien über das gute Handeln genügen nicht, um - wie es die Erfahrung zeigt - die Menschen zum guten Handeln zu bringen. Die Mehrheit der Menschen wird von den Leidenschaften und nicht von der Ratio beherrscht. Damit können sie durch

Vernunft nicht überzeugt werden. Sie gehorchen nur der Gewalt. Der gute Mensch entsteht folglich nur in einer guten Polis unter guten Gesetzen. Wenn man die Menschen bessern will, muß man zum Gesetzgeber werden.

Damit ist der Gegenstand der Politik definiert: Es geht um das Problem, welche Institutionen und welche Mittel nötig sind, um die Tugend der menschlichen Seele zu wecken und zu festigen. "Als erstes werden wir also untersuchen, was etwa die Früheren im einzelnen da und dort Richtiges gesagt haben; dann mit Hilfe der gesammelten Verfassungen prüfen, was die Poleis bewahrt und zerstört und was die einzelnen Verfassungen, und aus welchem Grunde die einen Verfassungen gut und die anderen schlecht sind. Wenn das untersucht ist, werden wir wohl auch eher erkennen können, welche Verfassung die beste ist und wie jede einzelne geordnet werden soll und welche Gesetze und Gewohnheiten sie haben wird." (NE, X, 1181 b 15-23)

Die "Politik" zerfällt formal in eine einleitende Untersuchung über die Natur der Polis und fünf weitere Abhandlungen über folgende Themen:
- den Haushalt oder "oikos";
- Schriften früherer Denker, insbesondere Platons;
- Verfassungen als Formen der Polis, dabei geht es um das Verhältnis Bürger -Verfassung, um die "erste Staatsformenlehre", um das Problem der Gerechtigkeit und abschließend um die Monarchie;
- Fragen der praktischen Politik; hier findet sich die "zweite Staatsformenlehre", es wird das Problem der optimalen Ordnung angesprochen und es geht um Revolution und Verfassungswandel (Buch 4 und 5)
- Voraussetzungen und Methoden zur Etablierung des glücklichen Lebens, um vor diesem Hintergrund die Theorie der guten Gesellschaft, der besten Polis und der richtigen Erziehung zu bedenken.

Jede Polis besteht aus Teilelementen, die es zu untersuchen gilt, wenn man das Wesen der Polis verstehen will. Ihre kleinste Einheit ist der Haushalt ("oikos"), bestehend aus den Grundbeziehungstypen: Mann -

Frau, Eltern - Kinder und Herr - Diener. Auf der nächsten Stufe finden sich Zusammenschlüsse von Haushalten in eine Dorfgemeinschaft. Aus dem Zusammenschluß von Dörfern entsteht die Polis. Sie erst stellt eine vollkommene Gemeinschaft dar, weil sie eine Größe erreicht, in der alle menschlichen Bedürfnisse befriedigt werden und es zu Autarkie kommt.

"Daraus wird deutlich, daß die Polis zu den von Natur existierenden Dingen gehört und daß der Mensch von Natur ein politisches Lebewesen ist." (P, I, 1253 a 1-3) Die Bestimmung des Menschen als politisches Wesen heißt nicht, daß mit Politik kein bewußtes Handeln verbunden ist. Im Gegenteil ist gerade die Politik ein Bereich der bewußten Erkenntnis und Umsetzung von Gut und Böse. Die Polis wird durch die gewohnheitsmäßige ethische Gemeinsamkeit, basierend auf rationaler Erkenntnis, konstituiert.

Desweiteren geht es um die Verfassung als Form der Polis. Die Frage, was die Polis ist, ist die Frage nach dem Bürger als dem die Polis ausmachenden Element. Jede Verfassung ist die Ordnung derer, die die Polis ausmachen, die die Polis bewohnen. Die Bürger der Polis haben in ihrer Eigenschaft als Bürger ein gemeinsames Ziel: das Wohlergehen der Gemeinschaft. Hier kommt erstmals der Begriff des Allgemeinwohls auf. Die Gemeinschaft der Bürger ist aber die Verfassung. Damit wird die Tugend der Bürger von der Verfassung der Polis abhängig. Weil es viele Verfassungen gibt, ist die Tugend des Bürgers nicht überall gleich. Dies gilt sogar innerhalb einer Polis, weil sie sich aus verschiedensten Elementen zusammensetzt und darüberhinaus der verschiedenen Tugenden ihrer Bürger bedarf. Nur in einem Fall ist die Tugend des guten Bürgers identisch mit der Tugend des guten Mannes: beim Politiker.

Wie sieht nun die Verfassung der optimalen Polis aus? Hier entwickelt Aristoteles ein Schema anhand zweier Kriterien: gute Herrschaft und Zahl der Herrschenden. Das wahre Ziel der Polis ist das gute Leben der Menschen und das gute Leben ist der gemeinsame Nutzen aller. Alle guten Ordnungen dienen dem gemeinsamen Nutzen, sie sind also gemeinwohlorientiert.

Pervertiert sind dagegen solche Verfassungen, die dem Nutzen einer Gruppe oder einem einzelnen dienen. Weiter kann danach gefragt werden, wer die richtige oder verfehlte Herrschaft ausübt. Herrschen kann einer, wenige oder alle. Dies ist die berühmte "erste Staatsformenlehre" des Aristoteles:

Zahl der Herrschenden	gute Form	schlechte Form
einer	Monarchie	Tyrannis
wenige	Aristokratie	Oligarchie (Reiche)
alle	Timokratie	Demokratie (Arme)

Dieses Schema übernimmt Aristoteles von den Sophisten bzw. Platon. Allerdings führt Aristoteles eine Modifikation ein: Die Oligarchie bzw. die Demokratie sind nicht einfach entartete Formen der Herrschaft der wenigen oder aller, sondern hier herrschen die Reichen oder die Armen, also bestimmte Gruppen. Demokratie kann aber auch gar keine Herrschaft, also Anarchie bedeuten.

Wenn wir die beste Verfassung der Polis finden wollen, müssen wir wissen, was das beste Leben ist, denn diejenige Polis ist die beste, in der sich das beste Leben realisieren läßt. Aristoteles geht deshalb in der "Politik" wieder auf die Theorie der Güter und des Glücks ein. Desweiteren diskutiert er Vorbedingungen für die beste Polis, die sich auf die Bevölkerungszahl, das Territorium, die Ressourcen, die geopolitische Situation und die natürlichen Anlagen der Bevölkerung beziehen.

Resultat dieser Überlegungen ist folgende Struktur der besten Polis: Die beste Polis ist keine Gemeinschaft der Gleichen, sie ist nicht homogen, da nicht alle Menschen zu gleicher Vernunft fähig sind. Außerdem sind für die Existenz einer Polis Bauern, Handwerker, Priester, Krieger etc. notwendig, womit aber nicht gesagt ist, daß diese Aufgaben von den Mitgliedern der besten Polis erfüllt werden sollten. Dafür können auch Sklaven herangezogen werden. Bei Aristoteles sollen sich die Bürger in der besten Polis sogar auf die Berufe des Kriegers, Politikers und des Priesters beschränken. Um dies zu werden, bedarf es der Erziehung, damit die Vernunft überhaupt ausgeprägt werden kann. An dieser Stelle bricht die Konstruktion im 8. Buch der Politik ab.

Faßt man die "Nikomachische Ethik" und die "Politik" zusammen, dann wird zweierlei deutlich:

1. Wie Platon geht es auch Aristoteles primär um die Konstruktion des Idealstaats (Bücher 7 und 8).
2. Wie Platon weiß auch Aristoteles, daß der Idealstaat nicht realistisch ist. Vor allem der Mittelteil der Politik (Bücher 4 - 6) ist der empirischen Analyse existierender Verfassungen gewidmet, ihrer Vielfalt, den Faktoren, die sie gefährden und die sie stabilisieren. Hier wird nicht nach dem idealtypisch besten Staat gefragt, bei dessen Definition man auf keine realen Randbedingungen achten muß, sondern hier geht es um die durchschnittlich beste Verfassung, um die den jeweiligen Umständen am besten angepaßte Verfassung. In diesen Büchern wird dabei als Antwort die "Politie" entwickelt, die real beste Staatsform.

Betrachten wir daher diese bedeutsamen Bücher etwas detaillierter. Im Vordergrund der empirischen Untersuchung stehen die negativen Verfassungen Demokratie, Oligarchie und Tyrannis, weil nur diese in der Realität, allerdings in unterschiedlichster Form, vorkommen. Anhand dreier Kriterien versucht Aristoteles, diese drei Staatsformen weiter zu kategorisieren:

- Soziale Kriterien - Damit wird vor allem der Gegensatz Oligarchie - Demokratie als Herrschaft der Reichen bzw. der Armen weiter aufgefächert. Aristoteles unterscheidet dabei verschiedene Schichten (Bauern, Handwerker, Seeleute, Krieger, Händler und Tagelöhner), die natürlich nicht alle gleich arm sind und bei der Oligarchie unterscheidet er zwischen Reichen, Adeligen und Tugendhaften/Gebildeten.
- Institutionelle Kriterien - Hier wird insbesondere der Zugang zu Regierungsämtern beachtet.
- Gesetzes- oder Willkürherrschaft.

Auf dieser Basis beschreibt Aristoteles vier Typen der Demokratie (P, IV, 4, 6; VI, 4) und der Oligarchie (P, IV, 5-6; VI, 6), und zwar in degressiver Weise, d.h. von der gemäßigten Form bis hin zur schlechtesten. Festzuhalten ist, daß diese jeweils vier Typen schematisch dargestellt sind und sich nicht streng auf die Erfahrung berufen können. Gemeinsam ist den ersten drei Formen der Demokratie und Oligarchie, daß sie auf dem Gesetz beruhen, während die vierte Stufe gesetzlos ist. Gleiches gilt für die beiden ersten Formen der noch gemäßigten Tyrannis (P, IV 10). Extrem negativ ist nur die dritte Stufe der Tyrannis, erst sie ist despotisch, weil sie völlig gesetzlos ist.

Bei seiner Analyse politischer Instabilität erkennt Aristoteles als wichtigste Ursache divergierende Auffassungen über Gleichheit und Recht. Insbesondere geht es um das Problem Gleichheit nach Zahl, d.h. jeder Bürger zählt gleich viel, oder Gleichheit nach Wert, d.h. der Bürger zählt so viel, wie er zum Gemeinwohl beiträgt. Weitere Ursachen für politische Instabilität sind: Übermut, Nachlässigkeit, Furcht usw. Als Ursache politischer Instabilität in der Oligarchie verweist Aristoteles vor allem auf die Konflikte innerhalb der herrschenden Schicht selbst.

Die empirischen Erkenntnisse führen Aristoteles zu seinem Konzept der real besten Verfassung, der sog. "Politie" (P, IV 8) als Mischung aus

Demokratie und Oligarchie, also den Staatsformen, die de facto am häufigsten vorkommen:

- Die Institutionen (Gericht, Volksversammlung und Regierungsämter) bestehen aus Reichen und Armen; den Armen zahlt man Diäten. Aristoteles gibt allerdings nur ein ganz allgemeines Merkmal für die gelungene institutionelle Mischung an: Es besteht darin, daß man eine solche Verfassung ebenso gut demokratisch wie oligarchisch nennen kann, daß eine eindeutige Zuordnung also nicht möglich ist.
- Zum zweiten wird auf die soziale Ausgestaltung der Politie verwiesen. Dazu bedarf es einer breiten Mittelschicht, d.h. Menschen, die über durchschnittlichen Besitz verfügen.
- Als drittes Element kommt die Gesetzesherrschaft hinzu.

Damit ist die Darstellung der Schriften "Nikomachische Ethik" und "Politik" abgeschlossen und wir können zur Rekonstruktion übergehen.

3.2.4.2. Rekonstruktion

Aufgrund der Bedeutung Aristoteles' will ich Ihnen in aller Kürze seine Überlegungen rekonstruieren. Nochmals in Erinnerung rufen möchte ich, daß die Rekonstruktion ein analytisches Verfahren ist, um die logische Struktur eines Textes hervorzuheben. Nachdem auch Aristoteles ontologisch argumentiert, d.h. normative, analytische und empirische Begriffe gleichzeitig verwendet, ist seine Politische Philosophie nur als Modell zu rekonstruieren; sonst wären seine Überlegungen wegen begrifflicher Unschärfen unhaltbar.

Eine Rekonstruktion setzt beim Ziel eines Theoretikers an. Aristoteles' **Forschungsziel** ist a) die theoretische Bestimmung der optimalen menschlichen Gemeinschaft und b) die Realisierung des Erkannten.

Grundlage dieses Ziels ist ein dualer Vernunftbegriff: Aristoteles unterscheidet zwischen theoretischer und praktischer Vernunft. Weitere **Prämissen** sind die griechische Ontologie, nach der alles Sein nach Realisierung seiner Anlage oder Fähigkeiten ("areté") strebt, und die spezifisch aristotelische Anthropologie (Seelenlehre): Danach kann man die menschlichen Fähigkeiten wie folgt differenzieren: rationale ("dianoethische") und charakterliche ("ethische") Fähigkeiten (Tugenden). Der Mensch ist bestrebt, seine Fähigkeiten zu verwirklichen. Dafür bedarf er als politisches Wesen der Gemeinschaft.

Die **Argumentation** beginnt beim Handlungskonzept. Die Realisierung der menschlichen Fähigkeiten verlangt, daß der Mensch handelt. Handlungen sind immer auf ein bestimmtes Ziel hin orientiert (teleologische Struktur). Die angestrebten Ziele lassen sich hierarchisch ordnen, d.h. es gibt ein höchstes Ziel oder Gut. Das höchste Gut/Ziel nennt Aristoteles "Glück". Nachdem die menschliche Seele zweigeteilt ist, gibt es auch zwei höchste Glücksformen: Lust und Vernunft. Entsprechend führen zwei Handlungsweisen zum höchsten Glück, das Leben der Genußsucht und das vernünftige Leben.

Nach Aristoteles gibt es allerdings Kriterien, anhand derer man entscheiden kann, welche dieser beiden Formen die bessere ist. Die Kriterien lauten:
- Das Ziel muß um seiner selbst willen angestrebt werden,
- und es muß autark sein.
Das höchste Glück ist demnach ein Leben der Vernunft, weil dieses um seiner selbst willen angestrebt, autark geführt werden kann und am ehesten der auf Transzendenz ausgerichteten Natur des Menschen entspricht. Das vernünftige Leben kann wiederum auf zwei Weisen verwirklicht werden: als politisches und als theoretisches Leben. Letzteres ist nur wenigen, absolut vernünftigen Menschen möglich. Das politische Leben ist aber allen Menschen möglich, weil der Mensch ein politisches Wesen ist. Das politische Leben setzt die Gemeinschaft voraus. Die

Gemeinschaft resultiert aus dem Haushalt, dem Zusammenschluß von Haushalten zum Dorf und dem Zusammenschluß von Dörfern zur Polis. Die Polis ist die vollkommene Form der Gemeinschaft, weil sie autark sein kann. Nachdem alle Dinge, also auch die Polis, eine bestimmte "areté" haben, kann Aristoteles nach dem Wesen der Polis, d.h. nach der "guten Polis" fragen. Die "gute" Polis wird durch die Vernunft des Menschen konstruiert und basiert auf Freundschaft.

Die ideale Polis entspricht in ihrer Verfassung damit der idealen, vernünftigen Verfassung des Menschen. Nachdem aber nur wenige Menschen diese ideal beste Verfassung aufweisen, d.h. wirklich vernünftig sind, ist es sinnvoller, von der real besten Verfassung der Menschen auszugehen.

Die real beste Polis entspricht der Verfassung jener Bürger, die in ihr leben. Die Bestimmung der real besten Verfassung bedarf der empirischen Analyse der existierenden Verfassungen, der Gründe, die sie stabilisieren und destabilisieren. Resultat dieser Untersuchung ist die differenzierte Betrachtung von Demokratie, Oligarchie und Tyrannis und die Feststellung, daß die weitaus meisten Verfassungen Demokratien oder Oligarchien sind. Deren jeweilige Vorteile sind daher in der real besten Verfassung zu kombinieren. Dies führt zur Politie.

Die Politie ist die praktisch optimale Verfassung, da sie auf der besten Mischung der menschlichen Fähigkeiten beruht und eine Gesetzesherrschaft darstellt. Aristoteles' Politie entspricht in vielen Punkten dem modernen Demokratieverständnis: Sie beruht auf dem Mehrheitsprinzip, sie ist ein "Rechtsstaat", sie verlangt, daß Ämter prinzipiell allen Menschen offenstehen und daher auch bezahlt werden müssen, und schließlich basiert sie auf einer breiten (ökonomisch zu verstehenden) Mittelschicht.

3.2.4.3. Wirkung und Relevanz

Philosophie und Politikwissenschaft haben immer wieder Anregungen aus Aristoteles' Werk bezogen. Bis zum 18. Jahrhundert besaß er eine solche Autorität, daß die Philosophie in Europa bis dahin fast als Aristotelismus bezeichnet werden kann. Vor allem sein Politikverständnis hat die Politikwissenschaft bis heute geprägt. In der deutschen Politischen Ideengeschichte dominiert bis heute eine Form, die mit U. Bermbach als Neoaristotelismus beschrieben werden kann. Ich verweise daher für die Wirkungsgeschichte auf die Literatur.

Die Relevanz eines Theoretikers ist davon abhängig, für welche aktuelle Diskussionskontexte man ihn fruchtbar machen kann. Vor allem in folgenden Feldern sind Aristoteles' Überlegungen relevant:
-       der Zusammenhang zwischen Politik und Ethik und die Problematik, was gute Politik ist (Politische Philosophie);
-       die Debatte über das "Wesen" des Menschen (Politische Anthropologie);
-       Funktionsfähigkeit und Stabilität politischer Ordnungen;
-       Demokratietheorie.

Für Aristoteles hat die Verbindung von Theorie und Praxis zentralen Stellenwert. Ethik ist für ihn - als Wissenschaft vom richtigen Handeln des Menschen - immer Teil der Politikwissenschaft. Dies hängt damit zusammen, daß für Aristoteles das sittlich Richtige das Ergebnis des Lebens in einer (politischen) Gemeinschaft ist. Anders formuliert: Moral ist relativ zur Gemeinschaft und zu den in ihr möglichen Handlungen. Gelernt wird die Moral über den Sozialisationsprozeß. Moral ist folglich nicht an das Individuum gekoppelt, sondern an die Gemeinschaft. Die eine, universelle Moral gibt es nicht. Damit führt Aristoteles eine Komponente in die politische Ethik ein, die in der Gegenwart wieder zu einer neuen Diskussion im Rahmen der sog. Kommunitarismusdebatte (vgl. 4.4.2.2.) geführt hat.

Interessant ist darüber hinaus, daß die aristotelische Ethik das "Prinzip der Mitte" favorisiert. Tugenden sind keine Extreme, sondern sie sind nicht zuviel (Maßstab ist hier die Freude) und nicht zuwenig (Maßstab: Schmerz) von bestimmten Affekten und ihren Folgen. Verdeutlichen wir dies an einem Beispiel, denn der Begriff ist leider sehr unscharf: Tapferkeit als das moralisch Richtige steht zwischen zwei Lastern: Feigheit und Tollkühnheit (Nikomachische Ethik, Buch III). Was jeweils das richtige Maß einer Handlung darstellt, ist zudem abhängig von den situativen Gegebenheiten. Tapferkeit gibt es nicht an sich, sondern relativ zur Situation. Jeder Mensch muß daher Entscheidungen über sein Verhalten treffen. Die aristotelische Ethik kann im Anschluß an O. Höffe[37] als "Grundriß-Methode" bezeichnet werden. Sie ist dadurch charakterisiert, daß man versucht, das Wesentliche, die Mitte zweier Extreme, zu erfassen und entsprechend zu agieren.

Mit dieser "offenen" Ethik integriert Aristoteles praktische Erfahrungen, den jeweiligen kulturellen Hintergrund sowie Methoden der empirischen und analytischen Erkenntnisgewinnung. Aristoteles gibt also keine präzisen Handlungsanweisungen, sondern diese muß jeder Mensch auf der Grundlage seiner Erfahrung, seiner Kultur und seines Erkenntnisvermögens ableiten. Moralisches Handeln bedeutet folglich, weil die Moral zur Natur des Menschen gehört und mit seiner Nutzenerwartung übereinstimmt, daß sie immer funktionalistisch-politisch zu sehen ist. Modern reformuliert heißt bei Aristoteles die Frage nicht: Was soll ich tun, um moralisch zu sein?, sondern: Was soll ich tun, damit es mir in der Gemeinschaft gut geht und damit es der Gemeinschaft selbst gut geht? Die Antwort rekurriert damit auf das Wissen um sich selbst, um die Stellung des einzelnen in der Polis und auf die Zusammenhänge in der Polis. Modern formuliert vertritt Aristoteles eine pragmatische Ethik bzw. eine Verantwortungsethik.

---

37. O. Höffe: Ethik und Politik, Frankfurt 1979, S. 38 ff.

Ein zentrales Problem der Politischen Philosophie ist die Frage nach dem "Wesen" des Menschen. Diese Frage wird in der Politischen Anthropologie diskutiert. Aristoteles formuliert die These, daß der Mensch ein politisches, vernunft- und sprachbegabtes Lebewesen ist. Daraus folgt, daß der Mensch seine wahre Selbstbestimmung nur in der Gemeinschaft erfahren kann. Die Gemeinschaft ist Medium und Ort zur Realisierung des Glücks.[38] Das politische Wesen des Menschen und seine Vernunftnatur sind jedoch nicht völlig komplementär, sie stehen vielmehr partiell in Konkurrenz zueinander. Als umfassende Beziehung zum Wahren, Guten und Schönen stellt die Vernunft den Menschen in ein Verhältnis zu sich selbst und zur Welt, für das die Angelegenheiten in der Polis nur einen Ausschnitt bilden. Die Beziehung zum Wahren vollendet sich nicht im guten Miteinander, sondern im Wissen um die ersten Prinzipien. Dadurch ist die Vernunft zugleich Bedingung und Medium des Politischen. Der Mensch steht so in einer prinzipiellen Spannung zwischen seiner politischen und theoretischen Existenzmöglichkeit.

Neben der ethischen Dimension des Politischen und der Anthropologie interessiert sich Aristoteles für die Frage des stabilen, funktionierenden Staates. Dies ist der Grund, weshalb er in seinem Werk die Analyse des real besten, praktikablen Staates in den Mittelpunkt stellt.

Aristoteles untersucht dabei empirisch die verschiedenen Verfassungen, die es zu seiner Zeit gibt, sowie die Aussagen verschiedener Autoren über Verfassungen. Unter den Stichworten Stabilität, reale Umsetzbarkeit und ethische Ausrichtung, ist seine Politie als **Hypothese** zu interpretieren: Wenn Staaten stabil und funktionsfähig sein wollen, dann müssen sie in Form der Politie organisiert sein. Die Hypothese der Politie hat die Funktion, soziale Gegensätze, welche die politische Stabilität bedrohen, durch entsprechende politische Institutionen auszugleichen. Modern formuliert gibt dann die These von der ethischen Ausrichtung

---

38.   vgl. O. Höffe: Ethik und Politik, S. 23

der Politie einen ersten Hinweis auf den Zusammenhang zwischen politischer Stabilität und politischer Kultur (normative Orientierung der Bürger), den Zusammenhang zwischen politischer Stabilität und einer breiten - auch ökonomisch zu verstehenden - Mittelschicht sowie auf die Notwendigkeit politischer Partizipation. In der Gegenwart werden solche Probleme mittels Modernisierungstheorie, Politischer Kulturforschung und Institutionen- und Demokratietheorie untersucht.

Für die politischen Ideen der Antike, wie sie vor allem Platon und Aristoteles formulieren, ist die Frage nach der optimalen, vernünftigen, gerechten und guten Herrschaft und Staatsordnung die zentrale modelltheoretische oder funktionalistische Problemstellung. Diese paradigmatischen Überlegungen bleiben Richtschnur aller politischen Entwürfe bis zur Renaissance.

Erst in dieser Epoche kommt es dann zu grundlegend neuen politiktheoretischen Fragestellungen. Dies ist das Motiv dafür, daß politische Ideen der Römer (etwa Ciceros) und des Mittelalters (hier wären vor allem die Überlegungen Augustinus' und Thomas' zu nennen) in diesem einführenden Buch übergangen werden; vgl. dazu das Literaturverzeichnis im Anhang.

3.3. Theorien und Modelle der Neuzeit

Jedes Bemühen um eine Darstellung/Rekonstruktion der Politischen Philosophie der Renaissance und der Neuzeit müßte ein Torso bleiben, würde man die sozialen Veränderungen nicht wenigstens benennen. Bei dem Epochenschritt vom Mittelalter zur Renaissance ist zunächst ein äußeres Merkmal hervorzuheben: Es geht um die Interdependenz kultureller, geistesgeschichtlicher und gesellschaftlich-wirtschaftlicher Vorgänge.

Einerseits entstehen humanistische Theorien als Reaktion auf geänderte
Lebensbedingungen, andererseits leistet die humanistische Theoriebil-
dung einen nachweisbaren Beitrag zur Ausbildung der politischen, wirtschaftlichen und sozialen Entwicklung in den Stadtstaaten Norditaliens,
wo die Renaissance ihren Ursprung nimmt. Dieser Umbruch soll kurz
skizziert werden.[39]

(1) Die gesellschaftliche, politische und wirtschaftliche Verfaßtheit des
Mittelalters gründet auf einer agrarisch orientierten Feudalstruktur.
Diese wird abgelöst entweder durch den Flächenstaat oder den Stadt-
staat. Damit verlagert sich vor allem der wirtschaftliche Schwerpunkt auf
Handel, Handwerk und erste Industrien, z.B. Wollverarbeitung in den
Niederlanden oder Florenz. Zur gleichen Zeit entsteht der städtische
Frühkapitalismus, geprägt durch das Kreditwesen. In der Folge entwickelt
sich das Bürgerbewußtsein in den Städten, verbunden mit einer rapiden
Zunahme an politischen Fragen. Es entsteht die Bürokratie, die notwen-
dig wird, um die Territorialstaaten effizient zu verwalten. Damit tritt das
Leistungsprinzip gleichberechtigt neben alte Adelsprinzipien.

Die Stadtstaaten suchen vor allem nach einer Definition dieses politischen Gebildes. Man beschäftigt sich mit dem Selbstverständnis des
Bürgers, Fragen der Ordnung des Zusammenlebens und mit ethischen
Problemen. Die Situation erinnert an die Begründung der Polis in
Griechenland. Hans Baron, einer der bedeutendsten Renaissancefor-
scher, hat für dieses Phänomen den Begriff des Bürgerhumanismus geprägt.

(2) Ein zweites Merkmal, daß den Unterschied zwischen Mittelalter und
Renaissance zeigt, ist die Änderung der Wissenschaftskultur. Im Mittelalter ist Wissenschaft klerikale Wissenschaft, nun wird sie zur Laienwis-
senschaft. Die Ursache dieses Wandels kann darin gesehen werden, daß

39. vgl. zum folgenden ausführlich H.-B. Gerl: Einführung in die Philosophie der
Renaissance, Darmstadt 1989

durch den soziokulturellen Wandel in den italienischen Städten sich gerade für den Laien die Frage nach dem richtigen Leben stellt. Die bisherige Lebensordnung, verkündet durch die Theologie, war jetzt nicht mehr gültig. Dies drückt sich in diversen Aufständen gegen die kirchliche Hierarchie aus, in denen es um die Gleichberechtigung von Klerikern und Laien ging. In dieser Tradition zu interpretieren wären etwa Erasmus von Rotterdams Schrift "Enchiridion Militis Christiani" (1503) oder Luthers "Von der Freiheit eines Christenmenschen". Beide betonen das Quasi-Priestertum aller Gläubigen.

(3) Neuartig ist auch die Einstellung zur Rolle der Frau. Diese hatte im Mittelalter allenfalls mystische Funktionen. Jetzt wird sie Teilhaberin an der neuen Rationalität. Es erscheint die Fürstin, die Politikerin und schließlich sogar die Gelehrte. Der Geist wird als eine auch der Frau zugängliche Entität erfaßt (Platon war bereits modelltheoretisch zu diesem Schluß gekommen). Die Frau kann sogar Dichterin werden; hier finden sich Namen von Weltrang, z.B. Gaspara Stampa oder Vittoria Colonna.

(4) In der Renaissance werden Raum, Zeit und Unendlichkeit (neu) entdeckt. In keiner Zeit finden sich in den romanischen Sprachen so viele Zeitbegriffe wie im Spätmittelalter bzw. wie in der Renaisssance. Das pünktliche, geordnete Leben, das zuerst in den Klöstern verwirklicht wurde, greift jetzt auch auf das normale Leben über. Die Uhr wird zur maßgebenden Maschine dieses Zeitalters. Parallel entwickelt sich ein individuelles Zeitgefühl; man begreift Zeit als Chance zur Verwirklichung des Ichs, man entdeckt das Recht auf die eigene Gegenwart. In diesem Kontext überrascht nicht die Wiederentdeckung der Perspektive: Die Welt wird aus der Sicht des Menschen gesehen, die Perspektive geht damit weg von Gott und hin zum Menschen.

Parallel zu dieser Entwicklung verläuft die Entdeckung des Raumes, denn der Rang der Individualität als Mitte wird bestimmt durch die

Weite des Horizontes, auf den diese Mitte bezogen ist. Das individuelle Selbstbewußtsein ist damit abhängig vom Raumbewußtsein. Und hier kommt es dann zur positiven Beschreibung der Unendlichkeit, beispielsweise in der Kunst und Dichtung, aber auch in den Naturwissenschaften. Kopernikus schafft neuen Raum durch die Zerstörung der Zuordnung Erde - Himmel; in der Philosophie formulieren Cusanus und Giordano Bruno die Unendlichkeit des Universums; Kolumbus entdeckt die Unendlichkeit der Welt dadurch, daß er sie als Kugel wahrnimmt. Um dann noch ein Beispiel aus der Kunst zu erwähnen: Der geschnitzte Altarschrein, in den Plastiken gestellt werden, wird etwa bei Riemenschneider durchbrochen, um Licht einzulassen und so eine Tiefenwirkung zu erzielen.

(5) Der fünfte neue Aspekt betrifft das Wissen. War es bislang um die Erfassung der Wahrheit als Bestimmung des Seins gegangen, so versucht die Renaissance Welt im Wissen zu begreifen. Dies impliziert Handlungen, Gegenstandsbezug, d.h., die Welt wird begriffen als in menschlicher Verfügung stehend. Im Mittelpunkt steht dabei natürlich der Mensch, der verfügt. Diese Entwicklung hängt u.a. mit dem Nominalismus zusammen, der nur das einzelne als erkennbar und existierend zuläßt und damit eine subjektive Weltdeutung hervorruft. Der Nominalismus des Mittelalters hat dies allerdings noch als Schwäche empfunden, während es in der Renaissance jetzt als positiv gewertet wird. Diese Anthropozentrik in der Welterklärung führt zu dem entscheidenden Problem der Gewißheit ("Certitudo"): Anhand welcher Kriterien bestimmt man Wahrheit? In der Folge kommt es zu einer alle Disziplinen umfassenden Certitudo-Debatte. Das explosiv anwachsende Wissen bedarf einer Struktur, einer Grundlagenwissenschaft, die die Kriterien wahren Denkens und wahrer Methodik liefert. Dies wird vor allem zum Problem des 16. Jahrhunderts.

(6) Damit sind wir beim sechsten Element, das für die Renaissance charakteristisch ist: "In der Renaissance erfolgt die Ausbildung einer

ersten begründenden Wissenschaft: nicht mehr einer Primärwissenschaft des Seins nach dem mittelalterlichen Ansatz, sondern einer solchen des Denkens in seiner unendlichen Bewegtheit selbst."[40] Damit finden wir den Übergang von der Ontologie zur neuzeitlichen Vernunft- oder Transzendentalphilosophie. Anstelle der Abhängigkeit des Denkens vom Sein erfährt der neuzeitliche Mensch seine Unabhängigkeit im Denken, er begreift seine Vernunft als frei, weil er das Unendliche denken kann, obwohl die Vernunft die Unendlichkeit eigentlich gar nicht ermessen kann. So erfährt die Vernunft einerseits ihre Grenze, andererseits dadurch ihren Stellenwert.

Ökonmische und soziale Wandlungen, die Entstehung des Nationalstaats bzw. der norditalienischen Stadtstaaten führen zu einem neuen Menschenbild (Anthropozentrik) und einem neuen Wissenschaftsbegriff (Transzendentalphilosophie). Im Mittelpunkt steht jetzt der einzelne Mensch, sein Sein und sein Wesen. Um dessen Bestimmung kreist vor allem der Humanismus, der zunächst den Kern der Renaissance ausmacht, bis er durch die Naturwissenschaften abgelöst wird.

3.3.1. Die Politische Philosophie der Renaissance

Die Renaissance, die von den norditalienischen Stadtstaaten ausgeht, ist zunächst eine "literarische Epoche": Im Zusammenhang mit der "studia humanitatis" rückt die Sprache in den Mittelpunkt[41]. Die Sprache "erzeugt" erst die Welt und der Mensch wird erst durch die Sprache zum Menschen. Von daher haben speziell die Dichter eine besondere Funktion: Ihr Werk erzieht den Menschen zu einem verantwortlichen Mitglied der Gemeinschaft. Im modernen Sinne wären die Renaissancedichter daher als Philosophen und nicht als Literaten anzusehen.[42]

---

40. H.-B. Gerl, S. 39
41. vgl. dazu U. Druwe/B. Mikusin: Die Dichtungsphilosophie der Renaissance als Antizipation der modernen Sprachphilosophie, München 1992, S. 78 ff.
42. vgl. dazu U. Druwe/B. Mikusin, S. 11 ff.

3.3.1.1. Dante

Einer der wichtigsten Staatstheoretiker ist der Dichter **Dante** (1265 - 1321). Dante erlangte in seiner Heimatstadt Florenz schnell hohe politische Ämter. Aufgrund außenpolitischer Ereignisse wurde seine "Partei" jedoch verbannt. Dieses Schicksal traf auch Dante persönlich, so daß er zwar diplomatische Dienste für befreundete Städte leistete, seine Vaterstadt aber nicht betreten durfte.

Vor diesem Erfahrungshintergrund wird verständlich, daß Dante in seinen beiden politiktheoretisch bedeutsamen Werken "Monarchia" und "Die göttliche Komödie" nicht nur ein friedliches, geeintes Italien, sondern auch eine friedliche, geeinte Welt anstrebte.

In der "Divina Commedia" skizziert Dante als zentrale Aufgabe von Dichtung und Politik den Kampf gegen das Böse und für das Gute sowie die Hinführung des Menschen zum Guten. Entsprechend hält er, ohne Rücksicht auf das Ansehen der Person, den Mächtigen den Spiegel vor und beurteilt sie wegen ihrer Taten. Kritik an den Oberen und Selbstbewußtsein des Bürgers sind folglich hier die zentralen Themen. Dantes Überlegungen in "Monarchia" sind genuin politisch: Um die Konflikte zwischen den Völkern zu überwinden, müssen gemeinsame Normen der Friedenssicherung entwickelt werden, die letztlich in eine universelle Weltgesellschaft mit einer Weltregierung münden. Frieden kann auf Dauer nur durch eine allen Staaten übergeordnete Macht gesichert werden. Die Idee einer internationalen Friedensordnung und einer Weltgesellschaft sind hier bereits explizit formuliert.[43]

---

43. Vgl. zu diesen Überlegungen mit Bezug zur Internationalen Politik U. Druwe/D. Hahlbohm/A. Singer: Internationale Politik, Neuried 1995, 3. Kapitel: Wissenschaftsgeschichte.

3.3.1.2. Marsilius von Padua

Angesichts der permanenten Konflikte ist es verständlich, daß Frieden
wieder zu einer zentralen Kategorie politischer Reflexion wird. **Marsilius
von Padua** (1275/80 - 1342/43) vertritt diesbezüglich die Gegenposition
zu Dante. In seinem Hauptwerk "Defensor pacis" (Verteidiger des Friedens) von 1324 geht es ihm um Konfliktursachen, Friedensforschung und
Instrumente der Friedenssicherung.

Friede ist für Marsilius ein auf den Nationalstaat gemünzter Zustand
der Stabilität. Zentrales Ziel des Staates ist die Bewahrung seiner
Funktionsfähigkeit und Stabilität. Faktoren, die dies u.a. garantieren,
sind:

- Individuelle Bedürfnisbefriedigung - Der Staat entspricht hier nicht
  mehr der sozialen Natur des Menschen, sondern er ist das Ergebnis des individuellen Nutzendenkens;
- Trennung von Kirche und Staat - Die staatliche Ordnung gründet
  sich auf menschliche, nicht auf göttliche Vernunft;
- Gewaltenteilung - Die Gesetzgebung obliegt dem Volk oder den
  Bürgern, wobei hier allerdings keine Gleichheit zu finden ist.
  Vielmehr sind die Bürger nach Ständen geordnet, die mit unter-
  schiedlichem Gewicht an der Gesetzgebung beteiligt sind. Der
  Gesetzgeber wählt die Regierung. Diese ist an die Gesetze gebunden, vollzieht sie und fällt auch die Urteile.
- Rechtsstaat - Marsilius ist Begründer des Rechtspositivismus und
  des Rechtsstaats. Er versteht das Recht als menschliche Schöpfung.
  Es ist das Ergebnis politischer Entscheidungen und erlangt Verbindlichkeit durch die positive (geschriebene) Form und das staatliche Zwangsmonopol. Nicht nur die Bürger, sondern auch die
  staatlichen Institutionen sind an das Recht gebunden.

Bei Marsilius erlangen die Menschen Frieden durch den Nationalstaat
und nicht durch eine Weltregierung. Er äußert sich explizit skeptisch

(II/28, Paragraph 15), ob angesichts der Vielfalt der Menschen - Sprache, Kultur, Religion - und Regionen eine Weltregierung tatsächlich Frieden schaffen und erhalten könnte. Modern formuliert sieht Marsilius hier die Gefahr eines Kulturimperialismus und plädiert folglich für Regionalisierung und Dezentralisierung als Garanten für Frieden.

3.3.1.3. Die Würde des Menschen

Im Mittelpunkt der Politischen Philosophie der Renaissance steht neben Problemen des Friedens (im globalen Maßstab) und der institutionellen Ordnung vor allem die neuartige Hinwendung zum Menschen. Dies wird deutlich, wenn man die zahlreichen Traktate über die **Würde** des Menschen betrachtet, die in dieser Zeit verfaßt wurden.[44]

Der erste als bedeutsam eingestufte Traktat "De dignitate et excellentia hominis" über die menschliche Würde stammt von G. Manetti. Seine zentrale These läßt sich so zusammenfassen: "Wie die Kraft, die Vernunft und die Macht des Menschen, zu dessen Dienst die Welt und alle Dinge der Welt geschaffen worden sind, groß, gradlinig, wunderbar ist, so müssen wir erkennen und glauben, daß die Aufgabe des Menschen in der Erkenntnis und Beherrschung der Welt liegt, die mit allem, was wir auf diesem unermeßlichen Erdkreis erblicken, für ihn gemacht wurde."[45] Unverhüllt steht hier erstmals der Mensch im Zentrum der Welt, seinem Geist und seiner Macht ist alles untergeordnet. In M. Ficinos "Theologia platonica" nimmt die menschliche Seele eine Mittelstellung zwischen Gott und der Natur ein. Die Fähigkeit der Seele zur Universalität bildet den Kern der herausgehobenen Stellung des Menschen im Universum. Daraus leitet Ficino auch das Bedürfnis des Menschen nach Naturbeherrschung ab, denn die Unterwerfung der Natur ist das Mittel, wie Gott zu werden. Ein dritter berühmter Traktat, betitelt "Tractatus de

---

44.   vgl. zum folgenden U. Druwe/ B. Mikusin, S. 83 ff.
45.   G. Manetti: De dignitate et excellentia hominis, in: S. Otto (Hg.): Renaissance und frühe Neuzeit, Stuttgart 1984, S. 344

immortalitate animae", stammt von P. Pomponnazzi. Dieser vertritt die
These, daß die Seele eine Mittelstellung im Universum zwischen den
sterblichen und unsterblichen Dingen, zwischen Vernunft Gottes und
der Unvernunft der Tiere einnimmt.

Die paradigmatischen Formulierungen zu diesem Thema finden sich bei
Pico della Mirandola in dessen Rede "De hominis dignitate oratio".
Nichts scheint ihm danach bewunderungswürdiger zu sein als der
Mensch. Zur Begründung verweist Pico auf den Wunsch Gottes, "es
möge jemand da sein, der die Vernunft eines so hohen Werkes nach-
denklich erwäge, seine Schönheit liebe, seine Größe bewundere."[46] Gott
denkt also nur aus Gründen des Eigenlobes an die Schöpfung des Menschen. Deshalb kann er den Menschen auch nicht analog zur übrigen
Natur schaffen, sondern muß ihn mit einem freien Willen ausstatten, der
durch keine Schranken gebunden ist. "Ich (Gott, U.D.) habe dich zur
Mitte der Welt gemacht, damit du von dort bequem um dich schaust,
was es alles in dieser Welt gibt."[47]

Der Mensch ist weder der Natur noch Gott ähnlich, sondern er ist in
der Lage, jedes beliebige Gesicht anzunehmen. Sein Wille formt den
Menschen. "Bei der Pflege des rationalen wird er als himmlisches Wesen
hervorgehen. Bei der Pflege des intellektualen wird er ein Engel und
Gottes Sohn sein. (...) Pflegt er nur die sinnlichen Keime, wird er gleich
dem Tiere stumpf werden. (...) Und wenn er mit dem Lose keines Ge-
schöpfes zufrieden, sich in den Mittelpunkt seiner Einheit zurückziehen
wird, dann wird er zu einem Geist mit Gott gebildet werden, in der
einsamen Dunkelheit des Vaters, der über alles erhaben ist, wird er auch
vor allem den Vorrang haben."[48]

---

46.   G. Pico della Mirandola: De hominis dignitate oratio, in: S. Otto (Hg.):
        Renaissance und frühe Neuzeit, S. 346
47.   G. Pico della Mirandola, in: S. Otto, S. 347
48.   G. Pico della Mirandola, in: S. Otto, S. 348

Gott, der Schöpfer der Welt, der Künstler, Bildhauer und Dichter, hat den Menschen zur Mitte der Welt gemacht. Der Mensch verfügt über eine spezifische ontologische Qualität, wodurch er ein Freiheitswesen von eigener Würde ist. Allerdings bedeutet dies keine Identität, weder mit der Natur noch mit Gott. Der Mensch steht beiden immer gegenüber, er kann sich nur nach ihrem Bild schaffen. Seine Individualität gehört also zu seinem Wesen, und sie ist über seinen Geist bestimmt.

Pico entwickelt hier eine dreiteilige Ontologie: Gott, der Künstler, ist Erzeuger allen Seins, der Natur und des Menschen; seine eigene Existenz ist zeitlos, statisch. Die Natur folgt seinen (linearen) Gesetzen; die Zeit und Individualität spielen keine Rolle, weil sich alles nach den gleichen Regeln wiederholt. Der Mensch ist mit einem universellen Geist ausgestattet. Dieser erlaubt ihm allerdings nur, von Natur und Gott ein **Bild** zu haben. Dieses Bild und sein Geist sind die Instrumente, mit denen der Mensch sich und seine Welt formt.

Aus dieser Ontologie läßt sich folgende Erkenntnistheorie ableiten: Die göttliche Wahrheit ist geschaffen, Wahrheit ist göttliche Kunst. Von dieser hat der Mensch nur ein Bild, in dessen Rahmen er sich formt. Die Welt des Menschen ist von diesem selbst geschaffen, Wahrheit ist von ihm selbst geformt. Etwas anderes, als die selbst gemachte Welt und Wahrheit ist dem Menschen nicht möglich, weil er ein Wesen **eigener** Würde ist, d.h., er kann seine Individualität nicht verlassen. Damit kann der Mensch seine eigene geistige Mitte werden.

Dies eröffnet ihm neue Möglichkeiten: Er kann jetzt nach seinem Willen schaffen und kreativ sein. Er macht sich die Erde untertan, er entdeckt, er forscht. Von ihm allein hängt ab, ob er es zu etwas bringt. Es entsteht das Leistungsprinzip (jeder ist durch seine Leistung für seine gesellschaftliche Stellung verantwortlich), welches traditionelle hierarchische Strukturen bereits zu durchbrechen beginnt. Es entsteht das Denken: Zeit ist Geld. Es entsteht aber auch das neue künstlerische Denken. Kunst und

Literatur konzentrieren sich auf den Menschen. Vor allem die Kunst bringt das Individuelle zum Ausdruck, zielt auf die persönliche Wirkung. Auch in der Wissenschaft ist der neue Aufbruch deutlich. Forschen heißt jetzt nicht mehr, sich auf die Autoritäten zu berufen, sondern selber zu schauen, zu experimentieren, sich selbst und andere zu überzeugen. In diesem Kontext entstehen die empirischen Wissenschaften, Optimismus und Fortschrittsgläubigkeit haben hier ihre Wurzeln.

3.3.1.4. Machiavelli

Parallel zum Optimismus findet sich aber auch die "Entwurzelung" des Menschen: Die "ontologische Ortlosigkeit" (Otto) löst den Menschen aus bisher gegebenen Zusammenhängen und macht den Menschen einsam, denn er kann die Welt nicht mehr so sehen und verstehen, wie sie ist, sondern wie **er** sie sieht und versteht. Sprache ist das Instrument zur Darstellung der Welt und des Denkens. Wahrheit ist in ihrer Absolutheit verloren gegangen, sie ist nur noch relativ zum Menschen. Der Skeptizismus und Relativismus der Sophisten erwacht erneut und irritiert die Menschen. Die Zurückgeworfenheit auf sich selbst führt zur Unsicherheit.

Die Irritationen zeigen sich deutlich in den Schriften "Il Principe" und "Discorsi" von **Nicolò Machiavelli** (1469 - 1527), einem der wichtigsten Denker der Renaissance. Machiavellis Denken steht in der humanistischen Tradition. Es entwickelt sich auf der Basis der "studia humanitatis", der Einheit des Wissens, welches notwendig ist, um das Leben vernünftig zu gestalten. Verbunden damit ist die Orientierung am Menschen, seinen Handlungen und folglich an der Geschichte, in ihrer puren Faktizität. Angesichts seiner persönlichen Erfahrungen formuliert Machiavelli eine pessimistische Anthropologie. Dabei sieht er den Menschen nicht primär als Geist- sondern als Naturwesen. Explizit formuliert er in den "Discorsi", daß wir uns der Natur nicht widersetzen können, bzw. daß dazu der Mensch zu uneinsichtig ist. Die animalische Natur des Menschen führt auch dazu, daß seine "egoistischen" Triebe dominieren und er zum Bösen um des eigenen Vorteils Willen neigt.

Mit dieser negativen Betrachtungsweise des Menschen steht Machiavelli nicht allein. Der Humanismus sah mit seiner Hinwendung auf den Menschen und die Welt sehr wohl, daß der Mensch Schwächen aufweist, daß mit seiner "ontologischen Ortlosigkeit" Schwankungen verbunden sind, daß seine Triebe negative Effekte haben können, daß seiner Erkenntnisfähigkeit Grenzen gesetzt sind. Machiavelli ist allerdings der erste, der die "miseria hominis" in dieser Deutlichkeit und Ausschließlichkeit sieht. Es finden sich zwar auch Stellen, in denen er betont, daß die Erziehung eines Menschen dessen Natur verändern kann, im Prinzip unterstellt er aber die Konstanz der Natur des Menschen.

Sie bildet die Basis für einen Geschichtsdeterminismus, in dem der Begriff der Notwendigkeit ("necessità") zentral ist: Er ersetzt den Begriff der "providentia Dei". Die "necessità" der Geschichte besteht aus deren internen Gesetzmäßigkeiten. Nur wenn der Mensch diese erkennt, kann er eigenes in den Geschichtsprozeß einbringen. Mit der Erkenntnis von "necessità" ist "virtù" verbunden, die Handlungskompetenz des Menschen. Daneben tritt als dritter wichtiger Begriff der des Glückes ("fortuna"). Machiavelli vergleicht es im "Principe" mit einem reißenden Strom, dem die Menschen einerseits wehrlos ausgesetzt sind, sie andererseits auch die Möglichkeit haben, gewisse Vorkehrungen zu treffen. Der Einfluß, den "fortuna" auf den Menschen haben kann, ist also wieder abhängig von dessen "virtù". Aber auch die nicht beherrschte "fortuna" bietet noch Chancen. Diese faßt Machiavelli mit dem Begriff der Gelegenheit ("occasione") zusammen.

Die Verknüpfung von "virtù", "fortuna" und "occasione" ergibt ein neuartiges Konzept pragmatischer Konfliktbewältigung, dessen Kern darin besteht, mit der Zeit zu gehen: Glücklich sind nur solche Menschen, die ihre Handlungsweise an die Zeit anpassen. Mit diesem Ansatz verändert sich der humanistische Begriff der "prudentia": Prudentia wird zur "politischen Weltklugheit" bzw. zum listigen, strategischen Verhalten. Deswegen fordert Machiavelli vom politisch Handelnden, er solle den richtigen Schein erzeugen. Damit ändert sich auch der Sinn der "studia humanitatis": Statt um die sittliche Vervollkommnung des Menschen geht es nun um strategisches Verhalten. Besonders deutlich klingt dieses Motiv in "Il Principe" an. Im Mittelpunkt stehen Machterwerb und Machterhalt durch richtige Strategie, durch das Ergreifen der Gelegenheit zum richtigen Zeitpunkt. Ausgangspunkt der Argumentation ist die erwähnte pessimistische anthropologische Grundthese, wonach der Mensch eher zum Bösen neigt als zum Guten.

Allerdings muß man hier sehr vorsichtig formulieren, denn eigentlich vertritt Machiavelli eine sophistische Position, wonach gar nicht definitiv festzustellen ist, was gut oder böse ist; dies hängt nämlich von den Umständen ab. Schein ist Sein, weil die Kriterien zu ihrer Unterscheidung fehlen. Deshalb geht er gerade im "Principe" vom faktischen Handeln des Menschen aus, "denn zwischen dem Leben wie es ist, und dem Leben wie es sein sollte, ist ein so gewaltiger Unterschied, daß derjenige, der nur darauf sieht, was geschehen sollte und nicht darauf, was in Wirklichkeit geschieht, seine Existenz eher ruiniert als erhält." (Princ., XV)[49]

Die menschliche Handlungsweise und vor allem die Politik haben sich am Faktischen zu orientieren. Dabei zeigt sich, daß das Leben von "fortuna" und "necessità" bestimmt wird. Beide vermag der Mensch aber durch Strategie ("ragione") und Tatkraft zu bezwingen. Allerdings muß sich dazu auch die günstige Gelegenheit ergeben, die man mittels seiner "virtù" erkennt und zu ergreifen im Stande ist. Wie die "virtù" konkret aussieht, zeigt sich an Machiavellis Umformung der klassischen vier Kardinaltugenden: "prudentia" (Klugheit), "iustitia" (Gerechtigkeit),

---

49. In diesem Zitat wird deutlich, daß Machiavelli auch bereits erkannte, daß zwischen dem Sein und dem Sollen ein Unterschied besteht. Hierauf verweist auch das "Humesche Gesetz".

"fortitudo" (Seelenstärke) und "temperantia" (Selbstbeherrschung). Betrachten wir dazu die Beispiele "prudentia" und "iustitia".

Prudentia kleidet er in die Metapher von Löwe und Fuchs: "...der Löwe ist wehrlos gegen Schlingen, der Fuchs gegen Wölfe."(XVIII) Man muß also Löwe und Fuchs sein. Oder an anderer Stelle: "Es gibt zweierlei Arten der Auseinandersetzungen: die mit Hilfe des Rechts und die mit Hilfe der Gewalt. Die erstere entspricht dem Menschen, die letztere den Tieren. Da die erste oft nicht zum Ziel führt, ist es nötig, zur zweiten zu greifen." (Principe, XVIII) Prudentia wird also zum zweckra'tionalen Instrument. Zur "iustitia" meint Macchiavelli, daß ein Herrscher diese Eigenschaft nicht wirklich besitzen muß, sondern sich mit dem Schein begnügen kann. "Denn der Pöbel hält sich immer an den Schein und den Erfolg; und auf der Welt gibt es nur den Pöbel." (Princ., XVIII)

Machiavelli stellt nun fest, daß es in der Politik - wenn man sie realistisch betrachtet - um Macht, Machterwerb und Machterhalt geht. Der Lauf der Geschichte wird durch Zufall und Notwendigkeit beherrscht. Hier kann der einzelne, sofern sich eine günstige Gelegenheit ergibt und er über "virtú" verfügt, eingreifen. Um seine Position zu behaupten, muß der Machthaber zweckrational vorgehen. Dabei spielt die Wahrung des moralischen Scheins die Hauptrolle. Andererseits empfiehlt es sich, immer davon auszugehen, daß ein Gegenüber Böses tut, sobald sich die Gelegenheit ergibt. Macht(erwerb und -erhalt) ist damit eine Frage der Strategie, nicht des Rechts, des Amts oder der Tradition.

Machiavellis Verdienst liegt nun unbestreitbar darin, den Menschen vor Augen geführt zu haben, daß Politik realiter mit Moral nichts zu tun hat, weil es sich bei ihr um Machtstreben und Machtgebrauch handelt. Er zeigt in seiner Schrift aber nicht, wie der Mensch handeln soll, wie Politiker vorgehen sollen, sondern wie sie de facto handeln. In der Geschichte der politischen Ideen sind ihm wegen dieser realistischen Sicht viele Vorwürfe gemacht worden. So hat beispielsweise (ausgerechnet) Friedrich der Große einen "Antimachiavell" verfaßt, in dem er sich gegen die "Unmoral" Machiavellis verwahrt.

Auch der Bürger kann aus dem "Principe" viel lernen, insbesondere, schönen Worten nicht zu trauen, sondern auf die Handlungen zu schauen und die Politik kontinuierlich zu kontrollieren. Moral wird als propagandistisches Mittel der Machtpolitik entlarvt, eine immer noch hochaktuelle Erkenntnis.

Machiavellis Relevanz erweist sich in folgenden Problemfeldern:
- Verhältnis von Politik und Moral - Hier bezieht Machiavelli eine völlig andere Position als die antiken Theoretiker. Seitdem lassen sich in der Politikwissenschaft Realisten und Idealisten unterscheiden, man betrachte z.B. einschlägige Theorien der Internationalen Politik;
- Politik und Macht, Machtstreben, Machtge- bzw. -mißbrauch - Interessant ist vor allem die individuelle Dimension des Machtbegriffs, der in der Antike gar nicht vorhanden ist und in der Neuzeit eine eher kollektive Ausformung erhält;
- Politische Anthropologie - Machiavelli argumentiert mit empirischen Argumenten, um seine vorsichtig negative Anthropologie zu belegen;
- Zweckrationalität und strategisches Denken - Diese werden als Instrumente der Politik und der politischen Analyse skizziert;
- Sein und Schein in der Politik.

Das Zeitalter der Renaissance eröffnet dem Menschen mit seinen neuen Perspektiven mannigfaltige Möglichkeiten, aber auch Schwierigkeiten. So optimistisch die Epoche begann, so pessimistisch endete sie. Die frühe Neuzeit ist von politischen und religiösen Konflikten zerrissen und wird vor diesem Hintergrund mit neuen politischen Fragen konfrontiert. Die beiden wichtigsten Fragen lauten:
- Wie legitimiert man, ausgehend vom Individuum als Letztinstanz,

überindividuelle Entitäten wie Staat, Recht und Moral?
- Wie schafft man politische Stabilität?

Hierauf gibt zuerst der englische Staatsphilosoph Thomas Hobbes eine Antwort.

3.3.2. Das Politische Modell von Thomas Hobbes

Thomas Hobbes, 1588 als Sohn eines Geistlichen geboren, war ein außerordentlich frühreifes Kind. Schon mit vier Jahren konnte er lesen und mit sechs Jahren lernte er Latein und Griechisch. Ab 1603 studierte Hobbes in Oxford Logik und Physik. 1607 erwarb er den akademischen Grad eines Baccalaureus artium und das Recht, Vorlesungen über Logik zu halten. 1608 wurde er bei Baron Cavendish of Hardwick Tutor und Hofmeister. Die Beziehungen zu dieser Familie vermittelten ihm die Bekanntschaft von Francis Bacon. Als Tutor eines anderen Adligen unternahm er 1629 eine Reise, die ihn u.a. nach Genf führte, wo er in einer privaten Bibliothek die "Elementa" Euklids kennenlernte. 1631 trat er erneut in die Dienste der Familie Cavendish und bereiste mit seinem Schüler Italien und Frankreich. Dabei lernte er so bedeutende Gelehrte wie Descartes, Abbé Mersenne, Galilei und Gassendi kennen. In dieser Zeit verschärften sich in Großbritannien die Auseinandersetzungen zwischen Krone und Parlament. Hobbes' Eintreten für die Rechte der Krone zwangen ihn 1640 zur Flucht nach Frankreich. Dort veröffentlichte er 1642 "De Cive". 1651 erschien der "Leviathan" auf Englisch. Das Werk trug ihm vor allem die Mißgunst der französischen Kirche ein, weil es als atheistisches Plädoyer gelesen wurde. Es veranlaßte ihn, nach England zurückzukehren und sich dem Staatsrat zu unterwerfen. 1655 und 1658 veröffentlichte Hobbes die beiden Teile der "Elementa Philosophiae" (De Corpore, De Homine). Nach der Restauration 1660 erhielt er durch Karl II. eine Pension. 1668 legte er eine zweite, lateinische Fassung des "Leviathan" vor, in der die Aussagen gegen die Kirche etwas abgemildert sind. Sie gilt als die endgültige Fassung, weil sie Hobbes selbst für seine

"Opera omnia" redigierte. Hobbes starb 1679 auf dem Landsitz der Cavendishes. Drei Jahre später wurden seine Lehren per Dekret der Universität Oxford verworfen und seine Bücher "De Cive" und "Leviathan" öffentlich verbrannt.

Die politikwissenschaftlichen Themen Hobbes' umkreisen, der Zeit entsprechend, die Bereiche politische Stabilität sowie Legitimität des Politischen und des Rechts. Hobbes ist der erste, der explizit "politikwissenschaftliche" Reflexion mittels mathematischer und mechanistischer Methodik betreibt. In der Anwendung solch präziser Methoden sah Hobbes die einzige Möglichkeit, endlich zu einer exakten "Politikwissenschaft" zu kommen.[50] In seiner Schrift "Leviathan" - dem politiktheoretischen Hauptwerk - findet sich diese Vorgehensweise exemplarisch.

3.3.2.1. Darstellung des "Leviathan"

Bei der Skizze des "Leviathan" wird auf die im Reclam Verlag Stuttgart erschienene Werkausgabe, herausgegeben von P.C. Mayer-Tasch (Übersetzung von J. P. Meyer) zurückgegriffen. Das Werk besteht aus vier Büchern, von denen insbesondere die beiden ersten, "Vom Menschen" und "Vom Staat" politiktheoretisch relevant sind. Schon in der Einleitung erklärt Hobbes den Sinn seines Werkes: Es geht um die **Konstruktion** des Staates, des großen Leviathan. "Die Natur oder die Weisheit, welche Gott in der Hervorbringung und der Erhaltung der Welt darlegt, ahmt die menschliche Kunst ... erfolgreich nach. Der große Leviathan...ist ein Kunstwerk oder ein künstlicher Mensch, welcher dadurch geschützt und glücklich gemacht werden soll." (Lev., S. 5) Die Konstruktion des Staates erfolgt analog zum Menschen. Der Souverän ist wie die Seele, die Bürokratie sind die Glieder, Belohnungen und Bestrafungen die Nerven etc.

---

50. Hier findet sich eine deutliche Analogie zu Descartes, der mit ähnlicher Vorgehensweise die Philosophie neu begründen wollte.

Im ersten Teil des "Leviathan" beschäftigt sich Hobbes mit dem Menschen. Hier skizziert er sein mechanistisch-axiomatisches Menschenbild. Äußere Einflüsse führen beim Menschen zu einer "Erscheinung" (Lev., S. 11) Das Bild der Gegenstände heißt Einbildungskraft. "Wer sich vieler Ereignisse erinnern kann, hat Erfahrung." (Lev., S. 15) "Die Vorstellung, welche bei Menschen ... durch Sprache ... hervorgebracht wird, heißt Verstand ..." (Lev., S. 20) Durch die Erfindung der Sprache kann das Gedachte übertragen (Lev., S. 29) und die Kriterien wahr und falsch eingeführt werden (Lev., S. 33). Richtige Wissenschaft, so die Konsequenz, basiert daher auf genauen Definitionen der Begriffe.

Vor allem kann der Mensch in Ursache-Wirkungs-Zusammenhängen und über die Folgen von Handlungen nachdenken, letzteres bezeichnet Hobbes als "Klugheit". Klugheit ist aber immer eine "Vermutung über das Zukünftige" (Lev., S. 26) und folglich mit Unsicherheit behaftet. Um dem Risiko zu entgehen, muß die Vernunft "eine Methode, die sonst nur den Geometrikern eigentümlich ist" (Lev., S. 42) anwenden. Die Verstandeskräfte sind nicht bei allen Menschen gleich; der Grund dafür sind die ihn bewegenden Leidenschaften (Lev., S. 60). "Die größte Ungleichheit unter den Verstandeskräften entsteht meistens aus dem mehr oder weniger eifrigen Streben nach Macht, Reichtum, Wissenschaft und Ansehen ..." (Lev., S. 68 f.) Durch den Zusammenschluß von Menschen können solche Unterschiede ausgeglichen werden. Subjektiv glauben die Menschen jedoch, sie seien im Vorteil gegenüber anderen. Dies ist der Grund dafür, weshalb die Menschen beim Versuch, ihre Leidenschaften zu befriedigen, in Streit geraten. (Lev., S. 115)

In diesem "Kriegszustand" gibt es keine Gerechtigkeit, da die Menschen noch im "Naturzustand" leben. Dieser ist durch das dort herrschende "Naturrecht" bestimmt. Danach hat jeder die Freiheit, seine Leidenschaften zu befriedigen; insbesondere hat er das Recht auf Selbsterhaltung. Das Naturrecht ergibt sich via Vernunft: Keiner darf etwas unternehmen, was er als schädlich für sich selbst ansieht.(Lev., S. 118) Hieraus resultieren verschiedene vernünftige "natürliche Gesetze" (Lev., S. 119 ff.), beispielsweise:

1. das Gebot zum Frieden;
2. die sog. "Goldene Regel", wonach man das nicht tun darf, was man selbst auch nicht erleiden möchte;
3. die Anerkennung von "Verträgen" als freiwillige wechselseitige Übereinkunft.

Im zweiten Teil des "Leviathan" wendet sich Hobbes der Frage nach der Entstehung und Ausgestaltung des Staates zu. Die Menschen bilden eine Gesellschaft oder einen Staat, um "aus dem elenden Zustande eines Krieges aller gegen alle gerettet zu werden." (Lev., S. 151) Der Kriegszustand wird aber durch die Vernunft und die natürlichen Gesetze allein nicht abgeschafft, man benötigt dafür eine allgemeine Macht. Dazu gibt es nur einen Weg: "... jeder muß alle Macht oder Kraft einem oder mehreren Menschen übertragen, wodurch der Wille aller gleichsam auf einen Punkt vereinigt wird ..."(Lev., S. 155) Es muß also zu einem Vertrag kommen. Die geniale Formel lautet: "... ich übergebe mein Recht, mich selbst zu beherrschen, diesem Menschen oder dieser Gesellschaft unter der Bedingung, daß du ebenfalls dein Recht über dich ihm oder ihr abtrittst. (...) So entsteht der große Leviathan."(Lev., S. 155) Der Staat ist damit wie folgt definiert: Er "ist eine Person, deren Handlungen eine große Menge Menschen kraft der gegenseitigen Verträge eines jeden mit einem jeden als ihre eigenen ansehen, auf daß diese nach ihrem Gutdünken die Macht aller zum Frieden und zur gemeinschaftlichen Verteidigung anwende." (Lev., S. 155 f.)

Der Souverän als Vertreter des Staates wird mehrheitlich bestimmt. Er besitzt uneingeschränkte Macht, d.h. er ist Legislative, Exekutive und Judikative in einem (Lev., S. 162 f.). "Die Verschiedenheit der Staaten hängt von den Personen ab, welche im Besitz der höchsten Gewalt sind." (Lev., S. 167) Hobbes unterscheidet entsprechend Monarchie, Aristokratie und Demokratie. Hobbes favorisiert die Monarchie. Um den Bestand des Staates zu sichern, darf der Oberherr seinen Nachfolger bestimmen (Lev., S. 174).

Durch den Vertrag wird der Mensch zum "Bürger" und "Untertan". Er verfügt dort über Freiheit, wo es keine gesetzlichen Schranken gibt (Lev., S. 190). Desgleichen kann der Bürger den Gehorsam verweigern, wenn ein Befehl des Oberherrn den Zweck des Staates - Friedenssicherung, Verteidigung - zerstören würde (Lev., S. 194 f.). Prinzipiell währt die Verpflichtung der Bürger gegenüber dem Souverän nur solange, als er seinen Schutzpflichten nach innen und außen gerecht wird (Lev., S. 197).

Wenn die Menschen vernünftig wären, könnte der Staat stabil sein. Aber von realen Menschen läßt sich dies in der Regel nicht erwarten. Unter bestimmten Umständen - 1. fehlerhafte Grundsätze (Lev., S. 267) und 2. "aufrührerische Lehren" (Lev., S. 269) - kann es zum Bürgerkrieg und damit zur Zerstörung des Staates kommen.

3.3.2.2. Rekonstruktion

Betrachten wir zunächst die von Hobbes verwendete Methode. Sie ist Ursache zahlreicher Mißverständnisse, die Hobbes' "Leviathan" bis in die Gegenwart hinein erfuhr. Hobbes argumentiert sowohl mechanistisch als auch "more geometrico", d.h. analog zur Geometrie. Hobbes ist jedoch Rationalist, d.h. er geht von der Vernunft als Basis menschlicher Erkenntnisfähigkeit aus. Zur Erklärung von Phänomenen bildet er Thesen, die er aus einfachen Grundprinzipien (Axiomen) ableitet.[51] Aus dieser Kombination von Mechanik und Geometrie haben sich nun deshalb Interpretationsprobleme ergeben, weil in Hobbes' Zeit die Geometrie als empirische Wissenschaft galt, d.h. seine Schriften wurden empirisch interpretiert.

---

51. vgl. dazu ausführlicher R. Specht (Hg.): Rationalismus, in: R. Bubner (Hg.): Geschichte der Philosophie in Text und Darstellung, Bd. 5, Stuttgart 1979, Einleitung, S. 11 ff.

Gerade bei Hobbes kann man nun die Fruchtbarkeit der Rekonstruk-
tionsmethode aufzeigen, denn für Hobbes' Schrift hat diese Methode
folgende Konsequenz: Nachdem die Wissenschaft - auf der Basis des
empirisch-analytischen Wissenschaftskonzeptes - nur über zwei Wissenschaftssprachen verfügt, stellt sich die Frage, wie Hobbes' Methode zu
rekonstruieren ist. Die Antwort ist einfach: Hobbes verwendet die analytische Sprache; er formuliert explizit "more geometrico"[52] verfahren zu
wollen. Die Geometrie gehört zur jedoch Mathematik und diese verwendet ausschließlich die analytische Sprache. Daraus folgt, daß seine
Begriffe eben nicht empirisch zu interpretieren sind, sondern als Definitionen oder Axiome aufgefaßt werden müssen.

Daraus folgt weiter, daß Hobbes' "Leviathan" als Modell zu rekonstruieren ist. Empirische Schlußfolgerungen und Kritik sind unzulässig.[53] Entsprechend sind seine "Aussagen über den Menschen" nicht als (empirische) Anthropologie, sondern als axiomatisches Menschenbild aufzufassen.[54] Dieses Menschenbild ist die Prämisse für seine Überlegungen
über die Entstehung und Ausgestaltung des Staates. Nach seiner Definition ist der "Mensch"[55] gewinn- und ruhmessüchtig, er will seine "Leidenschaften" und "Bedürfnisse" befriedigen und dafür ist ihm jedes Mittel
Recht, außerdem ist er "ungesellig", d.h. ein asoziales Wesen.[56] Aller-

52. vgl. Hobbes: Leviathan, 1. Teil, 4. Kapitel, Stuttgart 1980, S. 32 ff.
53. Letzteres ist ein zentraler Aspekt, den wir schon bei Platon angerissen haben:
Modelle sind nicht einfach auf die Realität zu übertragen. Anders gesagt:
Modelle verfügen über keinen empirischen Gehalt. Anhand der Mathematik
kann man sich dies verdeutlichen, denn aus mathematischen Sätzen folgt kein
Wissen über reale Phänomene.
54. An dieser Stelle kommt ein weiteres Prinzip der Rekonstruktion zum Tragen:
Würde man Hobbes nämlich tatsächlich empirisch interpretieren, dann müßte
man seine Ausführungen bereits wegen der aus moderner Sicht fehlerhaften
Anthropologie verwerfen. Bei einer Rekonstruktion muß man jedoch versuchen, eine Interpretation zu liefern, die mit dem Text übereinstimmt und
wissenschaftlich haltbar ist.
55. Ich setze im folgenden alle Begriffe, die nicht empirisch interpretiert werden
dürfen, in Anführungszeichen.
56. vgl. Hobbes: Leviathan, 1. Teil, Kapitel 13

dings verfügt er über "Vernunft", kraft derer er zu Einsichten kommen kann.[57]

Hobbes skizziert ein im wesentlichen negatives Bild des "Menschen", so ein häufiger Vorwurf. Rekonstruiert entwirft Hobbes ein nutzenmaximierendes Menschenbild, d.h. der "Mensch" versucht, seinen Nutzen zu maximieren und seine Kosten zu minimieren. Nutzen und Kosten sind dabei als analytische Begriffe inhaltlich neutral zu verstehen; man verdeutliche sich dies anhand des Nutzens eines Masochisten, Diebes, Propheten oder Märtyrers.

Ausgangspunkt der Hobbesschen Staatskonstruktion ist jedenfalls das Individuum und dessen Nutzen. Für die weiteren Überlegungen unterstellt Hobbes nun tatsächlich diesem Modellmenschen negatives Verhalten. Dies ist aber nur als Gedankenexperiment und als Herausforderung zu verstehen. Hobbes will mit seiner Argumentation zu einem legitimen und stabilen "Staat" kommen. Daher empfiehlt es sich, von einem möglichst negativen Menschenbild auszugehen, denn wenn es gelingt, auf dieser Basis zu einem stabilen Staat zu kommen, dann gilt diese Argumentation erst Recht für den Fall, daß man ein positiveres Menschenbild voraussetzt.

Im 17. Kapitel des "Leviathan" entwickelt Hobbes die entsprechende modelltheoretische Argumentation. Treffen "Menschen", die alle ihren Nutzen maximieren wollen, in einer durch knappe Güter charakterisierten Welt aufeinander, so kommt es "zum Krieg aller gegen alle", so die Formel des "Naturzustands". Diese Situation ist für jeden einzelnen so "elend", daß er mittels seiner Vernunft auf Abhilfe sinnt. An dieser Stelle führt Hobbes als kooperationsstiftende Institution den "Vertrag" ein. Dabei schließt ein jeder mit einem jeden diesen Vertrag ab, wodurch die "Gesellschaft" bzw. der "Staat" gegründet werden (Gesellschaftsver-

---

57.   vgl. Hobbes: Leviathan, 1. Teil, Kapitel 5

trag). Außerdem werden zugleich Herrschaftsverhältnisse begründet (Herrschaftsvertrag), indem alle Vertragspartner ihre Rechte einem Dritten (dem Leviathan) übertragen (Begünstigungsvertrag), der aber nicht selbst Vertragspartner ist. Mit dem Vertrag entsteht also der Leviathan, der "künstliche Mensch", der Staat. Er verfügt über all die Rechte, die vorher seine Mitglieder besaßen, d.h., er ist ein "absoluter Staat". Neben ihm existiert keine gesellschaftliche Macht - wie beispielweise eine Kirche; wie erinnerlich argumentiert Hobbes jedoch modelltheoretisch.

Der Staat oder Leviathan hat die Aufgabe, die Ordnung nach innen und außen zu wahren (Herrschafts- und Sicherheitsfunktion) und das Wohl des Volkes zu mehren (Wohlfahrtsfunktion). Dafür hat er alle Gewalten - Legislative, Exekutive und Judikative - zur Verfügung (Souveränität). Er erst schafft das Recht (Rechtspositivismus) und setzt es durch. Daraus folgt, daß er selbst, als oberste Instanz, an kein Gesetz gebunden ist. Der Leviathan strukturiert und garantiert soziale Beziehungen, insbesondere auch Regelungen dessen, was gut und böse ist (Moral) und gestaltet damit die Gesellschaft. Wenn der Leviathan seine Funktionen nicht mehr erfüllen kann, etwa bei einem Bürgerkrieg, dann ist der Staat zerfallen und es herrscht wieder der Naturzustand.

Rekonstruieren wir nun kurz die Hobbessche Argumentation. Zentrales **Ziel** seiner Überlegungen ist die Klärung des Problems, wie man die Entstehung eines legitimen und stabilen Staates **begründen** kann, wenn man keine absolute Ontologie zur Verfügung hat und vom Individuum ausgeht.

Seine **Prämissen** bestehen:
1. aus seiner Methode - Hobbes argumentiert "more geometrico", also analytisch, indem er von bestimmten Axiomen her seine Argumentation deduktiv ableitet.
2. aus dem mechanistischen Menschenbild (Modell) als Ausgangsaxiom - Das Individuum ist zur Vernunft fähig, asozial und es

strebt nach Nutzenmaximierung. Oberster Nutzen ist die Selbsterhaltung; diese Definition gilt für alle Menschen.

In seiner **Argumentation** geht Hobbes in drei Schritten vor.

1. Da es keine "Gesellschaft" gibt, leitet er den **Naturzustand** aus dem Zusammentreffen der Modellmenschen her. In diesem haben alle Modellmenschen Recht auf alles; jeder kann seine "Leiden-schaften" ausleben, wie er möchte. Das Resultat dieses unbegrenz-ten Zustandes ist allerdings der Krieg aller gegen alle. Angesichts dieser Modellerfahrung - Hobbes konstruiert alles nur als Gedan-kenexperiment - entwickelt sich die Vernunft des Konstrukts "Mensch". Er erkennt, daß er mit den anderen kooperieren muß, um sich selbst erhalten zu können.

2. Das Mittel, um Kooperation zu erreichen, ist der freiwillig von allen abzuschließende **Vertrag**. Hobbes formuliert dazu einen Vertrag, der gleichzeitig ein Gesellschafts-, Herrschafts- und Begünstigungsvertrag ist. Da wir es mit einem Gedankenexperi-ment zu tun haben, handelt es sich hier um einen hypothetischen Vertrag.

3. Der Begünstigte dieses Vertrages ist der **Souverän**, der bei Hobbes "künstlicher Mensch" oder auch "Leviathan" heißt. In ihm gehen alle bisherigen Modellindividuen auf, der Leviathan oder der Staat/die Gesellschaft ist das neue Individuum, das über alle Rechte verfügt. Der so konstruierte Staat garantiert nach innen für alle Untertanen Sicherheit und Wohlfahrt, nach außen lebt er jedoch im Naturzustand mit anderen Leviathanen.

3.3.2.3. Wirkung und Relevanz

Hobbes' Modell hat in der Politischen Ideengeschichte/Philosophie heftige Debatten hervorgerufen. Als Feind der Kirche und Feind der Gesellschaft und als wurde er verurteilt; und seine Überlegungen gelten als eine absolutistische Staatstheorie.[58] Die Absolutismuskritik geht auf John Locke zurück, der Hobbes vorwarf, den Menschen aus dem Naturzustand zu retten, um ihn dem absolutistischen Löwen zum Fraß vorzuwerfen. Hier findet sich ein zentrales, über die von Hobbes verwendete Methode aufzulösendes Mißverständnis: Hobbes entwickelt ein Modell, d.h., er arbeitet ausschließlich axiomatisch-deduktiv. Von daher agieren keine wirklichen Menschen, der Vertrag ist ein hypothetischer Vertrag und der Leviathan ein Konstrukt, das auf "freiwilliger" Zustimmung beruht. Der Leviathan kann auch nicht willkürlich herrschen, da er rational konstruiert ist. So wie der vernünftige Mensch sich selbst nichts zuleide tut, so ist der Leviathan zu allen Elementen (Bürgern) korrekt. Von daher braucht sich Hobbes über Gewaltenteilung o.ä. Sicherheitsüberlegungen zum Schutz des Bürgers keine Gedanken zu machen.

Relevant ist das Hobbessche Modell für folgende Problembereiche:
- Diskussion politischer Legitimation,
- Politische Anthropologie,
- politikwissenschaftliche Methodik (Nutzen "mathematischer" Argumentation),
- Probleme der politischen Stabilität (insbesondere auch im Bereich der internationalen Beziehungen),
- rechtsphilosophische Probleme, (insbesondere Rechtspositivismus versus Naturrechtsdenken).

In den folgenden Kapiteln werden ich auf einige dieser Fragen ausführlicher eingehen; deswegen mögen einige kurze Bemerkungen zu den genannten Problembereichen genügen. Das Legitimationsproblem wird gegenwärtig u.a. im Rahmen von Vertragstheorien diskutiert[59]. Hobbes

---

58. vgl. z.B. A. Schwan: Politische Theorien des Rationalismus und der Aufklärung, in: H.-J. Lieber (Hg.): Politische Theorien von der Antike bis zur Gegenwart, Bonn 1991, S. 178 ff.
59. vgl. etwa L. Kern/H.-P. Müller (Hg.): Gerechtigkeit, Diskurs oder Markt?, Opladen 1986

skizzierte als Lösung des Problems der Legitimation überindividueller
Entitäten (Staat, Recht, Moral) den hypothetischen Vertrag, wie ihn z.B.
auch I. Kant[60] vorgeschlagen hat. Eine solche modelltheoretische Variante scheint gegenwärtig eine der wenigen Möglichkeiten zu sein, überhaupt das - normative - Problem der politischen Legitimation wissenschaftlich diskutieren zu können. In ähnlicher Form argumentieren z.B.
J. Rawls oder J. Buchanan (vgl. 4.2. und 4.3.).

Die politische Anthropologie wurde von Hobbes, in Anlehnung an die
Epikuräer, um die These vom Menschen als "asozialem Wesen" bereichert, die bei ihm in den politischen Hedonismus mündete. Im Kontext
mit der von ihm verwendeten Methode kann man daher Hobbes u.a.
auch als Begründer des methodologischen Individualismus bezeichnen,
wie er heute primär in der Ökonomie Verwendung findet. Unter dem
Stichwort "Neue Politische Ökonomie" setzt sich dieses Konzept auch
in der Politikwissenschaft zunehmend durch, vgl. 4.2. und 5.4.

Hobbes' Modell der politischen Stabilität wurde vor allem in der Internationalen Politik rezipiert. Hans Morgenthau, der Mitbegründer der
Realistischen Schule der Internationalen Politik[61], bezieht sich in seiner
anarchischen Konstruktion des Internationalen Systems explizit auf
Hobbes (und Machiavelli). In Anlehnung an Hobbes entwickelt Morgenthau die These, daß das Internationale System durch eine Vielzahl individueller Akteure - die souveränen Staaten - charakterisiert ist. Da es
keine Weltregierung bzw. keine übergeordnete Instanz gibt, befinden sich
die Staaten in einem anarchischen Zustand, in dem nur ihre Interessen
(ihr Nutzen) relevant sind, die sie zu maximieren versuchen. Die Natio-
nalstaaten befinden sich also in einer Art Kriegszustand: Der Nutzen

60. vgl. I. Kant: Über den Gemeinspruch: Das mag in der Theorie richtig sein,
     taugt aber nicht für die Praxis, in: I. Kant: Schriften zur Anthropologie,
     Geschichtsphilosophie, Politik und Pädagogik, Werkausgabe Bd. XI, hg. von
     W. Weischedel, Frankfurt 1978, S. 127 ff.
61. vgl. H. Morgenthau: Macht und Frieden, Gütersloh 1963

des einen ist der Schaden des anderen. Spieltheoretisch handelt es sich hier um ein sog. Null-Summenspiel. Mit Hobbes kann man jetzt z.B. das Problem der internationalen Kooperation diskutieren: Die Staaten leben als Leviathane im Naturzustand, also im Krieg aller gegen alle. Nur wenn sie erkennen, daß sie zur Wahrung ihrer eigenen Interessen, insbesondere ihrer Überlebensfähigkeit (internationale Arbeitsteilung, Umweltprobleme etc.) kooperieren und letztlich eine von allen freiwillig (Vertrag) anerkannte souveräne Macht (Leviathan = Weltregierung) schaffen müssen, wird es möglich sein, eine internationale Friedensordnung zu institutionalisieren.[62] In einem anarchischen System ohne übergreifende Instanz kann es jedenfalls nur zu freiwilliger Kooperation kommen; kein Staat kann zur Kooperation gezwungen werden. Und freiwillige Kooperation entsteht nur, wenn die Staaten damit eigenen Nutzen maximieren können.

Die Diskussion, ob es ein überstaatliches Recht (Naturrecht) gibt, auf das sich staatliches Recht zu beziehen habe, oder ob erst der Staat Recht setzt (Rechtspositivismus) ist klassisch für die Rechtsphilosophie. "Autorität, nicht Wahrheit macht das Wesen eines Gesetzes aus"[63] - so formulierte es Hobbes und trennte damit nicht nur Recht und Moral, sondern reduzierte das Recht auf politische Macht. Es gibt bei ihm also nicht Moral und Recht an sich, sondern beides entsteht erst in einer Gemeinschaft, die es auch durchsetzt.

Dieses außerordentlich komplexe Problem kann hier nicht diskutiert werden; stattdessen verweise ich auf N. Hoerster (Hg.): Recht und Moral. Texte zur Rechtsphilosophie, München 1980. Politikwissenschaftlich sind solche Fragen dann relevant, wenn Diktaturen (z.B. der Natio-

---

62. vgl. hierzu die Diskussion, ob die UNO eine solche Weltregierung sein soll, bzw. ob die wachsenden Weltprobleme (Ernährung, Umwelt etc.) eine weitere Kooperation erzwingen; Stichworte sind hier Integrationstheorie, Institutionalismus und Regimeanalyse.
63. zit. n. N. Hoerster (Hg.): Texte zur Rechtsphilosophie, München 1980, S. 14

nalsozialismus) beurteilt werden sollen, oder ein Rechtsstaat mit totalitären Urteilen fertig werden muß, wie es seit dem Zusammenbruch des
kommunistischen Osteuropas für diese Länder und seit der Wiedervereinigung für die Bundesrepublik Deutschland notwendig wird.

3.3.3. Das politische Konzept John Lockes

Einer der für das westliche Politikverständnis wichtigsten Theoretiker
ist John Locke (1632 - 1704). Auch er studierte in Oxford; allerdings
bevorzugte er empirische Fächer wie Medizin und Naturwissenschaften.
Sein Empirismus schlägt sich in dem bedeutenden erkenntnistheoretischen Werk "Essay Concerning Human Understanding" von 1689 nieder.
1667 wurde er Arzt beim Earl of Shaftesbury. In der Folge widmete sich
Locke - wohl auf Anregung Shaftesburys - ökonomischen (Eigentum,
Geld) und politischen Studien. Mit dem Aufstieg Shaftesburys erhielt
auch Locke verschiedene politische Ämter. Mit dessen Fall und Flucht
floh auch Locke. Nach der "Glorreichen Revolution" (1688) kehrte er
nach England zurück und veröffentlichte 1689 die "Two Treatises of
Government", sein politiktheoretisches Hauptwerk.

Lockes zentrales politiktheoretisches Problem ist die Begründung einer
funktionierenden politischen Ordnung, bei der das Individuum der Ausgangspunkt ist. Als Empirist begnügt er sich aber nicht mit rationalistischen Überlegungen. Außerdem lebt er in einer Zeit, in der trotz der
"Glorreichen Revolution" und den "Bill of Rights" die Rechte von Parlament und Bevölkerung weiter gesichert werden müssen. Seine empiristische Argumentation des "Second Treatise" - der erste ist eine Kritik
an R. Filmers "Patriarchia, or the Natural Power of the Kings" von 1680 -
wird daher nicht nur als Legitimationskonzept, sondern zugleich als
Demokratietheorie gelesen.

3.3.3.1. Skizze des "Second Treatise"

Für die Darstellung greife ich auf die Ausgabe "Über die Regierung", herausgegeben von Peter-Cornelius Mayer-Tasch, in der Übersetzung von Dorothee Tidow zurück. Die römischen Ziffern verweisen darauf, daß das Zitat aus der zweiten Abhandlung stammt.

Lockes Grundlage ist sein Konzept des Naturzustands, in dem alle Menschen vollkommen frei und gleich leben (II, 4 f.). Im Naturzustand herrscht gleichwohl nicht Zügellosigkeit, sondern das Naturrecht; dieses verbietet beispielsweise, sich selbst oder andere Menschen zu töten (II, 6), und gebietet, den Frieden zu wahren (II, 7). Wer sich an die Regeln des Naturrechts nicht hält, versetzt sich zu den anderen in einen Kriegszustand (II, 16 ff.). Um den Folgen dieses Kriegszustands zu entgehen, liegt die Vollstreckung des Naturrechts in den Händen eines jeden (II, 7), dabei muß das Prinzip der Verhältnismäßigkeit gewahrt bleiben (II, 8 ff.). Locke geht von der historischen Existenz des Naturzustands aus, auch wenn er den konkreten Beleg für schwierig hält. Als stützende Argumente verweist er auf die Artgleichheit des Menschen und die Tatsache, daß der Mensch von Gott geschaffen wurde, vor Gott also alle Menschen gleich sind (II, 6).

Zentraler menschlicher Trieb ist die Selbsterhaltung. Alle Menschen haben daher das Recht, die ihnen gemeinsam von Gott gegebene Erde zum allgemeinen Vorteil zu nutzen (II, 25 f.). Durch die Arbeit an der Erde erwirbt der einzelne Eigentum (II, 27). Allerdings gibt es Grenzen für das Eigentum: Für die anderen Menschen muß noch genug in gleicher Qualität vorhanden sein (II, 27 ff.) und das Eigentum muß tatsächlich verbraucht werden, d.h., es darf nicht verderben (II, 37 ff.). Im Rahmen dieser Einschränkungen entstehen Ungleichheiten durch Fleiß. Außerdem gibt die Erfindung des Geldes den Menschen Gelegenheit, den Besitz dauerhaft zu machen (II, 48).

Nach der Skizze des Naturzustands wendet sich Locke der Anthropologie (II, Kapitel VI) etwas genauer zu. Zwar sind alle Menschen von Natur aus frei, gleich und vernünftig, das heißt aber nicht, daß sie auch so handeln (können). Der Mensch besitzt allerdings das Potential für diese Entwicklung. Wesentlich ist ferner, daß der Mensch eine soziale Veranlagung hat (II, 77). Die erste Form der menschlichen Gemeinschaft, die auf einem Vertrag beruht, ist die zwischen Mann und Frau, aus der die Familie hervorgeht. Eine andere Form sozialer Beziehungen ist die zwischen Herr und Knecht (II, 84); letzterer verkauft gegen Lohn (Vertrag) seine Dienste.

Die Betrachtung dieser ersten sozialen Beziehungen verdeutlicht, wie es auch zu einer politischen Ordnung kommt. Da alle Menschen im Naturzustand frei und gleich sind, können sie sich nur freiwillig zusammenschließen (II, 95 f.). Die Verträge eines jeden mit einem jeden konstituieren Gesellschaft und Staat. Nachdem dieser neue "Körper" gelenkt werden muß, müssen sich alle Mitglieder beim Vertragsabschluß auf das Mehrheitsprinzip einigen (II, 96 ff.). Locke ist natürlich klar, daß dazu zwei Einwände formuliert werden: Wann wurde denn je ein solcher Vertrag abgeschlossen? Leben die Menschen nicht immer schon unter einer Regierung? Locke verweist für die erste Frage darauf, daß es diesbezüglich schwierig ist, in den historischen Quellen entsprechende Belege zu finden; dennoch meint er, daß genügende Indizien und zumindest die Vernunft für sein Konzept sprächen (II, 100 ff.). Bezüglich der zweiten Frage formuliert Locke das Prinzip der "stillschweigenden Zustimmung" ((II, 119). Dieses meint, daß Menschen durch ihr Verhalten, durch die Inbesitznahme von Land, durch Gesetzestreue etc. stillschweigend ihr Einverständnis zu einer politischen Gemeinschaft geben. Mit der stillschweigenden Zustimmung korrespondiert die Möglichkeit der Emigration (II, 121): Wenn man seinen Besitz aufgibt, darf man hingehen, wohin man will.

Warum kommt es aber überhaupt zur Bildung von politischen Gemeinschaften? Die Menschen im Naturzustand halten sich, so Lockes Antwort, mehrheitlich nicht an das Naturrecht. Um daher Leben, Freiheit
und Eigentum vor Übergriffen zu schützen, um einen allgemeinen Maßstab für Recht und Unrecht (Naturrecht) nicht nur zu haben, sondern
auch durchsetzen zu können, schließen sich die Menschen zur Gesellschaft zusammen (II, 123 ff.).

Die Bildung einer politischen Gemeinschaft kann in unterschiedlicher
Form erfolgen. Verbleibt die politische Macht - und damit meint Locke
die Legislative als höchste Gewalt - in den Händen der Mehrheit, dann
handelt es sich um eine demokratische Regierungsform. Wird die Macht
einer Gruppe von Politikern übergeben, dann handelt es sich um eine
Oligarchie, herrscht nur einer, dann ist dies eine Monarchie.

Das Ausmaß der gesetzgebenden Gewalt (II, 142) ist abhängig vom
Gesellschaftsvertrag, dem alle zugestimmt haben. Locke selbst plädiert
dafür, die legislativen Kompetenzen auf Repräsentanten zu übertragen
(II, 143). Die Repräsentanten tagen nicht permanent, sondern treten je
nach Notwendigkeit zusammen. Außerdem werden sie regelmäßig vom
Volk auf Zeit gewählt (II, 154). Inhaltlich bezieht sich der Begriff der
gesetzgebenden Gewalt in der Regel auf den Erlaß öffentlich verkünde-
ter Gesetze zum Wohle des Volkes, die ihren Rahmen im Naturrecht
finden (II, 135). Es kann also kein willkürliches Recht geben, sondern
alle Gesetze und damit alle Gewalten sind an das Naturrecht gebunden.

Im Rahmen der legislativen Gewalt wird bei Locke auch die judikative
Gewalt thematisiert, die durch anerkannte, autorisierte und fest ein-
gesetzte Richter ausgeübt wird (II, 136). Hier klingt indirekt eine weitere
Gewaltenteilung an, denn die Richter wachen darüber, ob sich die Legis-
lative innerhalb des Naturrechts bewegt - Ausschluß von willkürlichen
Gesetzen - und sie kontrollieren die gerechte (im Sinne des Naturrechts)
Interpretation der Gesetze. Gesetze müssen nicht nur formuliert, sondern

auch umgesetzt werden. Dies ist die Aufgabe der exekutiven Gewalt. Teil der Exekutive ist

a)   die sog. "föderative Gewalt" (II, 145 ff.); sie reguliert das Verhalten des Staates nach außen, d.h. die föderative Gewalt schließt Verträge, entscheidet über Krieg und Frieden, etc.;

b)   die "prärogative Gewalt" (II, 159 ff.), auf deren Basis die Entscheidungen getroffen werden, für die keine gesetzlichen Grundlagen bestehen.

Das Verhältnis zwischen exekutiver und legislativer Gewalt bestimmt Locke eindeutig: Die Exekutive ist der Legislative untergeordnet (II, 153) und kann von dieser auch abgesetzt werden. Umgekehrt darf die Exekutive die Legislative einberufen (II, 156). Wendet die Exekutive ihre Macht gegen die Legislative an, dann befindet man sich wieder im Kriegszustand des Naturzustands (II, 155), weil der Urvertrag gebrochen wurde. Alle politischen Gewalten sind durch das Naturrecht begrenzt.

Werden die Regeln des Naturrechts, des Urvertrags oder des positiven Rechts durch den Staat verletzt, so hat jeder einzelne nicht nur das Recht, dieses zu verhindern, sondern, falls es nicht mehr zu verhindern ist, das Recht auf Widerstand (II, 202). Zunächst müssen aber alle Möglichkeiten ausgeschöpft sein, die der gesetzliche Rahmen dem einzelnen bietet. Gewalt und Revolution sind nur das letzte Mittel (II, 207 ff.). Zum Ausbruch von Revolutionen kommt es ohnehin nur - so die empirische Erkenntnis von Locke -, wenn viele Bürger vom staatlichen Mißbrauch betroffen sind. In den meisten Fällen wird daher Widerstand gegen den Staat in der Emigration enden.

3.3.3.2. Rekonstruktion

Rekonstruktionen basieren, wie Sie sich erinnern, auf dem Zweistufenkonzept der Wissenschaftssprache des empirisch-analytischen Wissenschaftskonzeptes. Locke entwickelt in seiner zweiten Abhandlung explizit eine empiristische Begründung bzw. Legitimationsvorstellung für den demokratischen Staat, d.h., er will sein Konzept als eine (empirische) Theorie verstanden wissen. Dies legt eine Rekonstruktion in empirischer Sprache nahe. Dies darf nun nicht dahingehend mißverstanden werden, daß sich bei Locke gar keine analytischen Elemente finden. Alle empirischen Aussagensysteme enthalten immer auch analytische Elemente. Gemeint ist vielmehr, daß die wesentlichen Teile der Lockeschen Überlegungen empirische Aussagen sind, deren Falsifikation seine gesamte Konzeption hinfällig machen würde.

Lockes empirische **Hypothesen** lauten:

a)   Wenn ein Staat legitim entstanden ist, dann geht er auf die konkrete Zustimmung derjenigen zurück, die ihn bilden (Urvertrag).

b)   Wenn ein Staat legitim ist, d.h., wenn ihm seine Mitglieder explizit oder implizit zugestimmt haben, dann weist er 1. eine demokratische Struktur auf, dergestalt, daß es eine grundlegende Gewaltenteilung, Rechtsstaatlichkeit, Volkssouveränität, Repräsentativität, regelmäßige Wahlen und das Recht auf Widerstand und Emigration gibt, und 2. entspricht seine Politik mehrheitlich den Interessen seiner Bürger (Responsivität).

Hält man sich nun strikt an den Lockeschen Text, dann gilt: Die **empirische Prämisse** ist eine Anthropologie, die alle Menschen als biologisch gleichartig auffaßt, d.h. alle Menschen haben die Anlage zur Vernunft, zum sozialen Verhalten, sie streben nach Selbsterhaltung und Selbstverwirklichung. Bei der weiteren Rekonstruktion entsteht nun allerdings das Problem, wie Lockes Naturrechts- und Naturzustandsvorstellungen empirisch zu verstehen sind. Da (normative) Naturrechte nicht in empirischer Sprache formuliert oder auch rekonstruiert werden können[64], hat man

---

64.   Das empirisch-analytische Wissenschaftskonzept bestreitet die empirische Existenz von Werten. Phänomene, die nicht real sind, können aber auch nicht in empirischer Sprache formuliert werden.

nur folgende Möglichkeiten:

1. Man ignoriert die Naturrechtskonzeption und formuliert stattdessen: Teil der Prämisse über den Menschen ist, daß die Menschen überwiegend der Meinung sind, daß jeder Mensch über eine eigene Würde verfügt, d.h., daß er elementare Rechte (Leben, Freiheit, Erwerb von Eigentum und Streben nach Selbstverwirklichung) besitzt, die ihm niemand ohne gute Gründe nehmen darf.[65] Diese Meinung über "natürliche Rechte" des Menschen soll "Naturrecht" heißen.

2. Man behilft sich mit einer analytischen Definition des Menschen: Menschen sind solche realen Objekte, die neben ihren biologischen Merkmalen normative Attribute aufweisen: Sie verfügen als Person, kraft ihrer Existenz über Rechte. Die Summe dieser Rechte heißt "Naturrechte". Eine solche Definition kann nicht empirisch überprüft werden; sie muß als analytische Grundlage, als Setzung akzeptiert werden.

Locke vertritt in seinem ersten Argumentationspunkt die These, den von ihm postulierten staatsfreien Naturzustand habe es irgendwann wirklich gegeben. Als Beleg führt er Naturvölker an. Bislang konnte ein solcher Naturzustand allerdings niemals empirisch bestätigt werden; dies hat übrigens bereits David Hume erkannt und gegen Locke ins Feld, vgl. 3.3.4.1. Dies bedeutet, daß die Existenzthese bezüglich des Naturzustandes als unhaltbar anzusehen ist. Dadurch ist allerdings ein wichtiger Aspekt aus Lockes Argumentationskette herausgebrochen, und die hieran anschließenden Überlegungen (z.B. Überwindung des Naturzustandes durch einen Vertrag) sind nicht mehr aufrecht zu erhalten.

In der Rekonstruktion kann man den Naturzustand auch als analytisches Konstrukt ansehen und ihn als Modellanahme behandeln. Er kann als Gedankenexperiment definiert werden, d.h. als Konstrukt eines staatsfrei-

---

65. Eine solche Einstellung bei Menschen kann empirisch untersucht werden, d.h., eine solche These wäre nicht immunisiert.

en Zustands zwischen den Menschen. Schließlich will Locke ein Legitimationskonzept entwickeln und da spielt es keine Rolle, ob es den Naturzustand in der Realität wirklich gegeben hat.

Im folgenden werden Lockes "Naturrecht" und "Naturzustand" als analytische Konstrukte aufgefaßt. Deshalb setze ich die entsprechenden Termini in Anführungszeichen.

Im "Naturzustand" herrscht das "Naturrecht": Jeder hat ein "Recht" auf alles, so lange damit nicht "Rechte" anderer verletzt werden. Wird man in seinen "Rechten" verletzt, darf man sich im Rahmen der Verhältnismäßigkeit wehren. Teil der individuellen "Rechte" des Menschen ist der Erwerb von "Eigentum durch Arbeit".

Nachdem aber alle "Menschen" dasselbe "Recht" haben, ist der Eigentumserwerb durch zwei Bedingungen eingeschränkt:
1.   Es muß den anderen "Menschen" dasselbe Gut in gleicher Menge und Qualität zur Verfügung stehen;
2.   Das angehäufte Eigentum darf nicht verderben.

Bei dieser Argumentation wird der modelltheoretische Charakter deutlich: Beide Eigentumsbedingungen werden aus den analytischen Annahmen über "Naturrechte" des Menschen abgeleitet. Aus ihnen resultiert der "Kriegszustand". Je nach "Fleiß" erwerben die "Menschen" unterschiedliche Mengen an Eigentum. Zunächst sind die materiellen Unterschiede noch nicht gravierend. Erst durch die Entdeckung des "Geldes" - dem die "Menschen" durch Gebrauch implizit zustimmen - wandelt sich der "Naturzustand". Durch das "Geld" kann die ungleiche Verteilung von Eigentum dauerhaft werden, z.B. durch Vererbung. Diese Ungleichheit führt (im Gedankenexperiment) zu "Neid" und "Gewalt". Es entsteht der "Kriegszustand". Um diese Situation zu überwinden, sinnt der "Mensch" mittels Vernunft auf Abhilfe. Auch diese Entwicklungsüberlegungen belegen den konstruktiven Charakter der Thesen Lockes.

Fassen wir Lockes Modell bis hierher noch einmal zusammen; alle Begriffe sind nur analytisch zu interpretieren. Ziel ist die Konstruktion eines legitimen Staates. Prämisse ist ein Menschenbild, wonach der Mensch vernunftbegabt, fähig zu gutem und bösem Handeln ist sowie beschränkt sozial agiert. Sein zentrales Motiv ist die Selbsterhaltung. Als Individuum hat er das Recht, sich selbst zu verwirklichen, Eigentum zu erwerben etc., solange er damit nicht dasselbe Recht eines anderen tangiert. Dynamisiert man diese Vorstellung (Naturzustand) und führt noch das Geld ein, dann wandelt sich der Naturzustand in einen Kriegszustand. Diesen trachten die Menschen mittels Vernunft zu überwinden. Damit sind wir bei dem zentralen Argument des **Vertrages**.

Soziale Beziehungen sind dann legitim, wenn sie auf freiwilliger Übereinstimmung der Beteiligten beruhen. Locke argumentiert daher: Der legitime Staat entsteht, wenn die Menschen freiwillig auf Teile ihrer "natürlichen Rechte" verzichten und sie der Gemeinschaft übertragen. Anders formuliert: Übergeordnete Institutionen sind dann legitim, wenn sie auf expliziter individueller Zustimmung aller Beteiligten beruhen. Diese (erste) Form des Vertrages nennt man Urvertrag. Im Urvertrag, den ein jeder mit einem jeden schließt, einigt man sich auf die Staatsform und die zentralen Entscheidungsregeln.

Da die Menschen gemäß Definition im allgemeinen vernünftig vorgehen, ihre Fähigkeit zum Guten wie zum Bösen bedenken, das Naturrecht im Prinzip als allgemeine Grenze anerkennen und ihre ursprünglichen Freiheiten nur soweit aufgeben wollen, wie es ihnen nützt, ergeben sich bestimmte staatstragende Prinzipien. Anders formuliert führt die eingeschränkt rationale Entscheidung von Individuen unter Unsicherheit und Restriktionen zu folgenden Prinzipien:

- Politische Entscheidungsprozesse werden auf der Basis des Mehrheitsprinzips gefällt.
- Ziel eines jeden Staates ist es, das Leben, die Freiheit und das Eigentum der Individuen zu schützen, d.h. der Staat muß die

Naturrechte garantieren. (Hieraus entwickelt sich die Idee der Menschenrechte.)

-   Nachdem Macht korrumpiert, muß sie verteilt werden. Notwendig ist eine Gewaltenteilung zwischen der Legislative und der Exekutive, sowie indirekt auch der Judikative.
-   Der eigentliche Souverän ist das Volk. Aus praktischen Gründen delegiert es seine Macht an Repräsentanten (Repräsentationsprinzip), die in regelmäßigen Wahlen durch das Volk bestimmt werden.
-   Fest eingesetzte Richter überwachen die Bindung der Gewalten an das Recht (Rechtsstaatsprinzip).
-   Nachdem der Staat zwar die Naturrechte garantieren soll, man sich dessen aber in der Realität nicht sicher sein kann, formuliert man noch das Recht auf Widerstand und Emigration.

Das so definierte demokratische Staatsgebilde entsteht idealtypisch durch Zustimmung jedes einzelnen Bürgers. Nachdem Locke in seinem Konzept den Faktor "Zeit" berücksichtigt, muß er für nachgeborene Generationen (im Gedankenexperiment) die Frage der Zustimmung neu regeln.

Seine zweite Vertragsvariante ist der "**implizite Vertrag**", d.h. die stillschweigende Zustimmung[66]. Der Bürger drückt - so die Konstruktion - durch sein Handeln aus, z.B. indem er **nicht** auswandert, Steuern zahlt, sich an die Gesetze des Staates hält etc., daß er den staatlichen Institutionen und Regelungen zustimmt. Ein solcher Vertrag korreliert notwendig mit dem Widerstandsrecht, also den Möglichkeiten, zu widersprechen, zu klagen etc. bis hin auf das Recht zur Emigration. Nur wenn man begründet annehmen kann, daß Handlungen, die implizite Zustimmung ausdrücken, **freiwillig** erfolgen, kann man von einem impliziten Vertrag sprechen.

---

66. Sie erinnern sich, daß Platon in seinem Dialog "Kriton" diese Idee auch schon hatte.

Die Legitimationstheorie Lockes beruht wesentlich auf diesem impliziten Moment: Folgen die Menschen einer politischen Führung, akzeptieren sie Institutionen und Regeln, auch wenn sie dagegen opponieren, Widerstand leisten oder gar emigrieren könnten, dann ist ein solcher Staat legitim. Zum zweiten postuliert Locke, daß mittelfristig nur Systeme, die die oben genannten Merkmale wie Gewaltenteilung, Rechtsstaatlichkeit etc. aufweisen, freiwillige Zustimmung erfahren.

3.3.3.3. Wirkung und Relevanz

Lockes Theorie gilt als die Grundlegung der freiheitlichen, rechtsstaatlichen Demokratie. Ihre wirkungsgeschichtliche Bedeutung kann man wie folgt zusammenfassen: "Locke umriß die Konturen, in deren Rahmen sich die abendländische Verfassungstheorie und -evolution des 18. und 19. Jahrhunderts wesenhaft bewegte. Die europäischen Staatsdenker des 18. Jahrhunderts (von Bolingbroke und Hume bis zu Burke, von Montesquieu und Voltaire bis zu den Vätern der Französischen Revolution) schrieben weithin nurmehr Fußnoten zu den Thesen Lockes..."[67] Angesichts dieser wirkungsgeschichtlichen Dimensionen verweise ich wiederum auf die Literatur.

Lockes Konzept ist vielfach kritisiert worden. Im Mittelpunkt der Kritik stand vor allem der Eigentumsbegriff und das sich hierauf stützende Staatskonzept. Pauschal zusammengefaßt wurde Locke vorgeworfen, er habe eine Theorie des "Besitzindividualismus" entworfen, der Staat habe nur die Funktion, das individuelle - ungleich verteilte - Eigentum zu schützen.[68]

---

67. P.C. Mayer-Tasch: John Locke - Der Weg zur Freiheit, Nachwort, in: J. Locke: Über die Regierung, Stuttgart 1974, S. 222 f.
68. So etwa zu finden bei C.B. MacPherson: Die politische Theorie des Besitzindividualismus, Frankfurt 1967 oder E. Voegelin: Zwischen Revolution und Restauration, München 1968

Solche Kritik ist allerdings einseitig. Erstens ist der Lockesche Eigentumsbegriff nicht auf das materielle Eigentum ausgerichtet, sondern er umfaßt auch das Leben und die Freiheit des Menschen (II, Kap. 5). Zweitens kann man implizit durchaus wohlfahrtsstaatliche Aspekte erkennen, denn das Geld hebt nur die Regel vom Anhäufungsverbot (weil nichts verderben darf) auf, nicht aber die Feststellung, daß den anderen Menschen von einem Gut noch etwas in gleicher Qualität und Menge bleiben muß. Drittens haben alle Menschen, als Geschöpfe Gottes, die Pflicht, sich zu erhalten; wenn sie dies nicht selbst können, ist der Staat gefordert (II, Kap. 2).

Lockes Relevanz liegt insbesondere auf zwei Feldern:
- Konzept der empirischen Legitimation;
- Entwicklung einer empirischen Demokratietheorie als Vertragstheorie.

Locke entwickelt in seinem "An Essay Concerning Human Understanding" eine empiristische Erkenntnistheorie. Hierauf aufbauend bemüht er sich, eine empirische Staatstheorie zu konzipieren. Mit ihr wollte Locke erstmals nicht die Entstehung und Ausgestaltung einer "legitimen" Gesellschaft oder eines Staates konstruieren oder simulieren, sondern de facto **erklären.**

Nun habe ich Lockes Konzept als Modell rekonstruiert, um die begrifflichen Unklarheiten und Widersprüche zu umgehen. Mit einem Modell kann man aber nichts erklären, da Modelle über keinen empirischen Gehalt verfügen. Wie kommt man von Lockes als analytisch zu rekonstruierenden Aussagen zu empirischen Aussagen? Zu diesem Zweck werden sog. "empirische Relative" gesucht und Hypothesen gebildet. Mit empirischem Relativ meint man ein zur Modellaussage analoges empirisches Satzsystem.

Illustrieren wir das am Beispiel von Lockes zentraler empirischen Behauptung. Kern der Überlegung ist die These, daß eine legitime Gesellschaft oder ein legitimer Staat der individuellen Zustimmung bedarf. Hierfür entwickelt Locke nicht nur das Institut des Urvertrages - den es vermutlich bis auf die vielleicht damit vereinbare Situation bei der Gründung der USA nicht gegeben hat -, sondern auch den impliziten Vertrag. Legitim ist folglich, empirisch gesehen, alles, was auf freiwilliger Übereinkunft beruht. Locke rekurriert nicht mehr auf absolute Normen, auf das Gute oder Gerechte, sondern auf das individuelle Interesse. Dieses muß zumindest implizit artikuliert werden. Locke begründet damit - im Vorgriff auf Max Weber[69] - die empirische Legitimationstheorie, die Legitimität danach bemißt, ob die Menschen eine Herrschaft akzeptieren oder nicht, und die folglich die Präferenzen, Interessen und Verhaltensweisen der Bürger erforscht.[70]

Die Ausrichtung an den Interessen einzelner oder an den Interessen von Gruppen - als freiwilligen Zusammenschlüssen einzelner - führt nicht zum Ideal der Demokratie, sondern zu einer pragmatischen Ausgestaltung eines demokratischen Systems. Lockes Demokratietheorie konkretisiert folgerichtig so zentrale Topoi der Demokratie wie Volkssouveränität, Mehrheitsprinzip, Repräsentativität, Wahlen, Rechtsstaatsprinzip, Widerstandsrecht, Gewaltenteilung und Gemeinwohl a posteriori. Seine Überlegungen sind dabei empirisch zu interpretieren, d.h. Locke formuliert die Hypothese: Wenn Menschen von ihren Rechten - wie Recht auf Leben, Freiheit, Selbstbestimmung, Streben nach Glück, Eigentumserwerb etc. - ausgehen, dann entscheiden sich sich immer für eine Demokratie mit Gewaltenteilung, Volkssouveränität, Rechtsstaatlichkeit usw.

Als ein empirischer Beleg für Lockes These könnten beispielsweise die Transformationsprozesse in Richtung Demokratie angeführt werden, wie

---

69. vgl. M. Weber: Die drei reinen Typen der legitimen Herrschaft, in: ders: Gesammelte Aufsätze zur Wissenschaftslehre, Tübingen 1973
70. vgl. B. Westle: Politische Legitimität, Baden-Baden 1989

sie nach dem Zusammenbruch des kommunistischen Blocks nicht nur in Osteuropa, sondern auch in zahlreichen Staaten der sog. Dritten Welt (z.b. in afrikanischen Ländern) aufgetreten sind.

3.3.4. Politische Ideen der Aufklärung

Das 18. Jahrhundert gilt als das Zeitalter der Aufklärung (bis zur Französischen Revolution von 1789). Die theoretischen Überlegungen (z.b. Repräsentation des Volkes, Mehrheitsprinzip, Rechtsstaatlichkeit, Wahlen, Toleranz, Gewaltenteilung und Menschenrechte) werden nicht nur in die politische Praxis umgesetzt (bahnbrechend ist die amerikanische Verfassung), sondern in zwei Richtungen weiterentwickelt: Die angelsächsische Tradition knüpft an den Empirismus und Pragmatismus eines Locke an, während die kontinentalen Aufklärer - vor allem Franzosen und Deutsche - primär rationalistisch argumentieren.

3.3.4.1. Die schottische Aufklärung

Das Zentrum der angelsächsischen Politischen Philosophie der Aufklärung findet sich in Schottland. Die überragende Gestalt ist vermutlich der Philosoph **David Hume** (1711 - 1776). Humes Bedeutung resultiert aus vier zentralen Überlegungen:
1. der Kritik am Induktivismus,
2. der Erhellung des Kausalitätsproblems,
3. seiner Formulierung des später als "Humes Gesetz" bezeichneten Fehlschlusses;
4. seiner Kritik am Vertragsargument.

1. Allen empirischen Wissenschaften stellt sich das sog. Induktionsproblem. Damit ist das Problem umschrieben, daß der Empiriker von **einzelnen** empirischen Beobachtungen zu **allgemeinen** Hypothesen gelangt (gelangen will). Die Induktivisten sind der Meinung, daß man hier von einem induktiven Schluß sprechen kann, d.h., sie glauben an die Existenz

induktiver Regeln, die den logisch korrekten Übergang vom Einzelnen aufs Allgemeine gestatten. Dagegen richtet sich Humes Kritik: Er bestreitet[71] die Korrektheit einer induktiven Logik. Nach Hume gibt es keine "wahrheitskonservierenden Erweiterungsschlüsse"; um diese müßte es sich aber handeln, da die Konklusion dem Gehalt nach stärker als die Konjunktion der Prämissen wäre.[72]

2. Die Wissenschaft versucht nicht nur festzustellen, was es gibt und wie etwas funktioniert, sondern insbesondere **warum** das so ist. Damit stellt sie die Frage nach der Ursache von Phänomenen. Diese ist zentral für die Möglichkeit der wissenschaftlichen Erklärungen. "David Hume hat die heutige wissenschaftstheoretische Diskussion weitgehend durch ein Argument beeinflußt, wonach lediglich die Abfolge von Phänomenen feststellbar ist, niemals jedoch, daß eines ein anderes 'hervorbringt'. Die 'notwendige' Verknüpfung, die zwischen Ursache und Wirkung zu bestehen scheint, wird durch Eingewöhnen von Erwartungen allein in unserer Vorstellung zustande gebracht."[73]

3. In seinem philosophischen Hauptwerk "Ein Traktat über die menschliche Vernunft" (1739) diskutiert Hume im 3. Buch eine Problematik, die später als "Humes Gesetz" bezeichnet wurde. Ihm war aufgefallen, daß bei moralischen Argumentationen anstelle des bis dahin verwendeten Wörtchens "ist" plötzlich das Wort "soll" auftaucht. Nach Hume kann jedoch aus Ist-Aussagen nicht auf Sollens-Aussagen geschlossen werden. Diese These wurde im 20. Jahrhundert von G. E. Moore (naturalistischer Fehlschluß) und Max Weber (Postulat der Werturteilsfreiheit) wieder aufgenommen.

---

71. Dies hatten lange vor ihm bereits die Stoiker getan.
72. vgl. W. Stegmüller: Das Problem der Induktion: Humes Herausforderung und moderne Antworten, Darmstadt 1974
73. J. Speck (Hg.): Handbuch wissenschaftstheoretischer Begriffe, Bd. 2, Göttingen 1980, S. 319

4. Im gleichen Werk finden sich auch die politiktheoretisch relevanten Aussagen Humes. Sie beziehen sich kritisch auf die Vertragstheorien und lassen sich wie folgt resümieren:

1. Der Naturzustand ist empirisch unhaltbar; er ist eine "leere Fiktion".

2. Es ist empirisch völlig unmöglich, daß ein Urvertrag, also ein Vertrag vieler miteinander, zustandekommt.

3. Die Figur des Vertrags ist ein Rechtsinstitut; zu einem Vertrag kann es folglich erst kommen, wenn die Gesellschaft oder der Staat bereits existieren. Der Vertrag kann der Gesellschaftsbildung nicht vorausgehen.

4. Der Vertrag ist zur Erklärung der Entstehung einer Gesellschaft überflüssig. Deren Zustandekommen kann plausibler historisch-evolutionär beschrieben werden. Damit ist der Vertrag auch aus systematischen Gründen überflüssig.

Humes Kritik galt als so vernichtend, daß die Vertragstheorie danach praktisch aufgegeben wurde. Erst in der Gegenwart hat sie mit den Konzepten von John Rawls, Robert Nozick oder James Buchanan neue Anhänger gefunden. Allerdings fassen diese Theoretiker den Vertrag als hypothetisches Konstrukt auf, während Humes Kritik dem empirischen Phänomen gilt, wie es Locke in seiner Theorie formuliert. Deshalb mußten wir Lockes Überlegungen auch als Modell rekonstruieren.

Dagegen trifft die Kritik auf den impliziten Vertrag nicht zu, weil es sich hier um einen indirekten Vertrag handelt, der durch Verhalten geschlossen wird. Hier gilt es dann "lediglich" zu diskutieren, unter welchen Bedingungen tatsächlich von einem impliziten Vertrag gesprochen werden kann. Locke selbst verlangte legale Möglichkeiten zur Opposition, das Recht auf Widerstand und Emigration. Hume war der Meinung, daß diese Rechte nicht ausreichend wären, weil der Mensch viel zu stark in sein familiäres und freundschaftliches Umfeld eingebunden ist, um solche Rechte wirklich nutzen zu können. Die Migrationswellen - z.B. in die späteren USA -, die bereits zu Humes Lebzeiten begannen, widersprechen jedoch Humes Auffassung und geben Locke recht.

Neben wissenschaftsphilosophischen Neuerungen glänzt die schottische
Aufklärung durch zwei weitere Entwicklungen: die sog. Common-Sense-
Philosophie und die moderne Politische Ökonomie. Erstere wird durch
Francis Hutcheson[74] begründet und baut auf dem "gesunden Menschenverstand" auf. Hutcheson formulierte vor diesem Hintergrund die These
vom "moralischen Sinn" als dritte Erkenntnisquelle (neben Erfahrung
und Rationalität) und objektive Basis für die Moral. Allerdings ist aus
empirisch-analytischer Sicht die Common-Sense-Philosophie weniger eine
Moralphilosophie denn eine erste empirische Theorie individuellen bzw.
sozialen Verhaltens. Von daher verwundert es nicht, wenn sie zugleich
auch den Rahmen für die Ausprägung der Politischen Ökonomie abgibt.

Wichtigster Theoretiker ist ein Schüler von Hutcheson: **Adam Smith**
(1723 - 1790). In seinen Hauptwerken "Theory of Moral Sentiments"
(1759) und "The Wealth of Nations" (1776) mit den Prinzipien einer
Ordnung, nach denen der einzelne und eine Gesellschaft nicht nur ihre
Existenz sichern, sondern auch Wohlstand erreichen können. Die Prämisse ergibt sich aus der Untersuchung menschlichen Verhaltens: Danach
ist der Mensch durch Eigenliebe, das Streben nach Selbsterhaltung und
Wohlstand charakterisiert. Dieses Eigeninteresse ist dem Menschen angeboren und der Vernunft vorgeordnet.

Auf dieser Basis entwickelt nun Smith seine Politische Ökonomie. Das
Eigeninteresse ist positiv für das Individuum und die Gemeinschaft. Vier
Mechanismen sorgen dafür, daß dies so bleibt: das Mitgefühl, Wettbewerb, "positive" Gesetze und ein unparteiischer Beobachter, der die
Einhaltung der Regeln kontrolliert und sanktioniert. In einer solchen
Ordnung gelangt nicht nur der einzelne zur Freiheit, sondern die frei-

---

74.   F. Hutcheson: Erläuterungen zum moralischen Sinn, Stuttgart 1984

willige Kooperation, der Tausch und damit der Markt (Angebot und Nachfrage, darauf basierende Preise, Wettbewerb), führen zu allgemeinem Nutzen.

Notwendig sind allerdings auch funktionierende Institutionen, welche die Regeln des Marktes überwachen. Dazu empfiehlt Smith nicht nur demokratische Elemente wie z.b. Gewaltenteilung, sondern er betont außerdem die Bedeutung der Sozial-und Bildungspolitik. So fordert er etwa eine Schulpflicht für alle. Vom Staat als Nachtwächterstaat - ein beliebter Vorwurf gegen die liberale Staatskonzeption - kann also gerade bei Smith nicht die Rede sein.

3.3.4.2. Montesquieu

Die politischen Ideen der kontinentalen Aufklärer richten sich vor allem gegen die etablierte absolutistische Herrschaft. Sie entwickeln vernünftige Staatskonstruktionen, denn im Gegensatz zu angelsächsischen politischen Ideen war hier der Glaube an die Vernunft ungebrochen, auf deren Basis sie das Bestehende kritisieren. Im Zentrum der Kritik stand die religiöse Intoleranz - vgl. Voltaires "Traktat über Toleranz" (1763) oder die Kritik der Enzyclopädisten - und die Erstarrung des politischen Systems - vgl. die Kritik Montesquieus in seinen "Lettres Persanes" (1712). Als Beispiel eines aufgeklärten politischen System wurde dabei insbesondere England angesehen.

Hieran orientierte sich beispielsweise Charles-Louis de Secondat de la Brède et de Montesquieu (1689 - 1755) in seinem politiktheoretischen Hauptwerk "De l'esprit de lois" von 1748. Bei den Hinweisen verwende ich im folgenden die von Kurt Weigand ausgewählte Ausgabe "Vom Geist der Gesetze" (GG), Stuttgart 1965.

Im Mittelpunkt seiner Erörterungen steht u.a. das Problem, wie eine Verfassung aussehen muß, deren Ziel die politische Freiheit ihrer Bürger ist (GG, 11. Buch) - so wie dies in England der Fall ist (GG, S. 211). Politische Freiheit korrespondiert mit der Vernunft: Es ist die Freiheit, das zu tun, was man rational wollen soll (GG, S. 210). Eine Verfassung, die dies ermöglicht, beruht auf der Teilung der jetzt endgültig drei zentralen Gewalten (GG, S. 212 ff.):

a) Legislative - Sie besitzt die Etathoheit und das Steuergesetzgebungsrecht, außerdem kontrolliert sie die Exekutive;
b) Exekutive - Als administrative Gewalt hat sie kein Gesetzesinitiativrecht, an der Gesetzgebung ist sie nur via Vetorecht beteiligt, welches jedoch überstimmt werden kann;
c) Judikative - Sie wird aus der Exekutive herausgelöst und zu einer eigenständigen Gewalt.

Aufgrund seiner Reisen erkannte Montesquieu, daß es zwischen den Völkern gravierende Unterschiede gab. Dies wirkte sich auf seine politische Konzeption dahingehend aus, daß er die Relativität "richtiger" Staatsformen postulierte. Je nach "Volkscharakter" sind nach seiner Auffassung unterschiedliche Regierungsformen und unterschiedliche Gesetzestypen angemessen. Es gibt also nicht die eine optimale Staatsordnung, sondern - wie wir modern formulieren würden - je nach Politischer Kultur der Gesellschaften sind unterschiedliche Staatsformen angebracht.

Montesquieu ist mit diesen Überlegungen u.a. zum "Vater" der Politischen Soziologie und Vergleichenden Systemforschung geworden. Seine Gewaltenteilungslehre wurde zu einem Basiselement der modernen Demokratie.

3.3.4.3. Rousseau

Als Antipode eines solch pragmatisch-liberalen Denkens gilt der Genfer Jean-Jacques Rousseau (1712 - 1778). Er versuchte, eine absolut rationale politische Konzeption zu entfalten. Als seine politiktheoretischen Hauptwerke gelten der "Diskurs über den Ursprung und die Grundlagen der Ungleichheit unter den Menschen" (1755) und "Du Contrat Social Ou Principes Du Droit Politique" ("Der Gesellschaftsvertrag") (1764). Rekonstruieren wir in aller Kürze Rousseaus Konzept in diesen beiden Werken. Im folgenden verwende ich die von H. Weinstock herausgegebene und von H. Denhardt übersetzte Ausgabe des "Gesellschaftsvertrags", abgekürzt CS.

Rousseaus **Ziel** ist die Begründung und Konstruktion eines legitimen Staates. Ein solches Ziel kann nur modelltheoretisch stringent entwickelt werden. Dies impliziert, daß alle im folgenden verwendeten Begriffe als analytische Begriffe zu interpretieren sind. Es geht hier beispielsweise nicht um konkrete Menschen, sondern um definierte Modellmenschen.

Prämisse der Argumentation Rousseaus ist dessen Menschenbild. Es basiert - wie auch bei den anderen Vertragstheoretikern - auf einer Naturrechtsvorstellung, die den Menschen "an sich" als frei und gleich definiert und ihm unveräußerliche Rechte zuweist. Neben diesen Rechten verfügt der Mensch über "Perfektibilität", d.h. die prinzipielle Fähigkeit zum rationalen und moralischen Denken und Handeln. Diese Definition bedeutet nicht, daß der Mensch rational und moralisch ist, sondern daß er unter bestimmten Umständen dazu gebracht werden kann. Zentrales Antriebsmoment des Menschen ist seine Selbstliebe ("amour de soi").

Die **Argumentation** beginnt Rousseau im von ihm ebenfalls empirisch gemeinten, hier aber als Modell rekonstruierten, sog. "Naturzustand". Der dabei verwendete Naturbegriff sieht die Natur im kognitiven Sinn als unvollkommen an, d.h. der Natur immanent ist der Aspekt der Perfektibilität, eine Tendenz zur Vervollkommnung.

In der Natur lebt der oben definierte Mensch als:
- asoziales (vereinzelt, ohne Familie),
- arationales (nicht zu verwechseln mit "irrational"; "arational" meint,

daß seine Rationalität noch nicht zum Tragen gekommen ist) und
- amoralisches ("amoralisch" heißt nicht "unmoralisch", sondern die
menschliche Moralität wird noch nicht praktiziert) Wesen.

Dieses tierähnliche Leben ist möglich, weil die Natur dem Menschen
ausreichend Nahrung bietet, die selbständige Erhaltung ist damit gegeben. Nur zur Fortpflanzung treffen sich die Menschen kurzzeitig, gehen
dann aber wieder auseinander.

Natürliche Zufälle, z.B. eine Häufung von Naturkatastrophen, veranlassen den Naturmenschen, sich aus Gründen der Selbsterhaltung ("amour
de soi") zu losen Verbänden zusammenzuschließen. In der weiteren
Folge wird der Naturmensch seßhaft. Er betreibt Ackerbau und Viehzucht, es entwickelt sich das Handwerk. Resultat dieses Zufallsprozesses
ist die Veränderung der Eigenliebe zum Egoismus ("amour propre"): Der
Mensch strebt nach Anerkennung durch die anderen, deswegen tritt er
in Konkurrenz mit den anderen. So kommt es zu ersten Ungleichheiten.
Durch die Arbeitsteilung ist der zweite Schritt in Richtung Ungleichheit
getan, weil Abhängigkeitsverhältnisse, Eigentumsungleichheiten und
sonstige soziale Differenzierungen entstehen, die sich immer weiter
vertiefen.

Die ökonomischen und sozialen Ungleichheiten münden weiter in gewisse Macht- und Herrschaftsverhältnisse, d.h. in einen nicht-legitimen Staat,
den ich "Staatszustand I" nenne. Dieser ist als permanenter Kampf aller
gegen alle (Kriegszustand) charakterisiert. Die Gesellschaft basiert auf
Macht und Gewalt, die Führer sind Tyrannen, das Volk gilt nichts, Moral
beruht auf dem "Recht" des Stärkeren. An dieser Stelle setzt Rousseaus
Contrat Social an; er beginnt mit den berühmten Worten: "Der Mensch
ist frei geboren und überall ist er in Ketten." (CS, I, 1. Kap.)

Rousseaus Bemühungen gehen nun dahin, mittels **Vertrag** diesen ersten,
ungerechten, nicht legitimen Staatszustand zu überwinden. Hierin liegt

ein entscheidender Unterschied zu den Vertragstheorien von Hobbes oder Locke; deren Vertrag beseitigt einen unerträglichen Naturzustand. Ein legitimer, vernünftiger, moralischer Staat muß den nicht-legitimen Staatszustand I überwinden und dies gelingt nur mittels eines Gesellschaftsvertrags. Allerdings ist der Gesellschaftsvertrag nur in Abhängigkeit vom Staatszustand I zu denken: Dieser löst, durch seine Ungerechtigkeiten, im Menschen das in dessen Perfektibilität angelegte Bedürfnis nach vernünftigen, gerechten politischen Zuständen erst aus.

Dieses Bedürfnis nach und Wissen um Vernunft und Gerechtigkeit ist der berühmte "volonté générale" (Allgemeinwille). Er ist einerseits Voraussetzung des Vertrages. Erst wenn die Menschen das Wissen um Vernunft und Moral entwickelt haben, also vernünftig und moralisch sind und damit ihre Natur perfektioniert haben, gelingt ihnen der Vertragsabschluß, d.h. die Konstruktion eines vernünftigen, moralischen Staates. Andererseits findet sich der "volonté générale" in verwirklichter Form erst in einem legitimen Staat. Nur ein legitimer Staat basiert auf dem allgemeinen, unzerstörbaren Allgemeinwillen.

Der Vertrag selbst ist bei Rousseau sowohl ein Herrschafts- als auch ein Unterwerfungsvertrag. Alle Menschen sind, nach Vertragsabschluß aller mit allen, zugleich Herrscher und Beherrschte; sie sind jetzt Bürger, Souverän und eigentlich auch perfekte moralische und vernünftige Wesen, sonst käme der Vertrag gar nicht zustande. Resultat des Gesellschaftsvertrages ist nunmehr ein legitimer Staat; dies nenne ich "**Staatszustand II**". In ihm ist das Volk oberster Souverän, Staatsoberhaupt und Gesetzgeber.

Die Souveränität des Volkes ist ein nicht delegierbares Recht, d.h., ein parlamentarisches System mit Repräsentanten akzeptiert Rousseau nicht. Der Souverän bestimmt die Gesetze, die auf dem Allgemeinwillen beruhen. Woran ist nun ablesbar, ob ein Gesetz auf dem Allgemeinwillen und nicht etwa auf der bloßen Summe aller Partikularwillen ("volonté de tous") beruht? Dafür gibt Rousseau kein Kriterium an; dies ist auch unmöglich, weil der Allgemeinwille schließlich "die" Vernunft und "die" Moral darstellt.

Zur Unterstützung des Volkes gibt es bei Rousseau einen "Gesetzgeber", dessen Funktion ausschließlich in der unparteiischen Formulierung des Gesetzes besteht. Der Gesetzgeber darf also nicht herrschen, d.h. kein Exekutivmitglied sein.

Zur Ausübung der Staatsgewalt bestimmt der Souverän eine Exekutive. Je nach ihrer Zahl unterscheiden sich daher die Regierungsformen in Monarchie (ein Herrscher), Aristokratie (mehrere herrschen) oder Demokratie (alle herrschen). Die Demokratie hält Rousseau in der Regel für unmöglich. Er plädiert für eine aristokratische Republik als beste Regierungsform. Der so konstruierte legitime Staat entspricht der eigentlichen "Natur" des Menschen. Der Staatszustand II ist folglich identisch mit einem perfekten (vernünftigen und moralischen) Naturzustand und in diesem Sinne ist die These Rousseaus "zurück zur Natur" zu interpretieren.

Zusammengefaßt ist Rousseaus Staatskonzept als Ideal oder, auf der Basis eines absoluten Vernunft- und Moralbegriffs, als Modell[75] aufzufassen.[76]

---

75. Rousseau kann nur als Modell interpretiert werden, weil er in seinen Ausführungen empirische, analytische und normative Elemente vermischt, dem naturalistischen Fehlschluß erliegt und seine Überlegungen einer empirischen Überprüfung nicht standhalten.

76. Interessant ist aus dieser Sicht ein Vergleich zwischen Rousseau, Platons "Politeia" und anarchistischen Überlegungen: Wenn es nämlich absolute Vernunft und Moral gäbe, und die Menschen verfügten über sie, warum sollte dann nicht der eine herrschen, der vernünftig und moralisch ist - wie es Platon vorschlägt - bzw. warum soll dann überhaupt jemand herrschen, wie die Anarchisten fragen?

Vor diesem Hintergrund sind die Rezeptionsprobleme verständlich, die Rousseaus Werk erfährt: Einerseits gilt es als Grundlage totalitärer Systeme, weil das Repräsentativitätsprinzip abgelehnt und die Identität von Individual- und Allgemeinwillen postuliert wird. Andererseits gilt es als liberal, weil es das Element der individuellen Zustimmung, Gewaltenteilung (CS, III, 4. Kap.) und vor allem die Volkssouveränität betont. Dennoch gehen solche Diskussionen in die Irre, rekurrieren sie doch sämtlich auf Rousseaus Überlegungen als empirische Theorie oder normatives Konzept. Ersteres scheitert jedoch an der Realität, man denke nur an die Geschichtsphilosophie, letzteres scheitert am Problem der normativen Begründung, denn Rousseau behauptet die Existenz "der" Moral.

Der Glaube an die Vernunft korrespondiert in der Folge mit einem Prozeß der Desorientierung; offensichtlich stoßen Vernunftbegründungen an Grenzen. Überall zeigt sich die Irrationalität des Menschen. Konflikte, Kriege, Absolutismus, Despotie sind an der Tagesordnung, die gesellschaftliche Oberschicht lebt ein völlig korruptes und haltlos-unmoralisches Leben. Autoren der Zeit, wie der Marquis de Sade, schreiben nicht umsonst Romane und Theaterstücke, die bis heute pornographischen Ruf haben. Historische Untersuchungen belegen übrigens, daß de Sades Schriften durchaus die Realität widerspiegeln.

Die Erfahrung der Irrationaltität zwingt zwar nicht generell dazu, Abschied von der Vernunft zu nehmen, aber zu akzeptieren, daß "die Vernunft der Sklave des Gefühls ist" (David Hume). Die Vernunft kommt nur zu solchen Erkenntnissen, wie sie die emotionale Struktur zuläßt und handeln kann man erst recht nur in Abhängigkeit von der Emotionalität. Dies mußte besonders die Moralphilosophie erfahren. Die Erkenntnis des Richtigen bedeutet noch lange nicht, das es auch praktisch umgesetzt wird.

Deshalb scheitert Rousseau mit seinem positiven Menschenbild, deshalb konzipieren die Ökonomen - die sich damals als **Moralphilosophen** verstanden - den Markt als das Instrument, bei dem es auf die Moral des einzelnen nicht ankommt, sondern wo der einzelne so egoistisch sein kann wie er will und gerade deswegen der Gemeinschaft nützt. Adam Smith verwendet für dieses "wunderbare" Ergebnis die Metapher der "unsichtbaren Hand". Parallel zum Rationalismus kommt es zur Hinwendung zum Gefühl; die Romantik naht, das Natürliche und Nichtrationale werden wieder wichtiger. Rousseau mit seiner Vorstellung des "edlen Wilden" ist nur einer unter vielen. "Zurück zur Natur" ist der Wahlspruch einer neuen Zeit, den Rousseau allerdings noch im Sinne einer idealtypisch vernünftigen Natur gemeint hatte.

Die Entwicklung zeigt jedenfalls, daß das philosophische Konzept der Begründung mittels Vernunft (die sog. Transzendentalphilosophie) gegen Ende des 18. Jahrhunderts bereits an Grenzen stößt.

3.3.4.4. Kant und Hegel

Insbesondere der Königsberger Philosoph Immanuel Kant (1724 - 1804) versucht hierauf eine neue Antwort. Aufklärung bedeutet bei Kant Befreiung aus verstandesmäßiger Unmündigkeit und Abhängigkeit[77], ohne gleichzeitigen Umschlag in Selbstüberschätzung. Seine drei Kritiken "Kritik der reinen Vernunft" (1781/ 1787), "Kritik der praktischen Vernunft" (1788) und "Kritik der Urteilskraft" (1790) untersuchen eben diese Grenzen der Vernunft und stellen damit die Transzendentalphilosophie auf ein neues, kritisches Fundament. Dabei werden Empirismus und Rationalismus dergestalt zusammengebracht, daß der Verstand einerseits auf die Erfahrung einer unabhängigen Realität angewiesen ist, gleichzeitig eine Erfahrung ohne Verstand gar nicht gemacht werden könnte.

---

77. vgl. I. Kant: Beantwortung der Frage: Was ist Aufklärung?, in: I. Kant: Schriften zur Anthropologie, Geschichtsphilosophie, Politik und Pädagogik I, hg. von W. Weischedel, Frankfurt 1978, S. 53 ff.

Kant faßt dies in einem berühmten Ausspruch zusammen: "Gedanken ohne Inhalt sind leer, Anschauungen ohne Begriffe sind blind."[78]

Trotz der kritischen Neufassung der Transzendentalphilosophie durch Kant entwickelt sich erst im sog. Deutschen Idealismus mit dem komplexen philosophischen System Hegels der Höhepunkt rationalistischen Denkens.

Seine systematische Konzeption von Recht, Staat und Politik legte Georg Wilhelm Friedrich Hegel (1770 - 1831) insbesondere in den beiden Schriften "Die Vernunft in der Geschichte" und "Grundlinien der Philosophie des Rechts" (1821) vor. Hegels politische Philosophie wird nur im Rahmen seines allgemeinen philosophischen Systems verständlich. Sein allgemeines Ziel ist nämlich die Analyse des sich selbst verstehenden Geistes (Vernunft).

Um sich selbst zu verstehen, muß der Geist Wirklichkeit erzeugen. Der Mensch vermittelt dieses Selbstverständnis dadurch, daß er sich und die Welt als Ausdruck des Geistes erkennt. Die vollkommene Verwirklichung des Geistes setzt einen geschichtlichen Prozeß voraus. Diese beginnt beim triebhaften, nicht reflektierenden Menschen ("subjektiver Geist"). Damit der Geist zu sich findet, muß der Mensch einen Bildungsprozeß und die Geschichte einen Transformationsprozeß durchlaufen. Der Geist entspringt damit dem einzelnen, findet aber erst zu sich, wenn der Mensch zur Allgemeinheit strebt und damit seine Anbindung an die "kosmische Vernunft" ("absoluten Geist") erreicht. Hegels Geschichtsphilosophie weist damit eine teleologische Struktur auf: Die Geschichte ist dazu bestimmt, daß sich der Geist verwirklicht.

Die angesprochene Allgemeinheit ist nach Hegel eine soziale Form: die Gesellschaft (Rechtsphilosophie, Paragraph 258). Höchste Artikulation

---

78.   I. Kant: Kritik der reinen Vernunft, Stuttgart 1966, S. 120

der Gesellschaft, Verkörperung des Allgemeinen, ist der rationale Staat. Der Staat ist folglich das entscheidende Element im Übergang von der subjektiven zur absoluten Vernunft. Staat und Politik sind für Hegel die Ebene der objektiven Vernunft. In dieser Struktur wird die Hegelsche Dialektik - der Dreischritt These, Antithese und Synthese - deutlich. Betrachten wir nun Hegels Staatskonzept etwas genauer.

Ausgangspunkt ist der mit einem Willen ausgestattete Mensch (Person), der deswegen auch Träger von Rechten ist. Die Person darf Sachen ihren Willen oktroyieren; daraus resultiert das Eigentum (Rechtsphilosophie, Paragraph 44, 46). Der Mensch ist über seinen Willen Träger von Rechten. Was solche Rechte im einzelnen sind, muß mittels Willen zunächst bestimmt werden. Kriterien der Bestimmung der Rechte sind Allgemeingültigkeit, Rationalität und Moralität. Individualität bedeutet folglich, das Ich als vernünftiges, moralisches Ich zu erkennen. Recht korrespondiert daher mit Moral, d.h. es geht nicht nur darum, richtig zu handeln (Recht; These), sondern das Richtige auch zu wollen (Moral; Antithese). Beides zusammengedacht (Synthese) mündet in Sittlichkeit. Die "sittliche Substanz ... ist der wirkliche Geist einer Familie und eines Volks." (Rechtsphilosophie, Paragraph 156)

Von daher muß sich Hegel an dieser Stelle mit den drei Formen der menschlichen Gemeinschaft befassen. Die erste Form ist die Familie (These). Sie beruht auf dem Gefühl ihrer Mitglieder füreinander. Die Sittlichkeit der Familie resultiert daher, daß sich der einzelne in ihr als Element eines Umfassenderen fühlt. Dennoch ist die Familie zu unvollkommen, als daß sich die Sittlichkeit auf sie beschränken könnte: Das Leben gründet sich hier nur auf das Gefühl, der Vernunftaspekt wird vernachlässigt.

Die zweite Form menschlicher Gemeinschaft ist die Gesellschaft (Antithese). Erst hier agiert der Mensch als Individuum, als Subjekt, das seine persönlichen Interessen verfolgt (Rechtsphilosophie, Paragraph 209). Die

Interessenbefriedigung erfordert Kooperation. Die bürgerliche, individuelle Gesellschaft ist daher ein System der Bedürfnisse und wechselseitigen Bedürfnisbefriedigungen (ökonomisches System). Hieraus ergibt sich dann die ständische Ordnung der Gesellschaft bzw. die gesellschaftliche Differenzierung (Rechtsphilosophie, Paragraphen 201 bis 207).

Die vollkommene Verwirklichung der Sittlichkeit gelingt erst im Staat (Synthese). Der Staat integriert die Subjektivität und das Allgemeine. Er "ist die Wirklichkeit der konkreten Freiheit; die konkrete Freiheit aber besteht darin, daß die persönliche Einzelheit und deren besondere Interessen sowohl ihre vollständige Entwicklung und die Anerkennung ihres Rechts für sich (im System der Familie und der bürgerlichen Gesellschaft) haben, als sie durch sich selbst in das Interesse des Allgemeinen teils übergehen, teils mit Wissen und Willen dasselbe und zwar als ihren eigenen substantiellen Geist anerkennen und für dasselbe als ihren Endzweck tätig sind, so daß weder das Allgemeine ohne das besondere Interesse, Wissen und Wollen gelte und vollbracht werde, noch daß die Individuen bloß für das letztere als Privatpersonen leben und nicht zugleich in und für das Allgemeine wollen und eine dieses Zwecks bewußte Wirksamkeit haben." (Rechtsphilosophie, Paragraph 260)

Die Synthese des sittlichen Staates kommt also dadurch zustande, daß sich jeder einzelne sich selbst bewußt ist und sich um seinen Bereich bemüht sowie sich zugleich als Teil eines Ganzen begreift und entsprechend lebt. Der einzelne und die bürgerliche Gesellschaft erhalten folglich dadurch ihr Gleichgewicht, daß sie den Staat als Idee des umfassend Sittlichen begreifen und daß sie in den Staat als verpflichtende Gemeinschaft eingebettet sind.

In der Rezeption ist die Hegelsche Staatskonzeption sowohl als liberal als auch als konservativ angesehen worden. Beides kann begründet werden. Liberale Elemente finden sich, weil 1. Prinzipien der Französischen Revolution eingebaut wurden (Basis des Staates ist das Individuum, es gibt Elemente wie Gewissensfreiheit, Gewaltenteilung, Rechtsstaatlichkeit etc.), 2. der Staat sich auf Vernunft gründet und 3. Hegel die Konservativen seiner Zeit immer wieder angreift. Umgekehrt kritisiert er auch "den Liberalismus" - wenn man darunter eine Strömung versteht, die im wesentlichen auf den drei Werten Freiheit, Gleichheit und Volkssouveränität basiert - als eine Gesellschaftsform des "Haufens" oder der "formlosen Masse" (Rechtsphilosophie, Paragraph 279 und 303). Er begründet seine Kritik mit der fehlenden Sittlichkeit dieses Gebildes und der Reduktion des Staates auf den Status eines Werkzeugs.

3.4. Politisches Denken des 19. und 20 Jahrhunderts

In der Politischen Ideengeschichte stellt die Französische Revolution einen markanten Wendepunkt dar. Sie war kein Neubeginn, sondern vielmehr die Realisierung dessen, was seit dem 17. Jahrhundert politisch an liberalen und demokratischen Tendenzen reflektiert wurde. Parallel dazu entwickelten sich in Reaktion auf die Revolution konservative Gegenpositionen (besonders wichtig etwa die von Edmund Burke). Was die Zeit vor und nach der Revolution aber gravierend unterscheidet, ist die Bedeutung der politischen Debatte. Wurde diese vorher eigentlich nur in Intellektuellenkreisen geführt, so politisierte die Revolution die ganze Bevölkerung. Zweiter wesentlicher Bezugspunkt für politische Ideen im 19. Jahrhundert war die "industrielle Revolution" und damit verbunden die "soziale Frage". Die industrielle Revolution löst die überkommenen ständischen Sozialstrukturen auf; stattdessen entstehen erste Formen einer "kapitalistischen Gesellschaft". Sie ist u.a. charakterisiert durch die Entwicklung industrieller Arbeitsformen und rationaler Betriebsführung, die Ausbildung eines neuen Arbeitsethos[79], rapides Bevölkerungswachstum und Massenarmut (Pauperismus).

---

79. vgl. dazu Max Weber: Die protestantische Ethik und der Geist des Kapitalismus, in: ders: Gesammelte Aufsätze zur Religionssoziologie I, Tübingen 1988, S. 17 - 206

Das Zusammenspiel von Wissen um politische Ideen und dem Bedürfnis,
Interessen durchzusetzen führt zu einer neuen Verbindung von politischer Reflexion und politisch-sozialer Bewegung. In der Folge entwickeln
sich im 19. Jahrhundert die drei heute noch bestimmenden Hauptströmungen politischer **Ideologien**: Liberalismus, Konservatismus und Sozia-
lismus/Kommunismus. Diese ideologischen Stränge will ich kurz zusammenfassen; angesichts der zahlreichen Facetten der Ideologien verweise
ich in diesem Kontext jedoch ausdrücklich auf die Literatur im Anhang.

3.4.1. Politische Ideologien

Bevor wir uns den wichtigsten Ideologien zuwenden, soll zunächst der
Begriff "Ideologie" selbst betrachtet werden. Er entsteht in der frühen
Neuzeit als Gegenbegriff zum naturwissenschaftlichen, empirisch-rationa-
len Erkenntniskonzept. In der Aufklärung bezeichnet er die Vorurteile,
mit denen die menschliche Vernunft behaftet ist. "Ideologie" meint also
Systeme aus Sätzen, die über einen bestimmten politischen, weltanschau-
lichen und wertenden Charakter verfügen und Ausdruck von Gefühlen,
Stimmungen und Einstellungen sind. In der Gegenwart definiert man
aus der Sicht des empirisch-analytischen Wissenschaftskonzeptes Ideologien als politisch-weltanschauliche Wertungen oder Forderungen, als
immunisierte Satzsysteme, die nicht wissenschaftlich präzisierbar und
folglich auch nicht überprüfbar sind.

Wie kann man nun auf der wissenschaftstheoretischen Basis des empirisch-analytischen Ansatzes mit Ideologien umgehen? Zunächst gilt es,
den Kerngehalt einer Ideologie zu verstehen. Methodisch muß man
daher zunächst hermeneutisch, sinn-verstehend vorgehen.

Bevor wir den Kerngehalt ideologischer Strömungen verstehen können,
müssen wir zunächst ein Problem lösen: Die Bestimmung einer Ideologie
ist nämlich davon abhängig, welche Autoren man einer Strömung zuordnet. Die politische Ideengeschichte liefert uns Hinweise, welche Autoren

sich a) selbst einer bestimmten Strömung zugeordnet haben bzw. b) von ihren Ideen her (hermeneutische Interpretation) einer bestimmten Ideologie entsprechen. Bei dieser Vorgehensweise zeigt sich exemplarisch der hermeneutische Zirkel.

Die hermeneutische Bestimmung von Ideologien wird im folgenden vernachlässigt, da umfangreiche ideengeschichtliche Studien zu Ideologien vorliegen. Wenden wir uns daher direkt dem Kerngehalt des Liberalismus (1) und des Konservatismus (2) zu. Die zentralen Aspekte der Ideologie des Sozialismus/Kommunismus werden im Rahmen des Marx-Abschnittes, vgl. 3.4.2., behandelt.

(1) Wichtigste Theoretiker, auf die sich die Ideologie des **Liberalismus** stützt, sind Thomas Hobbes, John Locke, Charles de Montesquieu, Adam Smith, Immanuel Kant, Jeremy Bentham, John Stuart Mill, Alexis de Toqueville und in der Gegenwart John Rawls, James Buchanan und Robert Nozick. Als Ideologie, in dem Sinne, daß nun politische Forderungen aus diesen Konzepten "abgeleitet"[80] werden, entwickelte sich der Liberalismus seit Ende des 18. Jahrhunderts.

Im Mittelpunkt der Diskussion stand - vor dem Hintergrund der Aufklärung - zunächst das Konzept des Individualismus. Hieraus resultierten die zentralen politischen Ordnungsvorstellungen der Demokratie, wie Zustimmung der einzelnen zu Staat und Politik, Volkssouveränität, Gewaltenteilung, Wahlen und Repräsentativität, Toleranz, Religionsfreiheit und Rechtsstaatsprinzip, sowie die Konzeption der Nutzenmaximierung, des Privateigentums, der Konkurrenz und des freien Marktes ("Kapitalismus").

---

80. Hier entsteht das eigentliche Problem von Ideologien: Es sind normative Sätze, die bestimmte Handlungen vorschreiben. Auf der Basis des empirisch-analytischen Wissenschaftskonzeptes sind normative Sätze (noch) nicht präzisierbar und schon gar nicht aus empirischen oder analytischen Sätzen abzuleiten. Diese "Ableitung" wird jedoch von Ideologen vorgenommen; es handelt sich daher um einen naturalistischen Fehlschluß.

Die theoretischen Aussagen der "liberalen" Denker werden vom Bürgertum aufgegriffen und daraus entsprechende Forderungen nach politischem Wandel, z.B. Aufhebung feudaler Einschränkungen, (ökonomische) Freiheit des einzelnen, Toleranz, Kontrolle politischer Macht und Rechtsstaatlichkeit, formuliert. Hier spricht man vom "Frühliberalismus". Insbesondere in England, seit der "Glorreichen Revolution" und vor allem im neuen Staat Vereinigte Staaten von Amerika gelingt die Etablierung einer entsprechenden politischen Ordnung (Bill of Rights, amerikanische Unabhängigkeitserklärung). In den USA wird auch die zentrale Forderung des Bürgertums erstmals erfüllt: die Errichtung eines Verfassungsstaates, in dem die Abwehr- und Kontrollrechte der Bürger gegenüber ihrem Staat festgeschrieben sind.

Angesichts der realpolitischen Entwicklungen (z.B. Industrialisierung und ihre Probleme wie Kinderarbeit und Verelendung breiter Massen) wird der Liberalismus vor erhebliche Probleme gestellt. In der Variante des Bürgerliberalismus wird insbesondere die Frage umfassender bürgerlicher Mitsprache (Wahlrechtsreformen, Parteien, allgemeine Schulbildung als Grundlage politischer Partizipation) diskutiert. Gravierender ist jedoch die "soziale Frage", auf die erst der Sozialliberalismus - hier wäre vor allem der Brite J. S. Mill und in Deutschland F. Naumann zu nennen - eine Antwort findet.

Seit dem 19. Jahrhundert werden daher auch von liberaler Seite wohlfahrtsstaatliche Forderungen erhoben. Die vom Liberalismus unterstellte Chancengleichheit wird nicht mehr als gegeben angesehen, daher soll der Staat intervenieren, um sie herzustellen. Außerdem wird die Absicherung von Schwierigkeiten (Krankheit, Unfall, Arbeitslosigkeit und Armut) verlangt, in die der einzelne unverschuldet geraten kann. Diese Position entwickelt sich weiter zur liberalen Konzeption des Wohlfahrtsstaates, auch "Neoliberalimus" genannt. Für letztere steht in der Gegenwart beispielsweise John Rawls mit seiner Schrift "Eine Theorie der Gerechtigkeit" (vgl. 4.2.1.).

(2) Wichtige Theoretiker, aus deren Denken sich die Ideologie des **Konservatismus** ableitet, sind Edmund Burke, Juan Donoso Cortés, Joseph de Maistre, Adam Müller - sowie die meisten Denker der politischen Romantik - und Carl Schmitt. Als Ideologie (Ableitung normativ-politischer Forderungen) entwickelte sich der Konservatismus im Anschluß und als Gegenbewegung zur Französischen Revolution.

Im Mittelpunkt des Konservatismus steht die Forderung nach einer organischen Gemeinschaft (Volk). Ihre Ordnung leitet sich zunächst von Gott bzw. religiösen Regeln her. Sie ergibt sich desweiteren aus den menschlichen Unterschieden, den gegebenen Strukturen (z.B. der Familie, der Rolle der Frau), den Traditionen und Sitten. In diesem Rahmen werden dem einzelnen Entfaltungsmöglichkeiten geboten. Allerdings hat sich die Politik nicht am einzelnen, sondern an der Gemeinschaft zu orientieren. Im Mittelpunkt der Politik steht daher das Bewahren bzw. die vorsichtige Entwicklung der Gemeinschaft und ihrer Werte. Strukturen und Prozesse, die sich bewährt haben, werden solange beibehalten, bis ihre Probleme deutlich zu Tage treten. Man kann dies auch so formulieren, daß der Konservatismus "modernisierungsskeptisch" (Göhler) ist.

Aus dieser Position werden vor allem bewahrende politische Forderungen "begründet". Insbesondere beziehen sie sich auf die Verteidigung des jeweils überlieferten Staatsverständnisses[81], traditioneller Autoritäten, traditioneller Normen und Werte und vor allem der Religion.

3.4.2. Karl Marx

Marx wurde 1818 in Trier als Sohn eines jüdischen Advokaten geboren. 1835 begann er in Bonn bzw. Berlin ein Jurastudium, später wechselte er zur Philosophie, Literaturwissenschaft und Geschichte. Besonders

---

81. Ein schönes Beispiel dafür liefern die russischen Kommunisten, die man mit Recht als "Konservative" ansehen kann, da sie für die Wiedereinführung kommunistischer Strukturen eintreten.

beeindruckt war er von der in Berlin dominierenden Philosophie Hegels. Sehr bald begann er aber auch, sie ob ihrer Praxisferne zu kritisieren. In seiner Dissertation "Über die Differenz der demokratischen und epikureischen Naturphilosophie" formuliert Marx: "Indem die Philosophie zu einer vollendeten, totalen Welt sich abgeschlossen hat, ... ist die Totalität der Welt überhaupt dirimiert (auseinandergebrochen, U.D.) in sich selbst, und zwar ist diese Diremption auf die Spitze getrieben, denn die geistige Existenz ist frei geworden, zur Allgemeinheit bereichert."[82] Marx fordert stattdessen, daß die Vernunft Wirklichkeit, die Idee Praxis werden soll.

Deutlicher wird er in seiner "Kritik der Hegelschen Staatsphilosophie" (1841). Hier kritisiert er zunächst die Religion: "Sie ist Opium des Volks..."[83] "Es ist also Aufgabe der Geschichte, nachdem das Jenseits der Wahrheit verschwunden ist, die Wahrheit im Diesseits zu etablieren. Es ist zunächst Aufgabe der Philosophie, die im Dienste der Geschichte steht, nachdem die Heiligengestalt der menschlichen Selbstentfremdung entlarvt ist, die Selbstentfremdung in ihren unheiligen Gestalten zu entlarven. Die Kritik des Himmels verwandelt sich damit in die Kritik der Erde, die Kritik der Religion in die Kritik des Rechts, die Kritik der Theologie in die Kritik der Politik."[84]

Radikale Kritik am Bestehenden, so glaubt Marx, reicht aus, die Verhältnisse umzugestalten, denn die "Kritik ist fähig, die Massen zu ergreifen..."[85] Marx' Kritik an Hegel lautet damit: Der Staat wird fälschlich als der Produzierende, die bürgerliche Gesellschaft fälschlich als das Produkt dessen angesehen, was eigentlich ihr Produkt ist. Nach Hegel sind Familie und bürgerliche Gesellschaft synthetisch im Staat aufgehoben. Nach Marx ist hier eine Veränderung nötig, um die bestehen-

---

82. K. Marx: Frühe Schriften, hg. von H.-J. Lieber, Bd. I, Darmstadt 1962, S. 103
83. K. Marx: Frühe Schriften, S. 488
84. K. Marx: Frühe Schriften, S. 498
85. K. Marx: Frühe Schriften, S. 497

den Verhältnisse nicht weiter zu rechtfertigen. Für Marx besteht der wahre Staat in der Aufhebung der "Entfremdung" zwischen Privatem und Öffentlichem.

Diese Überlegung bildet die Basis für seine - von Engels angeregte - Beschäftigung mit ökonomischen Problemen. Die Resultate erscheinen in den "Philosophisch-Ökonomischen Manuskripten" (1844). In ihnen bemüht sich Marx, das Problem der Entfremdung differenziert zu diskutieren und zu lösen. Ausgangspunkt ist wieder Hegel, der "das Wesen der Arbeit faßt und den ... Menschen, als Resultat seiner eigenen Arbeit begreift."[86] Auf dieser Basis entwickelt Marx seine vier Formen der Entfremdung:

1. Die Entfremdung des Arbeitenden vom Produkt seiner Arbeit - "Die Entäußerung des Arbeiters in seinem Produkt hat die Bedeutung nicht nur, daß seine Arbeit zu einem Gegenstand, zu einer äußeren Existenz wird, sondern, daß sie außer ihm, unabhängig, fremd von ihm existiert und eine selbständige Macht ihm gegenüber wird, daß das Leben, was er dem Gegenstand verliehen hat, ihm feindlich und fremd gegenübertritt."[87]

2. Die Entfremdung des Arbeiters von der Arbeit - Der Arbeiter fühlt sich in dieser Form "außer der Arbeit bei sich und in der Arbeit außer sich... Seine Arbeit ist daher nicht freiwillig, sondern gezwungen, Zwangsarbeit. Sie ist daher nicht die Befriedigung eines Bedürfnisses, sondern sie ist nur ein Mittel, um Bedürfnisse außer ihr zu befriedigen."[88]

3. Die Entfremdung des Menschen von seinem Wesen - Da der Mensch von seinem Produkt und seiner Arbeit entfremdet ist, ist er auch seinem Wesen, das über die Arbeit definiert wurde, entfremdet.

---

86. K. Marx: Frühe Schriften, S. 645
87. K. Marx: Frühe Schriften, S. 562
88. K. Marx: Frühe Schriften, S. 564

4. Die Entfremdung des Menschen von anderen Menschen - Die Selbstentfremdung impliziert auch die Entfremdung von anderen derselben Art.

"Wenn das Produkt der Arbeit nicht dem Arbeiter gehört, ... so ist dies nur dadurch möglich, daß es einem anderen Menschen ... gehört. Wenn seine Tätigkeit ihm Qual ist, so muß sie einem anderen Genuß ... sein. Nicht die Götter, nicht die Natur, nur der Mensch selbst kann diese fremde Macht über den Menschen sein."[89] Die Entfremdungsanalyse mündet folglich in eine Untersuchung der Besitzverhältnisse, der sozialen Beziehungen und des historischen Prozesses.

Betrachten wir an dieser Stelle kurz die Geschichtstheorie von Marx. Sie wird mit dem Begriff Historischer Materialismus (HISTOMAT) zusammengefaßt. Der Begriff stammt übrigens nicht von Marx, sondern von Engels. Der HISTOMAT, er findet sich in Kurzform in der Einleitung zu Marx' Schrift "Zur Kritik der Politischen Ökonomie"(1851)[90], kann in drei Schritten[91] resümiert werden:

1. Das Grundprinzip, wonach das Sein das Bewußtsein determiniert.
2. Für die statische Analyse der Gesellschaft sind vier Faktoren relevant:
    a) die Produktivkräfte, wie Werkzeuge, Menschen und deren Erfahrungen in der Produktion;
    b) die Produktionsverhältnisse (Basis), als Folge der Arbeitsbedingungen ergibt sich eine bestimmte ökonomische Struktur der Gesellschaft;
    c) der juristische und politische Überbau, der aus den Produktionsverhältnissen resultiert;

---

89. K. Marx: Frühe Schriften, S. 570
90. vgl. K. Marx: Zur Kritik der Politischen Ökonomie, in: K. Marx/F. Engels: Ausgewählte Werke, Moskau 1981, S. 187 f.
91. vgl. J. M. Bochenski: Marxismus. Leninismus, München 1974, S. 75 ff.

d)   der geistige Lebensprozeß (Überbau) allgemein, d.h. jeglicher geistig-gesellschaftliche Prozeß wie Religion, Philosophie und Kunst hängt von der Basis ab.

Die gesellschaftliche Dynamik, der Wandel, wird nun durch Spannungen zwischen Produktivkräften und Produktionsverhältnissen ausgelöst. Sie führen zu sozialen Revolutionen, in denen der Überbau der Basis, gemäß dem Grundprinzip, daß das Sein das Bewußtsein determiniert, angepaßt wird.

3.   Die Übertragung dieser Dynamik auf die Geschichte führt zu fünf Gesellschaftsformationen[92]:

a)   Urgemeinschaft - Produktivkräfte sind Sammeln, Jagen etc., die Produktionsverhältnisse weisen kein Privateigentum auf, die Politik besteht in einer Horden- bzw. einer patriarchalischen Struktur, der geistige Überbau kennt nur primitive Kunst, Animismus etc.

b)   Sklavenhaltergesellschaft - Produktivkräfte sind Ackerbau und Viehzucht, die straffe Organisation vieler Arbeiter ist notwendig. Dies mündet in Produktionsverhältnisse, in denen es Eigentum an Menschen gibt und folglich zwei Klassen, Sklaven und Sklavenhalter. Der politische Überbau entspricht den antiken (z.B. griechischen und römischen) Verhältnissen.

c)   Feudalismus - Produktivkräfte sind eine verbesserte Landwirtschaft. Die Produktionsverhältnisse weisen Privateigentum an Produktionsmitteln und partielles Eigentum an Menschen auf. Die zwei Hauptklassen sind Feudalherren und Leibeigene. Politischer Überbau ist der Feudalismus, geistiger Überbau der Katholizismus, Gotische Kunst etc. Beendet wird diese Gesellschaftsformation durch die Französische Revolution.

---

92.   vgl. K. Marx: Die Deutsche Ideologie, in: MEW, Bd. 3, Ostberlin 1959, S. 17 ff.

d)   Kapitalismus - Produktivkräfte sind die industrielle Produktion, die Produktionsverhältnisse kennen Privateigentum an Gütern, aber nicht mehr an Menschen. Es gibt zwei Hauptklassen, die Bourgeoisie und das Proletariat. Der politische Überbau ist die bürgerliche Gesellschaft, der geistige Überbau die moderne Kunst und Philosophie. Diese Phase wird durch die proletarische Revolution beendet.

e)   Kommunismus - Produktivkräfte sind die voll mechanisierte Industrie, die Produktionsverhältnisse kennen kein Eigentum mehr. Es gibt folglich auch keine Klassen mehr. Der politische Überbau mündet zunächst in die Diktatur des Proletariats, später in die Aufhebung des Staates; geistig findet sich in dieser Phase die kommunistische Moral und Ästhetik.

Die Geschichtstheorie von Marx verwendet das dialektische Prinzip von Hegel: Ausgangspunkt ist eine klassenlose Gesellschaft (These), die sich über mehrere Stufen von Klassengesellschaften (Antithese) notwendig auf den historischen Endpunkt einer neuen klassenlosen Gesellschaft (Synthese) zubewegt. Marx glaubt damit, die notwendigen historischen, teleologischen Gesetze des geschichtlichen Prozesses erkannt zu haben. Mit dem Übergang vom Kapitalismus zum Kommunismus beginnt die eigentliche Geschichte des freien Menschen. Der Übergang wird detailliert im "Manifest der Kommunistischen Partei" (1848) beschrieben. Die Beschäftigung mit diesem Übergang verdeutlichte Marx, daß detaillierte ökonomische Studien zum Kapitalismus notwendig seien. In diesem Kontext entstand sein politik-ökonomisches Hauptwerk "Das Kapital" (1885/1894).

Durch die Analyse des kapitalistischen ökonomischen Systems findet Marx folgende "Gesetzmäßigkeiten", die diese Gesellschaftsformation letztlich zum Untergang verurteilen:

1.   Das Gesetz des Mehrwerts - Der Profit des Kapitalisten (= Mehrwert) ergibt sich dadurch, daß er dem Arbeiter nicht so viel be-

zahlt, wie er selbst am Markt durch den Verkauf des Produktes erhält.

2. Das Gesetz der Akkumulation des Kapitals - Die ökonomischen Verhältnisse im Kapitalismus führen dazu, daß der Arbeiter immer mehr Mehrwert/Profit produziert.

3. Das Gesetz der Konzentration des Kapitals - Auch die Kapitalisten sind untereinander im Konkurrenzkampf; dabei kauft der Größere den Kleineren auf. Es setzt ein Prozeß der Monopolisierung ein.

4. Das Gesetz der Verelendung der Massen - Parallel zur Konzentration des Kapitals setzt bei den Massen ein Verelendungsprozeß ein, weil die Kapitalisten rationalisieren, mechanisieren und automatisieren. Es kommt zu Arbeitslosigkeit, weiter sinkenden Löhnen etc. Letztlich stehen immer weniger Reiche einer immer größer werdenden Masse an Armen gegenüber.

Marx verstand seine Überlegungen als wissenschaftliche Aussagen, die einerseits empirische Wahrheit und zugleich Normativität beanspruchten.[93] Bei dem Versuch, seine Thesen zu rekonstruieren, ist man daher mit dem Problem konfrontiert, eine Ebene ausklammern zu müssen. Würde man beides nebeneinander stehen lassen, käme es zum naturalistischen Fehlschluß. Eine Rekonstruktion müßte Marx' Überlegungen daher als Modell auffassen. In diesem Rahmen ist seine Argumentation stringent.

Am Beispiel von Marx will ich nochmals kurz auf die zweite Stufe der Einbindung (klassischer) Texte in die aktuelle politiktheoretische Diskussion eingehen. Wie Sie sich erinnern, kann man mit der Rekonstruktion die Logik einer Argumentation untersuchen. Marx wollte jedoch nicht nur formal korrekt argumentieren, was ihm bei entsprechender Rekonstruktion gelungen ist, sondern Aussagen über die Realität vorlegen. In Fortsetzung der Rekonstruktion müßte es daher möglich

---

93.   vgl. W. Blumenberg: Karl Marx, Hamburg 1962, S. 63

sein, Marx' Aussagen in empirische Sätze zu transformieren und die so gewonnenen Hypothesen zu testen.

Als Ergebnis einer solchen Transformation erhält man empirische Hypothesen über den Menschen, geschichtliche Verläufe und ökonomische Entwicklungen. Überprüft man diese Hypothesen, stellt man fest, daß sie im wesentlichen empirisch nicht haltbar sind. Dies beginnt bei der Anthropologie, die den Menschen als im Prinzip gut und vernünftig beschreibt und sein Wesen mit Arbeit gleichsetzt. Falsch ist auch die Geschichtskonzeption; es gibt weder historische Gesetze, noch weist die historische Entwicklung die postulierte fortschrittsgläubige, teleologische Struktur auf. Die ökonomischen Aussagen (Gesetze) sind offensichtlich falsifiziert; es kam weder zu einer Kapitalkonzentration noch zu einer Verelendung der Massen. Die gesamte Konzeption unterliegt zudem, durch die teleologische Geschichtsphilosophie, empirisch einem Induktionsschluß.

Marx' Thesen gehören zu den politisch einflußreichsten Ideen[94]. Wesentlich haben sie vor allem die Ideologie des **Sozialismus** mitbestimmt. Wichtigste Theoretiker, auf die sich die sozialistische Ideologie weiter stützt, sind Robert Owen, Henri de Saint-Simon, Charles Fourier, Pierre Joseph Proudhon, Karl Marx, Friedrich Engels, Ferdinand Lassalle, Wladimir I. Lenin, Josef Stalin und Mao Zedong - die alte Schreibweise lautet: Mao Tse-tung.

Hintergrund des frühsozialistischen Denkens (spätes 18. Jahrhundert bis etwa 1848) ist die aufkommende "soziale Frage" im Kontext der industriellen Revolution. Sie mündet in die Suche nach neuen Formen gesellschaftlicher, ökonomischer und politischer Ordnung (Utopien), in deren

---

94. Ein solcher Einfluß hängt leider in seltensten Fällen davon ab, daß Aussagen auch wissenschaftlich korrekt sind. Vielmehr kommen hier vor allem emotionale Aspekte zum Tragen, wie sie als grundlegend für eine Ideologie angeführt wurden.

Mittelpunkt die Prinzipien Gleichheit, Solidarität und Freiheit stehen. Alle Theoretiker haben dabei als Ausgangspunkt die These vom "guten" Menschen bzw. von einem entsprechend erziehbaren Menschen, der sich bei entsprechenden Umweltbedingungen freiwillig in den Dienst der Gemeinschaft stellt.

Mit Marx kommt es in der zweiten Hälfte des 19. Jahrhunderts zur Entwicklung des wissenschaftlichen Sozialismus, dessen zentrale Überlegungen oben resümiert wurden.

Ausgebaut wurden seine Ideen zunächst durch Engels. Zu erwähnen ist hier vor allem die Erweiterung des Historischen Materialismus (dialektische Entwicklung der Geschichte) zum Dialektischen Materialismus (dialektische Entwicklung der gesamten Natur). Lenin, Stalin und Mao heben vor allem auf die wichtige, dauerhafte Rolle der Partei (Lenin) sowie des Staates ab; beide Elemente kommen in dieser Form im Marxschen System nicht vor.[95]

Sozialstrukturell ist der Sozialismus mit der Arbeiterschaft verbunden, die in organisierter Form (Arbeitervereine, Arbeiterparteien) seit Mitte des 19. Jahrhunderts in Europa entsteht. In diesem Kontext zielten die aus dem Sozialismus abgeleiteten politischen Forderungen auf Veränderungen des kapitalistischen Wirtschaftssystems, der Klassenstruktur der Gesellschaft und der politischen Dominanz der bürgerlichen Schichten (Emanzipation der Arbeiter).

Anfang des 20. Jahrhunderts spaltete sich die bis dahin im wesentlichen marxistisch orientierte Arbeiterschaft. Der Kommunismus führte die revolutionäre Tradition in Theorie und Praxis (z.B. Bolschewistische Revolution 1917 in Rußland) fort. Demgegenüber entwickelte sich der Sozialismus in Westeuropa vor allem als demokratischer Sozialismus/So-

---

95. vgl. dazu U. Druwe: Das Ende der Sowjetunion, Weinheim 1991, S. 31 ff.

zialdemokratie. Sein normativ-politisches Ziel ist "eine Gesellschaftsord-
nung der sozialen Gerechtigkeit, der höheren Wohlfahrt, der Freiheit
und des Weltfriedens."[96]

3.4.3. Max Weber

Die ideengeschichtliche Skizze dieses Einführungsbuches wird mit Aussagen Max Webers (1864 -1920) abgeschlossen. Sein Beitrag zur politikwissenschaftlichen Methodologie hat wesentlichen Anteil daran, daß sich
die Politikwissenschaft zur modernen, empirisch-analytisch verfahrenden
Sozialwissenschaft entwickelte. Grund dafür sind insbesondere seine
methodologischen Arbeiten.

Die methodologischen Überlegungen Max Webers - sie werden unter
dem Terminus "Postulat der Werturteilsfreiheit" zusammengefaßt -
ergaben sich einerseits vor dem Hintergrund der politisch-ideologischen
Auseinandersetzung in seiner Zeit und andererseits einer allgemeinen
wissenschaftsphilosophischen Diskussion über die Sicherheit menschlicher
Erkenntnis, die richtigen Methoden, den angeblichen Gegensatz zwischen
Natur- und Geisteswissenschaften etc. In seiner kleinen Schrift "Wissenschaft als Beruf" (1919) skizziert Weber exemplarisch seine entsprechenden Thesen.

Weber beschreibt die Wissenschaft als Mittel zur "Beherrschung" und
"Rationalisierung" der Welt. Entsprechend ist der Wissenschaftler ein
Fachmann, dem es um gesicherte Erkenntnisse und den Erkenntnisfortschritt in seinem Gebiet geht. Dazu benötigt er präzise, intersubjektiv
überprüfbare Methoden. Diese Kriterien gelten nach Weber nur für
empirische, logisch-rationale Verfahren. Die Konsequenz dieser Sach-
orientierung ist das besagte Postulat der Werturteilsfreiheit: Wissenschaft
vermittelt nach diesem Verständnis keine Werte, sie darf keine "Kathe-

---

96. K. G. Zinn: Sozialismus, in: A. Görlitz/R. Prätorius (Hg.): Handbuch
     Politikwissenschaft, Reinbek 1987, S. 498

derpropheterie" dulden und keinen politischen Interessen unterliegen; Wissenschaft ist nicht wertend, sondern nur beschreibend und erklärend. Der Grund für diese Trennung zwischen Sach- und Wertaussagen ist nach Weber die Subjektivität der Wertung. Wertungen können nicht intersubjektiv kontrolliert werden, damit sind sie nicht wissenschaftlich und spielen folglich in der Wissenschaft auch keine Rolle.

Mit W. Stegmüller[97] kann man die These von der Werturteilsfreiheit[98] wie folgt rekonstruieren:

1. Das Sein und das Sollen sind strikt voneinander getrennt, d.h., Beschreibungen und Wertungen sind logisch getrennte Kategorien.
2. Empirische Wissenschaften können nur empirisch-analytische Aussagen formulieren und begründen. Eine empirische Begründung von Normen ist unmöglich.
3. Werturteile können nicht aus Tatsachenurteilen abgeleitet werden.
4. Moralische Gebote sind immer auch an Religionen und/oder Weltanschauungen geknüpft, beide sind aber niemals "das Produkt des fortschreitenden Erfahrungswissens"[99].
5. Die Tatsache, daß die Beschäftigung mit Problemen eine Wertentscheidung impliziert - ein Problem ist es wert, daß man sich mit ihm befaßt - schmälert nicht das Postulat der Werturteilsfreiheit. Die wissenschaftliche Untersuchung beginnt nämlich immer erst **nach** dieser Entscheidung für ein Problem. Es verlangt nur, daß die Analyse des Problems selbst werturteilsfrei abläuft.
6. Werte können auch selbst Gegenstand der wissenschaftlichen Beschäftigung sein, nur ist dies dann ebenfalls ein empirischer Prozeß, d.h., der Wissenschaftler befragt Menschen nach ihrer Wertüberzeugung o.ä.

---

97. vgl. W. Stegmüller: Personelle und statistische Wahrscheinlichkeit, Berlin 1973, S. 46 ff.
98. Sie findet sich in verschiedenen Aufsätzen Webers, die zusammengefaßt sind in M. Weber: Gesammelte Aufsätze zur Wissenschaftslehre, Tübingen 1968
99. M. Weber: Gesammelte Aufsätze zur Wissenschaftslehre, S. 154

Max Webers Überlegungen knüpfen damit an David Hume (Humesches Gesetz) an und greifen den Thesen Karl Poppers (Kritischer Rationalismus) vor, für den der wissenschaftliche Prozeß, wie Sie sich erinnern, erst mit der Hypothesenformulierung beginnt.

Wie wirkt sich diese Einstellung auf Webers politiktheoretische Gedanken aus? Betrachten wir dazu einen anderen Vortrag Webers mit dem Titel "Politik als Beruf". Hier entwickelt Weber - als Resultat empirischer Betrachtung des Politikers - die idealtypischen (analytischen) Dimensionen, in denen sich Politik abspielt. Die Eckpunkte werden mit den Begriffen der "Gesinnungs-" und "Verantwortungsethik" beschrieben.

Der gesinnungsethisch agierende Politiker vertritt eine absolute Ethik, eine Utopie, die er mit leidenschaftlicher Hingabe versucht umzusetzen, nach dem Motto: "Der Zweck heiligt die Mittel". Der verantwortungsethische Politiker ist dagegen pragmatisch. Ihm geht es um die Mittel und die Folgen politischen Handelns, für die er schließlich durch sein Tun die Verantwortung trägt. Er weiß, daß er Kompromisse eingehen, sich um Konsens bemühen und die Eigengesetzlichkeit der Phänomene berücksichtigen muß.

Der idealtypische Politiker, den Weber in dieser Schrift analytisch postuliert (und nicht normativ fordert), ist sowohl Gesinnungs- als auch Verantwortungsethiker. Ohne Prinzipien wäre Politik Opportunismus und eine Verantwortungsethik selbst sinnlos. Mit absoluten Prinzipien wäre Politik autoritär - weil Prinzipien als Werturteile immer subjektiv sind - und unverantwortlich. Der Politiker weiß, daß "Politik ... ein starkes, langsames Bohren von harten Brettern mit Leidenschaft und Augenmaß zugleich" ist[100].

---

100.   M. Weber: Gesammelte Aufsätze zur Soziologie und Sozialpolitik, Tübingen 1924, Anm. 1, S. 185

Anhand dieses Beispiels wird deutlich, wie Weber ursprünglich normative Probleme - wie **soll** der Politiker handeln? - in analytische Konstrukte umwandelt. Die empirische Erfahrung, wie Politiker in der Regel agieren, wird abstrahiert; daraus gewinnt Weber analytische Kategorien, in diesem Fall Gesinnungsethiker vs. Verantwortungsethiker. Anhand der Definitionen werden die Konsequenzen für deren jeweiliges politisches Handeln idealtypisch, also abstrakt analytisch, abgeleitet. Das analytische, nur logisch abgeleitete Resultat ist eine Integration beider Kategorien als Idealtyp des Politikers.

Dieselbe Methode verwendet Weber in einer anderen berühmten Schrift, "Die drei reinen Typen der legitimen Herrschaft"[101]. Wie bereits der Titel unterstreicht, geht es um Idealtypen der Legitimation. Auch sie sind das Resultat empirischer Forschung und zwar zu der Frage, wann Menschen eine Herrschaft als legitim empfinden. In Abstraktion der empirischen Ergebnisse unterscheidet Weber drei reine Formen der (empirisch-analytisch interpretierten) legitimen Herrschaft:

1. Traditionelle Herrschaft - Sie beruht auf dem **Glauben** an eine gegebene Ordnung. Sie kennt zwei Strukturformen, die patriarchalische Form, die auf dem Verhältnis Herr - Diener beruht, und die ständische Form mit dem Verhältnis Herr - Untertan.

2. Charismatische Herrschaft - Sie beruht auf der "affektuellen" Hingabe, einer **gefühlsmäßigen Bindung** an eine charismatische Persönlichkeit. Die Struktur läßt sich in der Form Führer - Jünger beschreiben.

3. Legale Herrschaft - Hier handelt es sich um die **rationale** Form der Herrschaft. Sie beruht auf Gesetzen, an die alle gebunden sind, die durch eine Bürokratie umgesetzt und durch eine weitere Bürokratie kontrolliert werden.

---

101. in M. Weber: Gesammelte Aufsätze zur Wissenschaftslehre, S. 475 - 488

Webers Aussagen zur Wissenschaft (Postulat der Werturteilsfreiheit) haben wesentlichen Anteil daran, daß die Politikwissenschaft sich zu einer modernen, empirisch-analytisch arbeitenden Sozialwissenschaft entwickelte. Diese Entwicklung hatte auch Folgen für die Teildisziplin Politische Theorie, wie bereits in der Einleitung skizziert wurde.

Seit Weber ist es nicht mehr sinnvoll, allgemein von politischen Ideen zu sprechen, die ein bestimmter Theoretiker entwickelt hat. Stattdessen kann man ganz konkret zwischen empirisch-analytischen und normativen Konzepten unterscheiden. Erstere beschreiben und erklären empirische Phänomene, letztere wollen handlungsanleitend sein. Entsprechend zu diesen Problemstellungen ist die Politische Theorie in zwei Bereiche zu unterteilen: die normative Politische Philosophie und die empirisch-analytische Moderne Politische Theorie.

Konzepte der modernen Politischen Philosophie, politikwissenschaftliche Theorien und Modelle sowie ausgewählte wissenschaftstheoretische Überlegungen zur Politikwissenschaft, sind die Themen der folgenden Kapitel.

4. Politische Philosophie

Die Politikwissenschaft entstand als eigenständige Wissenschaft erst zu Beginn des 20. Jahrhunderts. Bis dahin hatte man innerhalb der Philosophie und in den sog. Staatswissenschaften über Politik nachgedacht. Sehr rasch entwickelten sich im Fach unterschiedliche Teildisziplinen, die weitere Differenzierungen erfuhren. Im ersten Kapitel sind die vier Teilbereiche der Politischen Theorie aufgeführt worden. Die Politische Philosophie, als ein solcher Teilbereich, hat alle normativen Fragen im Zusammenhang mit Politik zum Gegenstand.

4.1. Forschungsziele und Methodik

Die Politische Philosophie beschäftigt sich unter normativen Aspekten mit einer Vielzahl politischer Probleme:

- Als **Staatsphilosophie** reflektiert sie die "gute", "gerechte" oder "sittliche" politische Ordnung und eine entsprechende "moralische" Struktur einzelner Institutionen.
- Als **Sozialphilosophie** diskutiert sie aus normativer Perspektive die Struktur der Gesellschaft, d.h. das Verhältnis zwischen den Bürgern sowie die Beziehung des einzelnen zu gesellschaftlichen Gruppen, Organisationen oder zu gesellschaftlichen Subsystemen.
- Recht verkörpert sich in politischen Systemen als "geronnene Politik" (D. Grimm). Was Recht, eine Rechtsnorm oder ein Rechtssystem ist, wie Recht legitimiert, wie es gedeutet und angewendet werden kann, solche Fragen sind Themen der **Rechtsphilosophie**.
- Im Rahmen der **Politischen Anthropologie** wird über die Natur oder das Wesen des Menschen debattiert.
- Der **Politischen Ethik** schließlich geht es als "normative Politische Ethik" um die Bestimmung von moralischen Normen (Gerechtigkeit, Fairneß, Chancengleichheit, Menschen- und Bürgerrechte etc.) für das politische Handeln von Regierenden und Regierten, und als "Metaethik" um die Begründung solcher Normen.

Schon aus diesem groben Überblick ersehen Sie, daß die Politische
Philosophie eine interdisziplinäre Wissenschaft ist, deren Forschungsfra-
gen insbesondere an weiterführende Problemstellungen der allgemeinen
Philosophie anknüpfen. So fließen in ihr metaphysische Probleme (Beschäftigung mit den ersten bzw. letzten Grundbeschaffenheiten und
Grundgesetzen des Seins), religionsphilosophische Probleme (Frage nach
einem göttlichen Weltprinzip, nach dem Sinn und Zweck des Seins),
ethische Probleme (Suche nach allgemein gültigen Normen und Werten)
sowie logische, erkenntnistheoretische bzw. wissenschaftstheoretische
Probleme (Frage nach der Sicherheit und der Reichweite menschlichen
Wissens) zusammen.

Daneben benötigt der Politische Philosoph die Resultate der empirischen
Wissenschaften, um seine Fragen beantworten zu können. Die Staats-
und Sozialphilosophie basiert u.a. auf Erkenntnissen der Sozialwissenschaften (Psychologie, Soziologie, Politikwissenschaft und Wirtschaftswissenschaften). Rechtsphilosophie ist ohne juristische Kenntnisse ebenso
wenig zu betreiben wie Politische Anthropologie ohne Biologie und Psychologie.

Die Charakterisierung der Politischen Philosophie als normative Disziplin
oder - in Anlehnung an die Terminologie des Aristoteles - als Teil der
Praktischen Philosophie führt zu dem gemeinsamen Aspekt aller genannten Forschungsziele: Im Mittelpunkt steht das Problem der **Bewertung**
von etwas - von Handlungen, von Entscheidungen, von Institutionen des
Staates etc. Man fragt hier also nicht, wie ein Gegenstand (eine Handlung, der Staat, das Recht usw.) **beschaffen ist**, sondern wie diese Dinge
sein **sollen**. Zur Beantwortung dieser Frage werden **normative Konzepte**
menschlichen Handelns, des Staates, des Rechts etc. formuliert.

Damit sind wir bereits bei der Forschungsmethodik der Politischen Philosophie, die man mit den Fragen umschreiben kann, wie man bewertet,
wie man zu den einschlägigen Bewertungskriterien oder allgemeinen
Normen und wie zu normativen Konzepten kommt. Diese Fragen sollen
im folgenden kurz diskutiert werden.

4.1.1. Normative Konzepte

Die Politische Philosophie bewertet - ganz allgemein formuliert - politisch relevante Handlungen, Prozesse und Institutionen. Um etwas bewerten zu können, benötigen Sie Kriterien, die als Grundlage der Bewertung herangezogen werden. Solche Kriterien müssen allgemeiner Art sein, da eine Bewertung auf diese Kriterien zurückgeführt wird. Die Bewertung erfolgt also nach dem Deduktionsschema:

Allgemeine Bewertungskriterien: Normatives Konzept
Einzelfall: zu bewertende Handlung/Institution etc.

Konklusion: Bewertung des Einzelfalls

Wie sehen nun solche allgemeine Bewertungskriterien oder normative Konzepte aus? Da Wertungen behaupten, daß etwas sein soll, müssen allgemeine Normen vorausgesetzt werden. Angenommen, jemand verurteilt den Krieg im ehemaligen Jugoslawien als Verbrechen (Einzelfall), dann muß er dies auf eine allgemeine Norm zurückführen, die z.B. behauptet, daß die Tötung von Menschen unter bestimmten Bedingungen unmoralisch ist. Allgemeine Normen (z.B. das Tötungsverbot von Menschen, das Wahrhaftigkeitsgebot, das Gerechtigkeitsgebot usw.) werden in normativen Konzepten oder Moralphilosophien formuliert.

Damit sind zwei allgemeine Fragen verbunden:
1.   Welche allgemeinen Normen bzw. normativen Konzepte gibt es?
2.   Wie kommt man zu allgemeinen Normen, d.h., wie sind diese normativen Konzepte selbst zu begründen?

Mit der ersten Frage befinden wir uns auf einer Ebene, die in der Philosophie als "normativ-ethisch" bezeichnet wird. Andere Namen dafür sind auch "Ethik 1. Ordnung" oder einfach nur "Moralphilosophie". Die zweite Frage wird in der "Metaethik" oder der "Ethik 2. Ordnung", so ihr Alternativname, abgehandelt (vgl. Abschnitt 4.1.2.). Betrachten wir zunächst, welche normativen Konzepte es gibt.

Normen oder normative Urteile normieren, bewerten, verbieten oder fordern bestimmte Handlungen. Zunächst muß eine wichtige Unterscheidung gemacht werden: Es gibt nämlich normative und normativ-ethische Urteile. Normative Urteile sind nicht notwendig auch normativ-ethische Urteile. Ein Beispiel für ein normatives Urteil ist: "Das ist ein gutes Messer." "Gut" bedeutet hier, daß das Messer scharf ist, leicht schneidet etc., also seine **Funktion** optimal erfüllt. Demgegenüber bewerten normativ-ethische Urteile eine Handlung unter moralischen Kriterien. Ein Beispiel für ein ethisches oder moralisches Urteil ist: "Jesus war ein guter Mensch." "Gut" hat hier eine sittlich-moralische Bedeutung.

Normen oder Wertungen wie: das gute Messer, die gute Interpretation eines Musikstücks, die schicke Mode, die Konvention des Rechtsfahrens im Straßenverkehr (in Deutschland) usw. beziehen sich auf die Erfüllung einer Funktion oder einer Konvention, also auf ein Mittel zum Zweck. Normative Konzepte sind daher beispielsweise instrumentelle, funktionalistische, konventionelle oder ästhetische Konzepte. Für ihre Formulierung wird in der Gegenwart die **analytische Sprache** verwendet, d.h., man definiert bestimmte Ausgangsaxiome (Funktionen, ästhetische Kategorien o.ä.) und leitet daraus die weiteren Aussagen ab.

Mit der Formulierung solcher Ansätze beschäftigen sich die einschlägigen Wissenschaften, so die Kunst- und Literaturwissenschaften mit ästhetischen Konzepten oder die Ingenieurs-, Wirtschafts-, Sozial- und Rechtswissenschaften mit funktionalistisch-instrumentellen Ansätzen. Wichtigste Beispiele für funktionale Konzepte in der Politikwissenschaft sind die Systemtheorien (vgl.5.5.).

Mit normativ-ethischen Konzepten sind dagegen Systeme moralischer Sätze gemeint. Betrachtet man die verschiedenen Moralphilosophien (moralischen Konzepte), dann lassen sich in der Gegenwart vier Hauptformen erkennen, die in der Ethik als (a) religiöse, (b) hedonistische, (c) utilitaristische und (d) deontologische Konzepte bezeichnet werden. Ich will sie ganz kurz charakterisieren, damit Sie die unterschiedlichen Argumentationszusammenhänge erkennen. Ausführlich vorgestellt und mit Textauszügen erläutert werden diese Positionen in dem sehr empfehlenswerten Taschenbuch von Norbert Hoerster/Dieter Birnbacher (Hg.): Texte zur Ethik, München 1989, Kapitel 5 - 8.

a) In jeder **religiösen** Moralphilosophie gehen die normativ-ethischen Prinzipien auf göttliche Gebote zurück. Hieraus resultierende oberste Normen wären, z.b. im Rahmen einer christlichen Moralphilosophie, die Zehn Gebote.

Hauptproblem der religiösen Ethik ist die von Kant gestellte Frage, wie man wissen kann, was Gott gebietet. Argumentationsbasis ist offensichtlich der jeweilige Glaube. Handlungen sind auf dieser Basis dann gut, wenn sie mit den göttlichen Geboten (im Falle des Christentums: nicht zu töten, seine Eltern zu lieben, nicht zu stehlen usw.) übereinstimmen. Analog dazu findet sich eine islamische, buddhistische, shintoistische usw. Moralphilosophie. So viele Glaubensrichtungen es gibt, so viele religiöse Moralphilosophien existieren (moralischer Relativismus).

b) Der **Hedonismus** führt die grundlegenden Normen auf das vernünftig reflektierte Eigeninteresse des Menschen zurück. Dabei wird erstens logisch-rational argumentiert, wie es z.B. das Hobbessche Modell (vgl. Abschnitt 3.3.2.) zeigt, d.h., es wird ein bestimmtes axiomatisches Menschenbild zugrundegelegt und hieraus "moralisches" Handeln deduktiv abgeleitet. Hobbes zeigt beispielhaft, wie es auf der Basis strikter individueller Nutzenmaximierung zu Kooperation bis hin zum Staat kommt. Zum zweiten wird eine psychologische (empirische) Theorie zugrundegelegt, die menschliches Verhalten empirisch auf eigennützige Interessen zurückführt. Diese empirische Theorie "entlarvt" die angeblich altruistischen Motive von Menschen als in Wahrheit völlig eigennützig. Man verhält sich beispielsweise nicht deshalb freundlich zu anderen Menschen, weil man sie als Wesen eigener Würde anerkennt, sondern weil man sich davon früher oder später Vorteile erhofft.

Oberste Normen sind folglich Selbsterhaltung, Glück, Macht, die Vermeidung von Angst, Schmerz und Leid etc. Geboten ist demnach alles, was langfristig der Selbsterhaltung, den eigenen Interessen dient oder Schmerz und Leid verhindert. Das Hauptproblem auch dieses Ansatzes ist seine Relativität: So viele Menschen mit unterschiedlichen Bedürfnissen und Wünschen es gibt, so viele Normen sind ableitbar.

c) Der **Utilitarismus** oder die Ethik der Nützlichkeit geht in seiner ersten expliziten Form auf Überlegungen Jeremy Benthams und John Stuart Mills zurück. Oberste Norm ist die Nützlichkeit einer Handlung für alle, die von dieser Handlung betroffen sind. Erlaubt ist damit alles, was im Endergebnis für eine größtmögliche Zahl von Menschen größtmöglichen Nutzen bringt.

Die Hauptprobleme des Utilitarismus sind die Ermittlung des individuellen Nutzens, der Vergleich der verschiedenen Nutzenvorstellungen, die Zusammenfassung (Aggregation) der verschiedenen Nutzenvorstellungen sowie die Abschätzung der Folgen. Den individuellen Nutzen kann man in einer Gesellschaft vielleicht noch durch Befragung ermitteln, wie aber will man unterschiedliche Nutzenvorstellungen, z.B. Gesundheit, sicherer Arbeitsplatz, Verringerung der Umweltbelastung, Freundschaft, vergleichen und für die Zusammenfassung gegeneinander aufrechnen? In der Regel steht man vor dem Problem, daß der Nutzen des einen der Schaden des anderen ist. Beispielsweise stellt sich für die Politik die Frage, ob man Arbeitsplätze mit hoher Umweltbelastung erhalten soll. Das Aggregationsproblem ist daher praktisch unlösbar. Schließlich stellt sich auch noch das Problem der Folgenabschätzung. Bestimmte Handlungen können kurzfristig durchaus positive Folgen haben, langfristig aber negative. Menschen beurteilen die Folgen völlig unterschiedlich (Beispiel: Atomkraftwerke). Außerdem stellt sich das Problem, welche Folgen wirklich eintreten; das Risiko kann immer nur geschätzt werden. Folgenabschätzung ist also immer eine Frage der individuellen Einschätzung, damit stellt sich erneut die Frage der Aggregation. Sie sehen, welche Schwierigkeiten mit dem Utilitarismus verbunden sind.

d) Die **deontologische** Position, auch Pflichtethik genannt, kann man als Gegenstück zum Utilitarismus auffassen. Die obersten Normen ergeben sich aus praktischer Vernunft bzw. einem allgemeinen Sittengesetz (Kant) oder einem moralischen Sinn (Hutcheson, Scheler). Demnach weiß jeder Mensch durch Vernunft oder Intuition (Gewissen), was richtig oder falsch ist. Verallgemeinert man die so gefundenen Maximen, so gelangt man zur Sittlichkeit. Kant spricht hier vom "kategorischen Imperativ". Er lautet (in der "Grundlegung zur Metaphysik der Sitten"): "Handle so, als ob die Maxime deiner Handlung durch deinen Willen zum allgemeinen Naturgesetz werden sollte." An das Sittengesetz hat sich der Mensch, unabhängig von den Folgen einer Handlung, unbedingt (Kant formuliert deshalb "kategorisch") zu halten.

Das Hauptproblem der Pflichtethik ist der angeblich rigorose Verzicht auf inhaltlich bestimmte "gute"/"richtige" Ziele oder Zwecke. Vor allem gegen Kant ist immer wieder angeführt worden, daß die bloße Verallgemeinerungsfähigkeit (Universalisierbarkeit) der eigenen Maxime nicht hinreichend sein kann, um sie zu einer allgemeinen Pflicht zu machen.

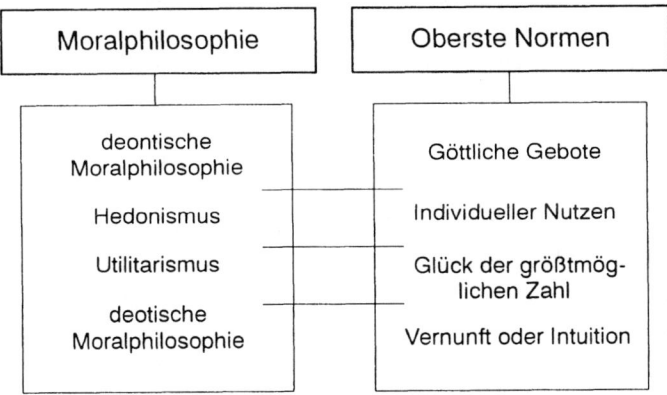

4.1.2. Metaethik

Auf den ersten Blick scheint das grundlegende Forschungsziel der Politischen Philosophie völlig klar zu sein: Es werden auf der Basis der skizzierten normativen Konzepte einzelne Handlungen bewertet. Woher weiß man jedoch, daß die Ausgangsnormen, also die skizzierten Moralphilosophien, selbst "richtig" sind? Woher weiß man, was die göttlichen Gebote sind? Was ist das "allgemeine Sittengesetz" und wie findet man es? Gibt es Normen in der Realität? Fragt man so, will man die genannten Moralphilosophien selbst begründen. Dies ist Aufgabe der **Metaethik**. Die Metaethik reflektiert also nicht richtige oder falsche Handlungen, sondern die Korrektheit von Werturteilen, d.h. von normativen Aussagen **über** Handlungen. Die Metaethik selbst ist folglich **keine** normative Disziplin, sie gehört vielmehr zu den Metawissenschaften, d.h. zu den Wissenschaften, die **über Wissenschaft**, in diesem Fall Moralphilosophie, selbst nachdenken.

Die Problemstellung der normativen Begründung zielt zunächst auf den ontologischen Status der Moral sowie auf die "Sprache der Moral" (Hare). Stellen wir uns vor, das Sittengesetz oder sonstige Normen seien real existent, wie Tische oder Katzen, dann können normative Sätze als empirische Sätze aufgefaßt werden. Ihre Überprüfung verliefe analog zur Kontrolle in den empirischen Wissenschaften. In der Metaethik formuliert man das so: Normative Sätze wären dann **wahrheitsfähig**.

Gesetzt den Fall, man bestreitet, daß es moralische Normen in der Realität gibt, welchen sprachlogischen Status haben dann normative Sätze? Sie wären nicht auf empirische Sätze zu reduzieren, also nicht wahrheitsfähig. Wie kann man sie dann begründen? Kann man normative Sätze dann überhaupt noch begründen? Damit ist ein außerordentlich schwieriges Problem angesprochen, von dessen Lösung oder Umgehung gravierende Konsequenzen abhängen. Gelingt es nämlich nicht, normative Konzepte/Moralphilosophien zu begründen, dann ist es wissenschaftlich gesehen sinnlos, moralisch zu argumentieren.

Hinsichtlich der Entscheidung der metaethischen Begründungsproblematik lassen sich in der Gegenwart zwei Stränge in der Politischen Philosophie erkennen, die jeweils auf verschiedene Erkenntnis- bzw. Wissenschaftstheorien rekurrieren:

1. Die traditionelle Politische Philosophie, die sich auf die normativontologische bzw. kritisch-dialektische Erkenntnistheorie stützt, sieht in der Begründung von Normen überhaupt kein Problem. Für

sie ist klar, daß es Normen in der Realität gibt, bzw. daß sie zumindest begründbar sind. Sie betreibt deshalb keine Metaethik.

2. Die analytische Politische Philosophie mit ihrem Bezug zum empirisch-analytischen Wissenschaftskonzept vertritt den gegenteiligen Standpunkt: Normen sind keine realen Phänomene, folglich auch nicht wahrheitsfähig. Damit stellt sich die Frage, ob Moralphilosophien wenigstens begründbar sind. Hierzu werden zwei Position vertreten. a) Es ist prinzipiell nicht möglich, Normen zu begründen. b) Es ist bislang noch nicht gelungen, Normen zu begründen.

1. Für die traditionelle Politische Philosophie stellen sich die angesprochenen Fragen überhaupt nicht. Stellvertretend für diese Position soll der Züricher Philosoph Hermann Lübbe zu Wort kommen: "Ob sich Normen methodisch begründen lassen? Wie kann man so fragen! Es liegt doch auf der Hand, daß von den Parlamenten bis zu den höchsten Gerichten, und von den Parteitagen bis zu den Synoden ständig Instanzen tätig sind, nach bewährten und üblichen Regeln, methodisch also, Normen zu begründen, allgemeine Gesetze nämlich oder Statuten, die im Bereich ihrer Zuständigkeit dann für alle gelten. Soziale Geltung erlangen Normen institutionell zumeist durch Zustimmung beschlußkompetenter Mehrheiten, und es ist billig zu unterstellen, daß diese Mehrheiten ihre Zustimmung nicht erteilt hätten, wenn sie die einschlägigen Normen nicht für wohlbegründete Normen hielten. Insofern darf man dann auch unterstellen, daß es in der herrschenden Öffentlichkeit, in der sich solche Mehrheiten bilden, für trivial gilt, daß sich Normen methodisch begründen lassen."[1]

Zusätzlich wird darauf verwiesen, daß die gestellte Problematik seit mehr als 2500 Jahren Gegenstand der Ethik ist, die dazu eine Fülle von Konzepten vorgelegt hat, angefangen beispielsweise bei den Überlegungen Aristoteles' bis hin zum Kantischen kategorischen Imperativ.

---

1. H. Lübbe: Sind Normen methodisch begründbar? in: Salamun, K. (Hg.): Sozialphilosophie als Aufklärung, Tübingen 1979, S. 401

Wer daher die Begründbarkeit von Normen bezweifelt, sieht sich von Seiten der traditionellen Praktischen Philosophen mit Unverständnis konfrontiert. Lübbe meint, eine solche These erscheint geeignet, "in der Öffentlichkeit den Verdacht zu wecken, Philosophen und sozialwissenschaftliche Methodologen...könnten einen akademisch bedingten Realitätsverlust erlitten haben."[2]

Die Gruppe derjenigen, die bezweifeln, daß sich Normen methodisch - präziser formuliert: wissenschaftlich - begründen lassen, hat sich dennoch seit Beginn dieses Jahrhunderts stetig erhöht. In den Sozialwissenschaften hat z.B. Max Weber im Zusammenhang mit dem sog. Werturteilspostulat auf die Probleme der Normbegründung verwiesen. Das oben angeführte Zitat deutet daraufhin, daß hier ein Mißverständnis vorliegt. Dies kann mit Lübbe selbst illustriert werden: Wieso ist eine Mehrheitsentscheidung für bestimmte Normen eine **rationale** Begründung dieser Normen? Mehrheiten können sich, auch nach bewährten Regeln, für alles mögliche aussprechen - Hexenverbrennung, Rassismus, Abtreibung, Krieg usw. Die Debatte über den sog. Werterelativismus (diese Position vertritt den Standpunkt, daß Werte und Normen immer nur relativ zu einer Kultur oder einer Gesellschaft existieren) belegt außerdem, daß in verschiedenen Gesellschaften unterschiedliche (zumindest im Sinne von Lübbe), jeweils begründete Werte und Normen existieren. Die Forderung der wissenschaftlichen Begründung zielt jedoch nicht auf eine kulturrelative Rechtfertigung ab, sondern auf intersubjektive oder kulturübergreifende Argumente.

Betrachten wir daher, wie in der modernen Metaethik versucht wird, das Problem zu lösen oder auch nur geschickt zu umgehen.

2. Seit der Aufklärung befindet sich die Wissenschaft in einer normativen Krise. Hauptgrund dafür ist eben das **Scheitern** der Formulierung **rationaler** normativer Begründungen. Mit der Hinwendung zum Individuum muß akzeptiert werden, daß es gegensätzliche Wünsche und Bedürfnisse gibt, mit der Folge, daß eine vernünftige Rechtfertigung der

---

2. H. Lübbe, S. 401

Moral nicht auf menschlichen Wünschen basieren kann. Es scheitert, so Kant, aber auch der Versuch, Moral mit göttlichen Geboten zu begründen, denn dafür müßten wir **wissen**, was Gott will. Ebenso gelingt es nicht, die Moral mit praktischer Vernunft zu belegen, da beispielsweise Kants kategorischer Imperativ als formaler Maßstab inhaltliche Normen, das Sittengesetz, immer voraussetzt. Das Sittengesetz selbst ist damit also nicht zu begründen.

Seit Beginn des 20. Jahrhunderts hat sich die Skepsis gegenüber dem wissenschaftlichen Charakter moralischer Normen verschärft. Grundlage der Skepsis ist das empirisch-analytische Wissenschaftskonzept bzw. dessen Sprach- und Wahrheitskonzept (vgl. 2.3). Nachdem nur die empirische und die analytische Sprache als präzise Wissenschaftssprachen akzeptiert werden, und in Anlehnung hieran nur die Korrespondenz- und Kohärenztheorie der Wahrheit, kommt es zu folgenden Aussagen bezüglich moralischer Normen: Normen sind bislang weder präzise formulier- noch wissenschaftlich begründbar. Vor diesem Hintergrund entstand die Metaethik. Sie befaßt sich mit der Präzisierung normativer Sätze und dem Problem der normativen Begründung.

Für das Begründungsproblem haben sich in der Metaethik vier Hauptströmungen gebildet.

(1) Der metaethische **Naturalist** behauptet, normative Sätze ließen sich in empirische Sätze übersetzen. Entsprechend glaubt der Naturalist an "moralische Erkenntnis" und die Wahrheitsfähigkeit normativer Sätze. (Wenn traditionelle Ethiker das Problem der normativen Begründung überhaupt als ernsthaftes wissenschaftliches Problem akzeptieren, dann stehen sie zumeist in dieser Tradition, die auf die klassische griechische Ontologie zurückgeht.) Gegen diese Position des Naturalismus wird mit dem naturalistischen Fehlschluß logisch und epistemologisch argumentiert.[3] Es ist jedenfalls unumstritten, daß aus Seinsaussagen abgeleitete

---

3.   Zu behaupten, aus dem Sein ließe sich nicht auf ein Sollen schließen, ist logisch nicht ohne weiteres korrekt. Schließlich kann mittels logischer Disjunktion sehr wohl ein Sollenssatz aus einem Seinssatz deduziert werden. Damit ist jedoch keine moralische Erkenntnis verbunden.

Sollensaussagen keinen Erkenntniswert haben. Die naturalistische Position gilt damit in der Metaethik als unhaltbar.

(2) Der **Intuitionismus** bestreitet die vollständige Gleichsetzung von normativen und empirischen Sätzen, postuliert aber eine "gewisse" Analogie, d.h., er glaubt an moralische Erkenntnis im Sinne einer intuitiven Erfahrung oder eines "moral sense". Hier stellt sich jedoch das Problem, wie solche persönlichen Intuitionen zu verallgemeinern sind. Persönliche Erfahrungen sind zunächst nichts, was für andere Menschen Verbindlichkeit beanspruchen könnte. Ein hier erforderliches Verallgemeinerungsverfahren existiert bislang nicht. Außerdem greift hier auch der Einwand Kants, daß mit der Hinwendung zur persönlichen Intuition Unterschiede akzeptiert werden müssen, die die Formulierung einer universellen Moral nicht mehr erlauben. Von daher gilt in der Metaethik auch die intuitionistische Position als wenig erfolgversprechend.

(3) Der **Nonkognitivismus** bestreitet, daß zwischen normativen und empirischen Sätzen überhaupt ein Zusammenhang besteht. Empirische Sätze sind Aussagen über reale Dinge, d.h. man kann zwar empirisch formulieren, daß Person X die Norm y für richtig **hält**, nicht aber daß die Norm y richtig **ist**. In der Realität gibt es keine für alle Menschen wahrnehmbaren allgemeinen Normen, auf die Sätze zurückgeführt werden können. Moralische Sätze sind deshalb keine empirischen Sätze, sie können nicht anhand der Realität überprüft werden, d.h., normative Sätze sind nicht wahrheitsfähig.[4]

Das Scheitern der naturalistischen und bislang auch der intuitionistischen Argumentation hat dazu geführt, daß in der Metaethik die Skepsis bezüglich der Wahrheitsfähigkeit normativer Sätze überwiegt, d.h. die Metaethik steht primär auf dem Standpunkt des Nonkognitivismus. Diese Position deckt sich mit den Vorstellungen des empirisch-analytischen Wissenschaftskonzeptes.

4.	vgl. zu den drei metaethischen Positionen U. Druwe-Mikusin, S. 49 ff.

(4) Wenn moralische Sätze schon nicht wahrheitsfähig sind, d.h. nicht in empirische Sprache zu übersetzen sind, wie steht es mit der Begründungsfähigkeit von Normen? Dies ist eine kritische Frage, denn wenn Normen auch nicht begründbar sind, dann können sie in der Wissenschaft nicht weiter behandelt werden.

Die Frage der Begründungsfähigkeit von Normen läßt sich auf der Basis des empirisch-analytischen Wissenschaftskonzeptes nur so deuten: Gelingt es, normative Sätze zumindest in analytische Sätze zu transformieren oder als solche zu behandeln? Die moderne Analytische Ethik des 20. Jahrhunderts ist Ausdruck der Hoffnung, die Ethik zu einer Wissenschaft aufzuwerten, wenn ausschließlich sprachlogische, d.h. analytische Methoden angewandt werden. Anders formuliert: Es ist ein Teil des "Programms" der modernen Analytischen Ethik, das Begründungsproblem von Normen zu lösen, indem diese als analytische Sätze behandelt werden. Diese vierte Variante der Metaethik soll im folgenden etwas ausführlicher zur Sprache kommen.

4.1.3. Rationale Rechtfertigung der Ethik

Die moderne Analytische Ethik stand zu Beginn dieses Jahrhunderts vor dem Problem, Normen entweder zu begründen oder die Ethik als unwissenschaftlich zu etikettieren. Die Übertragung normativer Sätze in die empirische Sprache war gescheitert, also blieb - gemäß dem Zweistufenkonzept der Wissenschaftssprache - nur die analytische Sprache als Präzisierungsrahmen für normative Sätze übrig. Indirekt findet sich ein erster Hinweis für diese Vorgehensweise bei T. Hobbes in seinem "Leviathan": Dort entwickelt Hobbes ein auf Nutzenmaximierung basierendes Modell für politisches Verhalten. Anders formuliert: Er "begründet" Normen (der Mensch sollte mit anderen kooperieren) mit Rationalität (es liegt im individuellen Interesse zu kooperieren). Dieses Muster setzte sich als Begründungsparadigma der modernen Analytischen Ethik durch; diese Variante heißt dort "Rationale Ethik"[5].

---

5.   vgl. J. Nida-Rümelin: Ökonomische Rationalität und praktische Vernunft, in: M. Hollis/W. Vossenkuhl (Hg.): Moralische Entscheidung und rationale Wahl, München 1992, S. 131

Der Gedankengang ist dabei folgender: Die Ethik versucht die Frage zu beantworten: "Was **soll** ich tun"? Diese Frage verlangt eine **Entscheidung** von mir. Es liegt also nahe, normative Fragen entscheidungstheoretisch zu rechtfertigen. Mit dieser Idee schließt sich die Analytische Ethik an die Überlegungen der sog. "Rational Choice Theory" an. Deren wissenschaftlicher Ansatz kann mit zwei Fragen umschrieben werden:

1. Gegeben seien bestimmte Handlungsoptionen; mit welcher Handlung kann das bestmögliche Ziel erreicht werden? (Nutzenmaximierung)
2. Gegeben ein bestimmtes Ziel, mit welchen Handlungen kann das Ziel unter minimalem Aufwand erreicht werden (Kostenminimierung)?[6]

Nutzenmaximierung und Kostenminimierung sind folglich die beiden zentralen Begriffe. Sie dürfen diese jedoch nicht rein ökonomisch auffassen, es sind vielmehr zunächst "leere" Begriffe, die individuell auszufüllen sind. So kann es z.B. der Nutzen eines Menschenfreundes sein, Verwundete aus Kriegsgebieten zu evakuieren und dabei sein eigenes Leben zu riskieren; der Nutzen eines anderen könnte jedoch darin bestehen, in ein Kriegsgebiet möglichst viele Waffen zu verkaufen. Jeder Mensch muß für sich selbst bestimmen, was für ihn Nutzen und Kosten darstellen; die Entscheidungstheorie hilft dann, optimale Handlungen aus verschiedenen Alternativen auszuwählen.

Betrachten wir dazu ein aktuelles Beispiel, wie im Rahmen der Rational Choice Theory normativ argumentiert wird. Ein besonders wichtiges Werk in diesem Kontext ist John Rawls' "A Theory of Justice". Rawls untersucht in diesem Buch die zentrale Norm der politischen Gerechtigkeit. Zu ihrer Herleitung konstruiert er eine entscheidungstheoretische Situation, in der ein Individuum zwar allgemeine soziale und psychologische Gesetzmäßigkeiten kennt - beispielsweise, daß alle Menschen Schmerz und Leid vermeiden wollen, daß sie versuchen, sich Vorteile zu verschaffen -, das Individuum weiß aber nichts über seine persönlichen

---

6. Übrigens hat auf ein derartig strategisches Denken erstmals Machiavelli in seinem "Il Principe" explizit hingewiesen.

Eigenschaften, d.h., ob es intelligent, schön, fleißig ist, aus einer reichen Familie stammt usw. Überlegt man in diesem Gedankenexperiment, was Gerechtigkeit bedeuten kann, dann trifft man eine Entscheidung unter Unsicherheit. Rawls begründet also seine Gerechtigkeitsprinzipien entscheidungstheoretisch. Die Wahl normativer Prinzipien wird damit zur individuellen, rationalen Wahl unter fairen (weil für alle Individuen gleich unsicheren) Ausgangsbedingungen.

Wenden wir uns nun den damit verbundenen Problemen zu. Wie erinnerlich argumentiert die Analytische Ethik auf der Basis der Rational Choice Theory, um das normative Begründungsproblem zu lösen. Dies gelingt ihr, indem Normen, analog zur Mathematik, axiomatisch gesetzt und Handlungsanweisungen dann deduktiv abgeleitet werden.

Die entscheidende Frage lautet jedoch: Es mag durchaus rational sein, eine bestimmte Handlung zu tun, warum aber ist eine rationale Handlung auch eine moralische? An keiner Stelle wird die Problematik der Gleichsetzung von Moralität und Rationalität diskutiert. Es ist völlig willkürlich, Normativität mit Rationalität zu begründen, denn der Zusammenhang zwischen beiden Aspekten ist ungeklärt.[7]

Außerdem ist es weder die Aufgabe der Entscheidungstheorie, "zu untersuchen, warum sich die Wünschbarkeit für Personen in dieser und jener Weise ändert, noch ist es ihre Aufgabe, Nützlichkeitsbeurteilungen zu kritisieren und als teilweise unvernünftig oder sogar sittlich verwerflich zu charakterisieren. (...) Die normative Entscheidungstheorie ist keine Ethik. Sie stellt ... Rationalitätskriterien ... für subjektive Wahrscheinlichkeitsbeurteilungen und ... für den Zusammenhang von Wahrscheinlichkeiten und subjektiven Präferenzen"[8] auf.

Für die moderne Moralphilosophie wird hier die Situation problematisch: Um ihren wissenschaftlichen Status aufrechtzuerhalten, gibt es keine andere Möglichkeit für normative Begründungen, als Moralität auf

---

7.   vgl. H.-P. Burth/U. Druwe: Rationalität und Moralität, in: V. Kunz/U. Druwe (Hg.): Rational Choice in der Politikwissenschaft, Opladen 1994, S. 156 ff.
8.   W. Stegmüller: Personelle und Statistische Wahrscheinlichkeit, S. 324 f.

Rationalität/Analytizität zu reduzieren. Das entscheidende Problem ist aber die Rechtfertigung dieser Reduktion; sie wurde bislang nicht geleistet.

Der Vorteil dieses Verfahrens liegt natürlich in der Wissenschaftlichkeit der Vorgehensweise: Normative Sätze sind ebenso begründet wie mathematische oder andere analytische Sätze. Daraus folgt aber auch das zweite Problem dieser Vorgehensweise. So wenig empirischen Gehalt analytische Sätze haben ("2+2=4" sagt nichts über die Realität aus, es ist quasi eine Konvention, daß 2+2 nicht 5 ist), so wenig sagen dann auch normative Sätze aus, wenn sie in die analytische Sprache "übersetzt" werden. Nach allgemeinem Verständnis sollen jedoch normative Sätze bestimmte Handlungen vorschreiben, verbieten etc.. Damit stehen sie in einem bestimmten Verhältnis zur Realität. Diesem wird die analytische Übersetzung normativer Sätze folglich nicht gerecht. Das metaethische Begründungsproblem kann daher auch mit dieser Vorgehensweise nicht wirklich gelöst werden. Dazu müßte auf völlig andere metaethische Konzepte zurückgegriffen werden (vgl. dazu Kapitel 6).

4.1.4. Resümee

Gegenstand der modernen Politischen Philosophie sind alle normativen Probleme der Politik. Die Politische Philosophie will also die Politik (Strukturen, Prozesse und politische Inhalte) beurteilen und zu Verbesserungen beitragen. Die Bewältigung dieser Aufgabe verlangt normativ-ethische Konzepte, deren Hauptproblem wiederum in ihrer eigenen wissenschaftlichen Begründung besteht.

Das Begründungsproblem der Politischen Philosophie wird von der traditionellen Philosophie entweder gar nicht als Problem anerkannt oder, wenn es doch als Problem gesehen wird, auf der Basis einer naturalistischen Metaethik "gelöst". In der Analytischen Philosophie, die dem empirisch-analytischen Wissenschaftskonzept verpflichtet ist, wird dagegen die Wahrheitsfähigkeit normativer Sätze bestritten. Hier hat sich daher die sog. nonkognitivistische Metaethik durchgesetzt.

Innerhalb der Analytischen Politischen Philosophie wird daher das Begründungsproblem zumeist so "gelöst", daß normative Sätze in analytische übertragen werden, d.h. die Konzepte der modernen Politischen Philosophie sind analytische Modelle. Damit stellt sich für sie das Problem des empirischen Gehalts. Analytische Modelle besitzen keinen empirischen Gehalt. Illustriert am Beispiel des hypothetischen Vertrages (Hobbes, Kant) heißt dies: Reicht es für die Legitimität eines politischen Systems tatsächlich aus, wenn seine Bürger nur hypothetisch, als vollständig vernünftige Menschen, zustimmen **würden**, oder müssen sie nicht vielmehr real ihre Zustimmung erteilen?

Diese Schwierigkeiten können in einem einführenden Buch nicht weiter diskutiert werden. Bedenken Sie jedoch, daß die bislang ungeklärte Frage der normativen Begründung gravierende Konsequenzen hat: Streng genommen ist es nämlich überflüssig, sich überhaupt mit moralischen Normen wissenschaftlich zu befassen, so lange es kein Entscheidungsverfahren über ihre Korrektheit gibt. Wissenschaft und Spekulation oder Willkür sind nicht gegeneinander abzugrenzen.

Im folgenden sollen nun einige zentrale Fragestellungen der aktuellen Politischen Philosophie diskutiert werden.

4.2. Politische Gerechtigkeit

Kaum etwas wurde seit den Anfängen der Politischen Philosophie so kontrovers diskutiert wie die inhaltliche Bestimmung politisch-moralischer Werte und Normen, beispielsweise Freiheit, Gleichheit oder Gerechtigkeit. Von dieser Bestimmung hängt die Ableitung weiterer politischer Werte, z.B. in einer Verfassung oder zur Rechtfertigung politischer Handlungsweisen (z.B. in der Sozialpolitik), ab. Bei Fragen wie "Was ist Freiheit"? "Was ist politische Gerechtigkeit"? "Was ist die Würde des Menschen"? geht es darum, Werte zu definieren, die Handlungen vorschreiben oder verbieten. Die Formulierung und Zusammenfassung solcher allgemeiner Normen in Konzepten ist zunächst Gegenstand der normativen Ethik oder Moralphilosophie. Mit politisch relevanten

Normen beschäftigen sich jedoch nicht nur Philosophen, sondern auch Politikwissenschaftler im Rahmen der Politischen Ethik.

In der aktuellen politikphilosophischen Ethikdebatte dominiert die Erörterung des Begriffs der politischen Gerechtigkeit. Eigentlich reicht die Diskussion bis in die antike Tradition zurück. Differenziert untersuchten bereits Platon in seiner "Politeia" und Aristoteles in seiner "Politik" Gerechtigkeit als zentralen Begriff einer politischen Ordnung. Seit dem 19. Jahrhundert wurde die Gerechtigkeitsdebatte jedoch primär von Juristen geführt.

Ausschlaggebend für eine neue politikphilosophische Gerechtigkeitsdiskussion war das bereits erwähnte Buch "A Theory of Justice" (1971) von John Rawls. In der Folge erschienen zahlreiche Texte, die sich kritisch mit Rawls auseinandersetzten und das Thema weiterentwickelten[9]. Bevor wir auf diese Überlegungen näher eingehen, will ich einige grundsätzliche Bemerkungen zu der Debatte über politische Gerechtigkeit machen. Zunächst betrachten wir einmal den Begriff "Gerechtigkeit".

Der Gerechtigkeitsbegriff ist ein relationaler Begriff, d.h., Handlungen werden in Bezug zu anderen Handlungen desselben Akteurs gesetzt. Betrachten wir dazu Beispiele. Wenn A eine Person B geschädigt hat, fordert die Gerechtigkeit Wiederherstellung des alten Zustands oder Wiedergutmachung. Damit haben wir ein Beispiel für die **ausgleichende** Gerechtigkeit. Die ausgleichende Gerechtigkeit ist in der Literatur unumstritten. Sind von der Handlung des A verschiedene Menschen B, C, D und E betroffen, dann haben wir es mit Problemen der sog. **"Verteilungsgerechtigkeit"** zu tun. Hier stellt sich dann die Frage, ob A alle Menschen gleich behandeln muß oder ob Differenzierungen mora-

---

9.	so etwa B. Barry: The Liberal Theory of Justice, Oxford 1973
	J. Buchanan: The Limits of Liberty, Chicago 1975
	O. Höffe: Politische Gerechtigkeit, Frankfurt 1987
	R. Nozick: Anarchy, State, and Utopia, New York 1974
	M. Sandel: Liberalism and the Limits of Justice, Cambridge 1982
	M. Walzer: Sphären der Gerechtigkeit, Frankfurt 1992
	R. P. Wolff: Understanding Rawls, Princeton 1977

lisch zu vertreten sind. Die Verteilungsgerechtigkeit wird folglich in zwei Varianten diskutiert:

a) Betrachten wir das Beispiel einer Familie. In diesem Fall wird man es als gerecht ansehen, wenn die Eltern ihre Kinder gleich behandeln, d.h. etwa, allen Kindern entsprechend ihrer Altersstufe das gleiche Taschengeld zukommen lassen.

b) Untersuchen wir dagegen die bundesdeutschen Steuergesetze, so stellen wir fest, daß Menschen, die über mehr Einkommen verfügen, prozentual mehr Steuern zahlen als Personen mit geringerem Einkommen. Die progressive Besteuerung stellt offensichtlich eine Ungleichbehandlung dar.

Damit wird deutlich, daß die politische Gerechtigkeit eng mit der Frage der Gleichheit oder Ungleichheit der Menschen verknüpft ist. Theoretiker der gleichen Verteilungsgerechtigkeit gehen - zumindest theoretisch - von der Gleichheit der Menschen aus, während ungleiche Verteilungsgerechtigkeit mit der faktischen Ungleichheit der Menschen begründet wird. Welche Form der Verteilungsgerechtigkeit ist nun politisch gerecht? Gibt es Fälle, in denen die Politik alle Menschen gleich behandeln muß? Gibt es Situationen, in den eine Ungleichbehandlung gerecht ist und folglich gefordert werden muß?

Die neue Diskussion politischer Gerechtigkeit begann in den USA mit John Rawls. Er steht in der Tradition der Vertragstheoretiker und des Liberalismus, zugleich ist er ein Vertreter der Analytischen Ethik. Für diese Gruppe stellt sich das erwähnte Begründungsproblem von Normen. Dieses wird dadurch "gelöst", daß Analytische Ethiker ihre Moralphilosophien analog zu mathematischen Kalkülen entwickeln (vgl. 4.1.3.).

Vertreter der traditionellen Ethik ignorieren in der Regel diesen Zusammenhang. Solche Interpreten werfen dann Rawls z.B. vor, daß er auf eine "metaphysische" Gerechtigkeitstheorie verzichtet habe[10] oder ein reduktionistisches Konzept entwickelt hätte, mit dem unser Selbstverständnis

---

10. vgl. W. Kersting: Die Liberalismus-Kommunitarismus-Kontroverse, in: V. Gerhardt/H. Ottmann/M. P. Thompson (Hg.): Politisches Denken: Jahrbuch 1991, Stuttgart 1992, S. 84

als moralische Subjekte unkenntlich gemacht würde[11]. Diese Kritik verkennt Rawls. Gerade durch die Formulierung eines "normativen Kalküls" entgeht er dem Begründungsdilemma und kann sich wissenschaftlich korrekt, in analytischer Sprache, zu traditionell normativ verstandenen Problemen äußern. Rawls Konzept und die Interpretation durch traditionelle Politikphilosophie bewegen sich auf völlig unterschiedlichen Ebenen. In der folgenden Zusammenfassung der verschiedenen Standpunkte zur politischen Gerechtigkeit wird dieser Unterschied noch wichtig werden.

Wenden wir uns zunächst Rawls' Verständnis von politischer Gerechtigkeit bzw. seiner Konzeption eines gerechten Staates zu, die ich kurz rekonstruiere.

4.2.1. Rawls' Gerechtigkeitsgrundsätze

Da Rawls analytisch argumentiert, versteht es sich von selbst, daß es sich hier um ein Modell handelt. Sein **Ziel** ist es, zu einer plausiblen Definition politischer Gerechtigkeit zu kommen. Die Bestimmung von Normen, wie der Gerechtigkeit, kann sich nicht auf Gott, das Sittengesetz o.ä. berufen. Für den Analytischen Ethiker kann nur der Mensch Ausgangspunkt der Überlegungen sein. Allerdings verwendet man dazu keine empirische Theorie des Menschen (Anthropologie), sondern man reduziert Erfahrungen auf wenige Grundannahmen: einen Modellmenschen, dem bestimmte Eigenschaften per Definition (axiomatisch) zugeschrieben werden. Aus dieser Festlegung werden rationale Probleme abgeleitet, z.B. eben die Frage nach der Verteilungsgerechtigkeit.

Prämisse der Rawlsschen Überlegungen ist folglich eine axiomatische Definition des Menschen. Rawls sieht diesen als vernünftiges, rational kalkulierendes Individuum, das sich streng nutzenmaximierend bzw. kostenminimierend verhält. Eine Gesellschaft ist entsprechend ein rationaler Zusammenschluß von Individuen zum gegenseitigen Vorteil. Hier entsteht jedoch ein Problem: Zwar weiß ein rationales Individuum, daß

---

11.   vgl. W. Kersting, S. 87

Kooperation ihm Vorteile bietet, zugleich besteht aber ein Interessen-konflikt bezüglich der Güterverteilung. Folglich stellt sich die Frage der **gerechten** Verteilung, d.h. der Bestimmung der politischen Gerechtigkeit.

Die politischen Gerechtigkeitsprinzipien leitet Rawls aus dem rationalen Eigeninteresse ab. Dazu konstruiert er im Rahmen seiner **Argumentation** eine Entscheidungssituation unter Unsicherheit - als Gedankenexperi-ment -, oder, wie Rawls es formuliert, eine Entscheidungssituation unter dem "Schleier des Nichtwissens" ("veil of ignorance").

Jedes Modellindividuum verfügt über psychologische und soziale Ken-ntnisse, d.h. man weiß, daß man in einem Gebiet nicht allein lebt, daß die Menschen unterschiedliche geistige und körperliche Fähigkeiten besitzen, daß alle Menschen im Prinzip ähnliche Bedürfnisse haben, daß Güter knapp sind, daß Konkurrenz herrscht, daß Menschen zu Egoismus neigen etc. Was man nicht weiß ist, über welche, im Vergleich zu anderen, körperlichen, intellektuellen und sonstigen Fähigkeiten man selbst verfügt, welchen Status in der Gesellschaft man per Geburt einnimmt (Mitglied einer reichen Familie etwa), welche Ziele man in der gegebenen Gesellschaft verfolgen kann etc. Das ist der "Schleier des Nichtwissens". Der "Schleier des Nichtwissens" ermöglicht, auf der Basis allgemeinen psychologischen und soziologischen Wissens in einem sog. "Naturzustand" ("original position") eine faire (rationale) Entscheidung über die Gerechtigkeitsprinzipien einer Gesellschaft zu treffen.

Alle gemäß der Rawlsschen Prämisse vernünftigen Menschen entscheiden sich dabei für folgende Vorstellungen von politischer Gerechtigkeit:
"1. Jedermann soll gleiches Recht auf das umfangreichste System gleicher Grundfreiheiten haben, das mit dem gleichen System für alle anderen verträglich ist.
2. Soziale und wirtschaftliche Ungleichheiten sind so zu gestalten, daß (a) vernünftigerweise zu erwarten ist, daß sie zu jedermanns Vorteil dienen, und (b) sie mit Positionen und Ämtern verbunden sind, die jedem offen stehen."[12]

12. J. Rawls: Eine Theorie der Gerechtigkeit, Frankfurt 1988, S. 81

Der erste Gerechtigkeitsgrundsatz verlangt die **gleiche** Verteilung von möglichst umfangreichen Grundrechten. Hier leuchtet unmittelbar ein, daß rationale Menschen für gleiche Freiheitsrechte für alle stimmen. Für einen gerechten Staat hätte dies die Konsequenz, daß er eine Verfassungsordnung mit umfangreichen freiheitlichen Grundrechten, die für alle gleich sein müssen, zu garantieren hat. Die gleich zu verteilenden Freiheitsrechte sind dem zweiten Gerechtigkeitsgrundsatz prinzipiell vorgeordnet (das nennt man "lexikalische Ordnung").

Der zweite Gerechtigkeitsgrundsatz weicht von dem Prinzip der Gleichverteilung ab. Stattdessen verweist Rawls hier auf die Notwendigkeit ungleicher Verteilungen im sozialen und ökonomischen Bereich, um entsprechende Ungleichheiten ausgleichen zu können. Anders formuliert fordert der zweite Gerechtigkeitsgrundsatz eine wohlfahrtsstaatlich orientierte Politik des Staates. Letzteres präzisiert Rawls im Sinne des "Differenzprinzips": Danach sind bessere Chancen für Begünstigte nur dann gerecht, wenn sie auch zu Verbesserungen der am wenigsten Begünstigten beitragen.[13]

Wie kann man verstehen, daß rationale Menschen freiwillig für ungleiche Verteilung stimmen? Der Grund dafür ist der "Schleier des Nichtwissens": Stellen Sie sich vor, sie wüßten nichts über sich selbst, Ihre Leistungsfähigkeit, Ihr Gedächtnis, Ihre Ausbildung etc., dann könnten Sie auch nicht sicher sein, ob Sie in einem zu planenden Staat nicht als Geisteskranker, Behinderter o.ä. leben müßten. Rechnet man jedoch damit, zu unteren Schichten zu gehören, eine schlechte Ausbildung zu haben usw., dann will man sicherstellen, daß einem der Staat zumindest das Existenzminimum sichert, d.h., man plädiert für wohlfahrtsstaatliche Politik.

Rawls Gerechtigkeitsbegriff enthält also ein Element der Gleich- und der Ungleichverteilung. Zu dieser Festlegung ist es allein auf der Basis rationaler Erwägungen unter Unsicherheit, in Folge einer bestimmten Definition der Ausgangssituation gekommen. Rawls argumentiert nicht

---

13.   vgl. J. Rawls, S. 96 ff.

normativ-ethisch, sondern rational, analytisch oder metaethisch. Das Problem bei Rawls ist allerdings, daß er die normativ-ethische und die metaethische Ebene vermischt; das führt dazu, daß er seine Konzeption selbst u.a. auch normativ-ethisch versteht. Hier erliegt Rawls bezüglich seiner eigenen Konzeption einem Irrtum.

4.2.2. Gerechtigkeit bei Nozick und Buchanan

Vor allem gegen das zweite Rawlssche Gerechtigkeitsprinzip wendet sich der amerikanische Philosoph **Robert Nozick** in seinem Buch "Anarchy, State, and Utopia" (1974).[14] Er verurteilt, daß gemäß dem Differenzprinzip der Verteilungsgerechtigkeit eine wohlfahrtsstaatliche Politik, d.h. auch Umverteilung, möglich ist.

Rekonstruieren wir in aller Kürze die Argumentation von Nozick. Auch Nozick gehört zu der Gruppe angelsächsischer Analytischer Politikphilosophen, d.h., er argumentiert ebenfalls analytisch, vor dem Hintergrund der Rational Choice Theory. Deshalb ist ein Vergleich seiner Argumente mit denen von Rawls einfach (vgl. 4.2.3.).

Prämisse der Gerechtigkeitsvorstellung von Nozick ist ein individuelles Menschenbild, bei dessen axiomatischer Konstruktion er sich eng an John Locke (vgl. 3.3.3.) anlehnt. Demnach ist der Modellmensch in der Lage, rational, nutzenmaximierend bzw. kostenminimierend zu handeln, er verfügt über einen freien Willen[15], und er ist ein beschränkt moralisches Wesen mit "natürlichen Rechten". Zu diesen "natürlichen Rechten" gehört das Recht auf Freiheit, Leben, Gesundheit und Eigentum. Das Individuum und seine Naturrechte sind prinzipiell unverletzlich.[16] Hier findet sich ein Unterschied zu Rawls, denn Nozick geht davon aus, daß der Modellmensch über "natürliche Rechte" verfügt. Die Etikettierung in Anführungszeichen soll verdeutlichen, daß es sich um analytische Definitionen handelt, die die rationalen Eigenschaften des Menschen ergänzen. Würde man die "natürlichen Rechte" normativ interpretieren,

---

14. R. Nozick: Anarchie, Staat und Utopie, München 1976
15. R. Nozick, S. 57 f.
16. R. Nozick, S. 40 ff.

dann wäre Nozick a) im Begründungsdilemma und b) sein Modell damit an mangelnder Präzision gescheitert.

In seiner **Argumentation** bezüglich politischer Gerechtigkeit modelliert Nozick ein "historisches" Gedankenexperiment, das von der These des gerechten Eigentumerwerbs ausgeht. Wir hatten bei der Prämisse festgestellt, daß der Modellmensch u.a. das "natürliche Recht" hat, Eigentum zu erwerben. Dafür entwickelt Nozick eine dreistufige Anspruchstheorie:

- Der Grundsatz der gerechten Aneignung postuliert, daß "herren-lose Gegenstände" in Besitz genommen werden dürfen, wenn sich dadurch nicht der Zustand anderer Menschen verschlechtert.[17]
- Der Grundsatz der gerechten Übertragung regelt die Frage, aus welchen gerechten Gründen Eigentum in den Besitz anderer über-geht (Tausch, Schenkung, Vererbung etc.).[18]
- Der Grundsatz der gerechten Berichtigung ungerechter Besitzver-hältnisse legt fest, wie Verstöße gegen die ersten beiden Grund-sätze zu korrigieren sind.[19]

Nozick gelangt zu dem Ergebnis, daß Eigentum, wenn es auf der Basis dieser Grundsätze erworben wurde, gerechtes Eigentum ist, an dem sich niemand vergreifen kann, ohne die "natürlichen Rechte" des Eigentümers zu verletzen.

Vor diesem Hintergrund ist (wenn überhaupt) nur eine Form des gerech-ten Staates (vgl. 4.4.) denkbar: Er entsteht, weil die Menschen ihre unterschiedlichen, von ihren Fähigkeiten abhängigen Naturrechte schützen wollen. Dazu bedarf es allgemeiner Regeln, Rechtssicherheit und einer Instanz mit Gewaltmonopol. Nozick spricht von diesem Staat als "Minimalstaat". Der Minimalstaat ist das Resultat eines Vertrages, den alle in mehreren Stufen miteinander abschließen, um ihre Natur-rechte zu schützen. Kein gerechter Staat darf über den Schutz der Individualrechte hinausgehen. Damit ist klar, daß sich kein gerechter Staat, unter welchen Umständen auch immer, am gerecht erworbenen

---

17.   vgl. R. Nozick, S. 167 f.
18.   vgl. R. Nozick, S. 168
19.   vgl. R. Nozick, S. 146

Eigentum seiner Bürger vergreifen darf. Umverteilungspolitik zu betreiben heißt aber, simpel formuliert, den Reichen etwas zu nehmen und den Armen zu geben. Damit werden Reiche in ihren Naturrechten geschädigt, der Staat ist kein gerechter Staat mehr.

Die "historische" Anspruchstheorie ist offenbar das entscheidende Argument gegen eine umverteilende Politik: Ob eine Verteilung gerecht ist, hängt nämlich nur davon ab, wie sie **zustande** gekommen ist und nicht, welche sonstigen hehren Ziele damit verfolgt werden. Umverteilung nimmt Menschen etwas weg, was sie durch gerechte Handlungen erworben haben. Es ist ein Eingriff in die Eigentumsrechte und damit in die persönliche Handlungsfreiheit. Damit verletzen Umverteilungen notwendig die natürlichen Rechte der Individuen. Dies kann auch nicht dadurch aufgewogen werden, daß weniger Begünstigte davon Vorteile haben. Simpel formuliert können die Reichen nichts dafür, daß es Arme gibt. Es ist also nicht gerecht - zumindest nicht, wenn man, wie Nozick, auf einer individuellen Ebene argumentiert -, daß Reichen etwas weggenommen wird, um es anderen zu geben. Robert Nozick plädiert folglich für einen Gerechtigkeitsbegriff, der nur gleiche Verteilungen zuläßt.

Ähnlich argumentiert der Ökonomie-Nobelpreisträger **James Buchanan** in seinem Buch "The Limits of Liberty" (1975).[20]

Auch seine **Prämisse** ist ein strikter Individualismus (der Modellmensch als nutzenmaximierendes, kostenminimierendes "Wesen"), allerdings verneint Buchanan die Existenz angeborener "natürlicher Rechte" im Sinne Nozicks. Damit verbleiben letztlich nur individuelle Interessen, aus denen überindividuelle Entitäten wie Moral, Recht oder der Staat abzuleiten sind (vgl. dazu die Thesen von Hobbes, 3.3.2., auf dessen Argumentation Buchanan explizit zurückgreift). Vertreter der Gleichverteilung können auf Buchanans Thesen zurückgreifen, wenn sie Nozicks Formulierung von "natürlichen Rechten" zu sehr abschreckt.

---

20. J. Buchanan: Die Grenzen der Freiheit. Zwischen Anarchie und Leviathan, Tübingen 1984

In Buchanans **Argumentation** entstehen mittels des entscheidungstheoretischen Instrumentariums der Rational Choice Theory und auf der Basis vertraglicher Übereinstimmung individuelle Rechte. Anders formuliert: Rechte sind das Resultat rationaler Übereinkünfte; sie bedürfen keiner transzendenten oder sonstigen Begründung.

In gleicher Art leitet Buchanan politische Regeln und Institutionen her. Deren gemeinsame Merkmale sind, daß sie a) die individuellen Interessen berücksichtigen, d.h., den Nutzen eines jeden einzelnen optimieren, und b) auf der Zustimmung eines jeden basieren. Ergebnis dieser Überlegungen ist - wie bei Nozick - politische Gerechtigkeit ausschließlich im Sinne gleicher Verteilungsgerechtigkeit.

4.2.3. Kontraktualistische Gerechtigkeitsvorstellung

Vergleichen wir ganz kurz die Argumente der drei sog. "new contractarians" Rawls, Nozick und Buchanan; den Namen erhielten sie, weil sie in Anlehnung an die Klassiker der Vertragstheorie - Kant, Locke und Hobbes - vertragstheoretisch argumentieren.

Als gemeinsamer Ausgangspunkt fällt der auf die Rational Choice Theory zurückgehende methodologische Individualismus auf. Hierauf aufbauend werden Argumente entwickelt, die zunächst, mit Blick auf die Autonomie des Individuums, politische Gerechtigkeit im Sinne gleicher Verteilungsgerechtigkeit in den Mittelpunkt stellen. Die gleiche Verteilungsgerechtigkeit (Chaim Perelman nennt dies das formale Prinzip der Gerechtigkeit) wird als gerechtes Prinzip allgemein akzeptiert. Alle drei postulieren daher, daß ein Staat nur dann gerecht ist, wenn er für alle Menschen gleiche Freiheitsrechte garantiert. Dissens herrscht bezüglich der Frage, ob der Staat darüber hinaus wohlfahrtsstaatliche Politik betreiben darf oder sogar muß.

Rawls mußte allerdings, um ein zusätzliches ungleiches Verteilungsprinzip begründen zu können, die Fiktion des "Schleiers des Nichtwissens" anführen. Indirekt gibt auch er damit zu, daß die Menschen in konkreten Situationen, wenn sie um ihre Position (Status, Fähigkeiten etc.) wissen,

ungleichen Verteilungen vermutlich nicht zustimmen würden. Rawls'
Konzept ist entsprechend hypothetisch.

Es gibt jedoch Erkenntnisse, die auf individueller Grundlage Rawls Argumentation empirisch fundieren. Dazu gehört beispielsweise die These von
der politischen Gerechtigkeit als Herstellung von Chancengleichheit, auf
die ich im folgenden Abschnitt kurz eingehe.

4.2.4. Gerechtigkeit als Chancengleichheit

Der Philosoph William Frankena diskutiert in "Some Beliefs about
Justice"[21] ebenfalls auf individualistischer Grundlage das Problem der
politischen Gerechtigkeit. Seine Resultate weichen von den vertragstheoretischen Ergebnissen ab, weil er analytische Argumente mit empirischen
Erkenntnissen kombiniert. Frankena rollt das Problem der Verteilungsgerechtigkeit in Anlehnung an die Gerechtigkeitsgedanken Aristoteles'
auf (insofern kann Frankenas Buch partiell als Rekonstruktion der aristotelischen Gerechtigkeitskonzeption interpretiert werden). Danach ist
das typische Problem von Verteilungsgerechtigkeit durch folgende Elemente charakterisiert: Es geht um ein Gut (G), das nach bestimmten
Verteilungskriterien (K) auf mindestens zwei Personen (A und B) verteilt
werden soll. Aristoteles bestimmt nun die Verteilungsgerechtigkeit wie
folgt: Eine Gesellschaft ist dann gerecht, wenn sie ein Gut entsprechend
den Anteilen, die A und B an den Verteilungskriterien haben, verteilt.

Was sind nun G und K? Über die Bestimmung von G ist relativ rasch
Einigkeit zu erzielen: G sind beispielsweise Ämter, Einkommen, Glück,
Steuern etc. Über K, die Verteilungskriterien, herrscht dagegen Dissens.
Bei Aristoteles finden wir drei Theorien über K: Verteilung nach Besitz
(oligarchische Verteilung), nach Verdienst (aristokratische Verteilung)
und unter dem Aspekt Menschsein (demokratische Verteilung). In Anlehnung an dieses Muster unterscheidet Frankena ungleiche - die ersten
beiden Varianten des Aristoteles - und gleiche Verteilungstheorien.

---

21.   W. Frankena: Some Beliefs about Justice, Lawrence 1966

In seiner Argumentation legt Frankena zunächst dar, weshalb ungleiche Verteilungstheorien nicht gerecht sind. Ungleiche Theorien verteilen ein Gut G in Abhängigkeit von den Anteilen, die ein Mensch an K hat. Das Kriterium K ist jedoch völlig willkürlich und als Basis einer Verteilung nicht zu begründen. Bei Aristoteles wird z.b. nach Besitz verteilt, d.h. daß nur solche Personen in Ämter gewählt werden können, die über Besitz verfügen. Ähnlich wurde in der Neuzeit beim Wahlrecht argumentiert: Die Zahl der Stimmen korrespondierte mit dem Besitz. Statt Besitz kann man beliebige andere Merkmale einsetzen, etwa Armut, Rasse, Religion, Geschlecht, Größe, gesellschaftliche Stellung usw.; hier wird dann der willkürliche Charakter der Verteilung offenbar. Diese Argumentation stärkt die Gleichverteilungstheoretiker.

Gleiche Verteilungskriterien basieren auf dem Prinzip Menschsein. Dies ist - analog zu den Vertragstheoretikern - auch der Ausgangspunkt Frankenas. Allerdings wird das Prinzip der formalen Gleichheit der Menschen nach Frankena falsch angewendet, wenn man hieraus eine mechanische Gleichbehandlung ableitet. Die formale Gleichheit des Menschseins bedeutet nicht, daß innerhalb des Menschseins keine unterschiedlichen Dimensionen vorhanden sind. Es gibt blonde, brünette und schwarzhaarige Menschen; sie haben unterschiedliche Vorstellungen von Nutzen, Glück etc. Aber es sind immer Menschen. Vor diesem Hintergrund argumentiert Frankena, daß gerade der Grundsatz der prinzipiellen Gleichheit der Menschen von den realen Unterschieden ausgehen und daher gewisse Ungleichverteilungen akzeptieren muß. Solche Ungleichverteilungen sind dann zu rechtfertigen, wenn durch sie jedem Menschen die Chance gegeben wird, seine individuellen Anlagen zu entfalten, um gemäß persönlicher Vorlieben sein Leben zu gestalten. Damit plädiert Frankena für Chancengleichheit.

Chancengleichheit bedeutet **nicht**, daß für alle ein gleicher Endzustand geschaffen wird - dies widerspräche dem individualistischen Ansatz -, sondern, schlagwortartig formuliert, "Hilfe zur Selbsthilfe". Chancengleichheit betrifft folglich die Ausgangsbedingungen. Sie sind so zu gestalten, daß jeder die Chance hat, gemäß **seinen** Vorstellungen zu leben.

Ungleichverteilungen sind damit in dem Sinne begründbar, daß sie die Basis der Gleichverteilung, die individuelle Gleichheit, überhaupt erst herstellen. Frankena unterstützt damit im Prinzip die vertragstheoretische Position, die politische Gerechtigkeit primär im Sinne der gleichen Verteilungsgerechtigkeit bestimmt; zugleich weist er darauf hin, daß Gleichverteilung als Basis der Chancengleichheit bedarf. Ungleichverteilungen zur Verbesserung der Chancengleichheit sind damit für Frankena begründet.

4.2.5. Politische Gerechtigkeit und Gemeinwohl

Wir haben bisher Argumente von Politikphilosophen betrachtet, die politische Gerechtigkeit aus individueller Perspektive (Mikroebene) bestimmen. Nicht nur in der Ideengeschichte - vgl. Sie dazu beispielsweise Überlegungen der Sophisten -, sondern auch in der aktuellen Gerechtigkeitsdebatte hat sich hierzu eine Gegenposition entwickelt, bei der nicht mehr der einzelne, sondern die Gemeinschaft[22] im Mittelpunkt steht und es folglich zu einer anderen Bestimmung von politischer Gerechtigkeit kommt. In der Politikphilosophie wird hier von Theoretikern des Gemeinwohls oder Wohlfahrtstheoretikern (Makroebene) gesprochen.

Auch hier ist es sinnvoll, zwischen traditionellen und analytischen Gemeinwohltheoretikern zu unterscheiden. Die Traditionalisten argumentieren vor allem auf der Basis der Überlegungen Aristoteles', der christlichen Soziallehre (z.B. Thomas v. Aquin), Rousseaus, Hegels oder Marx'. Dabei gehen sie als Prämisse von der ontologischen Vorrangstellung der Gemeinschaft vor dem einzelnen aus, d.h., die Gemeinschaft geht dem einzelnen voraus, deshalb sind Gemeinschaftsinteressen auch

---

22.   Ich verwende diesen Begriff im folgenden nur als Gegenbegriff zum Individuum. In Deutschland hat "Gemeinschaft" allerdings oft einen negativen, antidemokratischen Beigeschmack, hervorgerufen durch den nationalsozialistischen Begriff der "Volksgemeinschaft" und den DDR-Terminus der "sozialistischen Menschengemeinschaft". In den USA sind solche Aversionen nicht zu finden; Community wird dort, z.B. bei John Dewey, als Synonym für Demokratie aufgefaßt.

den Einzelinteressen vorgeordnet.[23] Für die Politische Gerechtigkeit bedeutet dies pauschal, daß all das gerecht ist, was der Gemeinschaft bzw. allen nützt. Woher weiß man aber bzw. wer bestimmt, was der Gemeinschaft nützt? Sie erkennen unschwer, daß zunächst ein bestimmtes Verständnis von einer optimalen Gemeinschaft bzw. ein für alle geltendes Nutzenverständnis vorliegen muß, um einen wohlfahrtstheoretischen Gerechtigkeitsbegriff daraus abzuleiten.

In der Politischen Philosophie formuliert man dieses Problem folgendermaßen: Zur Definition politischer Gerechtigkeit benötigt man als Basis eine **teleologische** (telos, griech. = Ziel) Moralphilosophie, d.h. eine Moralphilosophie, die bestimmte Ziele als moralisch gut herausstellt. Solche teleologischen Moralphilosophien sind beispielsweise religiöse Ethiken, der Marxismus, dem als Endziel die klassenlose Gesellschaft vorschwebt, aber auch der Utilitarismus. Politisch gerecht ist dann alles, was die Gemeinschaft dem vorgegebenen Endziel näher bringt (Zielmaximierung). Damit wird dann auch schon ein Problem deutlich. Letztlich gilt nämlich für diese Vorstellung von politischer Gerechtigkeit das Prinzip, daß der Zweck die Mittel heiligt.

Wenn es also dem Ziel einer Gemeinschaft entspricht, daß seine Mitglieder Gläubige in einem umfassenden Sinn zu sein haben, dann ist es politisch durchaus gerecht, Ungläubige zu verfolgen. Die Inquisition, der Nationalsozialismus, der stalinistische Kommunismus, der Fundamentalismus, allgemeiner formuliert, jedes totalitäre Regime sind Beispiele für die extremen Konsequenzen dieser Vorstellung.[24]

Die **traditionelle** Wohlfahrtstheorie verwendet entweder christliche oder marxistische bzw. sozialistische Ansätze als teleologische Konzepte zur Begründung ihrer Gerechtigkeitsthesen. Sie leitet ihre obersten Werte "ontologisch" ab, d.h. aus einer Religion, einer bestimmten Geschichtsphi-

---

23. Im strikten Sinne kennen diese Konzepte kein Individuum; das Individualkonzept denkt schließlich den einzelnen als unabhängig von der Gemeinschaft, vgl. 3.3.1. ff.
24. Nicht zuletzt deswegen wird Platon vorgeworfen, mit seiner "Politeia" den Totalitarismus begründet zu haben.

losophie oder einem bestimmten Staatsverständnis. Wichtige Beispiele dieser Vorstellung sind die Konzepte Platons, Aristoteles' oder Marx'. Betrachten wir dazu ganz kurz noch einmal Platons Vorstellung: Der optimale Staat basiert auf der Philosophenherrschaft; der Philosoph erkennt die Wahrheit, d.h., er weiß, was gut und gerecht ist. Er ist verpflichtet, die Menschen auf diesen Pfad der Wahrheit zu führen.

Die modernen Wohlfahrtstheorien können es sich demgegenüber nicht leisten, das Individuum einfach zu übergehen. Ihr Bemühen ist folglich darauf gerichtet, Argumentationen vorzulegen, die es erlauben, von einem Gemeinwohl oder allgemeinen Nutzen begründet auszugehen.

Eine erste moderne wohlfahrtstheoretische Variante argumentiert naturalistisch. Als herausragender Vertreter dieser Position kann Robert Goodin angesehen werden. In "Reasons for Welfare"[25] vertritt er den Standpunkt, daß **alle** Menschen bestimmte grundlegende Bedürfnisse haben, die abzusichern die Hauptaufgabe des Wohlfahrtsstaates sei. Dafür - so Goodin - muß der Staat direkt in die Marktwirtschaft eingreifen[26]. Illustrieren läßt sich diese Vorstellung am ehesten aufgrund des deutschen Verständnisses einer sozialen Marktwirtschaft, deren "Väter", die Vertreter der sog. "Freiburger Schule", wie W. Eucken oder A. Müller-Armack, die Verbindung des freien Marktes mit einem System des sozialen Schutzes propagierten. Der gerechte Staat zeichnet sich nach dieser Auffassung also dadurch aus, daß er für alle Menschen eine elementare Grundversorgung garantiert.

Anhand dieser Position läßt sich noch einmal das theoretische Problem des Naturalismus aufzeigen. In diesem Fall wird aus der vielleicht empirisch korrekten These, daß alle Menschen ähnliche Grundbedürfnisse haben, normativ der Schluß gezogen, der gerechte Staat müsse diese befriedigen. So sympathisch uns dieses Resultat auch sein mag, es ist nicht hinreichend stark begründet. Denken Sie an die Voraussetzung logisch korrekter Schlüsse (Deduktion), dann erkennen Sie, daß das

---

25. R. E. Goodin: Reasons for Welfare, Princeton 1988
26. vgl. R. E. Goodin, S. 11

Explanandum (Schlußfolgerung) mehr beinhaltet als das Explanans (die Basis des Schlusses) hergibt.

In der **analytischen** gemeinwohltheoretischen Debatte hat sich als Bezugsrahmen der Utilitarismus durchgesetzt. Die klassischen Formulierungen des Utilitarismus finden sich in Jeremy Benthams "Einführung in die Prinzipien von Moral und Gesetzgebung" (1789), John Stuart Mills "Utilitarismus" (1863) und Henry Sidgwicks "Die Methoden der Ethik" (1874). Der Utilitarismus begründet seine Werte individualistisch: Jeder einzelne Mensch will sein Glück verwirklichen. Der Utilitarismus geht davon aus, daß es möglich sein muß, die Summe aller individuellen Glücksvorstellungen zu berechnen[27] und so zu einem individualistisch abgeleiteten Gemeinwohl (Nutzensummenmaximierung) zu kommen. Darin besteht der theoretische Unterschied zu ontologisch fundierten Gemeinwohlprinzipien.

In diesem Jahrhundert wurde der Utilitarismus durch Anwendung entscheidungstheoretischer, spieltheoretischer u.ä. formal-rationaler Verfahren erheblich präzisiert und zur sog. **Sozialwahltheorie** ausgebaut.[28] Die Argumentation will ich in Anlehnung an O. Höffe[29] im folgenden kurz zusammenfassen.

Ziel ist die Begründung der These, daß politische Gerechtigkeit bedeutet, auf die Nutzenvorstellungen der Betroffenen zurückzugreifen. Dazu bedarf es bestimmter Regeln, wie man den Nutzen ermittelt und vor allem ordnet. Dazu sind "in einem ersten Schritt die möglichen Zustände nach ihrer Nutzenmenge für die einzelnen Mitglieder der Gesellschaft zu beurteilen und die Ergebnisse in Individualnutzenindizes festzuhalten. In einem zweiten Schritt ist ... ein Sozialnutzenindex zu bilden".[30] Die Entscheidungsregeln, die individuelle Präferenzordnungen (individuelle

---

27. Bislang ist dies allerdings nicht gelungen.
28. vgl. K. J. Arrow: Social Choice and Individual Values, New York 1951; A. K. Sen: Collective Choice and Social Welfare, San Franzisko 1970
29. vgl. O. Höffe: Strategien der Humanität, Frankfurt 1985, 4. und 5. Kapitel, S. 100 ff.
30. O. Höffe: Strategien der Humanität, S. 156 f.

Nutzenvorstellungen, die ordinal geordnet sind) zu kollektiven zusammenfassen, nennt man Sozialwahlfunktionen.

"Soziale Verhältnisse gelten dann als optimal (= politisch gerecht, U.D.), wenn keine Möglichkeit mehr besteht, sie für ... mindestens einen zu verbessern, ohne gleichzeitig ... mindestens einen schlechter zu stellen"[31]. Diese Formulierung stammt von V. Pareto und heißt daher "Pareto-Optimum". Politische Gerechtigkeit ist demnach eine Frage gesellschaftlicher Optimierung in Richtung auf Erreichung des Pareto-Optimums. An dieser Stelle sind Ähnlichkeiten mit dem Konzept von Rawls erkennbar. Seine Bedeutung in der Politischen Philosophie beruht u.a. darauf, zwischen den verschiedenen Positionen vermittelt zu haben.

4.2.6. Resümee

Betrachtet man die moderne **analytisch-philosophische** Debatte über politische Gerechtigkeit, dann ist zunächst die individualistische Basis (methodologischer Individualismus) aller Überlegungen, d.h. die modelltheoretische Argumentationsstruktur und die Verwendung von Methoden der Entscheidungs- und Spieltheorie, auffällig.

Darauf aufbauend lassen sich zwei Hauptstränge in der Argumentation erkennen:
- die mikrotheoretisch orientierten neuen Vertragstheoretiker Rawls (mit gewisser Einschränkung), Nozick und Buchanan und
- die makrotheoretischen Sozialwahltheoretiker.

Bei ersteren dominiert im Resultat die Bestimmung politischer Gerechtigkeit im Sinne gleicher Verteilung. Letztere plädieren für kollektive Optimierungsstrategien, d.h. für einen Gerechtigkeitsbegriff der ungleichen Verteilung. Eine integrierende Mittelstellung nimmt hier John Rawls ein, vielleicht der wichtigste Grund für die enorme Resonanz, die seine Theorie der Gerechtigkeit gefunden hat.

---

31. O. Höffe: Strategien der Humanität, S. 159

Die Argumentation ist in beiden Fällen in analytischer Sprache abgefaßt. Der entscheidende Unterschied zu traditionellen Gerechtigkeitskonzeptionen ist die Tatsache, daß, gemessen an den Anforderungen des empirisch-analytischen Wissenschaftskonzeptes, die hier formulierten Aussagen rational begründet sind. Und hierin liegt auch die entscheidende Leistung der Analytischen Ethik.

4.3. Legitimationsprobleme

Ein zweites zentrales Problem der Politischen Philosophie läßt sich mit der Frage umschreiben, ob und welche politische(n) Systeme, Institutionen oder Handlungen **legitimiert** werden können. Im Rahmen der Politischen Philosophie handelt es sich um ein normativ-ethisches Problem. Etwas zu legitimieren bedeutet, es als moralisch-sittlich gerechtfertigt anzusehen. Legitimationskonzepte basieren folglich auf einer Moralphilosophie.

Legitimationsfragen können darüber hinaus, wie alle Wertefragen, auch empirisch diskutiert werden. Allerdings untersucht man dann nicht, ob ein Staat, eine Institution o.ä. als moralisch-sittlich gerechtfertigt anzusehen ist, sondern ob Menschen diese Meinung vertreten. Zur Beantwortung dieser Frage werden dann beispielsweise Interviews durchgeführt. In der Gegenwart wird z.B. durch die Politische Kulturforschung erhoben, welche Wertorientierungen in einer Gesellschaft bezüglich des politischen Systems vorherrschen. Max Weber war der erste[32], der die Legitimationsfrage explizit empirisch stellte. Er untersuchte, wann und warum Menschen davon überzeugt sind, daß eine Herrschaft legitim ist (vgl. 3.4.3.). Das empirisch via Umfrage erhebbare subjektive Überzeugtsein ist normativ jedoch nicht hinreichend für die These, daß ein Staat, eine Herrschaft o.ä. normativ-ethisch legitim ist. Anders formuliert folgt aus der empirischen Tatsache, daß Menschen etwas moralisch gutheißen nicht, daß dies auch normativ-ethisch akzeptabel ist. Hier

---

32. Implizit kann man dies allerdings auch bei Locke finden, vgl. Abschnitt 3.3.3. Zur modernen empirischen Legitimationsforschung vgl. B. Westle: Politische Legitimität, Baden-Baden 1989

zeigt sich der schon erwähnte naturalistische Fehlschluß vom Sein auf das Sollen. Etwas Gesolltes benötigt zu seiner Rechtfertigung Normen.

Das normative Legitimationsproblem entstand in der frühen Neuzeit. Es entzündete "sich an zwei Grunderfahrungen: an der Radikalkrise des Gemeinwesens, der Erschütterung der Rechts- und Staatsordnung, und an der Radikalkritik der politischen Verhältnisse, der Erfahrung von Ausbeutung und Unterdrückung."[33] Damit stellt sich 1. grundsätzlich die Frage, ob es überhaupt Staats- und Rechtsverhältnisse geben darf, und wenn ja 2. die konkretere Frage, welche politischen Systeme, welches Recht und welche einzelnen politischen Institutionen moralisch zu vertreten sind.

Genauer sind die normativen Dimensionen des Legitimationsproblems wie folgt auszudifferenzieren.
1.   Die grundsätzliche Frage, ob ein Staat überhaupt legitimiert werden kann. Wird diese Frage grundsätzlich bejaht, stellen sich die weiteren Legitimationsfragen.
2.   Welche realen politischen Systeme (Demokratien, sozialistische Systeme, Militärdiktatur etc.) sind legitimierbar?
3.   Welche politischen Institutionen (Verfassungsgericht, Parteien, Parlamente usw.), welche Prozesse und Verhaltensweisen (Wahlen, Mehrheitsprinzip etc.) und welche politischen Entscheidungen können im einzelnen legitimiert werden?
Diese drei Dimensionen werden im folgenden näher untersucht.

4.3.1. Das grundsätzliche Legitimationsproblem

Das grundsätzliche Legitimationsproblem entzündet sich an der Frage, ob der Staat überhaupt legitimierbar ist. Dazu sind drei Antworten möglich:
1.   Der Staat **kann** grundsätzlich **nicht** legitimiert werden.
2.   Der Staat **braucht** überhaupt **nicht** legitimiert zu werden.
3.   Der Staat **kann** legitimiert werden.

---

33.   O. Höffe: Politische Gerechtigkeit, Frankfurt 1987, S. 22

(1.) Die These von der grundsätzlichen Unmöglichkeit der Legitimation des Staates entstammt dem Anarchismus und seinen Vorläufern. Als Produkt der Aufklärung und des Rationalismus pocht er strikt auf den Individualismus. Entsprechend lehnt er jede Form menschlicher (Zwangs-)Organisation ab, seien es politische Institutionen, Recht, Moral, Religion oder aber auch Rationalitätsregeln. Gibt es solche Institutionen, dann plädiert der Anarchismus für ihre Überwindung und Abschaffung. In diesem Sinn ist beispielsweise der Marxismus eine anarchistische Ideologie, denn sein Endziel ist die Überwindung des Staates und die klassenlose, emanzipierte Gesellschaft der Individuen. Auch aktuelle Politische Philosophen argumentieren in "anarchistischer" Tradition: So stellt etwa die Kritische Theorie J. Habermas' das Prinzip der Herrschaftsfreiheit und der menschlichen Emanzipation in den Mittelpunkt[34]. Implizit erscheinen dabei überindividuelle Phänomene wie Staat und Recht nicht legitimierbar.

Die Position des Anarchisten muß - will man sich weiter mit dem Legitimationsproblem beschäftigen - widerlegt werden. Dieser Aufgabe stellt sich der amerikanische Politikphilosoph Robert Nozick in seinem Buch "Anarchy, State, and Utopia". Nozicks Hauptargument gegen den Anarchisten läßt sich wie folgt zusammenfassen: Der Anarchist tut so, als gäbe es überhaupt keine Möglichkeit, einen Staat aufzuzeigen, der keines der Freiheitsrechte des Individuums verletzt und der nur Handlungen vornimmt, denen auch er (der Anarchist) zustimmen kann, d.h. der Anarchist hat eine a priori antiinstitutionelle Haltung.

Eine solche Position ist nach Nozick a) nicht begründbar. Diesen Einwand würde der Anarchist natürlich zurückweisen, weil auch Rationalität, auf die sich Begründungen stützen, einen Zwang für das Individuum darstellt. Die anarchistische "These" ist aus wissenschaftlicher Sicht weder formulierbar - da sie nicht präzise dargestellt werden kann - noch versteh- oder begründbar. Wenn der Anarchist dies nicht akzeptiert, so hat Nozick b) den Anspruch, mit seinem "Minimalstaat" genau

---

34.   vgl. J. Habermas: Theorie des kommunikativen Handelns, Frankfurt 1981, Kapitel VIII

den Staat beschrieben zu haben, den auch der Anarchist akzeptieren muß. Wie erinnerlich (vgl. 4.2.2.) entwickelt Nozick einen sog. Minimalstaat, der sich ausschließlich aus individueller Zustimmung ergibt.[35]

(2) Die zweite mögliche Lösung für das grundsätzliche Legitimationsproblem lautet: Der Staat muß überhaupt nicht legitimiert werden, d.h., das Legitimationsproblem ist ein Scheinproblem. Diese These kann zunächst auf sämtliche ontologisch begründete Staatstheorien zurückgeführt werden. Die klassische Ontologie geht davon aus, daß die Gemeinschaft a priori existiert und der Mensch ein soziales Wesen ist. Folgt man diesen Überlegungen, dann geht die Gemeinschaft dem Individuum immer voraus. Erst die Gemeinschaft "produziert" Individuen. Folglich muß und kann sie nicht grundsätzlich legitimiert werden, sie ist immer schon "da", wenn Menschen über Gemeinschaft diskutieren. Konsequenterweise wird das Problem der Legitimation des Staates in Antike und Mittelalter auch gar nicht thematisiert.

Ein analoger Gedankengang findet sich beim sog. Staats- und Rechtspositivismus, der auf Überlegungen von Marsilius von Padua (vgl. 3.3.1.2.) und von Hobbes zurückgeht und seit dem 19. Jahrhundert dominiert. In der zeitgenössischen Diskussion kommt die systemtheoretische Variante der Staatstheorie, wie sie beispielsweise von dem Bielefelder Soziologen Niklas Luhmann vertreten wird, ebenfalls zu dem Ergebnis, daß eine Legitimation des Staates (hier: des politischen Systems), nicht nötig ist. Nach Luhmann ist es nur wichtig, daß politische bzw. rechtliche Systeme überhaupt existieren und gelten[36].

Damit wird die Legitimationsdiskussion allerdings nicht gänzlich überflüssig, sie verlagert sich nur auf die moralische Rechtfertigung realer Institutionen und Handlungen.

---

35.   Die Legitimation dieses Minimalstaates weist jedoch erhebliche Probleme auf, vgl. dazu H.-P. Burth: Die Begründung des Entschädigungsgrundsatzes in Robert Nozicks 'Anarchie, Staat, Utopia', in: Archiv für Rechts- und Sozialphilosophie, 1994, S. 383 ff.
36.   vgl. N. Luhmann: Legitimation durch Verfahren, Neuwied 1969, S. 144 ff.

(3) Eingangs wurde festgestellt, daß die normative Frage der grundsätzlichen Legitimation des Staates und des Rechts auf Moralphilosophien rekurriert. Dies bedeutet, daß es so viele Legitimationskonzepte wie Moralphilosophien gibt. Dies ist grundsätzlich korrekt. Hieraus resultiert ein zentrales Problem in der Legitimationsdebatte: Die verschiedenen Moralphilosophien/Legitimationsgrundlagen sind nicht vergleichbar (inkommensurabel), d.h., Vertreter verschiedener Legitimationskonzepte "reden aneinander vorbei". Besonders deutlich wird dies anhand der Diskussion über angebliche Legitimationsdefizite der Demokratie, die wir im folgenden Abschnitt kennenlernen werden.

Ein zweites Problem hängt mit der normativen Begründung zusammen. Wissenschaftliche Aussagen müssen sich intersubjektiv begründen lassen. Für normative Aussagen konnte diese Forderung bislang nicht erfüllt werden. Deshalb muß man feststellen, daß bezogen auf das Legitimationsproblem nur zwei Theoriestränge konstruktiv und wissenschaftstheoretisch akzeptabel argumentieren: 1. die sog. "Neue Politische Ökonomie", dazu gehören beispielswiese die Rationale Ethik und die Sozialwahltheorie, und 2. die moderne Vertragstheorie. Beide Argumentationsmuster will ich im folgenden detaillierter vorstellen.

4.3.1.1. Rationale Ethik

Thema der Rationalen Ethik (vgl. dazu auch die Abschnitte 4.2. und 5.4) ist u.a. das Problem der Entstehung und der Legitimation von Institutionen. Im Rahmen dieses Konzeptes spricht man von **Kooperation**. Die zu beantwortenden Fragen lauten: Warum entscheidet man sich für Kooperation und welche Formen der Kooperation lassen sich rechtfertigen?

Prämisse all dieser Ansätze ist der methodologische Individualismus. Dabei geht man von dem Konstrukt eines Individuums, also einem Modellindividuum aus, das sich strikt rational verhält, seinen Nutzen kennt, die verschiedenen Nutzenvorstellungen (Präferenzen) widerspruchsfrei ordnen kann und vor diesem Hintergrund in der Lage ist, sich nutzenmaximierend bzw. kostenminimierend zu verhalten.

Die analytische **Argumentation** beginnt nun mit der Frage: "Unter welchen Bedingungen entsteht Kooperation in einer Welt von Egoisten ohne zentralen Herrschaftsstab?(...) Wir gehen von der Annahme des Selbstinteresses aus, weil wir den schwierigen Fall prüfen wollen, wo Kooperation gerade nicht vollständig auf einer Berücksichtigung der Interessen anderer oder der Wohlfahrt der Gruppe insgesamt beruht."[37] Dieses Grundproblem der Kooperation ohne zentrale Machtinstanz wird spieltheoretisch simuliert. Die Spieltheorie ist ein Teilgebiet der Mathematik bzw. der Entscheidungstheorie. Sie wurde von J. v. Neumann und O. Morgenstern in "Theory of Games and Economic Behavior" 1944 exakt begründet.[38] Das Standardbeispiel dafür ist das sog. Gefangenendilemma.

Ilustrieren wir das Gefangenendilemma an einer politischen Situation, die in der Internationalen Politik als "Sicherheitsdilemma" (John Herz) bezeichnet wird.

Nehmen wir an, zwei Staaten sind in sich zuspitzende Interessenkonflikte verwickelt. Beide Staaten stehen nun vor der Entscheidung, entweder aufzurüsten oder eben diese Aufrüstung zu unterlassen, was jedoch die Gefahr birgt, von dem anderen Staat erpreßt bzw. im Extremfall sogar erobert zu werden. Rüstet der eine Staat auf, so wird dies dazu führen, daß der andere Staat ebenfalls aufrüstet. Dadurch kommt es zu einem Rüstungswettlauf, der evt. die Gefährdung noch ansteigen läßt, zumindest aber Ressourcen bindet, die in anderen Politikfeldern sinnvoller eingesetzt werden könnten.

Formalisiert man nun die Situation, dann gilt: Beide Akteure haben zwei Handlungsmöglichkeiten, nämlich "aufrüsten" oder "nicht aufrüsten". Aus der Kombination der jeweils zwei Handlungsoptionen ergeben sich 2 x 2 = 4 mögliche Interaktionsergebnisse. Jedem möglichen Interaktionsergebnis wird ein Nutzenwert beziehungsweise eine Präfe-

37. R. Axelrod: Die Evolution der Kooperation, München 1987, S. 3 ff.
38. vgl. als Einführung in die Spieltheorie: M. D. Davies: Spieltheorie für Nichtmathematiker, München 1993; M. Shubik (Hg.): Spieltheorie und Sozialwissenschaften, Frankfurt 1965

renz für beide Akteure zugeschrieben, woraus sich eine sog. "Auszahlungsmatrix" ergibt.

Im vorliegenden Fall haben beide Akteure dieselbe **Präferenzordnung:**
- 4 = selbst aufrüsten, der andere nicht;
- 3 = beide nicht aufrüsten;
- 2 = beide aufrüsten und
- 1 = selbst nicht aufrüsten, der andere rüstet auf.

Weitere "Spielregeln" sind:
1. Jeder Akteur kennt die eigenen und die dem Gegner zur Wahl stehenden Strategien.
2. Jeder Staat kennt die eigenen und die fremdem Präferenzen.
3. Die Staaten "spielen" nur einmal.
4. Für das Spiel gelten keine Regeln, außer solchen der Rationalität.

Ergebnis dieser Spielanordnung ist, daß beide Staaten aufrüsten. Dieses Resultat kommt deshalb zustande, weil es die beste Strategie für jeden ist, die **unabhängig von dem ist, was der Gegner tut.** Eine solche Strategie heißt "Maximin-Strategie". Es ist die Option mit höchstem **garantierten,** d.h. vom Gegner unabhängigen Nutzen. Das daraus folgende Interaktionsergebnis ist ein sog. **"Nash-Equilibrium",** benannt nach dem Spieltheoretiker John Nash, der für seine Arbeiten 1994 den Ökonomie-Nobelpreis bekam. Dieses ist dadurch definiert, daß kein Akteur von dem Gleichgewichtspunkt (hier das Ergebnis 2/2) abweichen kann, ohne sich selbst zu schaden. Im vorliegenden Beispiel wäre alternativ nur das Ergebnis 1 zu erreichen, wobei parallel dazu der Nutzen des Gegners auf 4 steigt. Folglich wird kein Staat den Gleichgewichtspunkt 2/2 verlassen.

Das interessante am Gefangenendilemma ist nun, daß aus einer individuellen Sicht die Maximin-Strategie die beste ist. Aus einer kollektiven Perspektive gilt dies aber nicht. Würden beide Parteien kooperieren, die entsprechende Strategie heißt Minimax-Strategie, wäre das für beide günstigere Ergebnis (3/3) zu erreichen. Dieses kollektiv beste Ergebnis wird als "Pareto-Optimum" bezeichnet.

225

Fassen wir die Ergebnisse des Sicherheitsdilemmas - als Beispiel für ein Gefangenendilemma der Spieltheorie - noch einmal schematisch zusammen. Dabei gilt für Staat A jeweils der linke Wert vor dem Querstrich, für Staat B der rechte Wert; 4 ist die höchste Präferenz und 1 die niedrigste Präferenz beider Akteure.

| | | Staat B | |
		Aufrüsten	Nicht Aufrüsten
Staat A	Aufrüsten	2 \ 2 *	4 \ 1
	Nicht Aufrüsten	1 \ 4	3 \ 3 **

* Nash-Equilibrum (Maximin-Strategie)
** Pareto-Optimum (Minimax-Strategie)

In Abwandlung dieser spieltheoretischen Grundlage formuliert Robert Axelrod seine Theorie von der "Evolution der Kooperation". Zunächst stellt er fest, daß sich bei iterierten (unendlich oft wiederholten) Gefangenendilemmata eine Strategie durchsetzt, die von Anatol Rapoport entwickelt und "TIT FOR TAT" genannt wurde. Sie beruht auf der Devise "Wie Du mir, so ich Dir." Sie beginnt beim ersten Zug kooperativ und reagiert anschließend wie der andere Spieler im vorangegangenen Zug.

"Was den robusten Erfolg von TIT FOR TAT erklärt, ist die Kombination, freundlich zu sein, zurückzuschlagen, Nachsicht zu üben und verständlich zu sein. Freundlichkeit schützt vor überflüssigen Scherereien. Zurückzuschlagen hält die andere Seite nach einer versuchten Defektion davon ab, diese unbeirrt fortzusetzen. Nachsicht ist hilfreich bei der Wiederherstellung wechselseitiger Kooperation. Schließlich erleichtert Verständlichkeit die Identifikation und löst dadurch langfristige

Kooperation aus."[39] TIT FOR TAT ist folglich eine Strategie, die Kooperation auslöst bzw. dazu animiert, da sie auf dem Prinzip der Gegenseitigkeit beruht.

Welche Voraussetzungen individueller und sozialer Art müssen gegeben sein, damit Kooperation entstehen und aufrechterhalten werden kann? "Zunächst muß ein Individuum in der Lage sein, einen anderen Spieler, mit dem es vorher zu tun hatte, wiederzuerkennen. Außerdem ist es erforderlich, daß an die frühere Geschichte der Interaktion mit diesem Spieler erinnert werden kann, damit der Spieler darauf reagieren kann. (...) Soll sich Kooperation als stabil erweisen, dann muß der Schatten der Zukunft hinreichend groß sein. Das bedeutet, daß das Gewicht der nächsten Begegnung zweier Individuen groß genug sein muß, um Defektion für den Fall zu einer unprofitablen Strategie zu machen, daß der Spieler provozierbar ist. (...) Damit Kooperation überhaupt in Gang gesetzt werden kann, ist eine weitere Bedingung erforderlich. (...) Es muß...ein bestimmtes Maß an Gruppierungen von Individuen geben, die Strategien mit zweierlei Eigenschaften verwenden: die Strategien werden zuerst kooperieren, und sie werden diskriminieren zwischen denjenigen, die auf Kooperation reagieren und denen, die es nicht tun."[40]

Mittels der Spieltheorie und ihrer strategischen Simulation der Realität kann belegt werden, daß sich der Staat (=Kooperation) notwendig, aus rationalen Gründen, ergibt. Damit ist allerdings noch keine Legitimität vorhanden. Hierzu wird im Rahmen der Neuen Politischen Ökonomie auf die Sozialwahltheorie zurückgegriffen.

Die Sozialwahltheorie versucht das grundsätzliche Legitimationsproblem des Staates dahingehend zu präzisieren, daß sie dem Staat die Verfolgung eines koordinierten Zielsystems - z.B. eines Pareto-Optimums - unterstellt, welches sich in Form von Sozialwahlfunktionen darstellen läßt. Die Sozialwahltheorie versucht damit in ihr Regelsche-

---

39. R. Axelrod, S. 48
40. R. Axelrod, S. 157 f.

ma (neben der Nutzenmaximierung) Fairneß im Sinne gleicher Bedingungen für alle zu integrieren. Angesprochen sind vor allem nicht-diskriminierende Regeln und das Prinzip der Austauschbarkeit der Spielerrollen. Durch diese Fairneßregeln soll es gelingen, den individuellen Nutzenfunktionen kollektive Nutzenfunktionen zuzuordnen und damit zu "legitimen" politischen Handlungen zu kommen. Damit wird dem Institutionencharakter des Staates Rechnung getragen, d.h. Gruppen, Organisationen und der Staat werden als Entitäten eigener Qualität in das Modell integriert.

Zusammenfassend kann man feststellen, daß der Legitimationsansatz der Neuen Politischen Ökonomie zunächst auf den Nutzenerwartungen der Individuen basiert. Durch Anwendung weiterer mathematischer Verfahren kann ein Gesamtwille der Gemeinschaft rational abgeleitet werden. Spieltheorie und Sozialwahltheorie gelten als modernes Modell zur Rechtfertigung von Entscheidungen, von der Staatsgründung bis hin zum politischen Handeln. Legitimation wird dabei mit Rationalität begründet, d.h., es ist die Entscheidung für eine Institution oder eine politische Handlung gerechtfertigt, die sich aus individueller oder aggregiert-individueller (kollektiver) Nutzenvorstellung ableiten läßt.

4.3.1.2. Moderne Vertragstheorie

Den zweiten Legitimationsansatz bildet die moderne Vertragstheorie, in deren Mittelpunkt die Arbeiten der sog. New Contractarians Rawls, Nozick, Buchanan und David Gauthier[41] stehen. Wie wir bereits in den Abschnitten 4.2.1. und 4.2.2. gesehen haben, sind ihre Argumentationen modelltheoretisch zu verstehen.

Ziel ihrer Überlegungen ist nicht allein die Bestimmung politischer Gerechtigkeit, vielmehr geht es in Rawls "Eine Theorie der Gerechtigkeit", Nozicks "Anarchie, Staat und Utopie", Buchanans "Die Grenzen der Freiheit" und in Gauthiers "Morals by Agreement" vor allem um die Legitimation des Staates. Die **Prämisse** aller vier Theoretiker bildet

---

41.   vgl. D. Gauthier: Morals by Agreement, Oxford 1986

der methodologische Individualismus, d.h., wir finden Modellindividuen vor, die sich nutzenmaximierend verhalten.

Auf dieser individualistischen Grundlage - so die **Argumentation** - kann nur dann ein legitimer Staat entstehen, wenn er (hypothetisch) auf freiwilliger Zustimmung bzw. freiwilliger Selbstverpflichtung der Individuen beruht. Damit ist bereits die Idee des Konstrukts "Gesellschaftsvertrag" umschrieben: Gleichberechtigte Parteien gehen eine freiwillige Übereinkunft ein, die jeder Seite Rechte und Pflichten auferlegt. Dieses gegenseitige Verpflichtungs- und Berechtigungsverhältnis wird nun auf die zu gründende Gesellschaft übertragen. Jede Konzeption einer vertragstheoretischen Rechtfertigung, die rationale Gründe für die allgemeine Verbindlichkeit bestimmter Grundsätze des zwischenmenschlichen Verhaltens liefern will, muß daher 1. einen akzeptablen Ausgangszustand bestimmen, von dem aus eine faire Übereinkunft aller Beteiligten über die Grundsätze ihres Zusammenlebens zustandekommen kann, und sie muß 2. zeigen, welche Grundsätze unter der Voraussetzung dieses Ausgangszustands die Zustimmung aller vernünftigen Beteiligten findet. Hinsichtlich des Ausgangszustands - in den Vertragstheorien ist dies der sog. Naturzustand - und hinsichtlich der Ausgestaltung der dadurch entstehenden Gesellschaft differieren die einzelnen Vertragstheorien ganz erheblich.

James Buchanan formuliert in "Die Grenzen der Freiheit" den staatsfreien Zustand in Anlehnung an Hobbes als reines Machtmodell, d.h., "Rechte" anderer werden nicht anerkannt[42]. Der Naturzustand ist hier ein labiler, auf unterschiedlichen Machtpotentialen basierender Gleichgewichtszustand. Ausdrücklich in die Tradition von Hobbes stellt sich auch Gauthier, wenn er davon ausgeht, daß die Menschen kein soziales Interesse haben, sondern nur aus Gründen des Selbstinteresses kooperieren. Hieraus resultiert allerdings eine "Disposition zur Kooperation", ein Vernunftgleichgewicht. Nozick beschreibt dagegen (in Anlehnung an Locke) einen Naturzustand, den er als bestmöglichen ansieht: Die Menschen respektieren schon die Rechte anderer, vor allem

---

42. vgl. Buchanan: The Limits of Liberty, S. 54 ff.

deren Leben und Eigentum. Hier findet sich ein begrenztes Kooperationsgleichgewicht. Der Naturzustand bei Rawls ist am deutlichsten als Modell konstruiert: Die Menschen leben unter einem "Schleier des Nichtwissens"; in diesem Rahmen entscheiden sie sich für zwei Grundsätze der Gerechtigkeit, die allen gleiche Grundfreiheiten und eine wohlfahrtsorientierte Verteilung an sozio-ökonomischen Gütern garantieren. Die Naturzustände basieren folglich auf Macht, Vernunft, begrenzter Kooperation oder auf Gerechtigkeitsgrundsätzen. Hieraus ergeben sich nun weitere Ableitungsmöglichkeiten für das legitime Zustandekommen des Staates.

Das labile Machtgleichgewicht bei Buchanan verlangt als stabilisierendes Element den Staat als unparteiisches Machtmonopol. Die Menschen gehen daher eine gegenseitige Übereinkunft ein, um die "natürliche Verteilung" zu sichern. Bei Gauthier ist die Kooperation das Resultat der Erwartung von Zugewinnen (Nash Equilibrium), vgl. das Gefangenendilemma-Spiel in Abschnitt 4.3.1.1. Der Staat hat die Aufgabe, diesen Zustand zu schaffen und zu erhalten.[43] Dazu schließen die Akteure einen Vertrag ab. Stabilisierung soll der Staat auch bei Nozick bringen. In seinem Naturzustand fehlt zumindest die richterliche Instanz, die bei Streitigkeiten urteilt. Allerdings entsteht der "Minimalstaat" bei Nozick nicht durch einen einzigen, alle Modellindividuen umfassenden Gesellschaftsvertrag, sondern als "Nebenprodukt" zahlreicher Privatverträge, z.B. nachbarlicher Schutzverträge. Bei Rawls schließlich werden die Gerechtigkeitsgrundsätze Basis des Staates, d.h., die Menschen einigen sich per Vertrag, daß der Staat diese Grundsätze zu schützen und sich an ihnen auszurichten habe.

In allen vier Konzepten kommt also der legitime Staat durch individuelle Zustimmung (Vertrag) aller Betroffenen zustande. Allerdings birgt dieses Konzept doch gewisse Schwierigkeiten: Der Gesellschaftsvertrag ist, weil er im Rahmen eines Modells oder eines Gedankenexperimentes zustandekommt, immer nur ein **hypothetischer** Vertrag, d.h., er wird

---

43. vgl. Gauthier, S. 266

von Menschen nicht real abgeschlossen. Dies wird vor allem bei Gauthier (Archimedischer Punkt) und bei Rawls (Schleier des Nichtwissens) deutlich. Daher kann das Kriterium der Legitimität nicht explizit sein. Es stellt sich das Problem, wie ein solcher "Vertrag", der realiter niemals zustande gekommen ist, als normative Rechtfertigung dienen kann.

Die Lösung lautet auch hier, den Vertrag analytisch zu interpretieren, d.h., der hypothetische Vertrag kommt fiktiv dann zustande, wenn rationale Gründe für ihn angeführt werden können. Dann aber ist die vertragstheoretische Legitimation mit Rationalität gleichzusetzen, d.h. es kommen wiederum entscheidungs- oder spieltheoretische Verfahren (Rational Choice Theory) zum Einsatz. Die andere Möglichkeit, den hypothetischen Vertrag empirisch zu interpretieren, stellt sich als normativer Irrweg heraus: Wenn Menschen de facto oder auch implizit - wie dies schon Locke gefordert hat - zustimmen, dann ist damit keine normative, moralische Legitimation verbunden. Ein solcher Schluß wäre ein naturalistischer Fehlschluß. Man kann sich ganz leicht verdeutlichen, daß Zustimmung noch keine Legitimation impliziert, denken Sie an die berühmte Goebbels-Frage "Wollt ihr den totalen Krieg"? Die Anwesenden stimmten explizit und begeistert zu, trotzdem war der "totale Krieg" nicht legitim, da er nicht sittlich-moralisch zu rechtfertigen ist.

4.3.2. Die Legitimation politischer Systeme

Unterstellen wir nun einmal, das Problem der grundsätzlichen Legitimation des Staates sei zufriedenstellend gelöst worden; in der Folge muß dann diskutiert werden, welches konkrete politische System legitimierbar ist.

Politische Systeme werden im Rahmen von Staatstheorien unterschiedlich kategorisiert. Im Rahmen der Demokratietheorie wird relativ grob von demokratischen und nicht-demokratischen politischen Systemen gesprochen. Differenzierungskriterium ist die Stellung des Individuums. In Demokratien hängt das politische System vom Individuum ab, d.h.,

Demokratien sind durch Elemente wie Volkssouveränität, Gewaltenteilung, Mehrheitsprinzip, Rechtsstaatlichkeit, Respekt vor den Men-
schenrechten, Interessenpluralismus, Minderheitenschutz, dem "Gemeinwohl a posteriori"[44] etc. charakterisiert, um nur die wichtigsten
Merkmale aufzuzählen.[45]

Demgegenüber sind nicht-demokratische Systeme - hier spricht man
auch von totalitären oder autoritären Systemen - durch die umgekehrte
Konstellation gekennzeichnet. Das politische System hängt nicht vom
Individuum ab, das Gemeinwohl ist a priori, durch eine bestimmte
Ideologie definiert, etc. Entsprechend fallen idealtypisch Gesellschaft
und politisches System zusammen, es gibt keine Gewaltenteilung, keinen Interessenpluralismus und keine Menschenrechte.

Interessanterweise haben gerade die demokratischen politischen Systeme die Kritik auf sich gezogen, nur mangelhaft legitimierbar zu sein,
weil ihre Werte nicht zu einem politisch-ethischen "Sinnstiftungskon-
zept" verallgemeinert werden könnten. Solche Kritik wird sowohl von
"linken" Positionen her - z.B. der Kritischen Theorie - geübt als auch
von Liberalen selbst[46]. Wenden wir uns zunächst dieser Kritik zu.

4.3.2.1. Kritik an demokratischen Systemen

Linke Theoretiker werfen der Demokratie "Legitimationsdefizite" vor.
Sie beziehen sich dabei auf das Fehlen einer normativen Philosophie
der liberalen Demokratie. Es wird folglich **eine** bestimmte Moral ein-
gefordert. Auf der Basis eigener Legitimationskonzepte (Identität mit
einer bestimmten Moralphilosophie oder Ideologie) wird dann die
durch Verbände und Parteien "verzerrte Kommunikation" (Habermas),

---

44. Diese Formulierung von E. Fraenkel meint, daß das "Gemeinwohl" das
Resultat des politischen Prozesses ist, und nicht, wie beim Gemeinwohl a
priori, die Basis jeder Politik.
45. vgl. Stichwort "Demokratietheorie", in: D. Nohlen/ R.-O. Schulze (Hg.):
Pipers Wörterbuch zur Politik, Bd. 1, München 1985, S. 130 ff.
46. vgl. W. Becker: Was heißt 'Legitimation' in der liberalen Demokratie? in:
K. Salamun (Hg.): Sozialphilosophie als Aufklärung, Tübingen 1979,
S. 447 ff.

die Herrschaft der Eliten (Bachrach), die mangelnde Demokratisierung aller Lebensbereiche und insbesondere der Wirtschaft (Vilmar) oder der hinter einer Fassade verborgene repressive Charakter (Stalin) der Demokratie kritisiert.

Wer immer auch die Demokratie unter moralischen Aspekten kritisiert, tut dies vor dem Hintergrund einer festen Moralvorstellung, einer religiösen oder politischen Weltanschauung (Ideologie). Das Hauptproblem dieser Argumentation ist, daß sie eine bestimmte normative bzw. moralische Position **voraussetzt**, die selbst zu rechtfertigen wäre. Wie wir im Abschnitt über die normative Begründung (vgl. 4.1.2.) jedoch gesehen haben, ist es bislang nicht möglich gewesen, Moralphilosophien so zu rechtfertigen, daß sie wissenschaftlichen Ansprüchen genügen. Erst recht ist es bislang nicht gelungen, einzelne Ideologien zu begründen, die von ihrem Anspruch her **geglaubt** werden müssen. Von daher ist die linke Kritik an der Demokratie schon allein aus metaethischen Gründen nicht akzeptabel.

Die Demokratie wird aber auch von liberaler Seite her kritisiert. Die Stoßrichtung läßt sich dabei wie folgt zusammenfassen: Bei der Demokratie findet sich kein "'Geist' inhaltlicher Weltanschauung und politischer Sinnnstiftung"[47]. Statt Prinzipien schreibt die Demokratie "nur" die Einhaltung bestimmter Regeln vor. Die Demokratie verfügt daher über "Toleranz im Bereich der Prinzipien"[48].

Gerade aus diesen beiden Kritiken ergibt sich aber eigentlich die Legitimationsmöglichkeit der Demokratie, genauer gesagt die These, daß nur demokratische Systeme legitimierbar sind.

4.3.2.2. Zur Legitimation der Demokratie

Wie bereits mehrfach ausgeführt, kann eine normative Argumentation gegenwärtig nur im analytischen Kontext durchgeführt werden. Aus-

---

47.   W. Becker, S. 452
48.   W. Becker, S. 452

gangspunkt ist dabei das (Modell-)Individuum mit seinen Präferenzen und seinem Streben nach Nutzenmaximierung bzw. Kostenminimierung. Damit ist der einzelne mit seinen Interessen und Bedürfnissen die Grundlage der staatlichen Legitimation.

Die Ausgestaltung des politischen Systems basiert auf der Aggregation (Summierung) der individuellen Nutzenvorstellungen, oder empirisch formuliert auf den Forderungen und Unterstützungen (Easton), die ein politisches System durch seine Bürger und pluralen Gruppen erfährt. Hieraus läßt sich folgern, daß das Gemeinwohl nicht vorgegeben sein kann - aus welcher Moralvorstellung oder Ideologie auch immer -, sondern daß das politisch "Richtige" immer das **Resultat** des politischen Prozesses ist. Man spricht hier, wie erwähnt, vom Gemeinwohl a posteriori. Die Aggregation der individuellen Präferenzen muß so erfolgen, daß jede Position gleich viel wert ist, d.h., Konsequenz des politischen Individualismus sind zahlreiche zentrale demokratische Prinzipien wie: Partizipationsmöglichkeiten aller Bürger, Meinungsfreiheit, Grundrechte, Gewaltenteilung, Macht auf Zeit, Rechtsstaatlichkeit oder das durch Minderheitenschutz modifizierte Mehrheitsprinzip etc. So ist beispielsweise das Mehrheitsprinzip die notwendige Folge aus dem Individual-, dem Effizienz- und dem Freiheitsprinzip[49]. Die Gewaltenteilung rekurriert als Prinzip auf die Kontrolle der Macht, auf den Schutz vor Willkür. Gleiches gilt für das Rechtsstaatsprinzip, welches zusätzlich den Gleichheitsgedanken thematisiert.

Aus der Notwendigkeit der Verallgemeinerung individueller Positionen ergibt sich folglich, daß gerade die "Toleranz im Bereich der Prinzipien", wie dies Becker formuliert hat, als Grundlage eines politischen Systems taugt; die weitere Konsequenz ist, daß nur Demokratien nach strikt wissenschaftlichen Kriterien legitimierbar sind. Im Umkehrschluß kann man also feststellen, daß nicht-demokratische Systeme, also politische Systeme, die von einer bestimmten Weltanschauung, Religion oder Moralvorstellung dominiert sind, nicht legitimierbar sind. Hier

---

49.　vgl. H. Kelsen: Vom Wesen und Wert der Demokratie, in: Archiv für Sozialwissenschaft und Sozialpolitik, Wien 1920, S. 50 ff.

stellt sich nämlich immer die Anschlußfrage, wie denn diese Ideologie oder Moral zu rechtfertigen wäre, und darauf ist momentan noch keine wissenschaftlich haltbare Antwort möglich. Und diese negative Antwort bedeutet, daß kein System eine Moral zwingend vorschreiben darf. Politische Systeme mit "vorgegebener" Wahrheit, in denen politisches Handeln nicht das Resultat pluraler Verfahren ist, sind mit den gegenwärtig zur Verfügung stehenden Legitimationsprinzipien nicht zu vereinbaren.

Diese Argumentation wird auch deutlich, wenn wir noch einmal die bereits mehrfach erwähnten neuen Vertragstheoretiker Rawls, Nozick und Buchanan betrachten. Alle drei Konzeptionen können nicht nur als Gerechtigkeits- und Legitimationskonzepte, sondern vor allem auch als Demokratietheorien interpretiert werden. Gemeinsames Resultat aller drei ist die These, daß aus individueller Zustimmung nur ein demokratisches System mit solchen Regeln folgen kann, die es dem einzelnen erlauben, seine jeweilige Moral zu verwirklichen.

4.3.3. Legitimation politischer Institutionen und Handlungen

Auf der Grundlage unserer gegenwärtigen Kultur, in der das Individuum eine zentrale Position einnimmt, wird die Politische Ethik zur Legitimationsgrundlage ausschließlich offener, d.h. auf freiwilliger Zustimmung des einzelnen basierender politischer Systeme. Gleiches gilt auch für legitimierbare Institutionen und politische Handlungsweisen. Damit sind wir bei der dritten Legitimationsdimension.

An demokratische Institutionen sind bestimmte zentrale Anforderungen zu stellen. Ihre Struktur muß im Prinzip auf Freiwilligkeit beruhen, d.h., sie müssen freiwilligen Ein- und Austritt ermöglichen; Zwangsmitgliedschaften sind nicht akzeptabel. Desweiteren müssen sie so strukturiert sein, daß sie das Gleichheitsprinzip achten. Die Folge ist, daß in ihnen im Prinzip jedes einzelne Mitglied potentiell die Chance des Machterwerbs haben muß. Aus dem Gleichheitsprinzip folgt auch, daß Macht nur auf Zeit erlangt werden darf; die Legislaturperiode und regelmäßige Wahlen sind beispielsweise Konsequenzen dieses Prinzips.

Besonders gravierend stellt sich in der Gegenwart das Problem der Legitimation politischer Entscheidungen. Man denke etwa an Entscheidungen, Atomkraft zur Energiegewinnung einzusetzen, Menschen für Staudämme umzusiedeln, gentechnische Versuche zuzulassen, Abtreibung zu erlauben, Steuern einzutreiben usw. Alle politischen Entscheidungen haben Konsequenzen für die Bürger, und evtl. auch für Bürger anderer Staaten. Sie bedürfen daher moralischer Reflexion, d.h., sie müssen zu legitimieren sein. Die Entscheidungen für Atomkraft, Gentechnik etc. können geringere Umweltbelastung, verbesserte Medizin, notwendige Energie, öffentliche Gelder, die für Sozialmaßnahmen notwendig sind oder sichere Arbeitsplätze bedeuten. Umgekehrt besteht aber auch die Gefahr atomarer oder gentechnischer Verseuchung, Umweltverschmutzung, Zerstörung ökologischer Strukturen, Verlust der Heimat, Tötung von Leben oder Steuerungerechtigkeit.

Um Handlungen legitimieren zu können, muß man auf Moralphilosophien zurückgreifen. Diskutieren wir dies beispielhaft. Verantwortungsethiker oder Utilitaristen bemessen den moralischen Wert einer Handlung anhand ihrer Folgen. Dies impliziert, daß man über **sicheres Wissen** bezüglich des Eintretens von Folgen verfügt und daher eine "Entscheidung unter Sicherheit" treffen kann, wie der Fachterminus dafür lautet. In der Realität weiß man aber entweder gar nicht, welche Folgen mit einer politischen Entscheidung verbunden sind, d.h., man trifft eine "Entscheidung unter Unsicherheit", oder man geht mit einer bestimmten **Wahrscheinlichkeit** vom Eintreten einer Handlungsfolge aus[50]; in diesem Fall liegt eine "Entscheidung unter Risiko" vor.

Die normative Bewertung einer solchen Wahrscheinlichkeitsabschätzung kann jedoch nicht verallgemeinert (universalisiert) werden, denn jeder Mensch schätzt das mit einer Handlung verbundene Risiko immer subjektiv als mehr oder weniger gravierend ein. Die Folge ist,

---

50. Jede Wahrscheinlichkeit verlangt allerdings sicheres Wissen als Beurteilungsgrundlage, um Wahrscheinlichkeiten zuordnen zu können; dies ist das klassische Basisproblem der empirisch-analytischen Wissenschaften, auf das wir im Kapitel über Wissenschaftstheorie noch eingehen werden. vgl. W. Stegmüller: Metaphysik - Skepsis - Wissenschaft, Berlin 1969, S. 308 ff.

daß letztlich nur der einzelne Betroffene dieses Risiko für sich verantworten kann.

Wenn aber politische Entscheidungen nur von denjenigen verantwortet werden können, die von ihnen betroffen sind, dann sind alle politischen Entscheidungen per se unmoralisch. Es müßten ihnen nämlich alle zustimmen, die betroffen sind oder sein werden. Ein solches Resultat ist jedoch absurd. Einstimmigkeit ist in einer Gesellschaft nicht zu erreichen - das wußte schon Aristoteles, er hielt deshalb die Demokratie für unpraktikabel - und zukünftige Generationen können auch nicht an der Entscheidung beteiligt werden.

Hier stellt sich das moralphilosophische Problem des Übergangs von einer individuellen Moralphilosophie zu einer kollektiven Politischen Ethik. Wie oben deutlich wurde, verantwortet jeder einzelne seine Handlungen und jeder schätzt Risiken individuell ab, d.h., hier bezieht man sich auf individuelle Moralphilosophien. Soll es jedoch zu legitimierbaren politischen Handlungen kommen, dann müssen diese auf der Basis einer kollektiven oder Politischen Ethik gefällt werden.

Dieser Übergang ist dadurch zu bewirken, daß man auch Organisationen als handlungsfähige Einheiten betrachtet. Damit sind zwei Forderungen verbunden:
1. Politische Organisationen müssen so entstehen und strukturiert sein, daß sie überhaupt moralisch handeln können.
2. Der Entscheidungsprozeß innerhalb politischer Organisationen muß ebenfalls so organisiert sein, daß moralisch zu rechtfertigende Ergebnisse daraus hervorgehen können.[51]

Ohne auf weitere Details eingehen zu können, ist es doch offensichtlich, daß nur demokratische Institutionen und Entscheidungsprozesse diesen Anforderungen entsprechen. "Die" Demokratie ist damit Praxis der Politischen Ethik.

---

51.   vgl. U. Druwe-Mikusin, S. 163 ff.

Allerdings sind auch an die demokratische Entscheidungsfindung weitere Adäquatheitsforderungen zu richten. Die klassische Mehrheitsentscheidung, basierend auf dem Prinzip der Repräsentativität, reicht vor allem für Risikoentscheidungen nicht aus, da bei solchen Entscheidungen Nutzen und Risiken immer ungleich verteilt sind und in der Regel auch noch Dissens unter den Fachleuten besteht.

Es erhebt sich daher die Forderung nach konsequenter Demokratisierung von Risikoentscheidungen. Wie kann aber diese Forderung in die Praxis umgesetzt werden? Wie können Minderheiten wirksam geschützt werden? Und wie erkennt man "Querulanten"? Hier stellen sich außerordentlich komplexe Probleme, auf die an dieser Stelle nicht näher eingegangen werden kann. Ich will allerdings wenigstens andeuten, in welcher Richtung mögliche Antworten zu suchen sind.

Innerhalb des Risikomanagements haben sich vor allem zwei Formen bewährt: Modelle der Partizipation und Verfahren der Mediation. Zu den Partizipationsverfahren gehören beispielsweise Umfragen, Präferenzanalysen, öffentliche Anhörungen, Beratungskommissionen, Verhandlungskommissionen ("Negotiations") oder Bürgerforen. Sie erscheinen dann brauchbar, wenn man sich Risiken im Prinzip entziehen kann. Ist dies nur schwer möglich - wie im Falle der Kernenergie - dann sind die verschiedenen Mediationsverfahren, die immer auf Konsens beruhen, vorzuziehen.

Die Mediation akzeptiert die Notwendigkeit, zu bindenden kollektiven Entscheidungen kommen zu müssen. Gleichwohl können Risiken eben nicht nur von Experten eingeschätzt werden, sondern die lebensweltliche Erfahrung der Betroffenen soll berücksichtigt werden.
Damit hat das Mediationsverfahren folgende strukturelle Anforderungen zu erfüllen:
-    Möglichst alle Betroffenen sollen in den Dialog eingebunden werden. Dies kann entweder durch freiwillige Partizipation, durch die Auswahl von Repräsentaten oder durch das Zufallsprinzip geschehen.
-    Alle Teilnehmer müssen sich auf Regeln und Entscheidungsver-

fahren einigen. Wichtig ist dabei vor allem, daß emotionale Aussagen in "diskutierbare" Aussagen "übersetzt" werden und daß Positionen entideologisiert werden.

- Das Mediationsziel selbst muß offen sein, d.h., das Verhandlungsergebnis darf nicht vorgegeben sein, sondern muß via Lernprozeß aller Beteiligten zustandekommen. Dem Mediator, einem externen Schlichter, fällt die Rolle zu, über die Erfüllung dieser Anforderungen zu wachen und vor allem alternative Vorschläge zur "Aufweichung der Fronten" zu machen. Solche Vorschläge könnten z.B. in Kompensationen bestehen.

Allerdings sind die genannten Verfahren immer an bestimmte Bedingungen geknüpft, aus denen potentielle Schwächen resultieren. Zu diesen gehört z.B. die prinzipielle Akzeptanz, daß politische Entscheidungen notwendig sind und nur durch Konsens zustandekommen können (demokratische Orientierung); des weiteren gehören dazu Zeit, Offenheit und Lernbereitschaft der Beteiligten, Akzeptanz von Angst als Argument, Entideologisierung von Positionen, Kompromißfähigkeit von Positionen, das Einfühlungsvermögen der Mediatoren etc., die ihrer Implementation oder gar ihrer Institutionalisierung im Wege stehen. Angesichts der Legitimations- und Akzeptanzdefizite anderer Verfahren ergeben sich jedoch, trotz der im einzelnen mit ihnen verbundenen Schwierigkeiten, kaum Alternativen zu partizipativen und mediativen Verfahren.

4.3.4. Resümee

Das normative Problem der Legitimation des Staates "an sich" sowie konkreter politischer Systeme, Institutionen und Handlungen kann nur unter Rückgriff auf moralphilosophische Konzepte diskutiert werden. Der Staat, konkrete politische Systeme, Institutionen oder Entscheidungen sind demnach dann legitim, wenn sie mit den Sollensforderungen der christlichen, der kantischen, der utilitaristischen oder einer sonstigen Moralphilosophie bzw. einer Ideologie - z.B. dem Marxismus und seiner Ethik der klassenlosen Gesellschaft - übereinstimmen.

Will man Legitimationsprobleme (der Demokratie) in dieser klassischen Form diskutieren, stellen sich zahlreiche Probleme; die drei wichtigsten sind:

1. Das Inkommensurabilitätsproblem - Vertreter verschiedener Moralphilosophien können miteinander nicht über Legitimationsprobleme diskutieren, weil ihre normativen Bezugsgrößen völlig unterschiedlich sind.

2. Das Problem der Legitimation von Demokratien - Unterstellt man, daß Legitimation notwendig auf **einer** bestimmten Moralphilosophie basiert - wie es der klassische Ansatz tut -, dann kann die Demokratie nicht legitimiert werden. Sie ist eine offene Staatsform, die es jederman erlaubt, gemäß **seiner** Moral zu leben.

3. Das Problem der normativen Begründung - Es ist bislang nicht möglich gewesen, Moralphilosophien wissenschaftlich zu begründen. Die Rückbindung der Legitimationsfrage an Moralphilosophie führt dazu, daß auch Legitimation nicht begründet werden kann.

Vor diesem Hintergrund scheint der klassische Legitimationskontext nicht mehr adäquat. In der modernen Analytischen Ethik wird die Legitimationsfrage in der Form umgedeutet, daß es um die prinzipielle oder konkrete Entscheidung für Kooperation bzw. bestimmte Handlungsweisen geht. Legitimationsfragen werden damit entscheidungstheoretisch umgedeutet (kalkülisiert). In zwei Theoriekontexten wird das Legitimationsproblem in dieser Form diskutiert: in der Rational Choice Theory und in der modernen Vertragstheorie. Damit kann das genannte Inkommensurabilitätsproblem als gelöst angesehen werden; ein rationaler Diskurs ist möglich. Gleiches gilt für das Problem der Legitimation von Demokratien. Rational Choice Theory und moderne Vertragstheorien rekurrieren auf den einzelnen und seine (vernünftigerweise notwendige) Zustimmung zu Kooperation und bestimmten Entscheidungen.

Umgangen, aber nicht gelöst, wird das Problem der normativen Begründung. Rational Choice Theory und moderne Vertragstheorie interpretieren normative Aussagen als analytische Konstrukte. Mit dieser Vorgehensweise ist zumindest eine grundsätzliche Schwierigkeit verbunden: Wie kann begründet werden, daß aus Rationalitätskriterien für subjektive Wahrscheinlichkeitsbeurteilungen oder Präferenzen bzw. deren Aggregation auf Moralität geschlossen werden kann? Rationalität bedeutet, daß eine Handlung vernünftig ist. Dies muß aber nicht notwendig bedeuten, daß eine solche Handlung auch moralisch ist. Der Zusammenhang zwischen Rationalität und Moralität ist bislang nicht ausreichend diskutiert worden.

4.4. Zum Verhältnis Individuum - Gesellschaft

Die Diskussion über Politische Gerechtigkeit und Legitimationsprobleme verweist in ihrem Kern auf ein weiteres zentrales Thema der Politischen Philosophie, welches man mit der einfachen (kantischen) Frage umschreiben kann: "Was ist der Mensch"? Die Reflexion über den Menschen, seine Natur, seine individuellen oder sozialen Konstanten, seine Lernfähigkeit, sein (freier) Wille etc. ist Gegenstand der **Politischen Anthropologie**.

Die Ergebnisse der Politischen Anthropologie sind von weitreichender Brisanz. Drei Beispiele mögen dies aufzeigen:
-   Alle politiktheoretischen Ordnungsvorstellungen bzw. Staatszwecküberlegungen sind davon abhängig, ob man den Menschen als im Prinzip "gut" (z.B. Rousseau oder Marx), "schlecht" (so Machiavelli, Hobbes[52]), "fähig zur Erkenntnis der Wahrheit" (z.B. Platon) oder sonstwie einstuft. In Abhängigkeit von den Menschenbildern wird der staatsfreie Zustand (die Anarchie), der Leviathan, der Philosophenstaat oder ein sonstiges Modell als "bester" Staat angesehen.

---

52.   Dies ist die überwiegende Rezeption beider Theoretiker in der Sekundärliteratur. Bei genauer Rekonstruktion ist diese Einschätzung nicht haltbar, da z.B. Hobbes den Menschen als nutzenmaximierend einstuft. Der Nutzenbegriff ist inhaltlich unbestimmt, d.h., jeder Mensch legt individuell seine Präferenzen fest.

- Die Rechtsphilosophie muß sich mit Politischer Anthropologie befassen, weil vom Menschenbild beispielsweise das Problem der Strafe abhängt: Ist der Mensch für sein Handeln verantwortlich zu machen oder wird er durch die Umwelt gezwungen (determiniert), in bestimmter Form zu agieren?
- Die Politische Ethik ist darauf angewiesen, den Menschen als mit Vernunft und einem freien Willen ausgestattet anzusehen, andernfalls wäre es unmöglich, dem Menschen oder politischen Organisationen die moralische Verantwortung für sein/ihr Handeln anzulasten.

Politische Anthropologie wird seit der griechischen Antike betrieben. In der Gegenwart ist die Debatte unter dem Namen **Kommunitarismusdebatte** erneut aufgegriffen worden. Dabei wird über die verschiedenen Formen der Bestimmung des Menschen und die damit verbundenen gesellschaftlichen, politischen und moralischen Auswirkungen heftig diskutiert. Protagonisten dieser modernen Diskussion sind auf der einen Seite die "Liberalisten"[53], als solche sind vor allem John Rawls, Ronald Dworkin, Charles Larmore, Robert Nozick, James Buchanan und Bruce Ackerman zu nennen. Ihnen gegenüber stehen die "Kommunitaristen" Michael Walzer, Alasdair MacIntyre, Charles Taylor, Michael Sandel und Benjamin Barber.[54] Die wichtigsten Argumente will ich im folgenden zusammenfassen. Sie werden dabei feststellen, daß sich die Autoren vielfach auf klassische Ideen beziehen und diese oft "lediglich" in moderne Form bringen.

Ausgangspunkt der Debatte ist das in der "Theorie der Gerechtigkeit" von John Rawls zugrundegelegte Menschenbild gewesen. In verallgemeinerter Form will ich daraus die Anthropologie der Liberalisten, wie sie von den oben genannten Autoren vertreten wird, rekonstruieren

---

53. Dieser Begriff verweist darauf, daß die Vertreter dieser Position nicht ideologisch argumentieren. Liberalistisch kann argumentiert werden, liberal kann eine Ideologie sein, über die man subjektiv streitet.

54. vgl. dazu den von A. Honneth herausgegebenen Band "Kommunitarismus", Frankfurt 1993, in dem der Abdruck von Beiträgen einiger der erwähnten Theoretiker einen authentischen Eindruck der Positionen vermittelt.

und sie mit den kommunitaristischen Gegenargumenten konfrontieren. Anschließend werden die politiktheoretischen Konsequenzen der jeweiligen Anthropologien diskutiert. Beginnen will ich jedoch mit einer kurzen Skizze historischer Positionen der Politischen Anthropologie (vgl. dazu Kapitel 3).

4.4.1. Politische Anthropologie

Die antike Politische Philosophie arbeitet auf der Basis einer Ontologie, die in Anlehnung an Platon zunächst als Zwei-Welten-Lehre beschrieben werden kann: Die Welt der (ewigen, allgemeinen) Ideen des Guten, Schönen und Wahren, und die hierauf reduzierbare (wandelbare, zeitabhängige, singuläre) reale Welt. Wahrheit, Schönheit und Moralität sind für den Menschen erkennbar (im Sinne, daß sie empirisch gefunden werden können), weil die reale Welt nur ein Abbild der Ideenwelt ist - mit der der Mensch über seine unsterbliche Seele verbunden ist - und das Allgemeine (die Idee) dem Einzelnen (einer konkreten Realität) stets vorangeht.

Dazu paßt ein Menschenbild, daß den Menschen notwendig als "zoon politikon" (Aristoteles), als politisches, auf die Gemeinschaft ausgerichtetes und dies auch erkennendes soziales Wesen begreift. Demnach vollzieht sich das vernünftige Menschsein wesentlich (als Wesenszug) in der Gesellschaft. Von Geburt her ist man also nicht Mensch, sondern nur ein biologisches Wesen.[55] Zum sich selbst erkennenden und sich selbst gerecht werdenden, vernünftigen Menschen wird man erst in der Gemeinschaft, durch soziale Kontakte. Die These vom Menschen als sozialem, historischem und in eine bestimmte Seinsordnung eingebundenem Wesen, hält sich bis zum Mittelalter, auch wenn die Seinsordnung insgesamt nunmehr christlich - z.B. bei den Kirchenvätern Augustinus oder Thomas von Aquin - interpretiert wird.

---

55. vgl. dazu die Ausführungen von O. Höffe: Grundaussagen über den Menschen bei Aristoteles, in: ders.: Ethik und Politik, Frankfurt 1979, S. 13 ff.

In der Renaissance findet die "Entdeckung" des autonomen Individuums statt; die Philosophen, beispielsweise Pico della Mirandola, Marsilio Ficino oder Gianozzo Manetti in ihren Traktaten über die Würde des Menschen, lösen den Menschen aus der vorgegebenen Ontologie - Pico spricht von "ontologischer Ortlosigkeit" - und schreiben ihm die Fähigkeit zur Selbstbestimmung zu. Dies impliziert Freiheit (freier Wille) und Vernunft. Machiavelli geht noch einen Schritt weiter, wenn er die ethischen Implikate aus dem Virtus-Begriff entfernt. Dadurch ist Handeln nicht mehr auf das "gute Leben" ausgerichtet, sondern auf persönliche Nutzenmaximierung. Dazu muß der Mensch die ihm eigenen strategischen Fähigkeiten (Zweck-Mittel-Denken) einsetzen.

Vor allem Hobbes geht in seiner Vertragstheorie radikal vom Individuum aus, wenn er es als nicht-soziales, von seinen Leidenschaften abhängendes, vernünftiges, nutzenmaximierendes "Wesen" konstruiert. Dieses analytisch-mechanistische Konzept findet sich auch beim Marquis de Sade, der das Individuum als auf sich bezogene "Lustmaschine", als Libertin darstellt.

So kraß mag es Locke als Empirist nicht sehen, er beschreibt die Individuen daher als wenigstens teilweise soziale Wesen, weil sie durch ihre Vernunft die (göttlichen) Naturgesetze erkennen. Die Vernunft "lehrt alle Menschen..., daß niemand einem anderen, da alle gleich und unabhängig sind, an seinem Leben, seiner Gesundheit, seiner Freiheit oder seinem Besitz Schaden zufügen soll."[56] Wie dominant seit dem Ende des 17. Jahrhunderts der Individualismus wird, kann durch den Welterfolg Daniel Defoes illustriert werden: Sein "Robinson Crusoe" (1719) wurde für Generationen zur Bibel.

Interessant ist die Variante von Rousseau, weil sie wieder an ontologische Ideen anknüpft. Rousseau glaubt an einen ursprünglichen Zustand, in dem die Menschen asozial, arational und amoralisch waren. Sie mußten Sozialität, Rationalität und Moralität nicht ausprägen, weil sie völlig vereinzelt lebten. Das Zusammentreffen mit anderen Menschen

56.   J. Locke: Über die Regierung, Stuttgart 1974, S. 6

löst "Lernprozesse" aus, als deren Ergebnis letztlich der soziale, vernünftige und moralische Mensch entsteht. Hier findet sich die moralische Hoffnung der Aufklärung, daß der Mensch durch die Vernunft zur freien und moralischen Selbstbestimmung findet und es so gelingt, die Spaltung des Menschen (Individualität vs. Sozialität) aufzuheben. Diese Hoffnung wird vor allem in Hegels dialektischer Vernunftphilosophie noch sehr viel deutlicher ausgedrückt. Hegel integriert das Subjektive (These) und das Objektive (Antithese) im Absoluten (Synthese). Konkret formuliert vermittelt die Vernunft zwischen individuellen und sozialen Aspekten des Menschen und macht ihn so zum wahrhaft vernünftigen Wesen; und der absolute Staat vermittelt zwischen Gesellschaft und Individuum und integriert so beide Aspekte in einer absoluten Synthese.

Aus diesem Gedankengut bedienen sich nun Liberalisten und Kommunitaristen, um ihre jeweilige Vorstellung über den Menschen argumentativ zu stützen.

4.4.1.1. Liberalistische Politische Anthropologie

John Rawls, an dem sich die Kommunitarismusdebatte entzündet hat, konzipiert sein Menschenbild als analytisches Konstrukt, d.h. der Mensch hat bei ihm per Definition bestimmte Eigenschaften, vgl. Abschnitt 4.2.1. Sein Individuum ist per Definition vernünftig, nutzenmaximierend und in diesem Sinne frei und gleich (methodologischer Individualismus).

Die Vernünftigkeit wird bei Rawls weiter erläutert. Vernünftig kann der Mensch nur sein, wenn er über Wissen verfügt. An dieser Stelle greift daher ein weiteres, von Rawls gesetztes Axiom: Der Modellmensch verfügt im Naturzustand nur über psychologisches und soziologisches, d.h. allgemeines Wissen; er weiß dagegen nichts über sich selbst, seine individuellen Eigenschaften und Ziele, seine Stellung in der Gesellschaft etc. Das ist der "Schleier des Nichtwissens".

Auf dieser Basis schreibt Rawls nun weiter allen Personen "zwei moralische Vermögen zu, nämlich die Anlage zu einem Gerechtigkeitssinn
und die Befähigung zu einer Konzeption des Guten. Der Gerechtigkeitssinn ist das Vermögen, eine öffentliche Gerechtigkeitskonzeption,
welche faire Bedingungen sozialer Kooperation festlegt, zu verstehen,
sie anzuwenden und ihr entsprechend zu handeln. Die Befähigung zu
einer Konzeption des Guten besteht darin, eine Vorstellung des eigenen rationalen Vorteils und des Guten entwickeln, sie überprüfen und
rational verfolgen zu können."[57] Die moralischen Vermögen sind folglich das Resultat der dem Menschen zugeordneten Rationalität und
seines allgemeinen Wissens um Menschliches.

Beide Vermögen werden - als Gedankenexperiment - in einem Urzustand ("original position") unter Beweis gestellt. In der Originalposition
herrschen damit die Bedingungen der Gleichheit und Fairneß. Resultat
sind zwei Gerechtigkeitsgrundsätze (vgl. 4.2.1.). Rawls arbeitet also mit
Modellmenschen, Gedankenexperimenten und Entscheidungssituatio-
nen, in denen es um individuelle Nutzenmaximierung geht.

Modellhaft ist auch die Konzeption des Individuums bei R. Nozick und
J. Buchanan, d.h., auch diese beiden argumentieren auf der Basis des
methodologischen Individualismus. Beide stimmen darin überein, daß
der Modellmensch ein autonomes Einzelwesen mit einem selbständi-
gen, einmaligen Leben ist. So verstanden sind alle Modellmenschen in
ihrer Fähigkeit, nutzenmaximierend zu agieren - oder wie Nozick es
auch formuliert, sinnerfüllt zu leben[58] - **strukturell** gleich. De facto
unterscheiden sie sich jedoch in ihren Fähigkeiten, Präferenzen und
Umwelten.

Buchanan ordnet in seinem Buch "Die Grenzen der Freiheit" dem
Menschen nur Vernunft und freien Willen zu. Rechte, gleich ob moralischer Art oder durch einen Staat rechtlich-positiv garantiert, entstehen aus Verträgen. Individualrechte werden in einem konstitutionellen

57.	J. Rawls: Gerechtigkeit als Fairneß: politisch und nicht metaphysisch, in: A.
	Honneth, S. 47 f.
58.	vgl. R. Nozick, S. 44

Verfassungsvertrag festgelegt, zu deren Durchsetzung ein Rechtsschutz-
staat vereinbart wird. Dadurch werden weitere postkonstitutionelle
Verträge möglich (im Sinne von durchsetzbar), die den Austausch privater oder öffentlicher Güter regeln.

Darüber geht nun wiederum Nozick, in Anlehnung an das Menschenbild von John Locke, hinaus. Er definiert den Menschen u.a. als moralisches Subjekt, das die Fähigkeit hat, sein Verhalten von moralischen
Grundsätzen leiten zu lassen und sich auf moralische Verhaltensbe-
schränkungen einlassen zu können.[59] Weiter ordnet Nozick dem einzelnen "natürliche Rechte" per Definition zu, die andere Menschen bei
ihren Handlungen nicht verletzen dürfen. Alle menschlichen Handlungen unterliegen demnach bestimmten Nebenbedingungen, d.h., Handeln ist immer nur - relativ zu diesen Nebenbedingungen - eingeschränkt möglich. Nebenbedingungen sind "für das Handeln (...) Ausdruck des Kantischen Grundsatzes, daß die Menschen Zwecke und
nicht bloß Mittel sind; sie dürfen nicht ohne ihr Einverständnis für
andere Ziele geopfert oder gebraucht werden. Der einzelne ist unverletzlich."[60]

Der Rechtswissenschaftler Ronald Dworkin[61] geht im Unterschied zu
den drei genannten Theoretikern von der Realität aus. Er stellt fest,
daß der Mensch de facto ein im Prinzip individuelles, vernunftbegabtes,
nutzenabwägendes Wesen ist, welches sich in seiner Umwelt "sinnvoll"
verhält. Dazu gehört auch die Fähigkeit, sich moralisch zu verhalten
und Sinn-, Begründungs- und Gerechtigkeitsfragen moralisch reflek-
tieren zu können. Diesen Zusammenhang formuliert Dworkin dahingehend, daß der Mensch Naturrechte hat. Nach seiner Überzeugung ist
diese Annahme dadurch gerechtfertigt, daß in der Gegenwart in den
westlichen Demokratien diese Position von den Menschen allgemein
akzeptiert wird.[62]

---

59. vgl. R. Nozick, S. 55 f.
60. R. Nozick, S. 42
61. R. Dworkin: Bürgerrechte ernstgenommen, Frankfurt 1984
62. vgl. R. Dworkin, S. 303

Zusammengefaßt verstehen Liberalisten also den realen bzw. den "theoretisch konstruierten" Menschen als Individuum, d.h. als freies und unabhängiges Subjekt, das seine Ansichten und Ziele selbst bestimmt und auf sie hinarbeitet. Das Individuum ist die Basis der Gesellschaft, gleichzeitig ist es ein Teil von ihr. Für liberalistische Theoretiker genießt aber das Individuum immer Vorrang vor der Gemeinschaft, weil diese sich aus Individuen zusammensetzt. Diese Position wird zusammengefaßt als "methodologischer Individualismus" bezeichnet.

Die Konzeption des Individuums hat den Liberalisten von Seiten der Kommunitaristen den Vorwurf eingebracht, sie argumentierten mit eigenschaftslosen, isolierten bzw. atomistischen "Wesen". Systematisch formuliert wurde diese Kritik von Michael Sandel[63], der damit zugleich versucht, Rawls' Theorie der Gerechtigkeit in Frage zu stellen. Seine Überlegungen können in vier Schritten zusammengefaßt werden:
1. Rawls Individualkonzept liegt die analytisch-philosophische Anthropologie des rationalen, nutzenmaximierenden Individuums zugrunde.
2. Das Individuum ist folglich ein ungebundenes, autonomes ("unencumbered") "Ich"; über eine soziale und moralische Identität verfügt es nicht.
3. Das Individuum ist ausschließlich an seinen individuellen Präferenzen orientiert; es wählt daher die "Moral", die ihm gefällt/nützt. Anders formuliert, seine nutzenorientierte Wahl ist seine "Moral".
4. Auf dieser Basis kann, so Sandel, keine Moralkonzeption entstehen, denn Moral ist ein überindividuelles, auf die Gesellschaft bezogenes Phänomen. Kontextlose Individuen können dagegen keine Moral schaffen.

4.4.1.2. Kommunitaristische Politische Anthropologie

Die Kommunitaristen - z.B. Michael Sandel, Alasdair MacIntyre, Charles Taylor, oder Michael Walzer - konzipieren ein Menschenbild, das

---

63. vgl. M. Sandel: Liberalism and the Limits of Justice, Cambridge 1982

sich teilweise an klassisch-ontologische Konzepte anlehnt, in denen der Mensch als ein Wesen angesehen wird, das notwendig mit der Gemeinschaft verbunden ist, weil er nur als in einer Gemeinschaft existierend vorstellbar ist.

Explizit an Aristoteles lehnt sich der Moralphilosoph Alasdair MacIntyre[64] an. Nach seiner Auffassung wird der Mensch in einen sozialen Raum hineingeboren. Dadurch übernimmt er dessen Regeln, Handlungsmuster und Sprache. Der soziale Kontext bestimmt das individuelle Menschsein, selbst wenn **innerhalb** dieses Rahmens Entscheidungen möglich sind. Die Entscheidungen können jedoch nicht über den gegebenen sprachlichen und handlungsmäßigen Rahmen hinausgehen. Die Politische Anthropologie MacIntyres sieht den Menschen folglich als soziales und, in diesem Rahmen, als partiell autonomes Wesen.

Ähnlich argumentiert Michael Walzer in "Kritik und Gemeinsinn" bzw. in "Sphären der Gerechtigkeit"[65]. Auch bei ihm ist der Mensch eingebunden in ein soziales Netz, in eine Vielzahl von Sphären, die er zugleich selbst produziert und über die er kommuniziert. Aus dieser Sicht ist der Mensch keine "Gesamtperson", sondern er agiert in einer bestimmten Rolle als Produzent und Verteiler von Gütern: "Frauen und Männer gewinnen ihre je konkrete Identität aus der Art und Weise, in der sie soziale Güter erst ersinnen und erzeugen und hernach besitzen und benutzen."[66] Damit sind zwar einerseits individuelle menschliche Fähigkeiten angesprochen, zugleich markiert dies aber auch eine historisch-soziale Dimension. Jede Person steht "in einem festen Bezug zu einem ganz bestimmten Set von Gütern; sie (die Menschen, U.D.) haben eine gemeinsame Geschichte der geschäftlichen Trans- und Interaktionen, und zwar nicht nur je einzeln miteinander, sondern auch mit der moralischen und materiellen Welt, in der sie leben, als ganzer. Ohne diese Geschichte, die mit der Geburt beginnt, wären sie als agierende Personen, als einzelne Männer und Frauen gar nicht kenntlich

64.   vgl. A. MacIntyre: Der Verlust der Tugend, Frankfurt 1987
65.   M. Walzer: Kritik und Gemeinsinn, Berlin 1990; ders.: Sphären der Gerechtigkeit, Frankfurt 1992
66.   M. Walzer: Sphären der Gerechtigkeit, S. 32 f.

und hätten keine Ahnung davon, wie das Geschäft des Gebens, Verteilens und Tauschens von Gütern zu betreiben ist."[67]

Die soziale Natur des Individuums betont auch M. Sandel[68]. Nach seiner Auffassung muß die Politische Anthropologie von einem Individuum ausgehen, das mit der sozialen Umwelt verflochten ist. Der Mensch definiert sich nur über die Gemeinschaft, über Ziele und Attribute der Gemeinschaft, aus der er seine eigenen Ziele und Attribute herauslöst. Menschen sind Gemeinschaftswesen mit gemeinsamer Geschichte und gegenseitigem Sozialbezug. Sandel spricht hier vom "radically situated subject"[69].

Die Kommunitaristen gehen also von einem Individuum aus, das Teil der Gemeinschaft ist und sich durch den Bezug auf diese Gemeinschaft erst konstituiert. Zugleich ermöglicht nur die soziale Natur des Menschen den vernünftigen, moralischen Aufbau von Gemeinschaft. Ein Vorrang des Individuums vor der Gemeinschaft ist demnach nicht aufrechtzuerhalten, weil das Individuum nicht unabhängig von der Gesellschaft gedacht werden kann. Diese Position wird als "methodologischer Kollektivismus" bezeichnet.

An dieser Position haben nun wiederum liberalistische Theoretiker Kritik geübt. Mit R. Forst[70] kann man diese Kritik wie folgt zusammenfassen:
1.   Die Beziehungen zwischen Subjekt und sozialem Kontext sind unklar. Wie konstituiert sich der einzelne de facto, wie integriert der einzelne verschiedene Rollen(erwartungen) etc.?
2.   Wie kann der einzelne zu eigenständigen Urteilen kommen, wie sich gegen gemeinschaftliche Traditionen und Regeln wenden, wenn eine so enge Beziehung zwischen Individuum und Gemeinschaft besteht, wie sie von den Kommunitaristen behauptet wird?

---

67.   M. Walzer: Sphären der Gerechtigkeit, S. 33
68.   vgl. M. Sandel: Liberalism and the Limits of Justice
69.   M. Sandel, S. 21
70.   R. Forst: Kommunitarismus und Liberalismus - Stationen einer Debatte, in: A. Honneth, S. 185 ff.

3.   Wenn der Vorrang des Individuums vor der Gemeinschaft nicht gilt, wie können dann individuelle Rechte, wie Menschenrechte, Rechte der Frauen o.ä. gegen etablierte Traditionen geltend gemacht werden?

4.4.2. Politische Konsequenzen

Die Reflexion über den Menschen ist deswegen von zentraler Bedeutung für die Politische Philosophie, weil vom Menschenbild zahlreiche weitere politikphilosophische Überlegungen abhängig sind. In diesem Abschnitt will ich mich mit den beiden Konsequenzen befassen, die auch in der Kommunitarismusdebatte in den Mittelpunkt gerückt wurden. Sie lassen sich folgendermaßen umschreiben:

1.   Wie hat - ausgehend von einem bestimmten Menschenbild - der "optimale" Staat auszusehen, ist es ein Rechtsstaat oder basiert er auf dem Gemeinwohl?

2.   Wie können moralische Grundsätze gerechtfertigt werden? Ist es möglich, Moral universell, als für alle Menschen gleichermaßen verbindlich zu begründen, oder sind moralische Prinzipien kontextabhängig, also relativ zu einer bestimmten Kultur?

4.4.2.1. Recht oder Gemeinwohl

Bei der Betrachtung der Politischen Anthropologie von Liberalisten und Kommunitaristen läßt sich feststellen, daß sich deren Auffassungen über den Menschen grundsätzlich anhand der Frage unterscheiden lassen, wie das Verhältnis zwischen Individuum und Gesellschaft aussieht. Während die Liberalisten die Vorrangstellung des Individuums behaupten, sehen Kommunitaristen eine enge Wechselwirkung zwischen Individuum umd Gesellschaft. Es erscheint als logische Konsequenz, wenn auf der Basis solch unterschiedlicher Menschenbilder die "normative" Ausrichtung des Staates unterschiedlich ausfällt.

Für die Liberalisten ergibt sich idealtypisch vereinfacht folgende Argumentation: Wenn das autonome Subjekt Ausgangspunkt einer Staatskonstruktion ist, dann folgt daraus, daß sich der Staat aus der freiwilligen Übereinkunft der Individuen konstituiert. An dieser Stelle wird deutlich, weshalb bei den Liberalisten der Vertrag eine Renaissance erlebt. Ein solcher Staat achtet notwendig die individuellen Rechte - Dworkin spricht hier von "Naturrechten" -, und er ist so strukturiert, daß der einzelne seine Wünsche und Lebensziele verwirklichen kann, solange er nicht andere Menschen in ihren gleichen Rechten beschränkt.

Der sich hieraus ergebende Staat ist immer ein ethisch neutraler Staat[71], d.h., er gibt keine normativen Prinzipien vor, sondern verlangt vielmehr Toleranz. Da inhaltlich keine normativen Vorgaben erfolgen (d.h. beispielsweise, daß keine Orientierung an einem Gemeinwohl erfolgt, weil dieses gemäß liberalistischer Position nicht zu formulieren ist), muß man sich auf allgemeine Verfahrensregeln einigen, um zu Entscheidungen kommen zu können. Hieraus leitet sich ab, daß der Staat notwendig das Prinzip der Fairneß beachten muß. Dies kann er nur als Rechtsstaat, der alle seine Bürger gleich behandelt. Des weiteren kann man in Anlehnung an Dworkin oder Nozick das Recht des einzelnen auf Widerstand postulieren, denn kollektive Ziele rechtfertigen nicht die Verletzung individueller Rechte.

An den Thesen von der ethischen Neutralität und der Trennung von Recht und Gemeinwohl setzt die kommunitaristische Kritik an. MacIntyre argumentiert, daß die Idee einer "neutralen" Staatskonzeption unhaltbar ist. Sie beruht - wenn sie ernstgenommen werden will - auf entsprechenden historischen Traditionen und moralischen Überzeugungen der Bürger, die es seit der moralischen Krise der Aufklärung aber nicht mehr gibt. Hier kann man nun Dworkins These anführen, daß zumindest in den westlichen Demokratien eine solche Tradition sehr wohl existiert. Ein weiteres Argument MacIntyres ist dagegen schwerer zurückzuweisen: Die ethische Neutralität des Staates ist selbst eine moralische Position, ein oberstes Ziel, welches erst noch zu rechtfertigen ist.

71.	vgl. B. Ackerman: Why dialogue? in: The Journal of Philosophy, Jg. 86, 1989, S. 16

Die Vorrangstellung des Rechtes, also die These, daß der Staat notwendig ein Rechtsstaat zu sein hat, kann, so die Kommunitaristen, auch
nicht einfach aus dem individualistischen Ausgangspunkt gefolgert
werden. Zusammen mit Sandel und im Anschluß an Kant kritisiert
MacIntyre diesen liberalistischen Schluß. "An dieser Stelle richten die
Kommunitaristen folgende Frage an den Liberalismus: Wie ist eine
politische Gemeinschaft möglich, die nur aus 'Rechtspersonen' und
nicht aus 'Bürgern' besteht, daß heißt in der es keine gesamtgesellschaftliche Auffassung des Guten gibt, um die sich eine Gemeinschaft
integriert? ... Der Liberalismus, so die allgemeine These, wird dem
Charakter politischer Gemeinschaften nicht gerecht, indem er die 'ethische' Komponente des Guten in den 'privaten' Bereich verbannt und
die 'politische' Komponente dem Recht zuschreibt."[72] Da Kommunitaristen den einzelnen als mit der Gesellschaft eng verflochten ansehen,
hat sich der Staat jedoch idealtypisch am Gemeinwohl, am Guten auszurichten.

Als Hauptargument verweisen die Kommunitaristen auf die These,
wonach sich die Demokratie bzw. der Staat allgemein selbst zerstört,
wenn sie/er nur aus "ungebundenen Subjekten" ohne Gemeinwohl-
orientierung besteht. Jede soziale und politische Gemeinschaft setzt
eine gemeinsame Auffassung über das Gute voraus. MacIntyre verweist
auf die griechische Polis, die als Freundschaftsverband die
Identifikation von Bürger und Gemeinschaft ermöglichte. In Anlehnung
an Hegel faßt Taylor den Staat als sittliches System auf, in dem der
einzelne aufgehoben ist. Ein solcher Staat "transzendiert den Egoismus
in dem Sinne, daß die Menschen wirklich das gemeinsame Gute, die
allgemeine Freiheit verfolgen."[73] Notwendig dafür ist, daß die Menschen ein Gefühl ethischer Zugehörigkeit - MacIntyre spricht hier von
"Patriotismus" - entwickeln.

Hier stellt sich allerdings die Frage, welches Gemeinwohlverständnis
der Kommunitarismus hat. Während Barber von einem "Volkswillen"

72.   R. Forst: Kommunitarismus und Liberalismus, S. 196
73.   C. Taylor: Aneinander vorbei: Die Debatte zwischen Liberalismus und
      Kommunitarismus, in: A. Honneth, S. 111

analog dem Konzept Rousseaus ausgeht, scheinen MacIntyre und Taylor eher an familiär-moralische Übereinstimmung zu denken. Michael Walzer argumentiert in "Sphären der Gerechtigkeit" formalpolitisch: Angesichts der multiethnischen amerikanischen Realität formuliert er das Demokratieprinzip selbst als das Gute. Dieses Gute besteht in der allgemeinen Möglichkeit zur Diskussion unter den Bürgern und dem Zustandekommen von Mehrheitsentscheidungen.[74] Damit finden "neutrale" Prinzipien - in Form des allgemein zugänglichen Diskurses und einer Entscheidungsregel - auch in den Kommunitarismus Eingang.

4.4.2.2. Relative oder universelle Moral

Die Frage nach dem Vorrang von Recht oder dem Gemeinwohl verweist unmittelbar auf das Problem der normativen Begründung. Einfach formuliert erlaubt die liberalistische Konzeption eine für alle Menschen gültige Begründung des Staates und seiner normativen, d.h. rechtsstaatlichen Struktur. Dagegen sieht der Kommunitarismus den Menschen als soziales, gesellschaftsgebundenes Wesen; der Staat ist an ein übergeordnetes Gutes gebunden, welches zwar eine abstraktere Stufe darstellt, nichtsdestotrotz aber ein kulturrelatives Gutes ist. Die inhaltliche Ausgestaltung normativer Ziele führt also hier nur zu relativer, d.h. von Zeit und Raum abhängiger Moralbegründung. Betrachten wir die universelle Moral der Liberalisten und die relative Moral der Kommunitaristen sowie die jeweilige Begründung etwas genauer.

Rawls, Nozick, Gauthier, Buchanan u.a. argumentieren modelltheoretisch, d.h. sie definieren bestimmte Eigenschaften von Modellmenschen und leiten aus hypothetischen Situationen - z.B. dem Urzustand bei Rawls - bestimmte Prinzipien ab. Angesichts allgemeingültiger Definitionen gelten die Schlußfolgerungen ebenfalls allgemein, d.h. für alle Menschen. Etwas ironisch hat Walzer dazu bemerkt: Ideale Personen treffen sich an einem idealen Ort und erfinden ideale Normen für eine ideale Gesellschaft. Hier stellt sich also die Frage, was man mit solchen Idealkonstrukten in der Realität anfangen kann.

---

74.   vgl. M. Walzer: Sphären der Gerechtigkeit, S. 430 f.

Die Antwort ist relativ einfach, wenn Sie sich noch einmal an das Problem der normativen Begründung erinnern, das in Abschnitt 4.1.2. diskutiert wurde. Dort habe ich darauf verwiesen, daß es in der modernen Wissenschaft nur zwei präzise Sprachklassen gibt, die empirische und die analytische Sprache. Auf welche Sprache lassen sich dann normative Sätze/Begriffe zurückführen? Versucht man sie auf empirische Begriffe/Sätze zu reduzieren, begeht man den naturalistischen Fehlschluß. Also bleibt nur die Möglichkeit, sie als analytische Sätze/Begriffe aufzufassen. Die Antwort auf die oben erwähnte Frage lautet daher: Um normative Sätze überhaupt als sinnvolle wissenschaftliche Sätze bezeichnen zu können, müssen sie als analytische Konstrukte aufgefaßt werden. Damit stellt sich allerdings das Problem des empirischen Gehalts, über den analytische Sätze per Definitionem nicht verfügen.

Die Kommunitaristen gelangen mittels hermeneutischer Interpretation und rationaler Kritik des Gegebenen zu einer vom jeweiligen Kontext abhängigen Moralvorstellung. Ihre Moralphilosophie argumentiert mit der Sprache einer Gemeinschaft und in dem von ihr vorgegebenen Rahmen. Moral ist folglich "kein absoluter, sondern ein relativer Begriff, dessen je konkreter Inhalt in Relation steht zu bestimmten sozialen Zielen und Sinngehalten."[75] Walzer geht sogar noch einen Schritt weiter, wenn er den verschiedenen Sphären der Gesellschaft (gesellschaftlichen Subsystemen) jeweils spezifische moralische Normen und Gerechtigkeitsvorstellungen zuordnet. Es gibt demnach auch in einer Gesellschaft nicht eine Moral, sondern je nach gesellschaftlicher Sphäre unterschiedliche Moralvorstellungen. Diesen Zusammenhang bezeichnet Walzer mit dem Begriff der "komplexen Gleichheit". Aufrecht erhalten wird das Gesamtsystem durch die Norm gegenseitiger Achtung und durch Diskurs und Argumentation.

Selbst diese Position wird noch von MacIntyre in seinem Buch "Der Verlust der Tugend" verworfen, weil sie ihm noch zu viele "übergreifende" Elemente enthält. Nach seiner Auffassung sind alle Moralbegriffe prinzipiell einer bestimmten Tradition zuzuordnen und daher auch nur

---

75. M. Walzer: Sphären der Gerechtigkeit, S. 440

in diesem Kontext zu verstehen. Ein Diskurs oder eine rationale Argumentation zwischen Angehörigen unterschiedlicher Traditionen kann daher nur ein "Aneinander-Vorbei-Reden" sein, ohne daß es die Beteiligten merken.

MacIntyres Argument ist - vor dem Hintergrund seiner Anthropologie - am stringentesten. Auch kann er das Problem der normativen Begründung leicht lösen, da er einfach darauf verweisen kann, daß bestimmte moralische Werte Teil der Tradition und somit unhintergehbar sind. In seinem ontologischen Traditionskonzept der Moral stellen sich daher nur empirische Begründungsfragen.

Generell lehnen die Kommunitaristen die hypothetisch-rationale moralische Begründung der Liberalisten ab. Walzer oder Taylor stehen dann jedoch vor dem schwierigen Problem, alle Moralauffassungen von Gesellschaften gleichermaßen akzeptieren zu müssen. Anhand welcher Kriterien will man denn die Witwenverbrennung in Indien oder die Hexenverbrennung im Mittelalter geißeln? Oder mit welchen Argumenten will man die Durchsetzung von Menschen- oder Frauenrechten weltweit begründen, wenn Moral kulturrelativ ist?

Unabhängig von diesen moralischen Problemen stellt sich für den Kommunitaristen noch das wissenschaftliche Begründungsproblem seiner normativen Aussagen. Für ihn sind nämlich normative Sätze Teil der Erfahrungswelt, d.h., er behandelt sie wie empirische Sätze. Er argumentiert damit gemäß der Devise "Was in einer Gesellschaft als moralisch angesehen wird, das ist auch moralisch." Hier erkennen Sie seinen naturalistischen Fehlschluß, von einem bestimmten Sein auf ein Sollen zu schließen.

4.4.3. Resümee

In der aktuellen Debatte zwischen Liberalisten und Kommunitaristen geht es um die normativen Grundlagen politischer Systeme und moderner Gesellschaften. Dies hatten wir in den Abschnitten "Recht oder Gemeinwohl" und "Relative oder universelle Moral" diskutiert. Die unterschiedlichen Positionen lassen sich auf die verschiedenen Politischen Anthropologien zurückführen bzw. damit erklären. Warum aber gehen die Kontrahenten von unterschiedlichen Politischen Anthropologien aus?

Bei genauerer Analyse der verwendeten Argumente läßt sich zeigen, daß die Kontrahenten der Debatte unterschiedliche wissenschafts- bzw. erkenntnistheoretische Konzepte verwenden. Zahlreiche Kommunitaristen, so etwa A. MacIntyre, argumentieren auf der Basis der normativ-ontologischen Erkenntnistheorie, während die Liberalisten überwiegend den Rahmen der empirisch-analytischen Wissenschaftstheorie verwenden. Solange aber der wissenschaftstheoretische Hintergrund in einer Debatte kontrovers ist, solange also nicht geklärt werden kann, wann etwas gewußt wird, welche Wahrheitskriterien für eine Aussage gelten bzw. wann eine Aussage als falsch gilt, solange kann auch Sprache nicht intersubjektiv und präzise eingesetzt werden. Damit gelingt es auch nicht, Einigkeit über das eigentlich Gemeinte zu erzielen.

Verdeutlichen läßt sich dieses Mißverständnis mit einer Feststellung von W. Kersting: "Der Kommunitarismus betrachtet den Liberalismus als umfassende **metaphysische Konzeption** (Hervorhebung vom Verf.), die epistemologische und anthropologische, personentheoretische und sozialtheoretische Positionen zu einer kohärenten, in sich vernetzten Großtheorie von Bewußtsein und Gesellschaft zusammenzufügen versucht..."[76] Für den Liberalismus als Ideologie mag dies vielleicht zutreffen, für liberalistische Positionen etwa eines Rawls oder Nozick ist eine solche Einschätzung falsch. Man will gerade nicht metaphysisch vorgehen. Gegen die Metaphysik wandte sich das empirisch-analytische Wissenschaftskonzept. Für Rawls, Nozick, Buchanan u.a. steht das Problem der korrekten Begründung politischer Gerechtigkeit im Zentrum ihrer Überlegung. Beide Seiten reden, weil sie auf der Grundlage unterschiedlicher Wissenschaftskonzepte argumentieren, aneinander vorbei.

---

76.   W. Kersting, S. 91

Es ist dennoch sinnvoll, sich mit der Kommunitarismusdebatte zu beschäftigen, da Liberalisten und Kommunitaristen, mit zum Teil klassischen Argumenten, die beiden heute aktuellen Hauptpositionen der Politischen Anthropologie mit den sich hieraus ergebenden weitreichenden Konsequenzen für die Politik vertreten. Diese Argumente muß man kennen, wenn man sich mit Fragen der politischen Ordnung befassen will.

4.5. Normative Demokratietheorien

"Begriff und Sache der Demokratie waren in einem Maße erfolgreich, daß dieser Schlüsselbegriff moderner Politikwissenschaft sich nahezu unangefochten in der politischen Semantik etabliert hat."[77] Dennoch existiert auf die Frage, was denn Demokratie sein soll oder ist, keine befriedigende bzw. eine Vielzahl völlig entgegengesetzter Antworten.[78] Die Frage verdeutlicht aber immerhin, daß sich als zwei Hauptformen demokratietheoretischer Konzepte normative und empirische Demokratietheorien unterscheiden lassen. Welches Ziel verfolgen die im folgenden zu betrachtenden normativen Demokratietheorien? Im klassischen Verständnis wollen normative Konzepte beschreiben und moralisch rechtfertigen, wie die Demokratie sein **soll**. Wie erinnerlich stellt sich für Sollenskonzepte jedoch immer die Frage, wie der Sollensanspruch selbst zu begründen ist. Um den damit verbundenen Schwierigkeiten zu entgehen, fasse ich die normativen Demokratietheorien als analytische Satzsysteme oder gedankliche Konstrukte auf. Normative Demokratietheorien sind folglich als **Modell** zu verstehen.

Welchen Sinn können nun normative Demokratietheorien haben, wenn man sie als Modell versteht? Modelle bilden nicht die Wirklichkeit ab, sondern sie reduzieren sie auf "das Wesentliche". Sie identifizieren

---

77. B. Guggenberger: Demokratietheorie, in: D. Nohlen/R.-O. Schulze (Hg.): Politikwissenschaft, S. 130

78. vgl. beispielsweise P. Bachrach: Die Theorie demokratischer Eliteherrschaft, Frankfurt 1970; D. Neubauer/C. Cnudde (Hg.): Empirical Democratic Theory, Chicago 1969

Grundstrukturen und zentrale Zusammenhänge. Bezogen auf unser Thema heißt dies: Normative Demokratietheorien entwickeln ein **Modell der Demokratie als sinn- und zusammenhangstiftende Abstraktion**, d.h. ein Modell davon, welche Bedeutung der Begriff "Demokratie" haben kann.

Bitte bedenken Sie im folgenden, daß die betrachteten Demokratiekonzepte von ihren Verfassern nicht als Modell, sondern als normatives Konzept verstanden wurden. Die modelltheoretische Interpretation entspringt der Notwendigkeit, klassische Konzepte für die moderne politikphilosophische Diskussion fruchtbar zu machen. Sie müssen daher im Rahmen des empirisch-analytischen Wissenschaftskonzeptes interpretiert werden.

Für einen Einstieg in die eigentliche demokratietheoretische Diskussion ist es sinnvoll, etymologisch zu beginnen. Der Begriff "Demokratie" setzt sich aus den griechischen Worten "demos" (Volk) und "kratein" (herrschen) zusammen. Er bedeutet also soviel wie "das Volk herrscht". Was kann das heißen? Hierauf versuchen die normativen Demokratietheorien eine konstruktive Antwort zu geben.

An dieser Stelle müssen wir uns nochmals dem Modellbegriff zuwenden, in dessen Kontext die normativen Demokratiekonzepte nun interpretiert werden. Modelle reduzieren die Realität auf das Wesentliche. Es ist daher zu vermuten, daß es nicht nur ein Modell der Demokratie geben wird. Schließlich ist es eine subjektive Entscheidung, was das Wesentliche ist. Von daher müssen wir uns zunächst fragen, welche Strukturmerkmale und Interaktionsmuster als wesentlich für die Demokratie angesehen werden. Zur Entwicklung unseres analytisch-normativen Demokratiemodells greife ich im folgenden auf unterschiedlichste Demokratiekonzepte der politischen Ideengeschichte zurück.

Nachdem das "Volk herrschen" soll, müssen wir den Volksbegriff und den Herrschaftsbegriff näher untersuchen. Das Volk besteht aus einzelnen Menschen, Gruppen von Menschen, die zusammen eine Gesellschaft ausmachen. Herrschaft setzt ein politisches System voraus. Zentrale Merkmale einer Demokratie sind einzelne Menschen, Gruppen, Organisationen, die Gesellschaft und das politische System. Besteht über die Strukturmerkmale noch Einigkeit, so differieren die normativen Demokratieansätze erheblich, wenn es um die Interaktionsmuster geht.

Es lassen sich hier zwei Grundformen unterscheiden:
1) Liberale Demokratiekonzepte - Sie gehen davon aus, daß die genannten Elemente miteinander "interagieren". Deshalb entstehen aus Individuen Gruppen, Gesellschaften und politische Systeme. Diese Elemente sind aber nicht identisch. Die Gesellschaft entspricht beispielsweise nicht dem politischen System, und die Menge aller Individuen entspricht nicht der Gesellschaft.
2) Konzepte der Volksdemokratie - Diese gehen von einer Identität zwischen einzelnem und Kollektiv aus, so z.B. die griechische und christliche Politische Philosophie, für die das Wohl des einzelnen dem Wohl der Gemeinschaft entspricht. Rousseau formulierte eine Demokratietheorie, in der es weder Herrscher noch Beherrschte gibt und sich Politik am "volonté générale" orientiert. Und in den sozialistischen Demokratietheorien wird ebenfalls von einer Interessenkongruenz zwischen Mensch, Gesellschaft und Politik ausgegangen; dies ist der Grund, weshalb sozialistische Volksdemokratien z.B. keine Gewaltenteilung nötig haben und auch keine Menschenrechte kennen.

Zusammengefaßt gehen liberale Demokratietheorien (zumindest) von der Trennung zwischen Gesellschaft und politischem System aus, während Volksdemokratiekonzepte eine Identität behaupten. Nachdem wir normative Demokratietheorien als analytische Modelle auffassen, sind beide Grundaxiome über das Verhältnis der Elemente - Individuum, Gruppe, Gesellschaft, politisches System - möglich.

Sinnvoll und plausibel ist jedoch **nur** das Axiom der liberalen Konzeption. Ich möchte ausdrücklich darauf hinweisen, daß ich hier von "plausibel" spreche. Die Entscheidung für Axiome ist letztlich immer subjektiv, und in einem Modell kommt es auch nur darauf an, daß die

Schlußfolgerungen den Regeln der deduktiven Logik entsprechen. Für die Erfahrungswissenschaften, und eine solche ist die Politikwissenschaft, sind Modelle im Forschungsprozeß jedoch nur dann sinnvoll, wenn sie sich auf die Realität anwenden lassen. Dies gelingt nur, wenn man passende empirische Relative findet, d.h. Realitätsausschnitte, die den Axiomen des Modells entsprechen. Spätestens hier zeigt sich, daß sich kein empirisches Beispiel für die behauptete Identität zwischen Individuen, Gruppen, Gesellschaft und politischem System finden läßt. Anders formuliert: Man kann zwar modelltheoretisch eine Identität zwischen Gesellschaft und politischem System behaupten, übertragen auf die Realität läßt sich ein solches Konzept jedoch nicht. Deshalb ist es für die Politikwissenschaft ein unbrauchbares Konzept. Damit ist aus pragmatischen Gründen eine Entscheidung für das liberale Demokratiekonzept gefallen.

Welche Interaktionsmuster zwischen einzelnem, Gruppen, der Gesellschaft und dem politischen System sind hier zu konstruieren? Demokratie als Herrschaft des Volkes stellt erstens spezifische Anforderungen an das Zustandekommen des politischen Systems selbst, d.h., jeder einzelne muß in der Demokratie auf die Strukturgestaltung Einfluß haben. Zum zweiten bedeutet Demokratie, daß alle Menschen (das Volk) auf den politischen Prozeß einwirken und ihre Interessen dort einbringen können. Und schließlich erwartet man, daß in einer Demokratie Entscheidungen getroffen werden, die den Wünschen und Bedürfnissen der Bevölkerung entsprechen. Abraham Lincoln hat dies in dem berühmten Gettysburg-Ausspruch von 1863 - anläßlich der Einweihung des Nationalfriedhofs in Gettysburg - so formuliert: Demokratie ist "government of the people, by the people, for the people".

4.5.1. Government of the People

"Government of the people" bedeutet übersetzt, daß die Herrschaft in einer Demokratie **aus dem Volk** hervorgeht. Dies setzt voraus, daß es ein Volk oder eine Gemeinschaft gibt. Wer aber ist das Volk? In den neuzeitlichen Vertragstheorien von Hobbes und Locke wird zur Klärung dieser Frage noch eine Ebene tiefer angesetzt, weil man davon ausgeht, daß erst der Zusammenschluß von einzelnen Menschen eine Gesellschaft formt. Die zentrale demokratietheoretische These lautet folglich: Im Mittelpunkt der Demokratie steht das Individuum.

Was aber wollen wir unter einem Individuum verstehen? Das Individualkonzept bildete sich in der Renaissance aus. Grob zusammengefaßt wird seitdem das Individuum als (relativ) autonome Einheit aufgefaßt: In der Renaissancephilosophie findet sich bei Pico della Mirandola, in seinem Traktat "Über die Würde des Menschen", dafür die Formulierung von der "ontologischen Ortlosigkeit", d.h. der Mensch ist nicht in eine bestimmte Struktur fest eingebunden, sondern entscheidet selbst, ob er sich "Gott annähert oder dem Tier". Modern formuliert spricht man von der Fähigkeit des Menschen, sich selbst zu bestimmen.

Mit der These der individuellen Autonomie sind folglich für alle Menschen (als Individuum sind alle Menschen gleich) bestimmte Implikationen verbunden: die Fähigkeit (Vernunft) und Möglichkeit (Freiheit), sich selbst zu bestimmen. Anders formuliert: Der Begriff "Individuum" enthält die Merkmale Gleichheit, Vernunft, Freiheit und Selbstbestimmung. Einen Menschen als Individuum zu kennzeichnen bedeutet daher per definitionem, ihm Vernunft, Freiheit und Selbstbestimmung zuzusprechen.

In der Neuzeit werden dem Individuum diese Merkmale über spezifische Naturrechtskonzeptionen zugewiesen. Dem einzelnen kommen von Natur (von Gott) aus bestimmte Rechte zu. Aus dieser Sicht sind - naturrechtlich/formal - alle Menschen (vor Gott) gleich. Zu den wesentlichen natürlichen Rechten des Individuums gehören das Recht auf Leben und körperliche Unversehrtheit, das Recht auf Freiheit sowie das Recht auf Selbstbestimmung, d.h. gemäß eigenen Prinzipien und Glücksvorstellungen leben zu können, solange damit nicht die gleichen Rechte eines anderen Individuums eingeschränkt werden (die Freiheit des einen endet dort, wo die Freiheit des anderen beginnt).

Die naturrechtliche Argumentation ist problematisch, da sie die Existenz Gottes voraussetzt bzw. von angeborenen natürlichen Rechten ausgeht. Beides ist wissenschaftlich nicht zu begründen. Aus der Sicht des empirisch-analytischen Wissenschaftskonzeptes ist daher von solchen Ausgangsthesen Abstand zu nehmen, weil sie mehr voraussetzen, als der Wissenschaftler begründen kann. Dies vermeidet man, wenn man das Individualkonzept modelltheoretisch, axiomatisch auffaßt, wie oben geschehen.

Das so verstandene (Modell-)Individuum ist der Ausgangspunkt der Gesellschafts- und Staatsbildung. Individuen leben - modelltheoretisch - in einem rechts- und herrschaftsfreien Raum, dem sog. Naturzustand. Es stellt sich nun die Frage, wie man, ausgehend vom Individuum, zu einer Gesellschaft und einem politischen System kommt, denn dies sind überindividuelle Phänomene.

Die Vertragstheoretiker, wie z.B. Hobbes und Locke, postulieren, daß die Gesellschaft und das Herrschaftssystem demokratisch nur über freiwillige Kooperation der Individuen zustandekommen. Wäre die Kooperation nicht freiwillig, wäre das Individualkonzept, d.h. die darin dem einzelnen zugewiesenen Freiheits- und Selbstbestimmungsrechte, verletzt. Die Freiwilligkeit der Kooperation wird mit der Institution "Vertrag" ausgedrückt: Die Individuen schließen jeder mit jedem eine Übereinkunft ab. So erst entstehen Gesellschaft und Staat.

Die modellhafte demokratietheoretische Forderung lautet jedenfalls: Demokratische Gesellschaften (Gruppen, Organisationen, gesellschaftliche Subsysteme) und demokratische politische Systeme ergeben sich aus individuellem, vernünftigem und freiwilligem Handeln. Demokratische Gesellschaften und demokratische politische Systeme basieren auf freiwilliger Kooperation.

Wie sieht nun die Struktur einer demokratischen Gesellschaft bzw. wie sehen die Formen freiwilliger Kooperation in einer Gesellschaft aus? Standardbeispiel freiwilliger Kooperation ist die Familie. Sie gilt deswegen schon seit Aristoteles als "Keimzelle" der Gesellschaft. Weiter entstehen Gruppierungen, die parallele ökonomische, soziale oder sonstige Interessen haben; die Arbeiterbewegung des 19. Jahrhunderts kann dafür beispielhaft stehen. Interaktionsresultat sind also relativ autonome Gruppen, die sich in einer Gesellschaft auch institutionalisieren und so zu Organisationen werden (Arbeiterbewegung - Gewerkschaften). Ihre Interessen versuchen die Organisationen dann in den politischen Prozeß einzubringen.

Den Menschen kann in demokratischen Gesellschaften nicht verwehrt werden, daß sie sich gerade zur Durchsetzung politischer Interessen freiwillig zusammenschließen, um ihre Durchsetzungsfähigkeit zu erhöhen. Hierauf verweisen insbesondere die **Pluralismus- und Korporatismustheorien**. Der deutsche Jurist Otto v. Gierke formulierte schon im 19. Jahrhundert in seiner "Genossenschaftstheorie", daß "tätige bürgerliche Freiheit" "Selbstverwaltung" bedeute und der Staat folglich ein System von Verbänden sei. Der amerikanische Philosoph William James wies zu Beginn des 20. Jahrhunderts auf die "föderative Struktur der Wirklichkeit" hin. J. Figgis ging weiter von verbandlicher Autonomie aus, die der Staat respektieren müsse. H. Laski zufolge sind Verbände und Organisationen wesentlich für den Prozeß der politischen Partizipation.

Hieraus ergibt sich die modelltheoretische Forderung, daß demokratische Gesellschaften plural strukturiert zu sein haben, und daß sich Verbände und Organisationen am politischen Prozeß beteiligen dürfen. Wir hatten eingangs formuliert, daß demokratische Herrschaft aus dem Volk entsteht. Gemäß den Vertragstheorien entsteht das politische System aus individueller, vertraglicher Zustimmung jedes einzelnen. Wirklich historisch gemeint hat dies beispielsweise Locke; man spricht hier vom "Urvertrag", den die Menschen abschließen. Wenn daraus eine demokratietheoretische Forderung postuliert wird, dann kann man nur den USA, bei großzügigster Auslegung, eine demokratietheoretisch adäquate Gründung bescheinigen; bei ihrer Landung in den späteren USA schlossen die sog. Pilgerväter der "Mayflower" 1602 einen Gesellschaftsvertrag ab.

Andere Vertragstheoretiker, etwa Hobbes oder Kant, legen ihren Vertrag hypothetisch an. Ihre Frage lautet: Unter welchen Bedingungen kann man als autonomes, vernünftiges Individuum den Institutionen des politischen Systems theoretisch zustimmen? In anderer Formulierung kommt man zu der Forderung: Ein demokratisches politisches System muß so strukturiert werden, daß der einzelne, bzw. Gruppen und Organisationen, respektive die Gesellschaft Souverän ist. Der wichtige Terminus heißt hier "Volkssouveränität".

Wie aber kann das Volk "Souverän" sein, wie, durch welche Verfahren kann der einzelne seine Zustimmung geben? Modern reformuliert ist dies die Frage nach politischer Partizipation. Darunter werden alle Tätigkeiten der Menschen zusammengefaßt, die diese unternehmen, um Entscheidungen des politischen Systems zu beeinflussen.

Zunächst muß geklärt werden, **wer** sich an der Politik beteiligen darf. Auf der eingangs skizzierten individualistischen Basis einer Gesellschaft darf notwendigerweise kein Individuum einer Gemeinschaft davon ausgeschlossen werden. Alle Menschen einer Gesellschaft sollen sich folglich an der Politik beteiligen dürfen. Einschränkungen, die sich in der Praxis als nötig erweisen (z.B. bezogen auf Kinder), müssen daher besonders begründet werden.

Die Chancen, wirklich Einfluß ausüben zu können, steigen, wenn sich Individuen zu Organisationen zusammenschließen, die ihre politischen Interessen nicht nur durchsetzen, sondern zu allgemein verbindlichen Interesssen machen wollen, indem sie politische Macht erringen, den **Parteien**. Letzteres unterscheidet Parteien von Verbänden. Verbände wollen zwar auch Interessen durchsetzen, streben aber nicht nach politischer Macht. Von daher muß es in Demokratien möglich sein, Parteien zu gründen und sich in Parteien politisch zu engagieren.

Neben direkten Partizipationsformen wie Parteimitgliedschaft gibt es indirekte Beteiligungsmöglichkeiten. Wichtigste Form sind hier zweifellos die regelmäßig anzusetzenden **Wahlen**. Wahlen sind notwendig, um politische Entscheidungen zu treffen. Diese können Ämter oder Sachfragen betreffen. In der Regel rücken Wahlen in den Blickpunkt, wenn es um politische Ämter geht.

Dabei stellen sich die Fragen der Wahlberechtigung und des Wahlmodus. Auf der Basis des Prinzips der individuellen Zustimmung bzw. der Volkssouveränität ist die Antwort auf die erste Frage klar: Wählen darf jedes Individuum einer Gesellschaft. Einschränkungen müssen besonders gerechtfertigt werden (allgemeine und direkte Wahl). Für die zweite Frage lassen sich im Prinzip zwei Grundformen der Repräsentation unterscheiden, Mehrheitswahl und Verhältniswahl. Das Mehrheitswahlrecht wird insbesondere von Locke als effizient anerkannt. Voraussetzung dafür ist aber der zuvor notwendige gesellschaftliche Konsens (individuelle Zustimmung) für diese Wahlform.

Für beide Varianten lassen sich jeweils gute Gründe anführen, so daß die Entscheidung für eine Form oder für Mischformen von jeder Gesellschaft selbst zu treffen ist. Modelltheoretisch kann darüber hinaus nur gefordert werden, daß jede Stimme gleich viel zählt und daß die Stimmabgabe frei zu sein hat. Aus Gründen des Repressionsschutzes empfiehlt sich eine geheime Stimmabgabe.

Wenn sich demokratische Herrschaft aus dem Volk ergibt, dann bedeutet dies noch lange nicht, daß auch das Volk herrscht. Analytisch denkbar ist etwa die Herrschaft eines absoluten Leviathans, wie bei Hobbes. Wenden wir uns daher dem zweiten Aspekt der Demokratie zu.

4.5.2. Government by the People

Die Formulierung "government by the people" besagt, daß das Volk nicht nur Basis der politischen Herrschaft ist (Souveränität, Zustimmung), sondern sie faktisch ausübt. Damit müssen bestimmte Anforderungen an die Struktur des politischen Systems selbst und die in ihm ablaufenden politischen Prozesse gestellt werden.

Demokratie als Herrschaft des Volkes muß in seiner Struktur zunächst dem besonderen Stellenwert des Individuums als seiner Basiskonstanten gerecht werden. Ich hatte oben darauf verwiesen, daß dem Individuum die Merkmale Gleichheit, Vernunft, Freiheit, Selbstbestimmung zugeordnet werden. Daraus folgt weiter, daß eine Gesellschaft und ihr politisches System diese individuellen Zuordnungen (Rechte) anerkennt und den Individuen die Möglichkeit verschaffen muß, ihre Freiheit und Selbstbestimmung in die Tat umzusetzen. Einer anderen Gesellschaft bzw. einem anderen politischen System würden die Individuen gar nicht zustimmen, so formuliert es Locke in seinem "Second Treatise" ("Zweite Abhandlung über die Regierung"). Die logische Konsequenz der individuellen Staatskonstruktion ist die Institution der **Menschen- und Bürgerrechte**, d.h. die Positivierung von individuellen Merkmalen als fixierte Rechte, die der Staat, will er akzeptiert werden, zu garantieren hat.

Der erste, der darauf verwiesen hat, daß der Sinn und Zweck des Staates der Schutz des Individuums (seines Lebens, seiner Freiheit und seines Eigentum) ist, war John Locke. Explizit deklariert wurden die Menschenrechte erstmals in Art. 1 der "Bill of Rights of Virginia" vom 12.6.1776: "Alle Menschen sind von Natur gleichermaßen frei und unabhängig und besitzen gewisse angeborene Rechte ...; nämlich das Recht auf Leben und Freiheit und dazu die Möglichkeit, Eigentum zu erwerben und zu behalten und Glück und Sicherheit zu erstreben und zu erlangen."[79]. Aufgenommen wurden diese Positionen in der amerikanischen Unabhängigkeitserklärung vom 4.7.1776. Dort heißt es u.a.: "Folgende Wahrheiten erachten wir als selbstverständlich: daß alle Menschen gleich geschaffen sind, daß sie von ihrem Schöpfer mit gewissen, unveräußerlichen Rechten begabt sind, daß dazu Leben, Freiheit und Streben nach Glück gehören..."[80] Analoge Formulierungen finden sich in der französischen Erklärung der Rechte des Menschen und des Bürgers von 1789, wo es heißt: "1. Die Menschen werden frei und gleich an Rechten geboren und bleiben es. (...) 2. Der Endzweck aller politischen Vereinigung ist die Erhaltung der natürlichen und unabdingbaren Menschenrechte. Diese Rechte sind die Freiheit, das Eigentum, die Sicherheit, der Widerstand gegen Unterdrückung."[81]

---

79. H.-H. Hartwich (Hg.): Politik im 20. Jahrhundert, Braunschweig 1972, S. 75
80. H.-H. Hartwich, S. 76
81. H.-H. Hartwich, S. 77

Die Herausgehobenheit des Individuums und die Notwendigkeit individueller Zustimmung zum politischen System macht genauere und sichere Absprachen über die Beziehung Individuum - Staat notwendig. Nachdem das Staatsziel die Verwirklichung der Menschenrechte ist, sind eben diese Menschenrechte zentraler Bestandteil einer Verfassung.

Mittel zur Sicherung der Menschenrechte ist das den Staat bindende Gesetz. Desweiteren findet sich, zunächst wiederum bei Locke, der Hinweis, daß im Rahmen des Vertrages explizit die Regierungsform sowie zentrale politische Regeln (z.B. das Mehrheitsprinzip und Gewaltenteilung) verankert werden sollen. Die vertragstheoretischen, individualistischen Konzeptionen stehen folglich Pate für die Idee des **Rechts- und Verfassungsstaates** und seiner konkret-institutionellen Ausgestaltung.

Die Bindung der Politik an das Recht ist ein Gedanke, der sich bereits in der antiken Politischen Philosophie findet. So argumentiert etwa Platon in den "Nomoi", daß die "Gesetze herrschen" sollen, weil sie die einzige realitätsangemessene Form einer "guten Herrschaft" darstellen. Der moderne Rechtsstaatsgedanke geht auf den Autonomieanspruch des Individuums und die Begrenzung der Staatstätigkeit zurück, d.h. auf Trennung zwischen privat und öffentlich. Um dieses Ziel faktisch umsetzen zu können, muß der Staat begrenzt werden, und die Grenzen müssen kontrollierbar sein. Der Rechtsstaat gründet sich daher zunächst auf die Menschenrechte als Basis allen Staatsrechts. Anders formuliert: Das Individuum wird nur solchen Gesetzen zustimmen, die seine Grundrechte nicht einschränken. Von daher bilden die Menschenrechte immer den Kern einer Verfassung.

Um die dadurch garantierten Rechte konkret wahrnehmen zu können, muß der Staat eine bestimmte Struktur aufweisen, die ebenfalls in der Verfassung niedergelegt wird. Kern dieser Struktur ist die in der heutige Variante erstmals von Montesquieu beschriebene horizontale **Gewaltenteilung** in Legislative, Exekutive und Judikative. Dabei kommt der Legislative die Gesetzgebung, der Exekutive die Umsetzung der Gesetze und der Justiz die Überwachung der beiden anderen Gewalten zu; die Justiz kann durch jedes sich in seinen Rechten verletzt fühlende Individuum angerufen werden.

Die Gewaltenteilung bewirkt die gegenseitige Kontrolle der politischen Herrschaft, ein Argument, das bereits Platon verwendete. Die Gewaltenteilung kann durch föderative Elemente erweitert werden. Förderative Strukturen gliedern ein politisches System in zwei oder mehr politische Ebenen; deshalb spricht man auch von "vertikaler Gewaltenteilung".

Bei Verletzung der ursprünglich festgelegten Regeln, der Verfassung, durch staatliche Organe hat das Individuum das Recht auf **Widerstand**. Wiederum ist es John Locke, der in seinem "Second Treatise" dem einzelnen dieses Recht erstmals einräumt. Als Pragmatiker zählt für ihn auch das Emigrationsrecht zum Widerstand. Sein Argument lautet: Das Individuum wird sich mit seinem Widerstand in der Regel kaum durchsetzen können, es ist daher besser, den Staat zu verlassen.

Die normativen Anforderungen an eine demokratische Herrschaft des Volkes lassen sich wie folgt zusammenfassen: Das politische System muß die Menschen und Bürgerrechte garantieren. Zu diesem Zweck ist die Bindung des notwendig gewaltenteilig strukturierten politischen Systems an Recht und Gesetz (Rechtsstaat) erforderlich. Die genannten Elemente, die nur eine notwendige Voraussetzung für die Herrschaft des Volkes sind, müssen durch den Menschen selbst genutzt werden. Er muß sich politisch engagieren, wählen, in Verbänden Interessen vertreten, Parteimitglied werden, sich als Kandidat aufstellen lassen, Gesetze formulieren oder umsetzen etc. Die Praxis zeigt allerdings, daß es eine Fiktion ist, zu erwarten, daß sich alle Menschen politisch engagieren. Schon für Aristoteles war klar, daß nur Eliten Politik betreiben können und das waren damals Menschen, die über genügend Zeit und Geld verfügten.

In den Mittelpunkt des Interesses rückt schon deshalb das Prinzip der **Repräsentation**. In der aus der Französischen Revolution hervorgegangenen Verfassung heißt es in Titel III Art. 2, Abs. 2 sinngemäß: Die

Nation, von der alle Gewalten ausgehen, kann sie nur durch Übertragung ausüben. Politik wird also nicht vom Souverän (dem Volk) selbst betrieben, sondern von seinen Repräsentanten. An dieser Stelle muß auf den ersten Abschnitt zur normativen Demokratietheorie verwiesen werden, in dem die Bedeutung von Verbänden, Parteien und Wahlen skizziert wurde. Wir können feststellen, daß die Formulierung "das Volk herrscht" dann gerechtfertigt ist, wenn der einzelne soweit am politischen Prozeß teilhaben kann, wie er möchte, z.B. durch aktives und passives Wahlrecht. Dies ist gewährleistet, wenn es allgemeine, gleiche, freie und geheime Wahlen gibt; wenn es direkte Abstimmungen gibt; wenn jeder Parteien gründen bzw. ihnen beitreten kann; wenn der einzelne die faire Chance hat, politischer Kandidat zu werden etc.

4.5.3. Government for the People

Die demokratische Herrschaft soll schließlich zu Ergebnissen führen, die dem Willen der Bevölkerung entsprechen. Dies ist prima facie eine selbstverständliche These, wenn Demokratie "Herrschaft des Volkes" ist.

Allerdings stellt sich hier das Problem, was denn der "Wille" der Bevölkerung ist. Das Volk oder die Gesellschaft setzt sich aus einer Vielzahl von Individuen, Gruppen und Organisationen sowie deren Interessen zusammen. Der amerikanische Politiktheoretiker K. Arrow konnte in seinem Buch "Social Choice and Individual Values"[82] belegen, daß es nicht möglich ist, aus der Vielzahl individueller Wünsche und Bedürfnisse (Präferenzen) eine widerspruchsfreie kollektive Entscheidung herauszupräparieren. Dies ist das sog. "Unmöglichkeitstheorem" von Arrow. Es stellt sich daher das Problem, zu präzisieren, was mit der Formulierung "government for the people" gemeint sein soll, da es offensichtlich einen einheitlichen Willen der Bevölkerung nicht gibt.

Normative Letztinstanz der Demokratie ist das Individuum mit seinen Interessen. Da die widerspruchsfreie Aggregation von Individualinteres-

---

82. K. Arrow: Social Choice und Individual Values, New Haven 1951

sen nicht gelingt, kann "Government for the People" zunächst nur bedeuten, daß jeder einzelne oder eine gleichgesinnte Gruppe (Partei)
seine/ihre Interessen im fairen, friedlichen Wettbewerb mit anderen
Interessen durchsetzt. Wie ein solcher fairer Wettbewerb aussehen
kann, hat beispielsweise John Rawls in seiner "Theorie der Gerechtigkeit" entworfen. Durch faire Verfahrensregeln entsteht das "Gemeinwohl a posteriori", wie es E. Fraenkel formuliert.

So verstanden bedeutet Demokratie die Sicherung fairer Wettbewerbs-
bedingungen für Interessenartikulation, -vermittlung, und -durchsetzung
bzw. die Garantie friedlicher, fairer Konfliktregulierung. Der Politik-
ökonom Joseph Schumpeter spricht in diesem Kontext von "Demokratie als Methode". Zu den Bedingungen des fairen Interessendurchset-
zungsprozesses gehört nicht nur die Anerkennung liberaler Freiheits-
und Gleichheitsgrundsätze, dazu zählen auch so wichtige Rechte wie
Meinungs-, Presse-, Versammlungs- und Koalitionsfreiheit und so bedeutende Institutionen wie Medien, Verbände und Parteien, die ebenfalls nach Fairneßprinzipien organisiert sein müssen.

"Government for the people" ist aber nicht nur formal zu interpretieren. Die Menschen erwarten, daß ihre Anliegen ernst genommen und
in praktische Politik umgesetzt werden. Dieser positive Zusammenhang
zwischen politischen Interessen und Forderungen der Bevölkerung
einerseits und dem Resultat der Politik andererseits wird als "Responsivität" bezeichnet.

Desweiteren deutet auch der Begriff der "sozialen Legitimation"[83] darauf hin, daß die Menschen die Befriedigung grundlegender Bedürfnisse
erwarten. John Rawls hat in seinem Modell einer "Theorie der Gerechtigkeit" aufgezeigt, daß eine wohlfahrtsstaatliche Politik mit methodologischem Individualismus nicht nur vereinbar ist, sondern unter bestim-
ten Prämissen sogar die notwendige Folge ist. Die soziale Grundab-
sicherung des einzelnen, die Bewahrung und Mehrung des Wohlstands-

83.   vgl. W. Becker: Was heißt 'Legitimation' in der liberalen Demokratie?,
      S. 455

271

niveaus kann von daher als Minimalkonsens einer demokratischen Politik angesehen werden.

4.5.4. Resümee

Auf die eingangs gestellte Frage, was denn Demokratie sein soll, vermögen wir nunmehr eine plausible, wenn auch skizzenhafte, modelltheoretische Antwort zu geben.

1. Basis der Demokratie ist das (relativ) autonome Individuum. Die Charakterisierung eines Menschen als Individuum impliziert Vernunft, Freiheit und Selbstbestimmung. Als Individuen sind alle Menschen gleich.

2. Die individuellen Interaktionen führen zu freiwilligen Zusammenschlüssen von Individuen in Gruppen oder Organisationen (plurale Gesellschaft).

3. Politische Systeme sind ebenfalls das Resultat freiwilliger, individueller Zustimmung (hypothetischer Vertrag). Ihre wichtigsten Strukturmerkmale (Polity) sind: Garantie der Menschenrechte, Rechtsstaatlichkeit und Gewaltenteilung.

4. Aufgrund der individualistischen Fundierung ist auch der politische Prozeß (Politics) demokratisch organisiert. Allen Individuen stehen gleiche, direkte und indirekte Partizipationschancen, insbesondere Wahlen, offen (Volkssouveränität, Repräsentativität, Mehrheitsprinzip, Pluralismus).

5. Demokratische Politik (Policy) ist das Ergebnis eines fairen Konfliktregulierungsprozesses. Inhaltlich orientiert sie sich zumindest an der Befriedigung materieller und sozialer Grundbedürfnisse der Bürger (Responsivität).

5. Moderne Politische Theorie

Unter Bezugnahme auf empirische und analytische Methoden gelang
den Naturwissenschaften in der Neuzeit ein phänomenaler wissenschaftlicher Fortschritt. In Anlehnung an diese Methodik entwickelten sich seit
dem 19. Jahrhundert die modernen Sozialwissenschaften: Soziologie, Psychologie und Politikwissenschaft. Für sie, wie auch für die Naturwissenschaften, bildet vor allem das empirisch-analytische Wissenschaftskonzept die wissenschaftstheoretische Basis (vgl. 2.2.3. und 2.3.). Wegen
dieser einheitlichen Grundlage spricht man von Wissenschaftsmonismus.
Zentrales Ziel aller empirisch-analytisch verfahrenden Wissenschaften
ist die Beschreibung, Erklärung und Prognose "der Wirklichkeit". Dazu
gilt es, die Phänomene mittels präziser Sprache zu beschreiben, Hypothesen zu formulieren und zu testen, um so zu sicherem Wissen zu gelangen.

Innerhalb der Teildisziplin Politische Theorie knüpft der Teilbereich
Moderne Politische Theorie an das empirisch-analytische Wissenschaftskonzept an. In ihm geht es um die Bereitstellung analytischer Modelle,
mit deren Hilfe die komplexe Realität strukturiert und Hypothesen gewonnen werden können, bzw. um empirische Theorien über politische
Phänomene, um diese erklären und prognostizieren zu können. In diesem
Kontext ist es eigentlich nicht sinnvoll, den Terminus "politische" Theorie
beizubehalten. Die Theorien, um die es nun geht, sind nicht "politisch",
sondern politikwissenschaftlich. Der Name "Moderne Politische Theorie"
hat sich allerdings eingebürgert; deshalb wird er im folgenden weiter
verwendet. Wichtig ist jedoch nochmals der Hinweis, daß die Moderne
Politische Theorie auf der Basis des empirisch-analytischen Wissenschaftskonzeptes arbeitet.

Die Forschungsziele politikwissenschaftlicher Theorien, zu deren Erreichung die Anwendung bestimmter Strategien (Methodik) notwendig
ist, sollen im folgenden erläutert werden. Anschließend will ich Ihnen
die wichtigsten allgemeinen Modelle und Theorien der Modernen Politischen Theorie, Behavioralismus, Neue Politische Ökonomie und
Systemtheorie, in Grundzügen vorstellen.

5.1. Ziele und Analyseebenen der Modernen Politischen Theorie

Ziel der Modernen Politischen Theorie ist es, politische Phänomene präzise zu erfassen, durch politikwissenschaftliche Theorien zu erklären und so das politikwissenschaftliche Wissen zu erweitern. Die Erklärung politischer Phänomene kann nur mittels empirischer Theorien erfolgen. Sie erhält man, wenn Hypothesen, also empirische Vermutungen über (wahrscheinliche) Kausalzusammenhänge, anhand der Realität getestet wurden und sich bewähren.

Wie aber kommt man zu den Hypothesen? Hierauf gibt der Kritische Rationalismus Poppers die Antwort, daß es gleichgültig ist, wie man zu Hypothesen kommt. Andere empirisch-analytische Wissenschaftskonzepte, etwa Rudolf Carnaps Induktivismus, wollen dagegen Hypothesen systematisch entwickeln. Hierzu verwendet man analytische Modelle. Betrachten wir das Verfahren einmal genauer.

Wie Sie sich erinnern kennt das empirisch-analytische Wissenschaftskonzept zwei präzise Wissenschaftssprachen, die empirische Sprache, definiert durch eine Äquivalenzrelation zwischen Sprache und Realität, und die analytische Sprache. Die analytische Sprache erhält man dadurch, daß Begriffe durch andere präzise Begriffe definiert werden.

Die Mathematik ist das Standardbeispiel einer analytischen Sprache. Ihre Gegenstände, z.B. Zahlen, bezeichnen nichts Reales, sondern haben eine Bedeutung kraft Definition. Mittels der analytischen Sprache kann der Wissenschaftler **Konstrukte** oder **Modelle** entwickeln, d.h. gedankliche Zusammenhänge, wie etwas aussehen könnte, wie sich etwas unter angenommenen Bedingungen entwickelt usw. Vertragstheoretiker und die Rational-Choice-Theoretiker gehen beispielsweise von der Annahme des autonomen, rationalen, freien und gleichen Individuums aus, das es in Wirklichkeit natürlich nicht gibt.[1]

---

1.   An dieser Stelle möchte ich darauf hinweisen, daß der Modellbegriff in den Naturwissenschaften meistens anders verwendet wird. Hier basieren Modelle auf der formalen Abstraktion empirischen Wissens. D.h. es liegt Faktenwissen vor, das abstrahiert und formalisiert (Modell) wird.

Ziel modelltheoretischer Überlegungen in der Politikwissenschaft ist die Entwicklung widerspruchsfreier Konstrukte des politischen Systems, einzelner Institutionen, politischer Prozesse, politischen Verhaltens o.ä. Diese Konstrukte basieren auf subjektivem Wissen des konstruierenden Wissenschaftlers; es sind Setzungen. Illustrieren möchte ich das am Beispiel der Eastonschen Systemtheorie. Easton konstruiert folgenden gedanklichen Zusammenhang: Aus dem "sozialen System" gelangt "Input" in das "politische System"; dort wird er verarbeitet ("Conversion"); der "Output" des "politischen Systems" beeinflußt wiederum das "soziale System". Sie finden hier also die Vorstellung eines Kreislaufs. Ob sich diese Vorstellung in der Realität bewahrheitet ist auf der Modellebene unwichtig.

Erst in einem zweiten Schritt stellt sich das Problem, wie man das Kreislaufmodell in der Politikwissenschaft verwenden kann. Das Modell muß dazu auf die Realität, beispielsweise die der Bundesrepublik Deutschland, übertragen werden; hier spricht man vom **empirischen Relativ**. Die Modellbegriffe werden dabei von empirischen Begriffen abgelöst. Ein empirischer Begriff ist dann analog zum Modellbegriff, wenn die Definitionen des Modells erfüllt werden.

In unserem Beispiel könnten wir sagen, daß das "soziale System" der deutschen Gesellschaft entspricht, der "Input" sind Forderungen und Unterstützungen, die durch deutsche Parteien, Verbände, Medien etc. in das politische System hineingetragen werden. Das deutsche "politische System" besteht aus dem Bundestag, der Bundesregierung inklusive der Ministerialbürokratie, dem Bundesrat, dem Bundespräsidenten und dem Bundesverfassungsgericht. Der "Output" sind Gesetze, Verordnungen etc., die wiederum die deutsche Gesellschaft, das Staatsvolk oder die Wähler beeinflussen.

Wie kann man nun hieraus Hypothesen gewinnen? Die erste, triviale Vermutung könnte lauten: Das politische System der Bundesrepublik ist mit der deutschen Gesellschaft so verflochten, wie das Modell postuliert, d.h. wir finden empirisch einen politischen Kreislauf (Existenzhypothese). Weitere, sehr allgemeine empirische Vermutungen

könnten lauten:
- Politische Entscheidungen (Output) sind abhängig vom Input und der Verarbeitung im politischen System.
- Politische Einstellungen der Gesellschaftsmitglieder sind abhängig vom Output eines politischen Systems.

Sie sehen an diesem Beispiel, daß Sie gar kein großes Wissen über die Bundesrepublik Deutschland selbst benötigen, um zu Hypothesen zu kommen. Modelle reduzieren die Komplexität der Wirklichkeit derart, daß es leicht wird, mögliche Zusammenhänge zu erkennen und Hypothesen zu formulieren.

Geht es bei der Aufstellung von Modellen darum, die Wirklichkeit angemessen zu reduzieren und Hypothesen zu formulieren, so will der Wissenschaftler mit Theorien die Wirklichkeit erklären. Die genauen Forschungsziele sind dabei von der gewählten Analyseebene abhängig. Man unterscheidet zwei Analyseebenen, die als "Mikro- und Makroebene" bezeichnet werden. In anderer Formulierung wird auch von methodologischem Individualismus bzw. methodologischem Kollektivismus gesprochen. Beide Analyseebenen sind für die Moderne Politische Theorie von Bedeutung, bei bestimmten Problemstellungen ergänzen sie sich auch sinnvoll.

5.1.1. Mikroebene

"Der methodologische Individualismus ist der Meinung, daß alle Aussagen über große Kollektive, also Gruppen, Gesellschaften, auf Aussagen über die in diesen Kollektiven Handelnden oder deren Handlungen zurückzuführen, zu reduzieren (daher: Reduktionismus) seien."[2] Im Zentrum politikwissenschaftlicher Theorien dieser Ebene steht folglich das Individuum, seine Handlung oder sein Verhalten (1). Mit individuellem Verhalten/Handeln werden alle überindividuellen Phänomene wie politische Prozesse, politische Institutionen, politische Normen und Werte

---

2.   H. Reimann/ B. Giesen/ D. Goetze/ M. Schmid: Basale Soziologie: Theoretische Modelle, Opladen 1991, S. 86

sowie politische Entscheidungen erklärt (2). Zusammengefaßt arbeitet man auf dieser Ebene mit einer Grundhypothese, in der das Individuum und sein Verhalten unabhängige, d.h. erklärende Variable ist, mit der ein anderes Phänomen, die abhängige Variable, erklärt werden soll. Zu unterscheiden ist weiter eine empirische und eine analytische Variante des individuellen Verhaltens/Handelns bzw. der Betrachtung der Zusammenhänge zwischen Individuum und kollektiven Phänomenen.

(1) Die politikwissenschaftlichen Forschungsziele der Mikroebene beziehen sich zunächst auf die Konstruktion, die Analyse sowie auf die Erklärung des **individuellen** politischen Verhaltens bzw. Handelns. Entsprechende Erkenntnisse basieren auf interdisziplinärer Zusammenarbeit mit den Dizisplinen Soziologie, Sozialpsychologie, Psychologie und Ökonomie.

Entsprechend kann man zwischen
a) empirischen **Theorien** individuellen Handelns und Verhaltens einerseits sowie b) **Modellen** über individuelles Verhalten und Handeln andererseits differenzieren.

a) Empirische **Theorien über individuelles Verhalten und Handeln** untersuchen beispielsweise folgende Fragen:
- Warum verhalten sich Menschen politisch so, wie sie es tun?
- Welche Rolle spielen Persönlichkeitsmerkmale (wie z.B. individuelle Triebstruktur, persönliche Motivation, Durchsetzungsfähigkeit, Kontaktbereitschaft etc.) für politisches Verhalten?
- Welche Faktoren erklären die Ausprägung politischer Wertüberzeugungen der Menschen?
- Welcher Zusammenhang besteht zwischen Persönlichkeitsmerkmalen und politischem Engagement?

Um diese Fragen beantworten zu können, muß der Politikwissenschaftler insbesondere auf psychologische Theorien zurückgreifen. Hierzu hat sich eine eigene Teildisziplin, die Politische Psychologie, entwickelt. Bei einer zweiten Gruppe von Fragestellungen ist der Politikwissenschaftler dagegen auf interdisziplinäre Zusammenarbeit mit Sozialpsychologie und

277

Soziologie angewiesen. Hierfür gibt es ebenfalls eine eigene Teildisziplin, die Politische Soziologie. Sie untersucht z.B.:

- Welchen Einfluß üben die Familie und der Freundeskreis auf politisches Verhalten und politische Einstellungen aus?
- Wie stark sind Bindungen an politische Gruppen und wie beeinflussen sie das Wahlverhalten?

b) **Modelle individuellen Verhaltens** werden in der Politikwissenschaft vor allem unter Rückgriff auf die politik-ökonomischen Konzepte entwickelt. Ausgangspunkt ist dabei ein Individualmodell, welches dem einzelnen per Definition Rationalität, Nutzen-Kosten-Denken und vollständige Information zuordnet. Dieses Modell heißt **homo oeconomicus**. Es wird im Rahmen der Rational-Choice-Theorie, der Spieltheorie und sonstiger Ansätze der sog. "Neuen Politischen Ökonomie" verwendet, vgl. 5.4.

2) Zweites Forschungsziel des empirisch-analytisch verfahrenden Politikwissenschaftlers ist die Erklärung und Modellierung überindividueller Phänomene wie Institutionen, politische Prozesse etc. durch **Reduktion auf das Verhalten des einzelnen**. Es geht also um das Problem, vom Verhalten/Handeln einzelner auf überindividuelle Phänomene zu schließen (Mikro-Makro-Problem). Auch hier wird wieder zwischen einer empirischen und einer analytischen Variante unterschieden.

a) Die empirische Politikforschung untersucht in diesem Zusammenhang z.B. folgende Fragen:

- Durch welches individuelle Verhalten entstehen oder verändern sich politische Institutionen?
- Welches individuelle Verhalten führt zu politischer Stabilität?
- Welche politischen Einstellungen der Menschen stabilisieren oder destabilisieren einzelne politische Institutionen, wie etwa Parteiensysteme oder politische Systeme, als Ganzes?
- Mit welchen politischen Instrumenten und Programmen läßt sich das Verhalten des einzelnen steuern, beispielsweise im Hinblick auf umweltgerechteres Verhalten?

b) Die analytische Politikforschung versucht, die Zusammenhänge zwischen individuellem Verhalten und Kollektiven unter rationalen Bedingungen zu simulieren. Auf dieser Basis konstruiert man:
- die Entstehung von Kooperation bis hin zur Institutionenbildung,
- Wahl- und Partizipationsverhalten des "rationalen" Bürgers,
- Verhalten des "rationalen" Politikers,
- "rationales" Verhalten von Parteien, Bürokratien und sonstigen politischen Institutionen sowie
- politisches Entscheidungsverhalten.

Als wichtigste mikroanalytische Konzepte (Theorien und Modelle) werde ich Ihnen den Behavioralismus, vgl. 5.3. und die sog. Neue Politische Ökonomie, vgl. 5.4. vorstellen.

5.1.2. Makroebene

"Der methodologische Kollektivismus behauptet, daß individuelles Verhalten aus makrosoziologischen Generalisierungen abgeleitet werden kann und daß andererseits Gruppenphänomene nicht aus dem Verhalten der einzelnen Mitglieder erklärt werden können. Vielmehr ergeben sich ... beim Fortschreiten von niederen zu höheren Stufen eines Systems neue, aus den Elementen der niederen Stufe oder Ebene nicht (vollständig) ableitbare oder erklärbare (ganzheitliche) Qualitäten. (...) Mit anderen Worten: das Ganze ist mehr, als die Summe seiner Teile..."[3] Die grundlegende Hypothesenstruktur dieses Ansatzes sieht in kollektiven Phänomenen die unabhängige Variable. Der auf der Makroebene arbeitende Politikwissenschaftler versucht folglich, seine sozialen Gegenstände (z.B. Wandel politischer Systeme, Verhalten des einzelnen usw.) durch das "Verhalten" von Kollektiven wie Gruppen, gesellschaftlichen Subsystemen bis hin zur Gesellschaft und dem internationalen System zu simulieren (Modell) oder zu erklären (Theorie). Wichtigstes politikwissenschaftliches Konzept der Makroebene sind die verschiedenen Varianten der Systemtheorie, vgl. 5.5.

---

3. H. Reimann/B. Giesen/D. Goetze/M. Schmid, S. 87

5.2. Methodik der Modernen Politischen Theorie

Alle Vertreter der Modernen Politischen Theorie beziehen sich auf den empirisch-analytischen Ansatz als wissenschaftstheoretische Basis. Im Mittelpunkt ihrer Vorgehensweise stehen daher Strategien und Methoden, die heute mit dem Etikett "Methoden der empirischen Sozialforschung" zusammengefaßt werden.

Im folgenden will ich Ihnen nicht die verschiedenen Methoden detailliert vorstellen[4], sondern nur die wichtigsten Gemeinsamkeiten empirischer und analytischer Methoden erläutern.

5.2.1. Empirische Methoden

Politikwissenschaft macht als Erfahrungswissenschaft Aussagen über "die" Realität. Dieser simpel anmutende Satz birgt eine Fülle wissenschaftlicher Probleme. Beginnen wir bei "der" Realität: Gibt es sie überhaupt oder hat jeder Mensch seine eigene Realität? Vielleicht gibt es gar keine Welt unabhängig von uns Menschen und wir glauben nur an eine Realität. Die Frage, was es wirklich gibt, wird im Rahmen der Philosophie in der **Ontologie** diskutiert. Gesetzt den Fall, es gäbe Realität, können wir sie dann als Menschen überhaupt erfahren? Und wenn ja, erfahren wir sie objektiv (d.h. für alle Menschen gleich) oder subjektiv? Auf diese Fragen will ich hier nicht eingehen. Stattdessen fasse ich kurz die Position des Empirikers zu diesen Fragen zusammen.

Der Empiriker arbeitet auf der Basis einer ontologischen **Konvention oder Hypothese**[5], die **Realismus** heißt. Diese behauptet in ihrer naiven Variante, daß es eine reale Welt gibt und daß sie so beschaffen ist, wie

---

4. Dazu verweise ich auf das in dieser Reihe erscheinende Lehrbuch "Methodik der empirischen Politikwissenschaft", Neuried 1996 von Hartmut Buck.
5. Der Begriff "Hypothese" oder "Konvention" verdeutlicht, daß sich der Empiriker der Tatsache bewußt ist, daß man nicht einfach von der Existenz der Realität ausgehen, sondern deren Existenz nur vermuten kann, auch wenn dafür viele Indizien sprechen. Daher hat man sich darauf geeinigt, von der Existenz mindestens einer Realität auszugehen (Setzung) oder sie zu vermuten (Hypothese).

wir sie wahrnehmen. In der Gegenwart hat sich eine kritische Form durchgesetzt, die als **hypothetischer Realismus** (G. Vollmer) bezeichnet wird. Sie basiert auf folgenden ontologischen Hypothesen:

1. Es gibt mindestens eine vom Menschen (von seiner Wahrnehmung und seinem Bewußtsein) unabhängige Realität.
2. Diese Realität ist strukturiert, d.h., es gibt Wechselwirkungen, Kausalität, kontinuierliche Zusammenhänge (Zeit) etc.
3. Die Strukturen der Realität sind durch den Menschen teilweise erkennbar.

Präzise formuliert geht der Empiriker also von einer dreistelligen Relation aus: Der Mensch (M) erkennt die Realität (R) als irgendetwas (Z). Folglich haben alle Erkenntnisse über die Welt nur hypothetischen Charakter. Popper formuliert, daß sich Theorien **bewährt** haben, d.h. nicht, daß sie wahr sind.

Ich möchte zur Abgrenzung noch einmal betonen, daß Ontologien für das wissenschaftliche Arbeiten notwendig sind. Aber sie sind aus der Sicht des empirisch-analytischen Wissenschaftlers Konventionen oder Hypothesen, auf die sich Menschen einigen. "Ich behaupte, daß der Realismus weder beweisbar noch widerlegbar ist ... Aber man kann für ihn argumentieren, und die Argumente sprechen überwältigend für ihn."[6] Der normativ-ontologisch oder kritisch-dialektisch verfahrende Wissenschaftler behauptet dagegen, daß seine Ontologie faktisch existiert und daß es folglich nicht darum geht, sich per Konvention auf eine Ontologie zu einigen oder sie gar als Hypothese anzusehen, die möglicherweise falsch sein könnte.

Der empirische Erkenntnisprozeß setzt allerdings noch mehr als die genannten ontologischen Hypothesen voraus. Wichtigstes Element ist der **Glaube an die Evidenz** oder die Einsichtsfähigkeit des Menschen. Ohne Einsicht ist Wissenschaft nicht möglich.[7] Die Einsichtsfähigkeit drückt sich in den Wissenschaften im Rationalitätspostulat (vgl. 2.1.) aus.

---

6. K. Popper: Objektive Erkenntnis, Hamburg 1973, S. 50
7. vgl. U. Druwe-Mikusin, S. 32 f.

Demnach muß Wissenschaft präzise, intersubjektiv und begründet sein. Zentral ist daher die Verwendung einer präzisen Sprache. Sie ordnet die Wahrnehmung und vermittelt Gemeintes anderen Menschen. Für die empirische Forschung sind vor allem empirische Begriffe/Sätze bedeutsam, weil sie die Sprache mit der Realität verbinden. Aussagen, die nicht aus empirischen Begriffen/Sätzen bestehen, verfügen nicht über **empirischen Gehalt.**

Empirische Begriffe/Sätze müssen daher so definiert sein, daß jederzeit eine Entscheidung darüber möglich ist, ob der Begriff/Satz zutrifft oder nicht. Dies nennt man **"empiristisches Signifikanzkriterium".** In diesem Kontext wird die **Operationalisierung** von Sprache wichtig. "Die Operationalisierung soll eine Definition eines Begriffes dadurch liefern, daß gefragt wird: Was tun wir, wenn wir einen Begriff anwenden?"[8] Einfacher formuliert bedeutet dies, einen Begriff in beobachtbare Ereignisse (Indikator bzw. Index als Kombination mehrerer Indikatoren) zu übersetzen.[9] Ein empirischer Begriff/Satz ist folglich dann wahr, wenn die von ihm behaupteten Tatsachen zutreffend sind oder, präzise formuliert, wenn die Sätze mit der Realität **korrespondieren** (Korrespondenztheorie der Wahrheit).

Um die Realität zu erfassen, benötigt man nicht nur präzise empirische Begriffe, sondern empirische Methoden und Instrumente. Unter letzterem soll in Anlehnung an J. Friedrichs eine standardisierte Methode verstanden werden.[10] Dazu gehören vor allem Indizes und Skalen. Bekannt ist Ihnen aus den Nachrichten sicherlich der Preisindex der Lebenshaltungskosten.

Die wichtigsten empirischen Methoden der Politikwissenschaft sind Befragung, Beobachtung, Inhaltsanalyse und sekundäranalytische Verfahren. Die (mündliche oder schriftliche) Befragung einzelner, von Gruppen oder Stichproben von Personen ist "ein planmäßiges Vorgehen mit wissenschaftlicher Zielsetzung, bei dem die Versuchsperson durch eine

---

8. J. Friedrichs: Methoden empirischer Sozialforschung, Opladen 1980, S. 78
9. vgl. K.-D. Opp: Methodologie der Sozialwissenschaften, Reinbek 1970, S. 132
10. vgl. J. Friedrichs, S. 163

Reihe gezielter Fragen oder mitgeteilter Stimuli zu verbalen Reaktionen veranlaßt werden soll".[11] Mit der Befragung erforscht man Einstellungen und Meinungen. Beziehen sich die zu untersuchenden Hypothesen dagegen auf Verhaltensweisen, empfiehlt sich die Beobachtungsmethode. Die empirische Untersuchung von Texten, Sendungen, Tönen oder Bildern als Teil sozialer Kommunikation erfolgt mittels der Inhaltsanalyse.[12] Die relevanten Merkmale müssen dabei vorher, als "inhaltsanalytisches Wörterbuch", festgelegt sein. Wertet man bereits vorhandenes empirisches Material, Interviews, Beobachtungen, Statistiken etc. unabhängig vom ursprünglichen Kontext neu aus, so handelt es sich um eine Sekundäranalyse.

Im Mittelpunkt empirischer Methodik steht also der Versuch, die Realität adäquat zu beschreiben und Zusammenhänge zu erkennen. Die Herstellung von Korrespondenz sprachlicher und methodischer Art zur Realität ist jedoch ein schwieriges Problem. Woher weiß ich, daß der Begriff "richtig operationalisiert" wurde? Woher weiß ich, ob meine Methode das untersucht und mißt, was ich messen möchte (Validität)?

Wenn Sie über diese Fragen nachdenken, dann fällt Ihnen auf, daß auch Operationalisierung und Methodik auf wissenschaftlichen Überlegungen (Theorien oder Modellen) beruhen muß. Die Korrespondenz zwischen Begriff und Realität bzw. zwischen Methode und Realität hängt ganz offensichtlich davon ab, daß sie begründet werden kann. Man muß z.B. begründen können, weshalb ein bestimmter Indikator zur Operationalisierung oder eine bestimmte Untersuchungsmethode gewählt wurde. Eine solche Begründung für eine Operationalisierung oder eine Methode kann selbst wieder empirisch oder analytisch sein. Empirisch wäre die Begründung, wenn die Indikatoren aus der Theorie über einen Objektbereich abgeleitet werden können. Dabei greift man selbstverständlich auf bewährte Aussagen aus anderen Wissenschaften zurück. Sehr viel häufiger und grundlegender sind jedoch kohärenztheoretische (analytische) Rechtfertigungen.

---

11. R. König (Hg.): Handbuch der empirischen Sozialforschung, Stuttgart 1967, S. 138
12. vgl. J. Friedrichs, S. 315

Betrachten wir als Beispiel einmal die Begriffsbildung. Die Lehre der Begriffsformen (nach der Begriffe in qualitative, komparative und quantitative Varianten unterteilt werden) kann nur unter Rückgriff auf die Logik arbeiten. So werden z.b. komparative Begriffe durch zweistellige Prädikate - "schwerer als", "größer als" etc. - festgelegt. Zugleich muß mittels einer Ordnungsrelation ausgedrückt werden, daß zwischen Objekten, die mit komparativen Begriffen bezeichnet werden, eine bestimmte Rangordnung herrscht. Wenn X größer ist als Y, dann gilt dies nicht umgekehrt. Durch diese formalen Prozeduren können Objekte in einer Quasireihe geordnet werden, z.b. A ist größer als B, B ist größer als C, C ist größer als X usw.

Wesentlich komplexer ist der formale Aufwand, wenn metrische oder quantitative Begriffe eingeführt werden sollen oder wenn es gar möglich sein soll, Daten mit Hilfe statistischer Verfahren zu analysieren. Hier muß es nämlich gelingen, zwischen dem empirischen Tatbestand und einem analytischen Axiomensystem (in diesem Fall den statistischen Regeln) einen sog. "Homomorphismus" (Strukturgleichheit) zu begründen. Bei Messung des Intelligenzquotienten wird beispielsweise vorausgesetzt, daß die "Intelligenz" in einer großen Gruppe "normalverteilt" ist, d.h. die Mehrheit der Gruppe liegt mit ihrer Intelligenz in einem mittleren Sektor, es gibt nur ganz wenige extrem Hoch- und Schwachbegabte. Eine solche Festlegung muß über einen Homomorphismus begründbar sein, d.h., es muß sich empirisch belegen lassen, daß die reale Intelligenzverteilung in großen Gruppen der statistisch vorausgesetzten Verteilung entspricht.

Unabhängig von diesen Problemen, die differenziert in einschlägigen Lehrbüchern der empirischen Sozialforschung und Statistik diskutiert werden, gilt, daß Aussagen über die Realität nur mittels empirischer Methoden gewonnen werden können. Dabei sind solche Methoden immer nur dann akzeptabel, wenn 1. belegt werden kann, daß sie das Merkmal, um das es geht, auch wirklich messen (Validität der Methode) und wenn 2. die Methode unabhängig vom Verwender, bei gleicher Anwendung zum gleichen Resultat führt (Reliabilität der Methode).

5.2.2. Analytische Methoden

Analytische Verfahren finden in immer stärkerem Maße Eingang in die Sozialwissenschaften. Bevor ich auf solche Verfahren zu sprechen komme, möchte ich eine Bemerkung zum näheren Verständnis vorausschicken. Analytische Verfahren werden im erfahrungswissenschaftlichen Prozeß an unterschiedlicher Stelle eingesetzt, man nutzt sie deduktiv und induktiv. Werden sie deduktiv eingesetzt, dienen sie der Hypothesenüberprüfung. Werden analytische Verfahren induktiv verwendet, dienen sie der Hypothesengewinnung.

Beginnen wir mit Verfahren zur Auswertung empirischer Daten. Bereits diese Formulierung zeigt Ihnen, daß es sich hier um Verfahren der Hypothesenüberprüfung handelt. Diese sog. "datenanalytischen Verfahren" sind sämtlich statistische Methoden.[13] Zunächst will ich daher einige Bemerkungen zur Statistik machen.

Einfache Auswertungen (Datenanalyse mit einer Variablen) basieren auf bestimmten Maßzahlen, beispielsweise dem am häufigsten vorkommenden Wert (Modalwert) oder dem Durchschnitts- bzw. Mittelwert (arithmetisches Mittel). Anhand eines Mittelwertes kann man etwa die Pro-Kopf-Einkommen verschiedener Länder vergleichen. Um die Aussagekraft zu erhöhen, benötigt man Streuungsmaße. Die Spannweite ist ein Maß, mit dem die Differenz zwischen dem Höchst- und dem Niedrigstwert angegeben wird. Ein anderes wichtiges Streuungsmaß ist die Varianz; sie gibt im Prinzip die durchschnittliche quadrierte Abweichung vom arithmetischen Mittel an.

Bei der Analyse von zwei und mehr Variablen müssen Zusammenhangsmaße bestimmt werden. Betrachten wir dazu ein Beispiel: Es besteht die Vermutung, daß zwischen der Schichtzugehörigkeit und dem Wahlverhalten von Personen ein Zusammenhang besteht. Konkret könnte man behaupten: Arbeiter wählen häufiger SPD, Selbständige häufiger CDU/

---

13.   Diese liegen heute zumeist als PC-Computerprogramme vor; das wichtigste heißt SPSS (Statistical Package for Social Sciences).

CSU. Um die Stärke des Zusammenhangs zu bestimmen, verwendet man Korrelationsmaße.

Nun könnte es sein, daß ein Zusammenhang zwischen verschiedenen Variablen zufällig ist. Um dies auszuschließen, berechnet man ein Maß für die Irrtumswahrscheinlichkeit, d.h. ein Maß, aus dem sich statistisch errechnen läßt, ob ein Zusammenhang zufällig oder nicht zufällig besteht. Ein solches Instrument ist beispielsweise der Signifikanztest.

Bei den Methoden der Datenauswertung sind in den letzten Jahren enorme Fortschritte gemacht worden. Die Beschäftigung mit Moderner Politischer Theorie macht es von daher erforderlich, sich wenigstens mit den Grundlagen der Statistik[14] zu befassen.

Neben den umfangreichen Möglichkeiten, die statistische Analyseverfahren heute bieten, will ich noch auf drei bedeutende analytische Strategien hinweisen, die sowohl deduktiv als auch induktiv verwendet werden können: Simulationen, ökonomische Modelle und Systemmodelle.

Der Begriff der **Simulation** wird in der Literatur in der Regel für Planspiele (Gaming) oder für Computersimulationen verwendet. "An einem Planspiel nehmen Menschen oder menschenähnliche Maschinen teil, die als 'sie selbst' Aktionen setzen oder simulierte Rollen in einer wirklichen oder simulierten Umwelt spielen, welche Konflikt- oder Kooperationsmöglichkeiten zwischen den realen oder simulierten Spielern enthält. Die Spieler können Vpn (Versuchspersonen, U.D.) sein, deren Verhalten anhand eines Experiments untersucht wird, oder Teilnehmer eines Spiels, das Lehr- oder Übungszwecken oder auch operationalen Zielen dient."[15]

Illustrieren wir dies an einem Beispiel: Stellen Sie sich vor, Sie sollten John Rawls' These vom "Urzustand" und dem "Schleier des Nichtwissens" operationalisieren (vgl. Abschnitt 4.2.1.). Rawls geht davon aus, daß die

14. vgl. dazu das in dieser Lehrbuchreihe erscheinende Buch von Hartmut Buck: Methodik der empirischen Politikwissenschaft, Neuried 1996
15. M. Shubik: Planspiele und Spieltheorie, in: M. Schmutzer (Hg.): Mathematische Methoden in der Politikwissenschaft, München 1977, S. 144

Menschen im Urzustand nur über psychologische und soziologische Gesetze, nicht aber über individuelles Wissen verfügen. Hier könnte man ein Planspiel machen, bei dem die Versuchspersonen über politische Gerechtigkeit diskutieren. Bei ihren Argumenten dürfen sie nur allgemeines Wissen verwenden, d.h., sie müssen vergessen, daß sie selbst junge, intelligente Menschen sind, und stattdessen alle möglichen Perspektiven einnehmen. Sie müssen sich dann beispielsweise überlegen: Was ist gerecht, wenn man alt und krank ist? Was ist gerecht, wenn man dumm und faul ist? Was ist gerecht, wenn man eine Frau, ein Kind, ein Mann ist? Ergebnis dieses Planspiels müßten - nach Rawls - seine beiden Grundsätze der politischen Gerechtigkeit sein. Mit einem solchen Planspiel kann also ein analytisches Konstrukt überprüft werden.

"Simulation ist die Darstellung eines Systems oder einer Organisation durch ein... Modell, von dem eine relevante Verhaltensähnlichkeit zum ursprünglichen System angenommen wird."[16] Im Mittelpunkt der Simulation stehen insbesondere große Systeme, die nicht planspielmäßig untersucht werden können. Deshalb müssen zur Analyse auch Computer eingesetzt werden, da anders die Datenfülle nicht zu bewältigen wäre. Simulation meint daher in der Regel Computersimulation. Simulationen sind nur sinnvoll, wenn der Wissenschaftler über konkretes Wissen über die Realität verfügt. In der Politikwissenschaft liegt solches Wissen nur in Teilbereichen vor. Bekannt wurde das Abelson-Bernstein-Modell über Abstimmungsverhalten, die Simulation von H. Alker über die parlamentarische Diplomatie bei der UNO, das Richardson-Modell des Wettrüstens und die Weltmodelle von J. Forrester.

Ökonomische und entscheidungstheoretische Modelle - andere Namen dafür sind "Neue Politische Ökonomie", "Rational Choice Theorie", "Spieltheorie" oder auch "Social Choice Theory" - stammen aus Ökonomie und Mathematik. Sie basieren alle auf dem Konzept des "rationalen Entscheiders", d.h. eines Modellmenschen, der rational nach Nutzenmaximierung strebt. In diesem Kontext geht es um die Modellierung des "rationalen Individuums", seiner "Rationalität", seines "Verhaltens", seiner

---

16.   M. Shubik, S. 145

"Entscheidungen" sowie - und das ist für die Politikwissenschaft von besonderem Interesse - um die Möglichkeit, von individuell-rationalen Verhaltensweisen zu kollektiv-rationalen Verhaltensweisen/Entscheidungen von Institutionen zu kommen. Aus dieser Formulierung können Sie entnehmen, daß politikökonomische Ansätze eher eine induktive Funktion in der Modernen Politischen Theorie wahrnehmen.

Gleiches gilt für Systemmodelle. Sie basieren, im Gegensatz zu den politikökonomischen Konzepten, auf der Basis des methodologischen Kollektivismus, wonach das Ganze mehr ist als die Summe seiner Teile.

Bei analytischen Methoden kommt es darauf an, daß sie keine logischen Widersprüche aufweisen und intern eine strikt deduktive Struktur (Kalkül) haben. Ihr Nutzen in der Politikwissenschaft ist von der Möglichkeit der Operationalisierung abhängig, d.h. davon, ob die analytischen Begriffe wenigstens teilweise in empirische übersetzt werden können.

Abschließend möchte ich noch einmal darauf verweisen, daß ich Ihnen in diesem Abschnitt nur kurz den Zusammenhang zwischen Problemen der modernen Politischen Theorie und den empirischen Methoden bzw. der Statistik verdeutlichen wollte. Deswegen kam es nicht darauf an, die methodischen Vorgehensweisen und statistischen Prozeduren genauer zu erläutern. Dafür finden Sie im Anhang Literaturhinweise.

Betrachten wir nun wichtige theoretische Konzepte bzw. analytische Modelle der Modernen Politischen Theorie, die auf der Grundlage der genannten empirischen Methoden und statistischen Auswertungen zustandegekommen sind.

5.3. Behavioralismus

Der Behavioralismus entstand als politiktheoretische Strömung in den 40er Jahren in den USA. Wegbereiter waren vor allem D. Lasswell und R. E. Merriam, weswegen auch von der Chicago-Schule gesprochen wird.

Es ist ein strikt individualistischer Ansatz, dessen Forschungsinteressen darauf ausgerichtet sind, sowohl individuelles politisches Verhalten oder Handeln als auch kollektive politische Phänomene auf der Basis individuellen Verhaltens/Handelns **kausal** zu erklären.

Innerhalb des Behavioralismus lassen sich zwei zentrale Theoriestränge unterscheiden, empirisch-behavioralistische Forschung und theoretisch orientierter Behavioralismus.[17] Die erste Form geht auf Verhaltens- und Handlungstheorien zurück, während in der zweiten Variante eine systemtheoretische Orientierung (Verhalten/Handeln im System) vorherrscht. Nachdem die Systemtheorien jedoch dem methodologischen Kollektivismus zugeordnet werden, wird dem theoretischen Behavioralismus ein eigener Abschnitt gewidmet (vgl. 5.5.).

Im folgenden will ich kurz die Verhaltens- und die Handlungstheorie skizzieren und auf ihre politikwissenschaftlichen Implikationen eingehen. "Beide Theorien oder Theorieansätze wollen personale Merkmale erfassen und (...) beide Theorien (verfügen, U.D.) in bestimmten Teilbereichen über fast gleichlautende Aussagen ..."[18] Der Unterschied zwischen ihnen geht auf den jeweils verwendeten Kausalitätsbegriff zurück. Während die Verhaltenstheorien einen deterministischen Kausalitätsbegriff zugrundelegen, haben Handlungstheorien ein wahrscheinlichkeitstheoretisches (probabilistisches) Kausalitätsverständnis. Deterministisch bedeutet, daß Verhaltenstheorien einen strikten, notwendigen Zusammenhang zwischen externen Reizen und individuellem Verhalten herstellen. Die Handlungstheorie bestreitet dagegen, daß Handlungen notwendig von außen bestimmt werden. Handlungen können in diesem Konzept nur mit Wahrscheinlichkeit erklärt werden.

5.3.1. Verhaltenstheorie

Eine der frühesten Versionen der Verhaltenstheorie ist Ihnen sicherlich bekannt: Sie verbindet sich mit dem Namen Pawlow. Der russische

17. vgl. J. Falter: Behavioralismus, in: D. Nohlen/R.-O. Schulze (Hg.) Politikwissenschaft. Theorien - Methoden - Begriffe, München 1985, S. 78
18. H. Reimann/B. Giesen/D. Goetze/M. Schmid, S. 140

Forscher arbeitete mit hungrigen Hunden: Er zeigte ihnen Fleisch, was zur Speichelabsonderung bei den Tieren führte, und ließ gleichzeitig einen Gong ertönen. Nach mehreren Versuchen sonderten die Tiere auch Speichel ab, wenn nur der Gong ertönte. Dieser Zusammenhang wird als "Modell der klassischen Konditionierung" oder als "**Reiz-Reaktionsschema**" bezeichnet. Dabei ist ein bestimmter Reiz mit einer ganz bestimmten Reaktion unbedingt verbunden. Diese Position gilt als "strenger Behaviorismus".

Bei der Übertragung des Reiz-Reaktionsschemas auf den Menschen war man sich der Tatsache bewußt, daß sich der Mensch nicht nur aufgrund externer Reize verhält, sondern daß er selbst zu den Ursachen zu zählen ist. Insbesondere E. Thorndike koppelte in seiner Verhaltenstheorie externe Reize mit **mentalen Zuständen** (Emotion, Bewußtsein) des sich verhaltenden Menschen. Diese Position wurde noch deutlicher in den sog. "kognitiven Verhaltenstheorien" herausgearbeitet. Sie entwickeln die mentalen Zustände als "System" von Kognitionen, als umfassende, sich wechselseitig beeinflussende Struktur von Wünschen, Wahrnehmungen, Bedürfnissen, Bewußtseinszuständen, Überzeugungen etc. des Menschen. Verhalten wird also in dieser modifizierten Form des Behavioralismus mit externen Reizen und dem Mentalen System erklärt; dies ist das sog. "**S-O-R-Konzept**" ("Stimulus-Organismus-Response-Konzept"), vgl. Abb.

Zentrale Begriffe der allgemeinen Verhaltenstheorie[19] sind Verhalten, Reiz, Belohnung und Bestrafung. Mit "**Verhalten**" sind sichtbare oder mentale Aktivitäten gemeint, die durch **Reize und Lernen** zustande kommen. Reize oder Stimuli sind unbestimmte Entitäten; sie sorgen dafür, daß ein Verhalten ursächlich bewirkt wird. Reize werden durch **Belohnungen** verstärkt. Belohnungen sind Sachverhalte, die einem subjektiv empfundenen, Mangel- oder Spannungszustand (Deprivation) abhelfen. Das Gegenteil sind **Bestrafungen**. Diese erhöhen die Deprivation für das Individuum.

---

19. vgl. M. Schmid: Verhaltens- und Lerntheorie, in: H. Reimann/B. Giesen/D. Goetze/M. Schmid, S. 112 ff.

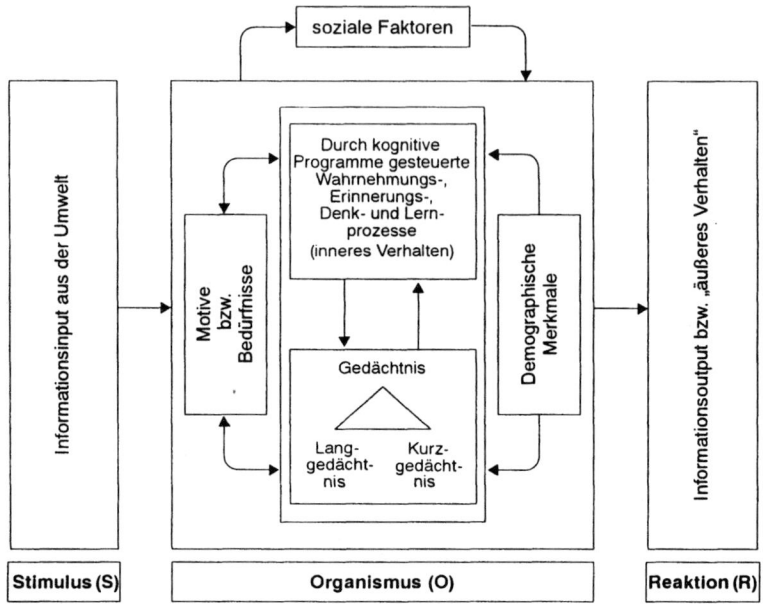

aus: K. Manz / A. Dahmen / L. Hoffmann: Entscheidungstheorie, München 1993

Inhaltlich läßt sich die allgemeine Verhaltenstheorie in folgenden Hypothesen[20] zusammenfassen:

"1. Je eher ein bestimmtes Verhalten belohnt wird, desto eher wird es gezeigt."

"2. Je höher der Wert der Belohnung, desto eher wird ein Verhalten gezeigt."

Analoge Hypothesen können mit dem Begriff "Bestrafung" formuliert werden. So gilt in Umkehrung der Hypothesen 1 und 2:

1a. "Je geringer eine Bestrafung, desto häufiger wird ein bestimmtes Verhalten gezeigt".

2a. "Je höher eine Bestrafung, desto geringer wird die Verhaltenshäufigkeit."

---

20. M. Schmid, in: H. Reimann/B. Giesen/D. Goetze/M. Schmid, S. 117 ff.

Allerdings ist es für die Steuerung von Verhalten nicht gleichgültig - wie
die Hypothesenformulierung nahelegt - ob ein Verhalten belohnt oder
bestraft wird. Es konnte empirisch gezeigt werden, daß in der Regel
Verhaltenssteuerung durch Belohnung wirksamer ist. Diese zwei Hypothesen gelten jedoch nicht ohne Einschränkungen:
"3.   Je regelmäßiger ein bestimmtes Verhalten in gleicher Weise
belohnt wird, desto stärker sinkt der Wert einer Belohnung."

Dieser Zusammenhang wird auch als "Grenznutzen" einer Belohnung
bezeichnet. Grenznutzenphänomene lassen sich in unterschiedlichsten
Kontexten finden. Hat beispielsweise eine Person großen Durst, so wird
ihr ein Bier gut schmecken, vielleicht auch noch ein zweites; muß sie
jedoch ein drittes, viertes, fünftes Bier usw. trinken, dann nimmt der
Nutzen rapide ab, er erreicht eine Grenze. Man kann diesen Zusammenhang auch umgekehrt formulieren:
"4.   Je regelmäßiger eine bestimmte Belohnung erfolgt, desto weniger
wird ein bestimmtes Verhalten gezeigt."

Regelmäßige Belohnungen verlieren ihren Reiz, es tritt "Sättigung" - so
der Fachterminus - ein. Hieraus folgt, daß Belohnungen mit zeitlichen
Abständen erfolgen sollten. Besonders bewährt hat sich dabei die fünfte
Hypothese:
"5.   Je unregelmäßiger eine Belohnung erfolgt, desto eher wird ein
Verhalten gezeigt."
6.   "Wird ein ehemals belohntes Verhalten nicht länger belohnt, so
sinkt die Häufigkeit seines Auftretens."
Der Fachterminus hierfür heißt "Löschung" oder "Extinktion".
7.   "Eine Löschung ist um so geringer, je häufiger die Belohnungen
zuvor waren, je höher ihr Wert war, je unregelmäßiger die Belohnungen erfolgten etc."

Die Erfahrung zeigt, daß Menschen nicht nur in der Lage sind, aus
Belohnungen/ Bestrafungen im Zusammenhang mit einem bestimmten
Verhalten zu lernen, sondern daß sie ihre Erfahrungen auf andere,
ähnliche Situationen, übertragen, d.h., Menschen verallgemeinern
(generalisieren) ihre Erfahrung. Hieraus resultieren die zwei folgenden

Hypothesen:

8. "Wenn ein bestimmtes Verhalten in einer bestimmten Situation belohnt wurde, besteht die Neigung, es auch in solchen Situationen zu zeigen, die der ersteren ähnln."

In diesem Fall spricht man von "Verhaltens- oder Reaktionsgeneralisierung".

9. "Wurde eine Verhaltensweise bisher in bezug auf eine bestimmte Art der Belohnung gezeigt, so besteht die Neigung, sie auch bei ähnlichen Belohnungen zu zeigen."

Dies wird mit dem Terminus "Reizgeneralisierung" bezeichnet.

Die bisherigen Hypothesen bezogen sich immer auf einen linearen Kausalzusammenhang, d.h. Belohnungen/Bestrafungen und Verhalten waren eindeutig zugeordnet. In der Praxis kann davon jedoch keine Rede sein. Oft hat eine Person mit einem Verhalten widersprüchliche Erfahrungen gemacht. Beispielsweise wird es vorkommen, daß ein und dasselbe Verhalten im Freundeskreis belohnt, von den Eltern aber bestraft wird. Betrachten wir den Fall mit zwei Folgen. Solche Verhaltenskonflikte können logisch drei mögliche Zustände aufweisen:

a) das Verhalten führt zu zwei unterschiedlichen Belohnungen,
b) das Verhalten wird belohnt und bestraft und
c) das Verhalten führt zu zwei unterschiedlichen Bestrafungen.

In allen drei Konfliktfällen wird eine Person jenes Verhalten zeigen, daß die aus ihrer Sicht größte Belohnung einbringt bzw. die geringste Bestrafung. Jeder Mensch bewertet daher die Belohnungen oder Strafen. Er verfügt über eine Bewertungs- oder Präferenzhierarchie, um die entsprechende Entscheidung treffen zu können. Solche Bewertungshierarchien liegen allerdings in der Regel nicht so vor, daß man von einer transitiven Rangordnung sprechen könnte, d.h., Präferenzen können sich widersprechen.

Die Folgen dieser partiellen Widersprüche diskutiert beispielsweise die von Festinger 1957 entwickelte **Theorie der kognitiven Dissonanz**. Sie besagt, daß nicht übereinstimmende Kognitionen, mentale Zustände usw. bei einer Person zu Spannungszuständen führen, die die Person zu

vermeiden trachtet. Anders formuliert: Der Mensch ignoriert ihm
unangenehme ("dissonante") Erfahrungen und Reize, um innere Widersprüche auszugleichen.

5.3.2. Handlungstheorien

Wie die Verhaltenstheorie ist auch die Handlungstheorie individualistisch
orientiert. Während jedoch die Verhaltenstheorie einen strikt kausalen
Anspruch formuliert - d.h., sie postuliert einen strikten Zusammenhang
zwischen Reiz, Kognition und Reaktion -, relativiert die Handlungstheorie diese Beziehung. Handlungstheorien behaupten nur wahrscheinliche
Beziehungen zwischen einer Person, ihrer Handlung und dem Handlungsobjekt.

Der Mensch wird in der Handlungstheorie als Persönlichkeit aufgefaßt,
die nicht nur reagiert, d.h. sich verhält, sondern im Rahmen ihrer
Handlungsmöglichkeiten **aktiv** handelt. Handlungsgrundlage ist die
Motivation. Die Persönlichkeit des Menschen, das Ich oder die individuelle Identität, ist das Resultat von **Sozialisationsprozessen**. Diese prägen
die intellektuellen, moralischen und praktischen Fähigkeiten des einzelnen.

Innerhalb des Sozialisationsprozesses kommt es zu **Internalisierungen**:
Bestimmte Verhaltenserwartungen, die ursprünglich von außen an eine
Person herangetragen wurden, werden völlig verinnerlicht. Für die
Internalisierung sind Bezugspersonen nötig. Dies wird zunächst die
Familie sein, später kommen der Freundeskreis und die Arbeitskollegen
hinzu. Diese stellen somit die primären und sekundären **Referenzper-
sonen oder -gruppen** dar. Desweiteren wird in der Auseinandersetzung
mit anderen die eigene Position oder **Rolle** klar. Die Fähigkeit zur
Rollenübernahme, d.h. die Fähigkeit, sich in die Rolle anderer Menschen
zu versetzen, erlaubt die Verallgemeinerung eigener Urteile. Die Fähigkeit zur Rollenübernahme ist damit die Basis abstrakten und moralischen
Denkens.

Zentrales Medium des Sozialisationsprozesses ist die gemeinsame, sinn-
stiftende Sprache. Der Sinn ergibt sich dadurch, daß der Mensch die
angemessene Verwendung des Regelsystems und der damit verbundenen
Bedeutung lernt. Beides ist abhängig vom sozialen Kontext. Sprache ist
ein Produkt der Gesellschaft; zugleich ist sie aber auch das Medium der
Individualität, weil der Mensch dieselbe Sprache dazu verwenden kann,
um sich von der Gesellschaft oder bestimmten Regeln zu distanzieren.

Damit können wir nun den Personenbegriff definieren, wie er in der
Handlungstheorie Verwendung findet: "Als Person wird verstanden ein
aktiv und kompetent handelndes System, das seine Identität im Rahmen
eines sprachlich vermittelten und gesellschaftlich geprägten Sozialisationsprozesses gewinnt."[21] Diese Definition verdeutlicht, daß nur Personen (hier verstanden als reale Systeme) handeln können, da Handlungen an bestimmte Kompetenzen gekoppelt sind. Bezugseinheiten für
Handlungen sind a) nicht-soziale (Gegenstände) und b) soziale Objekte
(andere Personen). Beziehen sich die Handlungen auf Menschen spricht
man von sozialem Handeln. Betrachten wir den Handlungsbegriff etwas
eingehender.[22]

Personen verfolgen in der Praxis immer mehrere Ziele nebeneinander,
die sie durch Handlungen zu verwirklichen trachten. Dies verlangt, daß
man seine Ziele nach persönlicher Bedeutung ordnen kann (Präferenzordnung). Damit schließt sich die Handlungstheorie den entsprechenden Überlegungen der Verhaltenstheorie an, wonach z.B. bestimmte
Reize Einfluß auf die Präferenzenbildung haben. Neben Reizen stellen
die Persönlichkeit, die Sozialisation und die Rolle weitere dominierende
Faktoren für die Präferenzordnung dar.

Ziele werden durch entsprechende Handlungsweisen erreicht. Allerdings
gilt, daß zumeist mehrere Handlungsmöglichkeiten bestehen. Die Auswahl einer konkreten Handlung ist von der Persönlichkeit, den Überzeugungen, der Vernunft etc. der Person abhängig.

21. M. Schmid, in: H. Reimann/B. Giesen/D. Goetze/M. Schmid, S. 148
22. vgl. M. Schmid, in: H. Reimann/B. Giesen/D. Goetze/M. Schmid, S. 152 ff.

Handlungen sind nicht nur von den Zielen und Handlungspräferenzen der Person abhängig. Sie werden noch dadurch begrenzt, daß jede Person in einer bestimmten Situation agiert. Der Begriff "Situation" ist hier als Terminus technicus anzusehen; er meint die Summe aller Restriktionen (Zeit, Raum, andere Personen, Gesetze, Geld etc.), die Handlungsmöglichkeiten von Personen einschränken. Allerdings wissen die meisten Personen gar nicht, welche objektiven Gegebenheiten ihr Handeln beschränken. Sie handeln daher "nicht aufgrund der faktischen situativen Gegebenheiten ..., sondern aufgrund ihres **Glaubens** darüber, wie diese Situation beschaffen sei."[23] Der subjektive Glaube einer Person über die Beschaffenheit einer Situation ist nun wiederum abhängig von Infor-mationen, die der Handelnde allerdings noch interpretieren muß, weil sie sprachlich vermitteltwerden. "Konsequenterweise spricht die Handlungstheorie von der Notwendigkeit, eine handlungsbestimmende **Situationsdefinition** vorzunehmen."[24] Jede Person handelt also eigentlich unter "Unsicherheit".

Soziales Handeln ist dadurch charakterisiert, daß jede der beteiligten Personen über persönliche Ziele, Präferenzen und Handlungsmöglichkeiten verfügt sowie die Situation jeweils subjektiv einschätzt. Dadurch entwickelt sich eine soziale Situation, in der jeder von jedem abhängt.

Kooperationen - bis hin zur Entwicklung einer Gesellschaft - entstehen nun dann, wenn die Personen ihre Handlungen koordinieren und integrieren. Dies setzt voraus, daß Personen ihr soziales Handeln zunächst einmal aneinander ausrichten, d.h. in **Interaktion** eintreten. Die hierbei entstehenden Muster bezeichnet man als Interaktionssysteme.

Durch Sozialisation und Internalisierung werden Ziele, Erwartungen und Handlungsoptionen der Personen parallelisiert. Es bildet sich dann eine soziale Struktur, in der Personen bestimmte soziale Rollen oder Positionen zugeordnet werden. Bezeichnet man einen Menschen als "Mutter", "Schüler" oder "Manager", so sind damit allgemeine Rollenerwartungen

---

23. M. Schmid, in: H. Reimann/B. Giesen/D. Goetze/M. Schmid, S. 156
24. M. Schmid, in: H. Reimann/B. Giesen/D. Goetze/M. Schmid, S. 157

bzw. Handlungsweisen verknüpft. Solche allgemeinen Rollenerwartungen oder Handlungsweisen werden als "Handlungsregeln" bezeichnet.

Der Begriff der "Regel" ist ebenfalls zentral in der Handlungstheorie. Er umfaßt a) Normen, d.h. Bestimmungen, wie gehandelt werden soll, und b) Rechte oder Handlungsfreiheiten. Durch Normen und Rechte wird aus den unendlich vielen Handlungsoptionen eine bestimmte Menge ausgewählt. Abweichungen von den Regeln werden sanktioniert. Sanktionsmittel sind Strafen aber auch Belohnungen. Weichen immer mehr Personen von den Regeln ab, müssen jedoch die Regeln modifiziert werden.

Haben sich nun Personen auf gemeinsame Regeln geeinigt, dann ist ein **Integrationsprozeß** gelungen. Integration ist die Grundlage jeder Gesellschaft. Andernfalls kommt es zu Konflikten, die eine bestehende Gesellschaft verändern oder evt. auflösen können. Stabile Gesellschaften, so kann man resümieren, beruhen auf den Bedingungen der Interaktion und der Integration.

In Grundzügen kennen Sie nun die verhaltens- und handlungstheoretischen Überlegungen. In diesem Rahmen sind eine Vielzahl spezieller Verhaltens- und Handlungstheorien entwickelt worden, auf die hier nicht näher eingegangen werden kann (vgl. Literaturverzeichnis). Wichtige Theoretiker und ihre Konzepte will ich wenigstens nennen: George Herbert Mead begründete die Theorie der Rollenübernahme. Darauf aufbauend entwickelte Herbert Blumer den symbolischen Interaktionismus. Eine phänomenologische Handlungstheorie stammt von Alfred Schütz. Dieser Tradition verpflichtet ist auch Harold Garfinkels Ethnomethodologie.

5.3.3. Politisches Verhalten

Bevor ich mich näher zum politischen Verhalten äußere, das als Spezialfall menschlichen Verhaltens gilt, und auf das daher alle entsprechenden Erkenntnisse der Verhaltens- und Handlungstheorien anzuwenden sind, möchte ich eine erläuternde Vorbemerkung anbringen. Innerhalb der

Politikwissenschaft wird zwischen politischem Verhalten und politischem Handeln **nicht** präzise in dem Sinn unterschieden, wie es von den beiden Konzepten eigentlich vorgesehen ist. Man verwendet in der Regel den Verhaltensbegriff, meint jedoch zumeist damit Handlung. Mit dem im folgenden verwendeten Begriff "politisches Verhalten" kann daher Handeln oder Verhalten einzelner gemeint sein.

Politisches Verhalten ist allgemein dadurch definiert, daß es a) von dem sich verhaltenden Individuum politisch gemeint sein muß und b) auch politische Wirkung entfaltet. Im Mittelpunkt politikwissenschaftlicher Forschung steht nun die Untersuchung der Reize oder Faktoren, die individuelles politisches Verhalten bewirken. Als Handlungsobjekt interessiert man sich besonders für alle Formen politischer Partizipation und insbesondere das Wahlverhalten.

Politisches Verhalten wird grundsätzlich durch drei Faktoren erklärt:
(1) psychische Persönlichkeitsmerkmale,
(2) soziale Faktoren und
(3) politische Reize bzw. Faktoren.

(1) Wichtigste psychische Determinanten politischen Verhaltens sind: Triebstruktur (z.B. Aggression), individuelle Motivationskombination (z.B. Leistungsbereitschaft), Wahrnehmung und Verarbeitung der Realität, Abstraktionsvermögen, moralische Wertüberzeugungen sowie die bereits in der Kindheit angelegten und kaum veränderbaren dispositionellen Grundhaltungen.

In welchen Zusammenhängen wird nun der Behavioralismus in der Politikwissenschaft verwendet oder anders formuliert, welche behavioralistischen Teiltheorien gibt es?

Harold Lasswell hat sich beispielsweise mit der Frage befaßt, welche Verhaltensweisen den "demokratischen Menschen" charakterisieren und dazu ein Modell des "demokratischen Bürgers" entwickelt[25]. Dieser ist

---

25.   vgl. H. D. Lasswell: The Political Writings, Glencoe 1951, S. 493 ff.

ein "offener" Mensch, der sich durch Toleranz, Vertrauen in seine Mitmenschen und Angstfreiheit auszeichnet. Theodor W. Adorno hat in
einer berühmten Studie[26] ein entsprechendes Modell der "autoritären
Persönlichkeit" skizziert. Ein autoritärer Mensch ist intolerant, konfliktscheu, undifferenziert im Denken und wenig vertrauensvoll. Während
Adorno hieraus eine "potentiell faschistische" Verhaltensweise folgert,
zeigen Studien von M. Rokeach oder E. Scheuch/H. Klingemann[27], daß
Autoritätshörigkeit, undifferenziertes, rigides Denken, wenig Vertrauen
in die Menschen sowie eine die Gegenwart zugunsten der Vergangenheit
oder Zukunft ausblendende Zeitperspektive typisch ist für alle politisch
extremistischen Einstellungen.

Kombiniert man in den Untersuchungen mehrere Dimensionen psychi-
scher Determinanten, werden die Resultate weniger eindeutig. Beispielsweise läßt sich zeigen, daß sich Personen mit geringem Selbstwertgefühl
apolitisch verhalten; gleiches gilt für Personen, die wenig flexibel sind.
Treten beide Merkmale, also Rigidität und geringes Selbstwertgefühl,
zusammen auf, dann verstärkt sich nicht die apolitische Struktur, sondern
dies führt im Gegenteil zu aktivem politischen Verhalten. Problematisch
ist auch, daß sich bestimmte politische Verhaltensweisen auf entgegen-
gesetzte Faktoren zurückführen lassen. Von einer psychologischen Theorie politischen Verhaltens ist man noch weit entfernt.

(2) Neben psychischen Persönlichkeitsmerkmalen wird das individuelle
politische Verhalten durch soziale Faktoren bestimmt. Die Handlungstheorie verweist vor allem auf die Bedeutung der Sozialisation, der
Interaktion, der Handlungsregeln (Normen und Rechte) und situativer
Komponenten.

Zentrale Sozialisationsindikatoren sind Bindungen des einzelnen an
Referenzgruppen. Dabei wird zwischen Primär- und Sekundärbeziehungen unterschieden. Primärbeziehungen, die man zu den Eltern, der

---

26. vgl. T. W. Adorno, u.a.: Studien zum autoritären Charakter, Frankfurt 1973
27. vgl. E. Scheuch/H. Klingemann: Theorie des Rechtsradikalismus in westlichen
     Industriegesellschaften, in: Hamburger Jahrbuch für Wirtschafts- und Gesell-
     schaftspolitik, 1967, S. 11 ff.

Familie und dem Freundeskreis hat, üben besonders starken Einfluß auf politisches Verhalten aus, wie Paul Lazarsfeld belegen konnte.[28] "People interpret the relation of distant power conflicts to their own interests and values mainly by listening to people with whom they have multiple contacts in many areas of life ... The main determinants of party success are the party attachments of small nonpolitical groups"[29]. Kinder sind folglich in der Regel politisch so ähnlich wie ihre Eltern eingestellt (Sozialisationshypothese). Zur Verstärkung der eigenen Position sucht man sich meistens auch politisch gleichgesinnte Freunde aus (Selektionshypothese).

Sekundärbeziehungen werden zu Organisationen aufgebaut. Für das politische Verhalten von Personen sind solche Organisationen, z.B. Gewerkschaften oder Kirchen, nur dann relevant, wenn diese u.a. politische Interessen vertreten und wenn eine bestimmte Interaktionsfrequenz zwischen Mitgliedern und der Organisationsspitze erreicht wird. Auch solche Bindungen macht man sich bei der Erklärung von Wahlverhalten zunutze. Gewerkschaftsbindung deutet dabei in der BRD eher auf SPD-Wähler hin, während Bindungen an die Katholische Kirche eher mit einer Wahl der Unionsparteien einhergeht.

Soziale Indikatoren wirken sich auch indirekt auf politisches Verhalten von Personen aus. Die Mitgliedschaft in Organisationen, das Leben in bestimmten Gegenden, der Umgang mit Kollegen, die Schichtzugehörigkeit, das Einkommen, die Bildung etc. schaffen Übereinstimmungen bezüglich Werten, Überzeugungen und Erfahrungen. Gemeinsame Wertüberzeugungen können zumindest als intervenierende Variablen des politischen Verhaltens einzelner herangezogen werden. Die aktuelle Diskussion um den Wertewandel - in diesem Kontext ist vor allem auf Arbeiten von R. Inglehart zu verweisen - belegt beispielsweise, daß neue Wertvorstellungen das Aufkommen neuer Parteien ermöglichen, wie es in der BRD mit den Grünen der Fall war.

---

28. vgl. P. Lazarsfeld: Wahlen und Wähler, Neuwied 1969
29. A. L. Stinchcombe: Social Structure and Politics, in: F. I. Greenstein/N. W. Polsby (ed.): Handbook of Political Science, Bd. 3, Reading 1975, S. 560 f.

(3) Politisches Verhalten des einzelnen wird aber nicht nur durch psychische und sozialen Faktoren beeinflußt, es gibt auch politische Determinanten. Neben institutionellen Restriktionen (Ausgestaltung des Wahlrechts, rechtliche Möglichkeiten politischer Partizipation, Struktur des Parteiensystems etc.) sind insbesondere die Politische Kultur und Ideologien zu nennen. Wie Sie sich erinnern, agieren Personen in Situationen. Der subjektive Glaube einer Person über die Beschaffenheit einer Situation ist nun wiederum abhängig von zu interpretierenden Informationen. Entsprechende "handlungsbestimmende Situationsdefinitionen" leiten sich u.a. aus der Politischen Kultur oder aus Ideologien ab.

Mit Politischer Kultur[30] wird die Verteilung individueller Einstellungen (Gefühle, Bewertungen und Wissen) zum politischen System, zur Verfassung, zur Politik und zu den Politikern beschrieben. Die Politische Kultur entspricht damit den politischen Einstellungen einer Gesellschaft. Dieses Einstellungsmuster einer Gesellschaft beeinflußt als unabhängige Variable die jeweiligen individuellen Einstellungen von Personen. Schließlich sind Personen ungern Außenseiter.

Ideologien sind Ausdruck verfestigter politischer Normen und Überzeugungen, mit denen sich ein politisch-normativer Gestaltungsanspruch bzw. Ordnungswunsch verbindet. Auch sie bilden eine Motivationsbasis für politisches Verhalten.

Wenden wir uns nun den beiden wichtigsten Gegenständen zu, die in der politikwissenschaftlichen Verhaltenstheorie untersucht werden: politische Partizipation (1) und Wahlverhalten (2).

(1) Der Partizipationsbegriff kennzeichnet ein Phänomen, welches seit den 50er Jahren zu einem immer wichtigeren Gegenstand der Politikwissenschaft wurde. Zunächst wurde er mit Wahlen quasi synonym gesetzt. Später unterschied man zunehmend das Wahlverhalten von anderen partizipativen Prozessen, wie etwa Parteimitgliedschaft, Besuch von politischen Veranstaltungen, Übernahme von politischen Ämtern, Bürgerinitia-

---

30. vgl. G. Almond/S. Verba: The Civic Culture, Princeton 1963

tiven, kurz all jene Aktivitäten von Menschen, die damit direkt oder indirekt Einfluß auf die unterschiedlichen Ebenen des politischen Systems ausüben wollen. Damit wird deutlich, daß hier von einem zielgerichteten Handeln ausgegangen wird.

Die empirischen Partizipationsstudien der 70er und auch noch der 80er Jahre haben zunächst die unterschiedlichen Formen politischer Partizipation beschrieben. In der Folge wurden verschiedene Typologien (z.B. konventionelle Formen wie wählen versus unkonventionelle Formen der Partizipation wie Beteiligung an Bürgerinitiativen) entwickelt, die eine systematische Beschäftigung mit partizipativem Verhalten ermöglichten.

Fassen wir einige Resultate der Partizipationsforschung zusammen[31]. Auf der Basis umfangreichen empirischen Materials formulierten Verba und Nie Anfang der 70er Jahre die Standardthese der Partizipationsforschung: Danach läßt sich feststellen, daß die Partizipationsbereitschaft in Abhängigkeit vom sozio-ökonomischen Status steht. Je höher der sozio-ökonomische Status von Menschen ist, desto höher ist ihre Partizipationsbereitschaft. Diese verstärkt sich noch, wenn weitere individuelle Faktoren, und hier vor allem die subjektive Überzeugung, etwas politisch bewirken zu können, hinzutreten.

Da man aus Studien weiß, daß ökonomisch gutsituierte Bürger andere und deutlichere Politikprioritäten besitzen als ressourcenschwache Bürger, ergeben sich hier demokratietheoretische Konsequenzen. Es stellt sich vor allem die Frage, ob dem Bedürfnis nach Partizipationsausweitung, etwa in Form direkt-demokratischer Elemente entsprochen werden soll, wenn dies primär nur von bestimmten Personengruppen genutzt wird. (Übliche Argumente, wonach die Einführung von Elementen der direkten Demokratie eine "demokratische Verbesserung" darstellt, lassen sich mit den genannten Ergebnissen der Partizipationsforschung also nicht belegen. Stattdessen wird der "Wille des Volkes" durch die unterschiedliche Teilnahme der Bürger "verzerrt".)

---

31.   vgl. dazu H. B. Asher: Political Participation, Frankfurt 1984

Personen mit hohem sozioökonomischem Status sind wegen ihrer ausgeprägteren Partizipationsprioritäten auch eher bereit, sich unkonventionellen Beteiligungsformen, etwa Bürgerinitiativen, anzuschließen.

Damit in Zusammenhang steht, daß Partizipationsbereitschaft mit dem Wertewandel korreliert. Die These vom Wertewandel geht zurück auf empirische Ergebnisse Ronald Ingleharts. Danach läßt sich westlichen Gesellschaften eine Hinwendung zu sog. "postmateriellen Werten" feststellen, d.h. Werten wie Selbstbestimmung, Umweltschutz, Frieden etc. Gut ausgebildete Personen weisen eher postmaterielle Wertorientierungen auf und zeigen eine höhere Bereitschaft zu unkonventionellen, direkten Formen politischer Partizipation im Gegensatz zu Unterschicht-Angehörigen, die weniger postmaterielle denn materielle Orientierungen aufweisen. Auch hieraus resultieren demokratietheoretische Probleme, denn unkonventionelle Beteiligungsformen verstärken politische Ungleichheiten, da sie das Prinzip "one man, one vote" aufbrechen.

Nicht belegt werden konnte dagegen eine oft formulierte These, wonach die neuen Formen der politischen Partizipation auf Legitimationsdefizite der Demokratie hinweisen. Hier wurde argumentiert, die Menschen seien mit dem politischen System unzufrieden und versuchten daher, sich stärker zu beteiligen. Untersuchungen ergaben diesbezüglich jedoch, daß die Menschen sehr wohl zwischen der politischen Ordnung einerseits und der konkreten Politik trennen. Damit kann wachsende Partizipationsneigung auf der einen Seite mit der allgemeinen Akzeptanz der politischen Ordnung in Einklang gebracht werden - dies belegt z.B. auch die Politische-Kultur-Forschung -, auf der anderen Seite weist sie auf Unzufriedenheit mit der konkreten Politik hin.

Insgesamt gilt für die Partizipationsforschung, daß zahlreiche überprüfte Thesen für westliche Staaten vorliegen; eine allgemeine Theorie politischer Partizipation fehlt jedoch noch.

(2) Wahlen sind in Demokratien zentrale politische Prozesse. Sie sind das Beteiligungselement, mit dem die Zuweisung von Macht auf Zeit erfolgt, sie sind der zentrale Legitimationsmechanismus. Die Wahlfor-

schung beschäftigt sich nun mit allen Problemen rund um die Wahl. Ihr Gegenstand ist das Wahlverhalten, insbesondere dessen psychologischen, soziologischen und gesellschaftlichen Voraussetzungen, Bedingungen und Konsequenzen. Ihr Ziel ist die Beschreibung, Erklärung und die Prognose von Wahlbeteiligung, Entstehung und Veränderung von individuellen Wahlentscheidungen und die Verteilung von Kandidaten- und Parteipräferenzen in der gesamten Wählerschaft, aber auch in Subeinheiten, z.B. nur bei Jugendlichen.

Folgende Erklärungsansätze haben sich herausgebildet:
a) Der soziologische Ansatz von Paul Lazarsfeld führt das Wahlverhalten auf den soziokulturellen Kontext und Gruppenbindungen des Individuums zurück. Die zentrale Hypothese
lautet: Der einzelne wählt so, wie sein Umfeld (der Freundes- oder Kollegenkreis, die soziale Schicht etc.).

b) Der sozialpsychologische Ansatz der Michigan School setzt nicht nur einen bestimmten soziokulturellen Kontext des Individuums als erklärende Variable voraus, er ergänzt dies um den Faktor "Parteiidentifikation". Dieser Faktor ist selbst wiederum ein theoretisches Konstrukt. Der Wähler identifiziert sich emotional mit einer Partei. Dadurch wird er quasi zum psychischen Parteimitglied, d.h., er sieht die Politik durch die Brille dieser Partei. Die Identifikation bezieht sich wiederum auf zwei Aspekte, die "Kandidatenorientierung" und die "Sachfragenorientierung" (Issue-Voting). Die Befragung von einzelnen über diese beiden Indikatoren ergibt dann den Grad der Parteiidentifikation, die - so die These dieses Ansatzes - die Wahlentscheidung bewirkt. Auf der Basis dieses Konzeptes entwickelte P. Converse die These von der Normal-Wahl, d.h., der skizzierte Erklärungsansatz greift nur unter normalen Bedingungen und nicht etwa in Ausnahmesituationen, wie sie beispielsweise die erste Bundestagswahl nach der Wiedervereinigung am 3.10.1990 darstellte.

c) Auf S. Lipset und S. Rokkan geht die These zurück, daß nicht nur die Parteien und Parteiensysteme durch gesellschaftliche Konfliktformationen und Gegensätze (Cleavages) entstehen, beispielsweise der Gegensatz Kapital - Arbeit, Katholiken - Protestanten, sondern daß hiervon auch das Wahlverhalten abhängig ist. Als typische Cleavages für die BRD gelten die Konfession und die Klasse (Arbeiter vs. Kapital) und das bedeutet hypothetisch: Arbeiter wählen die SPD, Christen die Union.

d) Die rationalistische Theorie des Wahlverhaltens geht auf A. Downs zurück. Danach macht der Akteur intern eine Kosten-Nutzen-Analyse der Parteien auf (Parteiendifferential). Führt die Kosten-Nutzen-Analyse zu einem indifferenten Resultat, geht man nicht zur Wahl; ansonsten wählt man die Partei, die einem am ehesten Vorteile oder die wenigsten Nachteile bringt.

e) Zum Tragen kommen heute als Hypothesen schließlich noch die These vom Wertewandel (z.B. Inglehart) bzw. der Lebensstil-Ansatz. Kern ist der Gedanke, daß neue, postmaterielle Werte und Lebensstile die soziostrukturelle Bindung relativieren und dadurch das Wahlverhalten zunehmend flexibler wird. Ein Indikator dafür wäre etwa die Zunahme der Wechselwähler.

Die Wahlforschung ist der politikwissenschaftliche Bereich, der konzeptionell und methodisch am weitesten entwickelt ist. Heute kann man konkret anstehende Wahlen mit hoher Wahrscheinlichkeit voraussagen. Eine Theorie zur Erklärung langfristiger Trends existiert allerdings noch nicht.

Der Behavioralismus stellt heute in der empirischen Politikwissenschaft die wichtigste Strömung dar. Vor allem in der politikwissenschaftlichen Teildisziplin Analyse und Vergleich politischer Systeme dominieren die auf dieser Grundlage entwickelten Teiltheorien. Zusammenfassend möchte ich hier, neben der Wahl- und der Partizipationsforschung, als weitere Anwendungsgebiete auf die Einstellungs- oder Politische-Kultur-Forschung sowie auf empirische Demokratietheorien, Konfliktforschung, Parteienforschung und Policyanalyse hinweisen.

5.4. Neue Politische Ökonomie

Eine der wichtigsten analytischen, modelltheoretischen Konzeption der Modernen Politischen Theorie ist die sog. Neue Politik Ökonomie (NPÖ). Zur Vermeidung von Mißverständnissen hieße sie besser Ökonomische Theorie der Politik, denn es geht hier um die Verwendung der Methoden und Denkweisen der Ökonomie zur Untersuchung rationalen (politischen) Verhaltens des einzelnen oder von Kollektiven. Teil der NPÖ sind die "Rational Choice Theory" oder Entscheidungstheorie sowie die Spieltheorie. Die NPÖ arbeitet auf der Basis des methodologischen Individualismus. Einleitend will ich das den verschiedenen Analysekonzepten zugrundeliegende ökonomische Verhaltensmodell skizzieren.

5.4.1. Das ökonomische Verhaltensmodell

Im Mittelpunkt der Ökonomik[32] steht die Analyse menschlichen Verhaltens im Sinne der **rationalen Entscheidung**. Hierzu konstruiert man als Ausgangspunkt ein Modellindividuum, das als **"homo oeconomicus"** bezeichnet wird.

Das Modellindividuum verfügt über bestimmte **Präferenzen** oder Handlungsoptionen. Bezüglich der Inhalte ihrer Präferenzen sind die Modellindividuen ungleich. Allerdings sind sie als rationale Individuen in der Lage, ihre Präferenzen widerspruchsfrei zu ordnen (transitive Ordnung; Ordinalskala). Weil sich nicht alle Präferenzen gleichzeitig erreichen lassen, muß das Individuum Entscheidungen treffen. Diese trifft es gemäß seinen subjektiven Präferenzen und dem ökonomischen Rationalitätsprinzip. Das Individuum versucht immer, seinen Nutzen zu maximieren und seine Kosten zu minimieren[33]. Die Vorstellung von vollständiger Rationalität wurde allerdings in neueren Ansätzen zunehmend zugunsten von Modellen aufgegeben, die auf der Basis beschränkter Rationalität arbeiten.

---

32. vgl. dazu G. Kirchgässner: Homo Oeconomicus, Tübingen 1991, S. 2 ff.
33. Zusammengefaßt spricht man davon, daß das Individuum seinen Nettonutzen maximiert.

Mit zielrationalem Verhalten sind Kosten verbunden. "Wenn wir alle diese Dinge haben wollen, dann müssen wir auf etwas verzichten, sei dies Zeit, psychisches Wohlbefinden und/oder Ressourcen, die man anderweitig nutzen könnte."[34]

Kosten und Nutzen sind in bestimmter Weise mit den Einheiten eines Gutes verbunden. Es gilt, daß der Nutzen eines Gutes (Handlung, Entscheidung inbegriffen) mit weiteren Einheiten abnimmt, während die Kosten steigen. Sie erinnern sich sicherlich an das Beispiel des Biertrinkers: Bei großem Durst ist mit dem ersten Bier großer Nutzen verbunden; dieser sinkt, je mehr Bier getrunken wird. Man spricht hier vom "Grenznutzen". Die steigenden Kosten pro Einheit ergeben sich dadurch, daß man mit dem Kauf von Bier zugleich auf andere Güter verzichtet, die man sonst kaufen könnte. In diesem Kontext spricht man von "Grenzkosten".[35]

Weil das Individuum zumeist nicht über vollständige Informationen verfügt (Entscheidung unter Sicherheit) und zumeist auch keine wahrscheinlichen Informationen besitzt (Entscheidung unter Risiko) - zumal auch die Informationsbeschaffung Kosten verursacht -, trifft es in der Regel seine **Entscheidung unter Unsicherheit.**

Zusätzlich wird der Handlungsspielraum durch situative Gegebenheiten (Restriktionen), z.B. institutionelle Regeln, Rechtsvorschriften etc. eingeschränkt. Innerhalb der Neuen Politischen Ökonomie versucht vor allem der "New Institutionalism" diese Restriktionen in das Modell zu integrieren.

Soziale Beziehungen zwischen rationalen Individuen lassen sich als **sozialer Tausch** beschreiben. Dabei treffen die Individuen ihre Entscheidung u.a. in Abhängigkeit von den Entscheidungen anderer Individuen. Solche sozialen Interaktionen zwischen rationalen Individuen sind beispielsweise Gegenstand der **Spieltheorie.**

---

34.   R. B. McKenzie/G. Tullock: Homo Oeconomicus, Frankfurt 1984, S. 31
35.   vgl. R. B. McKenzie/G. Tullock, S. 32 ff.

Das rationale Verhaltensmodell ist nun geeignet, um zentrale Fragen der Politikwissenschaft zu analysieren.

5.4.2. Politikwissenschaftliche Anwendungen

Die NPÖ wird heute in der Politikwissenschaft als allgemeine "Theorie des rationalen Handelns" vielfältig angewendet. Als normativ-analytische Anwendungsbeispiele hatten wir uns bereits mit der Entstehung politischer Strukturen, von Kooperation, politischer Gerechtigkeit und politischer Legitimation in der Teildisziplin Politische Philosophie befaßt. Innerhalb der Modernen Politischen Theorie werden insbesondere folgende Gegenstände diskutiert: ökonomische Demokratietheorie, Verhalten politischer Organisationen, Verhalten von Bürokratien sowie Prozesse politischen Wandels.

5.4.2.1. Ökonomische Demokratietheorie

Im Zentrum politikwissenschaftlicher Anwendungen des ökonomischen Instrumentariums steht die Analyse politischer Institutionen, inklusive ihres Zustandekommens. Letzteres geht beispielsweise bis auf T. Hobbes zurück, der ausgehend von individuellen Entscheidungen (Nutzenmaximierung) über den Vertrag zur Konstruktion eines Staates kommt.

Ähnlich argumentieren Vertreter der modernen Vertragstheorie (vgl. Nozick und Buchanan 4.2.2.). Allerdings belegt ihr Ergebnis, daß es nicht zu irgendeinem Staat kommt, sondern notwendig zur Demokratie. Wie die Marktwirtschaft in der Ökonomie ist die Demokratie in der Politik die optimale Form politischer Institutionalisierung.[36]

Als erster skizzierte der Ökonom Joseph Schumpeter den Nutzen der Ökonomik für die Analyse des demokratischen Prozesses. Für Schumpeter ist Demokratie eine Methode zur Ordnung politischer Institutionen und zur Erreichung politischer Entscheidungen, "bei welcher einzelne

---

36. vgl. B. Frey: Die ökonomische Theorie der Politik oder die neue politische Ökonomie, in: Zeitschrift für die gesamte Staatswissenschaft, Bd. 126, 1970, S. 4

die Entscheidungsbefugnis vermittels eines Konkurrenzkampfes um die Stimmen des Volkes erwerben."[37]

In Anlehnung an diese Überlegungen machte erstmals Anthony Downs 1957 den Versuch, eine umfassende "Ökonomische Theorie der Demokratie"[38] vorzulegen. Dabei übernimmt er das Verhaltensmodell der NPÖ als Prämisse. Er unterstellt folglich, daß das Individuum in der Politik nach Nutzenmaximierung trachtet, was immer dies im Einzelfall sein mag, und daß Politik als Markt, als Wettbewerb um Stimmen aufzufassen ist.

Auf dieser Basis konstruiert Downs folgendes Demokratiemodell.
a) Demokatie:
- Alle Staatsbürger verfügen über genau eine Stimme.
- In regelmäßigen Abständen wird gewählt.
- Gewählt werden Parteien; es gibt mindestens zwei Parteien.
- Die von der Mehrheit gewählte Partei oder Koalition übernimmt die Regierungsgewalt.
- Parteien, die die Wahl verloren haben, versuchen nicht, die Siegerpartei(en) mit Gewalt oder anderen ungesetzlichen Mitteln zu behindern.
Aus diesem Demokratieverständnis zieht Downs den Schluß, daß der Hauptzweck von Wahlen in einer Demokratie die Auswahl einer Regierung ist.

b) Partei:
- Eine Partei ist eine Gruppe von Menschen mit gleichen Zielen (Macht, Ansehen, Einkommen).
- Parteien werden wie individuelle Akteure behandelt (Homogenitätshypothese).
- Parteien wollen ihre Stimmenzahl maximieren.
- Politik ist das Mittel, um die Ziele der Partei(mitglieder) zu erreichen.

37. J. Schumpeter: Kapitalismus, Sozialismus und Demokratie, Bern 1950, S. 428
38. vgl. A. Downs: Ökonomische Theorie der Demokratie, Tübingen 1968

c) Regierung:
- Eine demokratische Regierung geht aus allgemeinen, freien Wahlen hervor, bei denen mindestens zwei Parteien zur Wahl standen.
- Hauptziel der Regierung(spartei) ist ihre Wiederwahl.
- Die Machtausübung ist begrenzt; insbesondere ist die Behinderung anderer Parteien sowie die Veränderung der Legislaturperiode verboten.
- Wirtschaftlich kennt die Macht der Regierung keine Grenzen.

d) Bürger:
- Jeder Bürger operiert nutzenmaximierend, d.h., er wählt diejenige Partei, die für ihn den größten Nutzen erbringt.
- Bewertet der Bürger die Parteien bezüglich seines Nutzens indifferent, so enthält er sich der Stimme.

Auf der Grundlage dieser Definitionen wird deutlich, daß Politik analog zum Markt funktioniert. Politik ist ein Mittel, um die privaten Interessen der beteiligten Akteure (Bürger, Politiker) zu befriedigen. Parteien/Politiker wollen Wahlen gewinnen, um Macht, Prestige oder Geld zu erhalten. Dafür entwickeln sie ein Angebot, nämlich Programme, mit denen sie glauben, Wählerstimmen zu bekommen. Mit diesem Angebot konkurrieren die Parteien um den Wähler. Der Bürger seinerseits geht zur Wahl (Nachfrage), wenn damit für ihn, in seiner Einschätzung, Nutzengewinn verbunden ist. "Angebot" und "Nachfrage" treffen sich am Wahltag.

Betrachten wir vor diesem Hintergrund die Verhaltensweisen von Bürgern, Politikern und Parteien genauer.

Im Rahmen seines Demokratiemodells entwickelt Downs das Konzept des **rationalen Wahlverhaltens**. Der Wähler gibt seine Stimme der Partei, die ihm in Zukunft den höchsten Nutzen verspricht. Technisch formuliert konstruiert er ein Parteien-Differential. Sein Urteil bildet er sich anhand vergangener Leistungen der Regierung bzw. durch Bewertung der Vorschläge der Opposition. Hieran zeigt sich, daß die Regierung einen gewissen Bonus hat. Die Regierung hat handeln können, während der Bürger bei der Wahl der Opposition auf die Zukunft spekuliert. Innerhalb eines gewissen Zufriedenheitsrahmens mit dem Status quo wird daher die Regierung wiedergewählt werden.

Woher weiß jedoch der Bürger, ob es sich für ihn lohnt, zu wählen oder nicht? Mit dieser Frage ist das Problem der Information angesprochen, die zu beschaffen Kosten verursacht. Nachdem die einzelne Stimme kaum zählt, ist es für die meisten Bürger irrational, sich politische Informationen zu beschaffen. Gleiches gilt für die Wahl selbst, die dem Bürger auch Kosten verursacht.

Der Bürger geht also zur Wahl, wenn er damit seinen Nutzen optimieren kann, er enthält sich der Stimme, wenn er ein Parteien-Differential mangels Information nicht vornehmen kann oder es keine Unterschiede aufweist, also indifferent ist. Ginge er nämlich dann doch zur Wahl, würde dies für ihn nur Kosten verursachen.

Mit einem solchen Ansatz wird heute z.B. die zunehmende Wahlenthaltung - es lohnt sich für den einzelnen zu wenig zur Wahl zu gehen, weil die Unterschiede zwischen den Parteien zu gering sind, sich ihre Politik zu wenig unterscheidet, der Gang zur Wahlurne zu unbequem ist, man das Gefühl hat, sowieso nichts verändern zu können o.ä. - und das Aufkommen kleiner Parteien bzw. deren politischer Erfolg erklärt.

Die Parteien - als Summe ihrer Mitglieder, die gleichartige Ziele verfolgen - trachten ebenfalls nach Nutzenmaximierung, d.h. in diesem Fall nach Stimmenmaximierung. Aus rationaler Sicht treten die Parteien "mit politischen Konzepten hervor, um Wahlen zu gewinnen; sie gewinnen nicht die Wahlen, um mit politischen Konzepten hervortreten zu können."[39] Diese Konzepte müssen sich notwendig (wenigstens teilweise) nach den Interessen und Wünschen der Bürger richten (eine solche Beziehung zwischen Politik und Bürgern wird mit dem Begriff "Responsivität" umschrieben). Responsivität, heute in der Regel gleichbedeutend

---

39.   A. Downs: Ökonomische Theorie der Demokratie, S. 27 f.

mit Umsetzung von Wohlfahrtspolitik, kommt also nicht zustande, weil es den Politikern um das allgemeine Wohl geht, sondern weil diese Politik Mittel zum (privaten) Zweck der Politiker ist.

Inhaltlich werden die Programme so gestaltet, daß sie möglichst allgemein sind, d.h. möglichst vielen Wählerpräferenzen entsprechen können. Gleiches gilt für die Wahlwerbung. In ihr geht es nicht um politische Informationen, sondern um das Angebot von vagen, unverbindlichen Aussagen, die möglichst unterschiedlich interpretiert werden können.

Die Ausrichtung an der Stimmenmaximierung führt zu einem typischen Parteiensystem. Unterstellen wir einmal, es gäbe in einem Land X eine ausdifferenzierte Industriegesellschaft mit breiter Mittelschicht, etwa so wie dies für die BRD gilt, dann folgt daraus, daß sich Parteien zu Volksparteien entwickeln müssen, und daß ihre Programme relativ ähnlich sein werden. Die Begründung für diese Entwicklung lautet: Nur wenn eine Partei Mehrheiten erreicht, kann sie die Regierungsgewalt übernehmen. Eine Mehrheit erreicht man jedoch nur, wenn man die Interessen der breiten Mittelschicht (hier liegt eine sog. eingipfelige Wählerpräferenzverteilung vor) vertritt. Strikt genommen müßten sich die Parteien sogar gleich entwickeln, mit der Folge, daß niemand zur Wahl ginge. Deshalb variieren die Parteien ihr Programm rund um eine fiktive Wählerpräferenzverteilung.

Insgesamt ist das Parteiensystem von der Verteilung der Wählerpräferenzen abhängig. Liegt z.B. eine mehrgipfelige Verteilung vor, d.h. gibt es in einer Gesellschaft mehrere ähnlich starke Interessen, dann werden sich so viele Parteien ausbilden, wie es Präferenzgipfel gibt. Allerdings sind weitere Bestimmungsfaktor zu nennen, beispielsweise das Wahlsystem. Die Entstehung des gerade skizzierten Parteiensystems basiert auf einem Verhältniswahlsystem.

"Zusammenfassend kann man sagen, daß nach Downs die Demokratie ein politisches System ist, wo ungleich und notwendigerweise überwiegend schlecht informierte Bürger nach dem Mehrheitsprinzip eine Regierung wählen, der die Wohlfahrt aller Bürger nicht im gleichen Maß am Herzen liegt, sondern in dem Ausmaß, in dem sie für politisches Fehlverhalten bei der nächsten Wahl mit Sanktionen rechnen muß."[40]

Die zentrale "Schwierigkeit von Downs' Demokratietheorie besteht darin zu erklären, warum sich überhaupt so viele Menschen politische Informationen beschaffen und zur Wahl gehen."[41] Ein solches Verhalten ist nicht zwingend individuell-rational, da die Stimme des einzelnen praktisch nicht zählt. Die empirische Transformation und Überprüfung des Konzepts von Downs hat desweiteren gezeigt, daß es in vielen Bereichen von zu einfachen Modellannahmen ausgeht, die mit der komplexen Realität nicht übereinstimmen. Dennoch kann man umgekehrt für eine Reihe von Thesen die Plausibilität nicht bestreiten.

5.4.2.2. Politische Organisationen

Die modernen, westlichen Industriegesellschaften werden vielfach als pluralistische Gesellschaften oder pluralistische Demokratien bezeichnet. Damit ist gemeint, daß gesellschaftliche Interessen organisierbar sind, und daß diese Organisationen den politischen Prozeß mitbestimmen. Dies gilt de facto vor allem für den sozio-ökonomischen Bereich. Organisierte Interessen konkurrieren um Macht und Einfluß, indem sie ihre Interessen in die Politik einbringen. Der Begriff des Lobbyismus kennzeichnet entsprechende Partizipationsbemühungen.

Wie organisieren sich Interessen? Wie agieren Organisationen? Wann sind Organisationen besonders schlagkräftig etc.? Solche Fragen können nur beantwortet werden, wenn man über eine Theorie der Organisationen und ihres kollektiven Handelns verfügt. Sie ist von erheblicher politikwissenschaftlicher Brisanz, da es z.B. sein könnte, daß nicht alle gesellschaftlichen Interessen organisierbar sind, mit der Konsequenz, daß sich nur bestimmte Interessen in der Politik durchsetzen. Schlecht organisierbar sind - um nur ein Beispiel anzuführen - die Interessen der Verbraucher. Weiter besteht die Möglichkeit, daß Organisationen

---

40. E. Weede: Wirtschaft, Staat und Gesellschaft, Tübingen 1990, S. 118
41. E. Weede, S. 117

unterschiedliche Durchsetzungsfähigkeit aufweisen. Auch das hätte demokratietheoretische Folgen, da z.B. durchsetzungsfähige Gruppen den Staat für ihre Interessen ausnutzen könnten. So gelingt es etwa den Landwirten in der BRD dank ihrer durchsetzungsfähigen Organisation, immense Subventionen zu erhalten, die für die Förderung zukunftsweisender Innovationen fehlen.

Zu einer Theorie kollektiven Handelns und zur "Macht" der Organisationen und Verbände - die man auch als Teiltheorien einer ökonomischen Demokratietheorie auffassen kann - haben vor allem Mancur Olson und James Wilson zentrale Beiträge auf der Grundlage der NPÖ geliefert.

Olson greift in seiner Studie "Die Logik des kollektiven Handelns" (Harvard 1965) das zentrale Problem von Organisationen auf: "Aus der Annahme, daß Mitglieder einer Gruppe ein gemeinsames Interesse oder Ziel haben und sie alle besser dran wären, wenn dieses Ziel erreicht würde, schien logisch zu folgen, daß die einzelnen Mitglieder einer solchen Gruppe, sofern sie sich rational im Eigeninteresse verhalten, so handeln werden, daß dieses Ziel erreicht wird."[42] De facto zeigt sich allerdings, daß diese Annahme empirisch nicht richtig ist. Mitglieder von Organisationen leisten entweder keinen oder einen viel zu niedrigen Beitrag zum Organisationsziel. Sie verhalten sich - relativ zu ihrer individuellen Rationalität - als sog. Trittbrettfahrer. Von daher stellt sich das Problem, wie das kollektive Handeln von Organisationen analytisch zu "erklären" ist, welche Folgen sich hieraus für Organisationen, ihre Struktur und Handlungsfähigkeit ergeben und wie man das Trittbrettfahren vermeiden kann.

Versuchen wir, die Problematik des Trittbrettfahrens anhand der Gewerkschaften zu illustrieren. Die Gewerkschaften stellen bestimmte sog. kollektive Güter bereit; das sind Güter, von denen niemand ausgeschlossen werden kann. Dazu zählen in der BRD etwa Tarifverträge, durch die eine Mindestbezahlung und soziale Absicherung festgelegt wird. Für diese Leistungen der Gewerkschaften zahlen die Mitglieder Beiträge.

---

42.   M. Olson: Die Logik des kollektigven Handelns, Tübingen 1985, S. 1 f.

Nun gilt aber in der BRD, daß auch Nicht-Gewerkschaftsmitglieder von
den Verhandlungsergebnissen der Tarifvereinbarungen profitieren. Von
daher stellt sich für die Gewerkschaften das Problem, genügend Mitglieder an sich zu binden. Rational ist es nämlich für ein Individuum als
Trittbrettfahrer, also ohne Gewerkschaftsmitglied zu sein, von dem durch
die Gewerkschaften erzielten Nutzen zu profitieren. Das ist ein möglicher
Grund, weshalb die Zahl der Gewerkschaftsmitglieder in der BRD seit
Jahren rückläufig ist.

Olson beginnt seine Analyse mit der Frage nach dem Zweck von Organisationen. Dieser besteht - wie zu erwarten - darin, den Interessen der
Mitglieder zur Durchsetzung zu verhelfen. Deren Befriedigung bedeutet,
daß es der Organisation gelungen ist, ein Kollektivgut bereitzustellen.
Anders formuliert: Organisationen entstehen nur dann, wenn sie zur
Erstellung von Kollektivgütern notwendig sind, weil der einzelne ein
solches Gut nicht alleine produzieren kann.

Der Aufbau der Organisation und die Bereitstellung der von ihr produ-
zierten Kollektivgüter lassen Kosten entstehen. Jedes Gruppenmitglied
beteiligt sich an den Kosten nur entsprechend seines individuellen
Nutzens, welcher sich aus der Bereitstellung des Kollektivgutes ergibt.
Nun folgt aus der Tatsache, daß es bei Kollektivgütern nicht um die
Frage der Verteilung, sondern nur der Beschaffung geht, daß es für den
einzelnen lohnend ist, sich eben nicht an den Kosten zu beteiligen.
Dadurch wird das Gut nicht anders verteilt, sondern es wird nur insgesamt weniger beschafft.[43]

Betrachten wir dazu ein Beispiel: Umweltschutz - ein Kollektivgut -
kostet Geld. Je mehr Mitglieder einer Gruppe ihren Beitrag entrichten,
desto mehr Umweltschutzmaßnahmen können ergriffen werden. Wenn
einzelne aber keinen Beitrag zum Umweltschutz leisten, so können sie
doch nicht von sauberer Luft o.ä. ausgeschlossen werden, d.h. sie haben
Nutzen vom Kollektivgut, ohne sich an den Kosten zu beteiligen. Für

---

43. Das Problem bei Kollektivgütern besteht darin, daß bei seiner Bereitstellung
alle Gruppenmitglieder gleichmäßig profitieren, gleichgültig, ob und welche
Beiträge sie zu seiner Erstellung geleistet haben.

315

den einzelnen ist es - gemäß individueller Rationalität - daher sinnvoll, sich als Trittbrettfahrer zu verhalten. Für die Gruppe bedeutet dies, daß mengenmäßig weniger vom Kollektivgut bereitgestellt werden kann, als dies möglich wäre, wenn alle ihren Beitrag zahlen würden.

Die Überlegungen haben noch eine weitere Konsequenz, die Olson als "Ausbeutung der Großen durch die Kleinen" bezeichnet. Die Gruppenmitglieder haben unterschiedliches Interesse an der Bereitstellung von Kollektivgütern. Diejenigen, die ein größeres Interesse haben, sind eher bereit, sich an den Kosten zu beteiligen oder mehr an den Kosten zu tragen.

Angesichts der individuellen Rationalität stellt sich die Frage, ob allein die Bereitstellung eines Kollektivgutes genügend Anreize für Mitglieder zur Kostenbeteiligung bietet.

Olson konnte nun zeigen, daß "sich bestimmte kleine Gruppen mit Kollektivgütern versorgen können, ohne dabei zu Zwang oder irgendwelchen positiven Anreizen, abgesehen vom Kollektivgut selbst, zu greifen. Das kommt daher, daß in einigen kleinen Gruppen jedes Mitglied oder wenigstens eines von ihnen feststellen wird, daß sein persönlicher Gewinn aus dem Kollektivgut die Gesamtkosten der Bereitstellung einer gewissen Menge des Kollektivgutes übersteigt. Es gibt Mitglieder, die sogar dann, wenn sie den vollen Preis für die Bereitstellung selbst zu tragen hätten, besser daran wären, wenn das Kollektivgut beschafft wird, als wenn es nicht beschafft würde."[44]

Für kleinere Gruppen kann der Anreiz des Kollektivgutes möglicherweise genügen. Allerdings wird auch in kleinen Gruppen das Kollektivgut nicht in der optimalen Menge bereitgestellt. Die Analyse ergibt weiter, daß "je größer die Gruppe ist, (sie, U.D.) um so weniger ... in der Lage sein (wird, U.D.), die optimale Menge eines Kollektivgutes bereitzustellen."[45] Anders formuliert: Der Zielerreichungsgrad der Organisation nimmt mit

---

44. M. Olson: Die Logik kollektiven Handelns, S. 32
45. M. Olson: Die Logik kollektiven Handelns, S. 33

ihrer Größe ab (Suboptimalität). Zugleich steigen ihre Kosten (Organisationskosten), weil mehr Geld für die Aufrechterhaltung der Organisation, der Kommunikationsstruktur etc. notwendig ist.

Wir können also ganz pauschal feststellen, daß kleine Organisationen effektiver und kostengünstiger (effizienter) sind als große. Große Organisationen müssen durch weitere Maßnahmen insbesondere an ihrer Zielerreichung (Effektivität) arbeiten.

Olson argumentiert daher, daß (größere) Organisationen ihr Ziel nur erreichen, wenn sie sog. selektive Anreize bieten. "Der Anreiz muß in dem Sinne 'selektiv' sein, daß jene, die sich nicht der Organisation anschließen, welche auf das Gruppenziel hinarbeiten oder die nicht auf eine andere Weise zur Erlangung des Gruppenziels beitragen, anders behandelt werden können als jene, die dies tun."[46] Selektive Anreize sind beispielsweise Zwang, Strafen, wirtschaftliche Anreize (z.B. Prämien) und soziale Anreize wie Prestige oder Status.

Zusammenfassend belegt Olson - in den Worten des Ökonomienobelpreisträgers Friedrich A. v. Hayek -, daß

1. "im allgemeinen nur verhältnismäßig kleine Gruppen von Interessenten sich spontan zusammenschließen werden, und der engere Zusammenhalt solcher kleinen Gruppen ihnen eine Stärke gibt, die sie oft in die Lage versetzt, wesentlich größere Gruppen, selbst wenn diese sich organisieren können, auszubeuten;"

2. "daß die Organisationen der großen wirtschaftlichen Interessen, die heute in hohem Maße die Regierungen beherrschen, fast alle nur mit Hilfe eben jener Staatsmacht zustandegekommen sind, die nun von ihnen abhängig geworden ist;"

3. "daß es grundsätzlich unmöglich ist, alle Interessen so zu organisieren, und es deshalb stets das Ergebnis der von der Politik ermöglichten und geförderten Organisationen gewisser großer Interessen sein muß, daß große unorganisierte und unorganisierbare Gruppen benachteiligt werden, Gruppen, die keine Lobbies

---

46. M. Olson: Die Logik kollektiven Handelns, S. 50

unterhalten und keinen Druck ausüben, aber doch zu den größten Gruppen eines Landes gehören und einige der lebenswichtigen Interessen vertreten."[47]

Mit dem ersten Punkt werden die Organisations- und Durchsetzungsvorteile (Kosten, Konfliktfähigkeit) kleiner Gruppen angesprochen. Kleine Organisationen (z.B. Fluglotsen) mit homogenen Interessen können den Staat gut unter Druck setzten, ihn für ihre Zwecke "ausbeuten". Politisch hat dies gravierende Konsequenzen, da die Interessen in einer pluralen Gesellschaft immer nur ungleich vermittelt und durchgesetzt werden.

Mit dem letzten Aspekt sind beispielsweise Interessen wie die der Umweltschützer oder der Verbraucher gemeint. Angesichts der Tatsache, daß diese beiden Interessen für alle Menschen relevant sind, müßte man eigentlich erwarten, daß Umwelt- und Verbraucherinteressen sich immer besser organisieren. In der Praxis ist jedoch genau das Gegenteil der Fall, vergleicht man Umwelt- oder Verbraucherverbände in ihrer Stärke mit etablierten Verbänden des sozio-ökonomischen Bereiches, etwa Gewerkschaften, Arbeitgebern oder Ärzteverbänden.

Weiterentwickelt wurden die Überlegungen Olsons beispielsweise von James Wilson[48]. Er betrachtet speziell politische Organisationen. Nach Wilson - und in deutlicher Anlehnung an Downs - verfolgen politische Organisationen nicht bestimmte Ziele, weswegen sie Mitglieder gewinnen, sondern Individuen und Gruppen schließen sich zu politischen Organisationen zusammen, um eigene Ziele umzusetzen. Für Wilson ist die Organisation also Mittel zum Zweck. Wichtigstes Ziel der Organisation ist folglich nicht die Zielerreichung, sondern die Selbsterhaltung.

Dazu müssen Organisationen ein spezifisches Anreizsystem entwickeln, das der (potentiellen) Mitgliedernachfrage entspricht. Wilson unterscheidet zwischen materiellen, sozialen (Ämter, Status etc.) und zweckbestimmten Anreizen (individuelle Befriedigung über die Mitwirkung an einem

---

47. F. A. v. Hayek: Vorwort, in: M. Olson: Die Logik des kollektiven Handelns, S. IX f.
48. vgl. J. Wilson: Political Organizations, New York 1973

318

bestimmten, aus der Sicht des Handelnden, guten Ziels; hier sind individuelle Werte angesprochen).

Klar ist, daß das Verhalten und die Struktur von Organisationen durch das Anreizsystem bestimmt wird[49]. In der Regel gilt, daß materielle Anreize besser zur Verhaltenssteuerung geeignet sind als andere Anreizformen. Vor allem ermöglichen materielle Anreize eine größere Flexibilität in der Bestimmung der Ziele einer Organisation. Betrachten wir dazu - wie der Umkehrschluß nahelegt - die geringe Zielflexibilität zweckbestimmter Anreize: Diese sind notwendig an ganz bestimmte Ziele der Organisation gekoppelt, mit deren Erreichung der einzelne "gute Gefühle" verbindet. Dagegen können die Organisationsziele bei materiellen Anreizen den Mitgliedern eher gleichgültig sein, Hauptsache, ihre materiellen Erwartungen werden befriedigt.

Der Zusammenhang zwischen der Struktur einer Organisation und ihrem Anreizsystem bezieht sich auf Qualität, Größe und Durchsetzungsfähigkeit einer Organisation.

Organisationen, die mit zweckbestimmten Anreizen arbeiten, haben den Charakter von Primärgruppen, d.h., die Mitglieder interagieren direkt miteinander, Statusunterschiede sind kaum vorhanden. Die geringe Zielflexibilität führt oft zu Konflikten. Entsprechend gering ist zumeist die Leistung solcher zweckbestimmter Organisationen. Sie sinkt in Abhängigkeit von der Größe der Organisation, weil direkte Interaktionen immer weniger möglich werden. Typische Beispiele hierfür sind Bürgerinitiativen, deren Zusammenhalt auf Solidarität, Freiwilligkeit und ein bestimmtes Ziel hin orientiert ist. Wie ein Ziel zu erreichen ist, führt oft zu Konflikten; wenn es erreicht ist, zerbricht die Organisation.

Zur Erhöhung der Leistungsfähigkeit von Organisationen können soziale Anreize eingeführt werden. Besonders aktive Mitglieder erhalten z.B. einen herausgehobenen Status. Resultat ist ein Prozeß der sozialen

---

49.   vgl. F. Lehner: Einführung in die Neue Politische Ökonomie, Königstein 1981, S. 87

Differenzierung in der Organisation (Funktionäre), der um so größer ist, je größer die Organisation ist. Der Wirkung von sozialen Anreizen sind allerdings Grenzen gesetzt, schließlich kann nur ein kleiner Personenkreis Funktionär werden.

Logische Folgerung ist, daß jede leistungsfähige Organisation mittelfristig zu einem auch materiellen Anreizsystem übergehen muß, d.h., es werden beispielsweise bezahlte Mitarbeiter eingestellt, die sich professionell mit der Organisation und der Durchsetzung der Organisationsziele befassen. Dadurch kommt es zu einer Hierarchiebildung, die um so erheblicher ausfällt, je größer und uneinheitlicher die Mitgliedschaft ist.

Eingangs hatte ich darauf verwiesen, daß im Mittelpunkt der Konzeption Wilsons die Überlebensfähigkeit der Organisationen steht. Nach seiner Untersuchung kann der Zusammenhang Organisation (Struktur, Verhaltensweisen) - Anreizsystem als belegt gelten. Um nun die Überlebensfähigkeit auf Dauer zu sichern, wählen Organisationen eine besondere Strategie: Sie versuchen ein Monopol für sich in der Vermittlung bestimmter Interessen zu erhalten, um von anderen Organisationen autonom zu werden bzw. um Konkurrenz zu vermeiden. Dies gelingt ihnen, indem sie a) konkurrierende Organisationen übernehmen, was allerdings entsprechende Finanzkraft voraussetzt, b) mit konkurrierenden Organisationen fusionieren oder c) eine "Nischenpolitik" betreiben.

Zu welchen Schlußfolgerungen kann man nun bezüglich pluralistischer Demokratien kommen, wenn man sie auf der Grundlage des ökonomischen Verhaltensmodells analysiert?
1. Interessen sind ungleich organisations-, konflikt- und durchsetzungsfähig;
2. Interessen konkurrieren nicht systematisch miteinander und sie kontrollieren sich nicht gegenseitig;

ad 1) Die Interessen kleiner Gruppen sind leichter und effizienter zu organisieren als heterogene Interessen. Dies zeigt sich in der BRD am Beispiel der Fluglotsen und Ärzte im Vergleich zu den Interessen der Verbraucher. Es gibt zwar viele Interessenorganisationen aber nur wenige mächtige Gruppen. Dabei dominieren bei den Organisationen mit festem Einfluß - entgegen verbreiteten Anschauungen - kleine Verbände mit weniger als 500 Mitgliedern. In diesem Fall spricht man von ungleichgewichtigem Interessenpluralismus.

ad 2) Die unterschiedliche Organisations- und Durchsetzungsfähigkeit gesellschaftlicher Interessen hat zur Folge, daß die organisierten Interessen nicht miteinander konkurrieren (ungleichgewichtige Konkurrenzverhältnisse) und einander auch nicht kontrollieren. Grund dafür ist die in der politischen Praxis - analog zur These von Wilson - zu beobachtende Monopolisierung der Interessenvermittlung.

Mit dem Handeln einer Vielzahl von durchsetzungsfähigen Organisationen, die jeweils partielle Interessen vertreten, kommen auf den Staat immense Folgekosten zu. Grund dafür ist die "Erpreßbarkeit" des Staates durch die Organisationen. Sie konfrontieren das politische System mit steigenden Ansprüchen an kollektiven Gütern. Beispielsweise fordern die Landwirte Subventionen, die Gewerkschaften Ausbau der Sozialleistungen etc. Deren Finanzierung aus allgemeinen Steuern sind jedoch Grenzen gesetzt, auch wenn das politische System erst einmal versucht, diesen Forderungen durch Steuererhöhung etc. zu entsprechen. Resultat dieser Politik ist die Überlastung des Staates durch die Erbringung kollektiver Güter sowie wachsende Staatsverschuldung. Dies bezeichnet man als "öffentliche Armut".

Empirische Untersuchungen Phillipe Schmitters belegten bei einem Vergleich von fünfzehn westlichen Demokratien, daß das Wachstum des öffentlichen Sektors über die Jahre erheblich zugenommen hat und daß die Staatsverschuldung um so größer ist, je höher der Grad an organisierten Interessen ist, bzw. je pluralistischer eine Gesellschaft ist.

5.4.2.3. Bürokratie

Eine besondere Form politischer Organisationen sind Bürokratien oder Verwaltungen. Ich verzichte hier auf eine Definition beider Begriffe, da für das folgende die alltagssprachliche Charakterisierung ausreicht. Eine

Bürokratie hat die Aufgabe, politische Planung und Zuarbeit für die politische Führung zu leisten (partiell legislative Kompetenzen). Desweiteren vollzieht sie die Gesetze und Verordnungen (Exekutivkompetenz) und erbringt Dienstleistungen auf gesetzlicher Grundlage (in der BRD beispielsweise Öffentlicher Personennahverkehr oder Abfallentsorgung). Bürokratien spielen damit in modernen Wohlfahrtsstaaten eine zentrale Rolle. Eine wichtige Frage lautet daher, wie Bürokratien organisiert sein müssen, um zielorientiert (effektiv) und kostengünstig (effizient) arbeiten zu können.

Eine solche Problemstellung eignet sich für eine Analyse auf der Basis des ökonomischen Verhaltensmodells. Die hieraus resultierende ökonomische Theorie der Bürokratie geht vor allem auf William Niskanen und Anthony Downs zurück.[50]

Niskanen geht in seiner Argumentation von folgender Modellannahme aus. Bürokratien werden vom politischen System finanziert. Dieses erwartet für seine finanziellen Leistungen einen Output, bei dessen Bereitstellung die Bürokratie eine Monopolstellung hat. So registriert nur das Standesamt Personenstandsangelegenheiten wie Hochzeiten, Sterbefälle etc. und nur das Stadtordnungsamt stellt Personalpapiere aus. Wichtig ist, daß das politische System die Bürokratie für eine Gesamtleistung finanziert. Dabei sind für beide Seiten die Effektivitätskritierien unklar: Ist ein Standesamt besonders effektiv, wenn es viele Hochzeiten registriert?

Nach Niskanen hängt die Befriedigung der individuellen Interessen der Mitarbeiter - z.B. Einfluß, Beförderungsmöglichkeiten - in Bürokratien von deren Budget ab. Daher versucht jede Bürokratie ihren Haushalt zu maximieren (These von der budgetmaximierenden Bürokratie). Budgetsteigerungen korrespondieren allerdings mit der Vergrößerung des Gesamtleistungsoutputs der Behörde. Verwaltungen trachten daher danach, sich immer mehr Kompetenzen anzueignen. Die Folge ist

---

50. vgl. W. Niskanen: Bureaucracy and Representative Government, Chicago 1971; A. Downs: Inside Bureaucracy, Boston 1966

bürokratische Ineffizienz, weil Bürokratien mehr Leistungen anbieten als nachgefragt werden, mit entsprechenden finanziellen Folgen für den Staat. Eine andere Form der Ineffektivität sieht so aus: Um ihre Leistungsfähigkeit zu steigern, setzt die Bürokratie besonders preiswerte "Produktionsfaktoren" oder Ressourcen ein. Man darf nicht erwarten, daß etwa ein Verteidigungsministerium die effektivste Mittelkombination auswählt, um dem Sachproblem der nationalen Sicherheit zu entsprechen.[51]

Niskanens Konzept erscheint prima facie durchaus plausibel, zumindest entspricht es den landläufigen Einstellungen zur Bürokratie. In der Realität ist das Ziel der Budgetmaximierung kaum zu verwirklichen. Dagegen sprechen z.B. die begrenzten finanziellen Möglichkeiten des Staates sowie die Konfliktvermeidungsstruktur von Bürokratien.

Eine Modifikation der Überlegungen Niskanens ist auf der Basis des ökonomischen Bürokratiekonzeptes von Anthony Downs möglich. Dieser untersucht:
a) Struktur und Verhaltensweisen der Bürokratie sowie
b) das Verhalten der Bürokratiemitglieder.

a) Downs geht von einem Zielsystem - mehreren miteinander verflochteten Zielen - aus, welches Bürokratien verfolgen. Dazu gehören beispielsweise das Streben nach Macht, Einfluß, Wachstum, Bestandswahrung, Autonomie etc. Bürokratien können ihre Ziele nur dann erreichen, ihren Bestand und ihre Entwicklungsmöglichkeiten nur dann sichern, wenn sie vom politischen System und anderen Bürokratien unterstützt werden. Der Entwicklung und dem Verhalten von Bürokratien sind damit externe Grenzen gezogen. Sie hängen u.a. von der Finanzkraft des politischen Systems, aber auch von der Konkurrenz zu anderen Verwaltungen ab.

Angesichts dieser Restriktionen geht es Bürokratien im wesentlichen um Bestandswahrung. Daher vermeiden sie Konflikte mit anderen Bürokratien. Die extreme Konfliktscheu begünstigt den bürokratischen Konser-

---

51.   vgl. W. Niskanen, S. 54

vatismus, d.h., Bürokratien sind in der Regel ziemlich resistent gegen
Wandel. Allerdings wäre es übertrieben, Bürokratien völlige Innovation-
sunfähigkeit zu unterstellen. Downs nennt folgende Kriterien, die bürokratische Innovationen befördern:

- Heterogenität der Ansichten der Mitglieder einer Bürokratie,
- starker Innovationsdruck von außen,
- technischer Wandel in der Bürokratie,
- Verbindung mit Wissenschaft, z.B. in der Ministerialbürokratie,
- häufiger Personalwechsel.

Der geringen Konfliktneigung nach außen entspricht ein hoher Konsenszwang nach innen. Dazu trägt erstens die hierarchische Struktur bei, die
Bürokratien aufweisen. Eine solche ist zwar in allen großen Organisationen vorhanden, in Bürokratien ist sie jedoch, in Ermangelung marktwirt-
schaftlicher Regelungsmechanismen, besonders ausgeprägt. Zweitens erzwingen die formalen Regelungen Konsens. Sie definieren z.B. genau
den jeweiligen Aufgabenbereich der Mitglieder und regeln die funktionale Verflechtung in den Büros (Dienstweg). Sinn und Umsetzung der
Aufgaben lassen in den Bürokratien ein spezifisches Bewußtsein, eine
eigene Identität entstehen.

Die formale Kommunikationsstruktur leistet so der Weitergabe verzerrter
Informationen Vorschub. Die einzelnen Bürokratiemitglieder vermitteln
an die höheren Instanzen die Informationen, die den eigenen Interessen
entsprechen bzw. das verstärken, was die übergeordneten Instanzen
hören wollen. "Insgesamt kann man feststellen, daß die meisten Büros
eine erheblich verzerrte Information aufweisen, die ihre Handlungsfähigkeit reduziert. (...) In der Regel überschätzen bürokratische Entscheidungen Informationen und Daten, die ihren Interessen entsprechen und
unterschätzen Informationen und Daten, die ihre Interessen nicht
begünstigen."[52]

Angesichts dieser Struktur haben Bürokratien besondere Kontrollproble-
me. Ein beträchtlicher Teil ihrer Größe hängt mit dem Aufbau interner

---

52.   F. Lehner, S. 122

Kontrollmechanismen zusammen. Mit zunehmender Größe gelingt dies immer weniger (vgl. die Argumentation Wilsons), so daß die Effektivität weiter nachläßt.

b) Bürokratisches Bewußtsein, Konsenszwang und formale Kontrolle bestimmen jedoch das Verhalten der Büromitglieder nicht vollständig. Downs unterscheidet fünf Typen/Motivationen des Bürokraten:

- Aufsteiger - Diese streben nach Beförderung, d.h. sie sind risiko-freudig und an der Maximierung ihres Einkommens und Status' orientiert.
- Bewahrer - Ziel dieser Bürokratien ist die Sicherung ihrer Position.
- Eiferer - Solche Bürokraten sind stark politisiert und orientieren sich in ihrem Verhalten an ihrer Ideologie.
- Anwälte - Bürokraten dieser Gruppe identifizieren sich mit der Funktion ihrer Bürokratie; bei ihrer Arbeit orientieren sie sich an sachlichen und professionellen Gesichtspunkten.
- Staatsdiener - sie orientieren sich an den allgemeinen Zielen ihrer Bürokratie bzw. an dem Gedanken, wonach die Bürokratie dem Gemeinwohl zu dienen hat.

Gemäß dieser individuellen Motivation streben die Menschen Positionen in Bürokratien an. Ob sie Erfolg haben, hängt allerdings von den Strukturen und Handlungsbedingungen der Bürokratien ab. Von daher kann man vermuten, daß unterschiedliche Rekrutierungsmuster entstehen: Je nach Bürokratentyp präferieren Menschen bestimmte Bürokratien und umgekehrt rekrutieren die Bürokratien auch nur bestimmte Bürokratentypen.

Downs Analyse verweist darauf, daß sich Bürokratien "hinsichtlich ihrer konkreten Zielkonzeptionen, Handlungsbedingungen, Rekrutierungsmuster und Motivationsstrukturen und den aus all diesen Faktoren resultierenden Verhaltenstendenzen"[53] unterscheiden.

---

53. F. Lehner, S. 125

Zusammenfassend lassen sich aber folgende generellen Strukturprobleme bürokratischen Handelns erkennen.[54] Um den vielschichtigen Erwartungen entsprechen zu können, die an moderne Verwaltungen gestellt werden, kommt es zu organisatorischer Differenzierung und funktionaler Spezialisierung. Damit verbindet sich die Herausbildung spezifischer Zielsysteme, Handlungsbedingungen, Informationsverarbeitungsprozesse, Rekrutierungsmuster etc. Bürokratien entwickeln folglich eine eigene Identität.

Die Strategie der Konfliktvermeidung und der bürokratische Konservatismus verstärken eine Entscheidungsweise, die vorwiegend auf der Basis eigener, oft verzerrter Informationen erfolgt (segmentierte Problem- und Informationsverarbeitung). Die Problemverarbeitung wird daher oft ineffizient.

Bürokratien sind darüber hinaus in ihrem Handeln an den eigenen Zielsetzungen orientiert und weniger am "Gemeinwohl". Dafür bedürfen sie der Unterstützung gesellschaftlicher Gruppen, ihrer Klientel. Eine Folge dieser Struktur ist die erleichterte Möglichkeit, partielle oder Sonderinteressen durchzusetzen. In dem Ausmaß, in dem Politik durch segmentierte Bürokratien gesteuert wird, verliert das politische System an Autonomie gegenüber organisations- und konfliktfähigen Interessen, da sich diese im Zusammenspiel mit den Bürokratien gut durchsetzen lassen; schließlich ist die Bürokratie auf die Kooperation ihrer Klientel vor Ort angewiesen.

Das politsche System hat daher in bürokratisch gesteuerten Politikbereichen kaum Abwehrchancen gegen den Anspruchsdruck organisierter Interessen. Es wird ständig zu einer Leistungsausweitung gezwungen.

Zusammenfassend kann man daher festhalten, "daß der überwiegend bürokratisch gesteuerte Wohlfahrtsstaat gegenüber einer pluralistischen Gesellschaft nur beschränkt handlungsfähig ist. Er kann seine gesamtgesellschaftlichen Funktionen kaum wirksam wahrnehmen, weil er durch

---

54.   vgl. F. Lehner, S. 125 ff.

die Rationalität des bürokratischen Handelns eingebunden wird in partielle und spezialisierte Interessenbezüge."[55]

5.4.2.4. Politischer Wandel

"Der rätselhafte ... Zusammenbruch großer Reiche und Kulturen und der erstaunliche Aufstieg von bis dahin peripheren oder unbedeutenden Völkern zu Reichtum, Macht oder kulturellen Leistungen hat Forscher immer wieder in Verlegenheit gebracht."[56] Mancur Olson legt in seinem im Anschluß an "Die Logik des kollektiven Handelns" verfaßten Buch "Aufstieg und Niedergang der Nationen" (1982) für dieses Problem ein Interpretationskonzept vor.

"Die Logik des kollektiven Handelns" hatte ergeben, daß Organisationen **nicht** bestehen, weil sie kollektive Güter bereitstellen; vielmehr verdanken sie ihre dauernde Existenz und die Mitarbeit ihrer Mitglieder **selektiven Anreizen** (Prestige, Geld etc.). Anders formuliert: "Das Argument ... sagt voraus, daß Gruppen, die Zugang zu selektiven Anreizen haben, mit größerer Wahrscheinlichkeit kollektiv handeln werden, um Kollektivgüter zu erlangen, als jene, die diese Anreize nicht haben, und daß kleine Gruppen mit größerer Wahrscheinlichkeit kollektiv handeln als größere."[57] Aus diesem Ergebnis leitet Olson nun weitere Folgerungen für den Aufstieg und Niedergang von Nationen, d.h. für politischen Wandel ab.

Organisationsbildung dauert zwar, dennoch entstehen im Laufe der Zeit, innerhalb einer stabilen Gesellschaft, zahlreiche Organisationen. Ihre Größe ist unterschiedlich, und hieraus ergeben sich einige Probleme. Kleine Gruppen, die an einem Kollektivgut interessiert sind, könnten versucht sein, allein durch Verhandlungen untereinander und über die Organisationsgrenzen hinaus, den Gruppengewinn zu optimieren. In der Praxis ist dies jedoch utopisch, allein schon deswegen, weil nicht alle Interessen organisiert sind und man nicht über alle Interessen verhandeln

55. F. Lehner, S. 131
56. M. Olson: Aufstieg und Niedergang von Nationen, Tübingen 1985, S. 1
57. M. Olson: Aufstieg und Niedergang von Nationen, S. 44

kann. Daraus folgt: "Es wird keine Länder geben, die eine symmetrische Organisation aller Gruppen mit einem gemeinsamen Interesse erlangen und die dabei durch umfassende Verhandlungen optimale Ergebnisse erzielen."[58]

Des weiteren besteht im Verhältnis kleine versus große Organisationen ein Ausbeutungsverhältnis. "Mitglieder von 'kleinen' Organisationen haben vergleichsweise große Organisationsmacht für kollektives Handeln, und dieses Mißverhältnis verringert sich mit der Zeit in stabilen Gesellschaften, aber es verschwindet nicht."[59]

Diese asymmetrische Interessenorganisation und ungleiche Interessenvermittlung bedingt sog. "Verteilungskoalitionen" (Rentseeking-Organizations), d.h., die verschiedenen Organisationen versuchen um fast jeden Preis (z.B. durch Kartell- oder Monopolbildung, vgl. die Überlegungen Wilsons) ihre Interessen - die gesellschaftlich gesehen immer Sonderinteressen sind - durchzusetzen. "Im Ergebnis vermindern Sonderinteressen und Kollusionen (Absprachen, U.D.) die Effizienz und das Gruppeneinkommen der Gesellschaften, in denen sie wirken, und sie machen das politische Leben zwieträchtiger."[60]

Der Begriff der Verteilungskoalition ist für die weitere Argumentation Olsons zentral. Sie unterscheidet sich erheblich von den bisher betrachteten Organisationen, weil "sie einigen Anreiz (haben, U.D.), die Gesellschaft, in der sie tätig sind, blühender zu machen, und einen Anreiz, Einkommen an ihre Mitglieder mit möglichst geringen sozialen Kosten umzuverteilen ..."[61]

Allerdings wäre es ein Fehler, daraus nun zu schließen, daß umfassende Koalitionen von Organisationen besonders wünschenswert wären. Ein erster Nachteil von ihnen besteht darin, daß sie Entscheidungen wesentlich langsamer treffen als die in ihnen zusammengeschlossenen In-

---

58. M. Olson: Aufstieg und Niedergang von Nationen, S. 44
59. M. Olson: Aufstieg und Niedergang von Nationen, S. 52
60. M. Olson: Aufstieg und Niedergang von Nationen, S. 61
61. M. Olson: Aufstieg und Niedergang von Nationen, S. 68

dividuen und Organisationen. Das hängt damit zusammen, daß Koalitionen entweder auf Übereinstimmung zielende Verhandlungen oder satzungsgemäße Verfahren verwenden müssen, oder beide Methoden, um Entscheidungen zu treffen."[62] Ein zweiter Nachteil besteht darin, daß Verteilungskoalitionen die Fähigkeit einer Gesellschaft verringern, sich schnell an neue Gegebenheiten anzupassen bzw. Innovationen hervorzubringen. Damit verlangsamen sie das wirtschaftliche Wachstum, weil die Mittel nicht dorthin fließen, wo sie gesamtgesellschaftlich am nützlichsten wären (Reallokation der Ressourcen).[63]

"Um ihre Ziele zu erreichen, müssen Verteilungskoalitionen ihre Lobby-Macht einsetzen, um die Regierungspolitik zu beeinflussen, oder ihre kollusive Macht, um den Markt zu beeinflussen."[64] Beides erhöht den Einfluß des Staates und die Regulierung der Gesellschaft, die Zahl rechtlicher Regeln und Absprachen steigt. Dadurch wird das gesellschaftliche Leben nicht nur komplizierter - eine Lobby, die Ausnahmen durchsetzen kann, kompliziert rechtliche Regelungen -, sondern es wird auch teurer: Für den komplexen Aushandlungsprozeß müssen schließlich wieder mehr Ressourcen eingesetzt werden.

Insgesamt verändert sich so die "Richtung der sozialen Evolution"[65]. "Der neue Wettbewerb ist ... weniger individualistisch, daher ist in bestimmten Bereichen die Belohnung für individuelle Leistung geringer und die relative Anziehungskraft der Muße höher. Aber die schwächste Gruppe leidet immer noch. Die Armen und Arbeitslosen haben keine selektiven Anreize, sich zu organisieren ... Daher wird das Leben durch die Sonderinteressengruppen keineswegs sanfter, aber es ist weniger produktiv, besonders auf lange Sicht."[66] Anders formuliert werden die Kollektivgüter der Verteilungskoalition zu kollektiven Übeln für die Gesellschaft bzw. für deren Volkswirtschaft.

---

62. M. Olson: Aufstieg und Niedergang von Nationen, S. 69
63. M. Olson: Aufstieg und Niedergang von Nationen, S. 82 ff.
64. M. Olson: Aufstieg und Niedergang von Nationen, S. 91
65. M. Olson: Aufstieg und Niedergang von Nationen, S. 97
66. M. Olson: Aufstieg und Niedergang von Nationen, S. 96 f.

Jede institutionelle Stabilität begünstigt im Prinzip das Aufkommen von Verteilungskoalitionen, die versuchen, für private Interessen, für die Umverteilung zu eigenen Gunsten, den Staat zu mobilisieren. Insgesamt hat dies den Effekt von weniger Wachstum und mehr Arbeitslosigkeit. Speziell in Demokratien zeigt sich, wie stark die Politik umverteilen muß, um die Zustimmung der Bevölkerung zu erhalten. Die Regierung wird Opfer der Interessengruppen. Damit kann die enorme Ausweitung der Staatstätigkeit in den westlichen Demokratien erklärt werden.

Bezogen auf das genannte Problem des politischen Wandels - oder wie Olson formuliert: des Aufstiegs und Untergangs von Nationen - kann daher festgestellt werden, daß der Untergang auf den wachsenden Einfluß von Verteilungskoalitionen zurückgeht. Die UdSSR mit ihrer dominierenden Funktionärsschicht (Nomenklatura) ist ein Beispiel, wie Verteilungskoalitionen den Staat zugrunde richten.

Insbesondere für stabile Demokratien ergeben sich selbstzerstörerische Tendenzen, weil sich - aufgrund demokratischer Toleranz - leichter Verteilungskoalitionen bilden und weil die Politik auf Zustimmung angewiesen ist und deshalb eine Umverteilungspolitik betreibt. Allerdings erzielt man mit dieser Politik auf Dauer immer weniger Zustimmung und stattdessen mehr Frustration. De Jasay hat in "The State" (1985) deswegen vor totalitären Tendenzen auch in der Demokratie gewarnt.

5.4.3. Zur Kritik an der Neuen Politischen Ökonomie

Einleitend hatte ich darauf verwiesen, daß die Neue Politische Ökonomie eines der wichtigsten Analyseraster der Politikwissenschaft darstellt. Um es adäquat anzuwenden muß man jedoch seine Leistungsfähigkeit und - grenzen verstehen. Die NPÖ wird in der Politikwissenschaft vielfach mißinterpretiert. Die Kritik bzw. das Mißverständnis bezieht sich auf das zugrundegelegte rationale Verhaltensmodell und seine Erklärungskraft.

(1) Die Neue Politische Ökonomie arbeitet zur Untersuchung politischen Verhaltens mit Verfahren der Ökonomie und Entscheidungstheorie.

Kirchgässner verwendet für diese Methoden den Begriff der Ökonomik[67]. Grundlage ist das Modell des homo oeconomicus, womit Entscheidungen unter Unsicherheit simuliert und analysiert werden. Hieraus resultiert nun der Vorwurf, eine Annahme, nach der sich der Mensch rational im Sinne des homo oeconomicus verhält, sei völlig unrealistisch. Selbstverständlich ist auch den Verfechtern der NPÖ bewußt, daß sich empirisch gesehen kaum ein Mensch im Modellsinn rational verhält. Wer einen solchen Vorwurf macht, erliegt jedoch einem Mißverständnis.

Die Verwendung der NPÖ als Analyseraster ist gerade **nicht** gleichbedeutend mit einer empirischen Behauptung der Form "Die Menschen verhalten sich rational im Sinne des homo oeconomicus." Die NPÖ ist vielmehr ein Modell, das auf bestimmten Annahmen oder Konstrukten beruht, mit dem der Wissenschaftler Strukturen genauer untersucht und Hypothesen entwickelt. Welcher Zusammenhang besteht dann zwischen dem Analyseraster und der Realität?

Analyseraster erlauben es, eine komplexe Realität auf wenige Variablen zu reduzieren. Im Falle der NPÖ bedeutet dies: Man muß nicht alle beteiligten Individuen mit ihren Motivationen, Sozialisationen etc. untersuchen, was in der Realität unmöglich wäre, sondern reduziert dies auf den konstruierten Zusammenhang, daß jeder Mensch bestimmte Präferenzen hat, die er ordnen und so seinen Nutzen bzw. seine Kosten bestimmen kann. Die Begriffe Präferenz, Nutzen, Kosten sind inhaltlich völlig offen. Die Präferenzen Mutter Theresas und Saddam Husseins sind offensichtlich völlig unterschiedlich. Trotzdem kann man mit den analytischen Begriffen der NPÖ (Entscheidungs-)Verhalten analytisch beschreiben.

Die Anwendung von Analyserastern erlaubt des weiteren die Formulierung von Hypothesen, die dann empirisch überprüft werden können. Dazu müssen die analytischen Begriffe empirisch "übersetzt" (empirisches Relativ) und weiter operationalisiert werden. Downs' Demokratiemodell legt z.B. nahe, von einem "rationalen Wähler" auszugehen, der Parteien

67.   vgl. G. Kirchgässner, S. 2

wählt, um seinen Nutzen zu maximieren. Mit diesem Konzept konnte erklärt werden, weshalb bei der ersten gesamtdeutschen Bundestagswahl die Unionsparteien Gewinne verbuchten, obwohl gemäß dem sozialpsychologischen Ansatz die SPD hätte favorisiert werden müssen. Mit Wilsons Organisationskonzept läßt sich beispielsweise erklären, weshalb organisierte Interessen das politische System in öffentliche Armut treiben und mit Downs wird verständlich, wieso bürokratische Strukturen diese Tendenz weiter fördern.

Die NPÖ ist also zusammengefaßt in der Lage, bestimmte Zusammenhänge und ihre politischen Konsequenzen aufzuzeigen, die dann empirisch getestet werden müssen, gerade weil sie nicht von der hochkomplexen Realität sondern von konstruierten Reduktionen ausgeht.

Vorsorglich will ich an dieser Stelle noch erwähnen, daß bei Modellen, die in den Erfahrungswissenschaften konstruiert werden, selbstverständlich die Empirie in der Regel eine wichtige Rolle spielt. Der Konstrukteur des Modells wählt die Variablen, die ihm, auf der Basis seines empirischen Wissens, plausibel erscheinen. Allerdings hängt nicht die Konstruktion eines Modells von empirisch plausiblen Grundannahmen ab, sondern nur seine Anwendbarkeit in den Erfahrungswissenschaften.

(2) Nachdem ich gerade die NPÖ deutlich als Analyseraster oder Modell angesprochen habe, will ich in Ergänzung die Frage stellen, welchen **Erklärungswert** dieses Konzept hat. Schließlich behaupten zahlreiche Vertreter der NPÖ, es gehe mit dem Ansatz um die Erklärung menschlichen Verhaltens[68]. Diese Formulierung ist, eingedenk der Ausführungen unter Punkt 1 - im strikten Sinne falsch, sie ist bei einem weniger rigiden Gebrauch der Sprache akzeptabel, wenn die Bedeutung klar ist.

Erklärungen empirischer Phänomene können nur auf der Grundlage einer Theorie zustande kommen. Theorien verbinden empirische und analytische Sätze zu einem Aussagensystem, das 1. logisch widerspruchsfrei sein muß und 2. anhand der Realität zu testen ist. Wird behauptet,

---

68.   vgl. beispielsweise G. Kirchgässner, S. 3

daß ein Konzept Erklärungswert hat, dann impliziert dies, daß es sich um eine Theorie handelt; nur Theorien haben empirischen Gehalt. Wenn die NPÖ Erklärungswert hat, also eine Theorie darstellt, dann müßte es möglich sein, sie anhand der Realität zu falsifizieren. Wenn Sie sich das einmal überlegen, werden Sie feststellen, daß sich eine Falsifikation immer nur auf die empirische Anwendung des Modells der NPÖ bezieht, d.h. auf die über das Modell gewonnenen empirischen Hypothesen.

Falsifizieren (oder auch nicht) könnten wir z.b. die Hypothese vom rationalen Wähler, dabei sind z.b. die Deutschen während einer bestimmten Wahl gemeint, die Hypothese von der Ausbeutung größerer Gruppen durch kleine Gruppen, hier sind konkrete Verbände angesprochen, z.B. die Fluglotsen. Das ökonomische Verhaltensmodell selbst ist empirisch so unangreifbar, wie es beispielsweise die mathematische Aussage "2 + 2 = 4" ist.

Wenn nun also vom Erklärungswert der ökonomischen Theorie der Politik die Rede ist, dann wird stillschweigend immer der empirische Anwendungsfall unterstellt. Leider wird gerade auch von den Vertretern der NPÖ begrifflich hier nicht scharf genug differenziert.

Abschließend möchte ich festhalten, daß das Analyseraster der Neuen Politischen Ökonomie gegenwärtig der umfassendste und vielversprechendste Ansatz der Modernen Politischen Theorie ist. Seine Fruchtbarkeit zeigt sich nicht nur bei (vergleichenden) Arbeiten zur Systemforschung, sondern auch in der modernen Politischen Philosophie, vgl. 4.2.1. und 4.3.1.1.

5.5. Systemtheorien

Mit dem Behavioralismus und der Neuen Politischen Ökonomie haben wir moderne politikwissenschaftliche Konzepte betrachtet, die auf der Basis des methodologischen Individualismus arbeiten. Ich will nun den wichtigsten Ansatz vorstellen, der dem methodologischen Kollektivismus zugeordnet wird, die Systemtheorie.

Die Systemtheorie stammt ursprünglich aus den Naturwissenschaften. Physiker und Chemiker, deren Theorien sämtlich in mathematischer Form abgefaßt sind, stellten fest, daß sie mit analogen Formalisierungen arbeiteten. Offensichtlich weisen Naturphänomene strukturelle Ähnlichkeiten auf, auch wenn sie inhaltlich unterschiedlich sind, d.h. es sich einmal um physikalische und ein anderes Mal um chemische Zusammenhänge (reale Systeme) handelt.

Die Systemtheorie entwickelte sich hieraus als angewandte Mathematik mit dem Ziel, eine generelle "Theorie der Systeme" zu formulieren, d.h. ein generelles Modell für die Struktur realer Systeme[69]. Aus dieser Formulierung können Sie entnehmen, daß die Systemtheorie - entgegen ihrem Namen - keine Theorie, sondern ein Modell ist. Aus diesem Grund können systemtheoretische Konzepte in anderen Disziplinen überhaupt Anwendungen finden. Übertragbar sind nämlich nur Modelle, während empirische Terme an bestimmte Inhalte gebunden sind.

Innerhalb der Allgemeinen Systemtheorie werden vor allem zwei verschiedene Systemkonzepte vertreten, die jeweils einen Systemaspekt in den Mittelpunkt rücken:

1. Das **strukturale** Systemkonzept betrachtet ein System als eine Entität, die aus miteinander verknüpften Elementen besteht. Ist dieser Komplex wechselseitig verflochtener Elemente stabil, spricht man von der **Struktur** des Systems. Struktur ist also die dem System immanente Ordnung. Durch die Struktur können Systeme von der Umwelt abgegrenzt werden. Sind die Elemente eines Systems selbst wieder Systeme, so spricht man von **Subsystemen**. Auch ein System kann in ein übergeordnetes System, in ein **Supersystem** eingebettet sein. Aus dem Begriff der Verflechtung wird der **Funktions**begriff abgeleitet. Funktion bedeutet a) daß ein Element y durch ein Element x bestimmt wird (analog dem mathematischen Funktionenbegriff $y = f(x)$) oder b) daß ein Element eine Aufgabe erfüllt.

---

69. vgl. H. W. Knobloch: Mathematische Systemtheorie - was leistet sie und was nicht?, in: H. Bußhoff (Hg.): Politische Steuerung, Baden-Baden 1992, S. 285

2. Das **funktionale** Systemkonzept sieht im System eine black box, die durch bestimmte **Zustände** charakterisiert ist. Es ist von bestimmten **Inputs** abhängig und mit diesen durch vom System erbrachte **Outputs** verbunden (Rückkopplung).

Systeme können außerdem nach bestimmten Merkmalen differenziert werden[70]:

Merkmale	Merkmalsausprägung
Verhältnis zur Umwelt	abgeschlossen ←→ offen
Zeitabhängigkeit	statisch ←→ dynamisch
Funktionstyp	linear ←→ nicht-linear
Bestimmtheit	deterministisch ←→ statisch
Struktur	flexibel ←→ starr
Relationszahl	einfach ←→ komplex / äußerst komplex
Strukturform	rückgekoppelt ←→ nicht rückgekoppelt

Seit den 40er Jahren befaßten sich auch die Sozialwissenschaften mit Systemdenken. Im Kontext der "behavioral revolution" konnte dann dieser Ansatz in der Politikwissenschaft Fuß fassen.

Die politikwissenschaftlichen Systemtheorien gelten in der Literatur als spezielle Systemtheorien. Die meisten sozialwissenschaftlichen System-theorien können jedoch in einem präzisen, d.h. mathematischen Sinn, gar nicht als Systemtheorien bezeichnet werden, weil keine exakten Modellkonstruktionen vorliegen. Von daher können sie nur als qualitati-ve Analyseraster ohne empirischen Gehalt gelten. Als solche sind sie

---

70. vgl. G. Ropohl: Einführung in die allgemeine Systemtheorie, in: H. Lenk/G. Ropohl (Hg.): Systemtheorie als Wissenschaftsprogramm, Königstein 1978, S. 34

in der Lage, die komplexe politische Realität zu ordnen und Hypothesenbildung zu ermöglichen.

In der aktuellen politikwissenschaftlichen Debatte werden vor allem zwei
systemtheoretische Varianten diskutiert: der **Strukturfunktionalismus** -
hierunter fallen Konzepte von Parsons und Easton - und die "Theorie
der Autopoiese".

Vielleicht vermissen Sie bei dieser Nennung die funktional-strukturelle
Konzeption von Niklas Luhmann, die er in seinen frühen Schriften in
Ablehnung (und Abwandlung) des Strukturfunktionalismus von Parsons
entwickelte. Das funktional-strukturelle Konzept hat sich jedoch in der
Politikwissenschaft kaum durchsetzen können. Außerdem ist es derartig
unpräzise, daß Ropohl dazu mit Recht feststellt, daß hier "spekulative
Verbalakrobatik an die Stelle exakter Modellkonstruktion gesetzt"[71]
wurde.

5.5.1. Strukturfunktionalismus

Der amerikanische Soziologe Talcott Parsons[72] begann ab 1945 mit der
Entwicklung einer - wie er es nennt - "strukturell-funktionalen" sozialwis-
senschaftlichen "Theorie". Ihm kommt damit das Verdienst zu, den
Systembegriff in den Sozialwissenschaften etabliert zu haben. Ganz auf
die Politikwissenschaft zugeschnitten ist dagegen die Konzeption von
David Easton[73]. Im folgenden will ich zunächst die beiden Modelle in
ihren Grundstrukturen rekonstruieren. Anschließend soll beispielhaft ihre
Anwendung in der Politikwissenschaft skizziert werden.

---

71. G. Ropohl, in: H. Lenk/G. Ropohl, S. 44
72. vgl. T. Parsons: Das System moderner Gesellschaft, München 1972; ders.:
    Theorie sozialer Systeme, Opladen 1976
73. vgl. D. Easton: A System Analysis of Political Life, Englewood Cliff 1965;
    ders.: The Political System, New York 1968

5.5.1.1. Das Modell von Parsons

Um Parsons' strukturell-funktionale Systemtheorie zu verstehen, ist es sinnvoll, zunächst nach den sozialen Einheiten zu fragen, die bei ihm das soziale System bilden. Parsons entscheidet sich hier für sog. "Handlungssysteme". Elemente eines solchen Handlungssystems sind allerdings keine Personen, sondern Handlungen. Dies ist der Grund, weshalb Parsons Konzept häufig auch als Handlungstheorie bezeichnet wird. Die funktionale Verflechtung von Handlungen, d.h. die Struktur, ergibt sich aus dem Sinn oder der Bedeutung von Handlungen. Anders formuliert: Handlungen, die aufeinander bezogen sind, ergeben eine bestimmte Sinnstruktur.

Jedes Handlungssystem wird mit Hilfe folgender vier Funktionskategorien analysiert, die als AGIL-Schema berühmt wurden:

1. "Adaption" (A), Anpassung - Diese Funktion zielt auf den Aufbau von Kapazitäten, um adäquat auf Anforderungen der Umwelt reagieren zu können.
2. "Goal Attainment" (G), Zielerreichung - Mit dieser Funktion geht es um die Erreichung von Zielen gegenüber der Umwelt.
3. "Integration" (I) - Mit dieser Funktion ist die interne Integration des Systems angesprochen.
4. "Latent Pattern Maintenance" (L), Strukturerhaltung - Diese Funktion bezieht sich auf die Selbsterhaltung des Systems, auf die Wahrung seiner Identität und die Erhaltung der Steuerungs- und Kontrollanlagen.[74]

Strukturerhaltung und Integration richten sich auf interne Systemprozesse, Anpassung und Zielerreichung beziehen sich auf das Verhältnis System - Umwelt.

Jedes stabile Handlungssystem muß folglich Strukturen ausbilden, welche die genannten vier Funktionen erfüllen, andernfalls kommt es zu

---

74. vgl. T. Parsons: Der Begriff der Gesellschaft: Seine Elemente und ihre Verknüpfungen, in: S. Jensen (Hg.): Zur Theorie sozialer Systeme, S. 124

Systemwandel. Damit stellt sich die Frage, welche Strukturen die Funktionen erfüllen: "Das Handlungssystem setzt zunächst an am sich verhaltenden Organismus mit seinen anatomisch-physiologischen Eigenschaften. Hier stellt sich auch der Kontakt mit der physikalischen Umwelt her. Das Persönlichkeitssystem stellt seinerseits ein Kontrollsystem für den sich verhaltenden Organismus dar, wie das Sozialsystem für die Persönlichkeit seiner partizipierenden Mitglieder und das kulturelle System für das Sozialsystem."[75] Handlungssysteme weisen folglich vier hierarchisch geordnete Grundstrukturen auf, die jeweils auf eine Funktion des AGIL-Schemas spezialisiert sind:

- die Anpassungsfunktion wird durch den Verhaltensorganismus wahrgenommen;
- die Zielerreichungsfunktion erledigt das Persönlichkeitssystem;
- das soziale System leistet Integration und
- das kulturelle System bewirkt die Strukturerhaltung.

Für diesen Zusammenhang verwendet man den Begriff der **"funktionalen Differenzierung"**, d.h., um die notwendigen Funktionen eines Handlungssystems zu erfüllen, muß das Handlungssystem spezielle Strukturen entwickeln. Diese Strukturen sind Subsysteme des Handlungssystems.

In einem zweiten Schritt kann man nun die Subsysteme des Handlungssystems als eigenständige Systeme auffassen. Dann wird das Handlungssystem zum Supersystem, und der Verhaltensorganismus, das Persönlichkeitssubsystem, soziale Subsysteme und kulturelle Subsysteme zu Systemen. Wenn wir diese Differenzierungen noch weiter fortsetzen, kommen wir zur Gesellschaft. "Der Begriff der 'Gesellschaft' bezeichnet eine spezielle Klasse von Sozialsystemen."[76] Schematisch kann man dies mit dem "Enthalten-in-Zeichen" der Mathematik so darstellen:

Handlungssystem > soziales System > Gesellschaft

---

75. Parsons, T.: Einige Paradigmata zur Analyse sozialer Systeme, in: Mühlfeld/Schmid (Hg.): Soziologische Theorie, Hamburg 1974, S. 151
76. T. Parsons: Der Begriff der Gesellschaft, in: S. Jensen, S. 121

Wenden wir uns nun der Gesellschaft zu und betrachten wir diese als System. "Für unsere Zwecke definiere ich Gesellschaft als die Klasse von Sozialsystemen, die - auf den jeweiligen Stufen evolutionärer Entwicklung und Kontrolle über die Bedingungen der Umwelt - den höchsten Grad an Autarkie besitzt."[77] Nachdem jedes Handlungssystem das AGIL-Schema erfüllen muß und die Gesellschaft eine Teilmenge des Handlungssystems ist, muß es folglich vier Strukturen oder Subsysteme aufweisen, die seine Gesamtstruktur erhalten, Integration, Anpassung und Zielerreichung leisten. Die Anpassungsfunktion nimmt für die Gesellschaft das ökonomische Subsystem wahr, die Zielverwirklichung obliegt dem politischen Subsystem, die Integration erbringt die gesellschaftliche Gemeinschaft und das Wertesystem einer Gesellschaft übernimmt die stabilisierende, erhaltende Funktion für die Gesellschaft.[78]

Jedes dieser Subsysteme interagiert mit der Gesellschaft durch ein spezielles Medium. Das ökonomische Subsystem kommuniziert mit Geld, das politische mit Macht, die gesellschaftliche Gemeinschaft mit Einfluß und das kulturelle System mit Wertverpflichtung.

Damit können wir den Differenzierungsprozeß fortsetzen und nunmehr die politische Struktur als
a)   gesellschaftliches Subsystem bzw.
b)   eigenständiges System ins Visier nehmen.

a) Die Analyse der politischen Struktur als gesellschaftliches Subsystem besteht in der Betrachtung seiner Funktion für die Gesellschaft bzw. der Wechselwirkung zwischen politischem System und Gesellschaft.

Nach Parsons ist die gesellschaftliche Funktion des politischen Subsystems die gesamtgesellschaftliche Zielverwirklichung, d.h. Auswahl, Ordnung und Umsetzung der gemeinschaftlichen Ziele. "Ihr Schwerpunkt liegt bei den Entscheidungen über kollektive Ziele und der Mobilisierung gesellschaftlicher Ressourcen für diese Ziele, insbesondere der Mobilisie-

77.   T. Parsons: Sozialsysteme, in: S. Jensen, S. 281
78.   vgl. T. Parsons: Das System moderner Gesellschaften, München 1972, S. 20

rung von Integration in den relevanten Kollektiven."[79] Um diese Funktion erfüllen zu können, muß das politische Subsystem als "funktionsspezifisches Kollektiv" definiert sein. Daraus folgt, daß ein politisches Subsystem "ein offenes System (ist, U.D.), das Austauschprozesse (oder 'Input/Output-Beziehungen') mit seiner Umwelt unterhält ... In diesem Sinn steht es in Interdependenz mit anderen Teilen eines oder mehrerer umfassender Systeme (so mit der Gesellschaft bzw. mit dem internationalen System, U.D.) und ist daher von diesen teilweise abhängig."[80] Als relevantes Subsystem "produziert (es, U.D.) als solches einen Output, der für andere Subsysteme und für die Gesellschaft als ganze eine bestimmte Bedeutung hat."[81] Zwischen Gesellschaft und politischer Struktur besteht also ein Input-Output-Kreislauf.

Produkt dieser Funktion des politischen Subsystems ist das "Interaktionsmedium" Macht. Nur wenn das politische Subsystem von der Gesellschaft Macht zugewiesen bekommt, kann es gesamtgesellschaftliche Ziele umsetzen.[82] Die Macht des politischen Subsystems beruht auf der Unterstützung, die ihm von der Gesellschaft, speziell den Wählern zukommt (Input). Die Gegenleistung des politischen Subsystems (Output) für die Gesellschaft sind verbindliche Entscheidungen über die Verteilung von Lasten und Ansprüchen.[83]

Der Austausch zwischen Gesellschaft und politischem Subsystem bestimmt auch die konkrete Struktur des politischen Subsystems (Polity).

b) Politische Systeme müssen - als Teilelement von Handlungs-, Sozial-, und Gesellschaftssystemen - ebenfalls die vier Funktionen des AGIL-Schemas erfüllen. Deshalb weist ein politisches System die folgenden funktionalen Differenzierungen auf[84]:

79. T. Parsons: Grundzüge des Sozialsystems, in: S. Jensen, S. 200 f.
80. T. Parsons: Sozialsysteme, in: S. Jensen, S. 278
81. T. Parsons: Zur Allgemeinen Theorie in der Soziologie, in: S. Jensen, S. 90
82. vgl. T. Parsons: Grundzüge des Sozialsystems, in: S. Jensen, S. 204
83. vgl. T. Parsons: Zur Allgemeinen Theorie in der Soziologie, in: S. Jensen, S. 98 f.
84. vgl. T. Parsons: The Political Aspect of Social Structure and Process, in: D. Easton (Hg.): Varieties of Political Theory, Englewood Cliffs 1966; S. 71 ff.

1. Ressourcenmobilisierungs- und Durchsetzungssystem (Anpassung),
2. Führungssystem (Zielverwirklichung),
3. Unterstützungssystem (Integration) und
4. Legitimationssystem (Erhaltung des Systems).

Um sich an die gesellschaftliche Umwelt anpassen zu können, differenziert das politische System ein Ressourcenmobilisierungs- und Durchsetzungssystem aus. Gemeint sind damit Bürokratie und Verwaltung. Sie beschaffen auf der Input-Seite die für den politischen Prozeß notwendigen Ressourcen, insbesondere aus dem ökonomischen System, indem sie z.B. Steuern einziehen. Auf der Output-Seite setzt die Bürokratie die Entscheidungen des politischen Systems gesellschaftlich um (Implementation). Teil des Durchsetzungssystems sind auch Polizei und Militär.

Innerhalb des politischen Systems kommt dem Führungssystem die eigentliche Zielerreichungsfunktion zu. Gemeint ist folglich das Regierungssystem, das die politischen Entscheidungen trifft. Es hat die aus Gesellschaft kommenden Inputs zu bewerten und in bindende Entscheidungen - Gesetze, Verordnungen (Output) - umzusetzen.

Um überhaupt politische Entscheidungen umsetzen zu können, bedarf das politische System gesellschaftlicher Unterstützung. Das politische System entwickelt dafür spezielle Austauschstrukturen. Forderungen und Unterstützungen werden in das politische System durch bestimmte Instanzen vermittelt; dazu gehören etwa Organisationen und Verbände aber auch politische Parteien, zusammengefaßt in einem Parteiensystem. Des weiteren sichert sich das politische System konkrete Unterstützung durch Wahlen.

Zur Wahrung seiner Struktur benötigt das politische System ein spezifisches Legitimationssystem. Kern dessen ist einerseits die Verfassung und die zu seiner Interpretation befugten Organe, also das gesamte Rechtsgefüge einer Gesellschaft. Andererseits betont Parsons noch die Rolle des gesellschaftlichen Wertesystems. Schließlich hängen politische Normen von gesellschaftlichen Wertvorstellungen ab.

Die vier genannten Subsysteme des politischen Systems sind bei Parsons hierarchisch geordnet. Das wichtigste System ist das Legitimationssystem. Es stellt die allgemeinen bzw. spezifisch politischen Normen bereit, in dessen Rahmen alle weiteren Subsysteme erst tätig werden können. Innerhalb des Unterstützungssystems vollzieht sich die Artikulation politischer Probleme, ihre Vermittlung in das politische System sowie die Entscheidung über die Besetzung politischer Ämter. Damit wiederum ist der Kontext des Führungssystems bestimmt, das die Entscheidungen trifft und mit Hilfe des Ressourcenmobilisierungssystems umsetzt. Allerdings bestehen auch umgekehrte Abhängigkeitsbeziehungen. Die Entscheidungen des Führungssystems und die Entscheidungsimplementation durch das Umsetzungssystem (Bürokratie) beeinflussen das Unterstützungs- und das Legitimationssystem. Bei dieser Betrachtung wird der Kreislaufcharakter von Parsons' Systemkonzept deutlich. Parsons' Modell kann man schematisch wie folgt zusammenfassen:

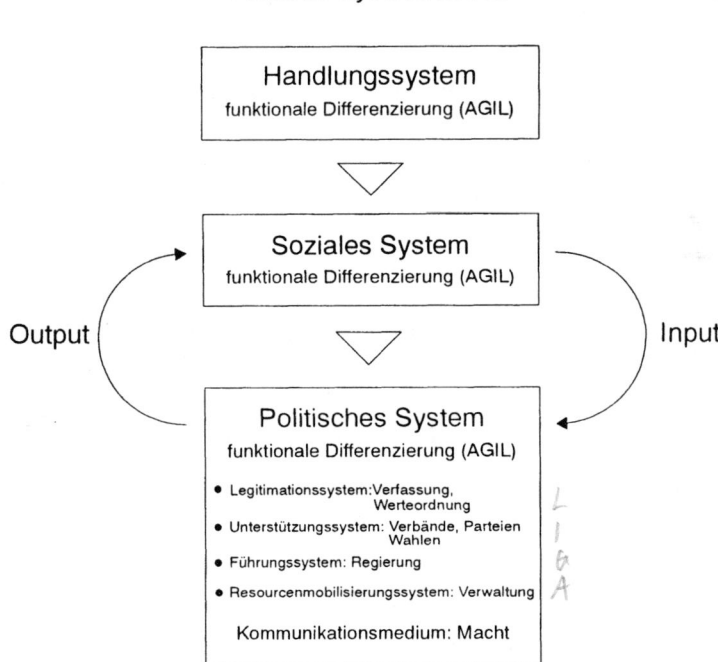

Parsons Systemmodell

5.5.1.2. Das Modell Eastons

Eastons Systemtheorie setzt zwar direkt auf der Ebene des politischen Systems an, dennoch versteht er es zugleich als ein Subsystem der Gesellschaft (= soziales System). Das soziale System definiert er als einen Komplex miteinander verflochtener Subsysteme. Die einzelnen Subsysteme, z.B. das ökonomische oder das kulturelle Subsystem, sichern durch ihre spezifischen Funktionen, die sie für die Gesellschaft erfüllen, die Existenz der Gesellschaft. Das Zustandekommen des politischen Systems ist folglich als Prozeß der funktionalen Differenzierung der Gesellschaft zu interpretieren.

Aber nicht nur die jeweilige Gesellschaft gehört zur Umwelt des politischen Systems, außerhalb des sozialen Systems findet sich als Supersystem das internationale System. Von beiden Bereichen, dem internationalen und dem sozialen System, gehen Einflüsse auf das politische System aus.

Im Mittelpunkt aller Aktivitäten des politischen Systems steht nach Easton die Sicherung seines Bestandes. Damit muß er die Verflechtung zwischen politischem System und Umwelt konstruieren. Dies schlägt sich in einer funktionalistischen Systemkonzeption nieder, also einem Input-Output-Modell, oder in Eastons Worten in einem "Dynamic Response Model of a Political System"[85]. Um seinen Bestand zu sichern muß das politische System für die Gesellschaft bestimmte Funktionen erfüllen.

Die zentrale Funktion besteht in der autoritativen Wertzuteilung für eine Gesellschaft. Gemeint ist damit "the making and execution of decisions for a society" bzw. "those patterns of interaction through which values are allocated for a society."[86] Wie Parsons sieht auch Easton die zentrale politische Aufgabe in der Herstellung (Führung) und Durchsetzung verbindlicher gesamtgesellschaftlicher Entscheidungen.

---

85. D. Easton: A Framework for Political Analysis, S. 110
86. D. Easton: A Framework for Political Analysis, S. 96

Um diese fällen zu können und zugleich die eigene Existenz zu sichern, ist das politische System als offenes System konstruiert. Es ist in der Lage, a) sein Verhalten anzupassen, zu lernen und sich zu verändern, d.h. auf die Umwelt zu reagieren, und b) aktiv in seinem Sinne auf seine Umwelt einzuwirken.[87] Mit seiner Umwelt ist es durch Inputs und Outputs verbunden. Die Rückkopplung aller Inputs in das politische System bzw. aller Outputs, die vom politischen System ausgehend die Umwelt beeinflussen, interpretiert Easton als politischen Prozeß.

Zur präziseren Analyse des politischen Prozesses definiert Easton mehrere Variablen. Die Input-Variablen, welche die Verbindung zwischen Umwelt und politischem System herstellen, heißen "Bedürfnisse", "Forderungen" und "Unterstützungen" ("wants", "demands" und "supports"). Innerhalb des politischen Systems findet die Verarbeitung der Inputs (conversion process) und die Allokationstätigkeit (authoritative allocation) statt. Dazu braucht das System "feedback" und "response". Die Beziehung zwischen politischem System und Umwelt geschieht über den Output. Dafür nennt Easton die Variable "Akzeptanz" der politischen Entscheidungen durch die Gesellschaft (acception).

Im einzelnen interpretiert Easton die Variablen des politischen Prozesses, d.h. der rückgekoppelten Interaktion zwischen Umwelt und politischem System, wie folgt:

a) **Bedürfnisse** bilden den "aggregate background of attitudes and ideals out of which demands arise", sie umfassen "such ideas and attitudes as expectations, opinions, motivations, ideologies, interests, and preferences."[88]

b) **Forderungen** "may be defined as an expression of opinion that an authoritative allocation with regard to a particular subject matter should or should not be made by those responsible for doing so"[89]. Anders formuliert: "demands are articulated statements, directed toward the

---

87.   vgl. D. Easton: A Systems Analysis of Political Life, S. 18
88.   D. Easton: A Systems Analysis of Political Life, S. 71
89.   D. Easton: A Systems Analysis of Political Life, S. 38

authorities, proposing that some kind of authoritative allocation ought to be undertaken."[90]

c) **Unterstützungen** definiert Easton allgemein so: "Energy in the form of actions or orientations promoting and resisting a political system, the demands arising in it, and decisions issuing from it must also be put into the system to keep it running." Zur präziseren Erfassung unterscheidet Easton zwei Varianten der Unterstützung: unterstützendes Verhalten sowie unterstützende Einstellungen und Meinungen.[91] Unterstützung erfolgt desweiteren auf den drei Ebenen der Autoritäten, der Regeln und Normen sowie der politischen Gemeinschaft: "(1) Without support for some of the authoritatives ... demands could not be processed into outputs ... (2) Without support it would be impossible to assume some kind of stability in the rules and structures through the use of which demands are converted into outputs, an aspect that will be designated as the regime. And third (3), support is vital in order to maintain minimal cohesion within a membership, an aspect of system that I shall identify later as its political community ..."[92]

d) Der **Verarbeitungsprozeß** der Inputs findet innerhalb des politischen System statt. Entscheidend ist hierbei die Rolle der Autoritäten, denn sie müssen die Inputs ordnen und eine Auswahl aus konkurrierenden oder gar widersprüchlichen Inputs treffen. Durch gegensätzliche Demands und Supports gerät der Verarbeitungsprozeß unter Druck (stress). Überschreitet der Druck einen bestimmten Schwellenwert (critical range), sei es, daß keine Entscheidungen mehr getroffen werden können oder die Gesellschaft sie nicht mehr als bindend ansieht, besteht die Gefahr eines Systemzusammenbruchs.

e) Die Entscheidungen der Autoritäten stellen die "**authoritative allocation**" dar, also die für die Gesellschaft verbindliche Wertezuteilung ideeller und materieller Art. Um sinnvolle Entscheidungen treffen zu können, brauchen die Autoritäten Informationen. Diese werden in einem

---

90.   D. Easton: A Framework for Political Analysis, S. 120
91.   vgl. D. Easton: A Systems Analysis of Political Life, S. 159 f.
92.   D. Easton: A Systems Analysis of Political Life, S. 15 f.

Feedback-Prozeß in das politische System geleitet. Die Verwendung der Informationen für die Entscheidungsfindung bezeichnet Easton mit Responsivität. "Responsiveness ... will be interpreted to mean first, that the authorities are willing to take the information into account and give it consideration in their outputs and second, that they do so positively in the sense that they seek to use it to help avert discontent or to satisfy grievences over the initial on some unfulfilled demand."[93]

f) Die Umsetzung der Entscheidungen hängt davon ab, daß die Gesellschaftsmitglieder die Entscheidungen **akzeptieren**. Wieder sind hier vor allem die Authorities gefragt, "they must ... manage to induce most members to accept these allocations as binding."[94]

Schematisch kann man Eastons Modell, ohne das internationale System, wie folgt skizzieren:

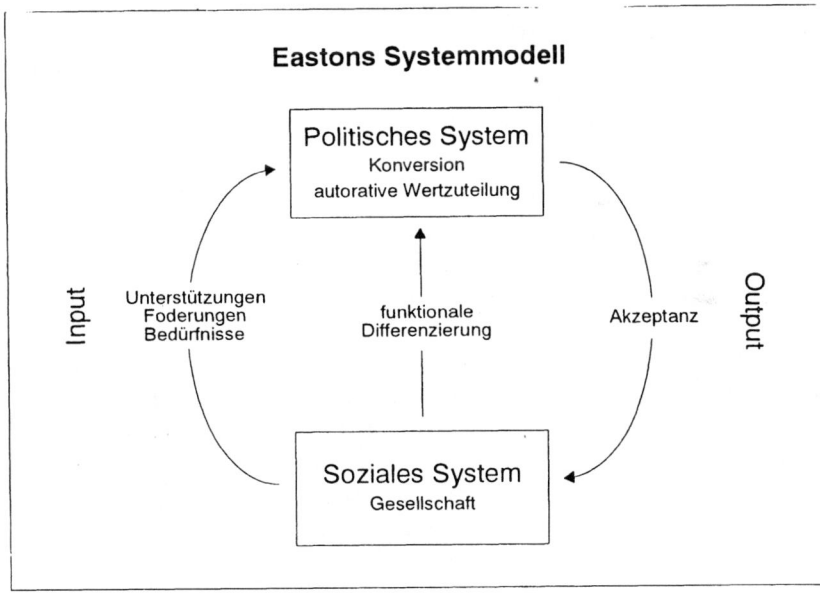

93.   D. Easton: A Systems Analysis of Political Life, S. 433 f.
94.   D. Easton: A Systems Analysis of Political Life, S. 22 f.

5.5.1.3. Politikwissenschaftliche Anwendungen

Eingangs hatte ich darauf verwiesen, daß die Vorteile analytischer
Modelle in der Ordnung der komplexen Realität und in der Gewinnung
von Hypothesen liegen, d.h. Systemtheorien erfüllen eine heuristische
Funktion. Sie stellen, entgegen ihrem Namen, keine Theorien dar. Sie
verfügen folglich auch über keinen Erklärungsgehalt.

Trotzdem sollte man ihren Nutzen nicht gering schätzen. Die struktur-
funktionalen Systemkonzepte stellen insbesondere eine theoretische Basis
der Teildisziplin Analyse und Vergleich politischer Systeme dar.

Gabriel Almond gelang der Entwurf eines neuen Forschungsprogramms
für die vergleichende Analyse politischer Systeme[95]. Er geht, in Anlehnung an Eastons Systemkonzept, davon aus, daß alle politischen Systeme
die gleichen Funktionen für eine Gesellschaft erfüllen, während die
politischen Strukturen variabel sind. Die für alle politischen Systeme
konstanten Inputfunktionen sind bei ihm: politische Sozialisation, Rek-
rutierung, Interessenartikulation, Interessenaggregation und politische
Kommunikation. Die konstanten Outputfunktionen sind: Regelsetzung,
Regelanwendung und Regelauslegung.

Die Forschungsprobleme Almonds lauten: Welche politischen Strukturen
werden ausgebildet, um die genannten Input- und Output-Funktionen
wahrzunehmen? Wie sind die politischen Strukturen funktional verflochten? Wie stabil sind politische Systeme? Welche Differenzierungen sind
erfolgt, um die Funktionen effizienter wahrnehmen zu können? Beispielsweise ist die Interessenartikulation in der BRD nicht nur bei Verbänden
lokalisiert, sondern gleiches leisten Bürgerinitiativen, Parteien, Medien
und auch die Parlamente. Hier haben sich also verschiedene Strukturen
entwickelt, um eine Funktion zu erfüllen.

Der Prozeß der Ausdifferenzierung spezieller Strukturen zur effektiveren
Wahrnehmung der Funktionen ist typisch für "moderne" Gesellschaften.

---

95.   vgl. G. Almond/G. Powell: Comparative Politics, Boston 1978

Auf dieser Basis formuliert Almond eine "neutrale" Definition "moderner Gesellschaften", indem er als Kritierium den Grad der gesellschaftlichen Differenzierung angibt. Gesellschaften, die wenig differenzierte Strukturen aufweisen, sind traditionelle bzw. Übergangsgesellschaften. Unter diesem Aspekt sind sozialistische Systeme als Übergangsgesellschaften zu charakterisieren, denn sie weisen im Vergleich zu Demokratien eine deutlich geringere strukturelle Differenzierung auf.

In den 60er Jahren konnte sich das Systemdenken in der Politikwissenschaft durchsetzen; das erkennen Sie schon daran, daß heute immerzu vom politischen **System**, dem Regierungs**system**, dem Parteien**system** etc. die Rede ist, obwohl dies nicht unbedingt bedeutet, daß eine systemtheoretische Analyse erfolgt. Die wichtige Leistung der Systemtheorie besteht in der Bereitstellung einer einheitlichen Konzeption zur Analyse und zum Vergleich beliebiger politischer Systeme. Erst mit einem solch neutralen Raster sind politische Systeme umfassend zu systematisieren.

Gleiches gilt auch für ausgewählte Strukturen des politischen Systems. So ist es heute Standard, die Analyse von Parlamenten oder Parteien als funktionale Analyse zu betreiben. Dabei werden beispielsweise Parlamenten abstrakt bestimmte Funktionen zugewiesen (Gesetzgebungsfunktion, Artikulationsfunktion, Kontrollfunktion, Wahlfunktion, Repräsentationsfunktion etc.). Empirisch wird dann untersucht, ob und wie diese Funktionen von einem bestimmten Parlament oder von verschiedenen Parlamenten wahrgenommen werden.

Eine weitere Leistung der struktur-funktionalen Systemtheorie besteht in der Ausweitung des Gegenstandsbereichs der Systemforschung. Die klassische (vergleichende) Regierungslehre untersuchte primär Verfassungen, Parlamente, Regierungen, Parteien etc., also das Regierungssystem eines Staates. Mit der Systemtheorie gelang es, die Relevanz der Gesellschaft für die Politik modelltheoretisch zu formulieren. Es ist heute selbstverständlich, die Rolle der Gewerkschaften oder der Kirchen in der Politik zu untersuchen, obwohl sie zunächst nur gesellschaftliche Organisationen darstellen. Mit den Systemtheorien wird jedoch die Verflechtung Gesellschaft - politisches System in den Mittelpunkt gerückt. Präziser formuliert, sie können politikwissenschaftlich analysiert werden, weil sie im politischen Prozeß Vermittlungsfunktionen (Demands oder Supports weitergeben) wahrnehmen.

5.5.2. Autopoiese —> Konstruktivismus

Unter dem Oberbegriff "Selbstorganisation" sind in den Naturwissenschaften seit den 30er Jahren Konzepte und Verfahren entwickelt worden, mit deren Hilfe die Entwicklung, Ausdifferenzierung, Hierarchisierung und Dynamik realer Systeme untersucht wird. Manfred Eigen geht z.B. der Frage nach, ob, und wie es mit den bisherigen Naturgesetzen vereinbar ist, daß aus "toter" Materie "Leben" entsteht. Seit Mitte der 70er Jahre wurde daraus ein interdisziplinäres Forschungsprogramm[96], an dem sich Physiker, Mathematiker, Chemiker und Biologen beteiligen. Es verbindet sich heute vor allem mit folgenden Namen und wissenschaftlichen Schlagworten: Hermann Haken, Synergetik; Ilya Prigogine, Dissipative Strukturen; Manfred Eigen, Hyperzyklus; René Thom, Chaostheorie; Humberto Maturana, Autopoiese.

Auch in den Sozialwissenschaften wuchs das Interesse an diesem Forschungsprogramm. Favorisiert wurde die sog. "Theorie der Autopoiese". Dieses Konzept bzw. seine sozialwissenschaftliche Interpretation will ich zunächst skizzieren. Anschließend soll kurz auf politikwissenschaftliche Anwendungen eingegangen werden.

5.5.2.1. Das Modell

Die "Theorie der Autopoiese" (auto, griech. = selbst; poiesis, griech. = schaffen, herstellen) der chilenischen Biologen Humberto Maturana und Francisco Varela[97] wurde in den 70er Jahren entwickelt. Ausgangspunkt ihrer Forschungen war die biologische Frage nach der Organisation des

---

96. Der Begriff stammt von dem Wissenschaftstheoretiker Imre Lakatos, vgl. Kapitel 6.
97. H. Maturana: Erkennen: Die Organisation und Verkörperung von Wirklichkeit, Braunschweig 1985

Lebens. Die Ergebnisse ihrer empirischen Arbeiten verallgemeinerten beide Autoren zur "Theorie der Autopoiese". Es liegt hier jedoch keine Theorie, sondern ein Modell vor. Im Unterschied zu anderen Selbstorganisationsmodellen der Naturwissenschaften formulierten Maturana/Varela ihr Konzept nicht in einer quantitativen (= mathematischen Sprache), sondern in qualitativer Sprache (vgl. zur Begriffsbildung 2.3.).

Die "Theorie der Autopoiese" ist nun ein allgemeines Modell für "lebende Systeme". Anders formuliert: Alle lebenden Systeme sind autopoietische Systeme. Nachdem es sich bei diesem Konzept um ein Modell handelt, sind alle Begriffe analytisch zu interpretieren. Lebende Systeme sind folglich alle Phänomene, die die Definition für lebende Systeme von Maturana/Varela erfüllen. Ich weise darauf ausdrücklich hin, damit man nicht dem Mißverständnis erliegt, zu denken, Maschinen seien per se keine lebenden Systeme.

Dieses Grundaxiom wird durch folgende Axiome präzisiert:
(1)   Alle lebenden Systeme weisen eine identische Organisation, die autopoietische Organisation auf. Die autopoietische Organisation definiert die Einheit des Systems.

Das bedeutet, daß alle lebenden Systeme in ihrer Organisation identisch sind, gleichgültig, ob es sich um den Fisch, den Menschen, einen Computer oder sonstige Systeme handelt, die "Lebewesen" sind. Wie die autopoietische Organisation genau aussieht ergibt sich aus Axiom (4). Die lebenden Systeme unterscheiden sich nicht in ihrer Organisation, sondern in ihrer Struktur (zum Strukturbegriff vgl. Axiom 5.) Über ihre Organisation lassen sich lebende Systeme von ihrer Umwelt abgrenzen.

(2)   Das autopoietische System besteht aus Bestandteilen und Relationen zwischen den Bestandteilen.
(3)   Drei Relationstypen werden unterschieden. Die Konstitutionsrelation erzeugt die räumliche Ausdehnung des Systems. Die Spezifitätsrelation bestimmt die Identität des Systems. Die Ordnungsfunktion kontrolliert den autopoietischen Prozeß.
(4)   Die autopoietische Organisation ist dadurch charakterisiert, daß

ihre Bestandteile Relationen und die Relationen die Bestandteile erzeugen.

Das vierte Axiom stellt eine der zentralen Definitionen der "Theorie der Autopoiese" dar, der sie auch ihren Namen verdankt: Die Organisation des Lebendigen ist **zirkulär** angelegt. Die Wechselwirkungen zwischen Bestandteilen und Relationen erzeugen erst das System. Es stellt sich also selbst her.

Illustrieren wir das an einem Beispiel: Der Mensch als autopoietisches System besteht aus den Bestandteilen Gehirn, Nervensystem, Organen, Zellen etc. Zwischen diesen Bestandteilen gibt es Relationen, die die räumliche Ausdehnung des Menschen (Größe, Gewicht), seine Individualität (Ich-Bewußtsein) und die Koordination und Integration seines Verhaltens und Handelns bestimmen. Die Existenz von Bestandteilen und ihr Wechselspiel mit den Relationen macht den Menschen als Ganzes aus. Beispielsweise entwickelt sich das menschliche Gehirn durch Handeln, umgekehrt bedarf die Handlung der Koordination durch das Gehirn.

Der zweite zentrale Begriff des Modells ist "Struktur". Das Axiom lautet: Die Struktur eines autopoietischen Systems konkretisiert seine autopoietische Organisation. Lebewesen unterscheiden sich folglich nicht hinsichtlich ihrer Organisation, die ist bei allen lebenden Systemen selbstorganisierend-zirkulär identisch. Lebewesen unterscheiden sich vielmehr hinsichtlich ihrer realen Ausprägung, wie der Vergleich Mensch und Fisch verdeutlicht.

Wie kommt es zur Ausprägung einer autopoietischen Struktur? Diese Frage zielt auf die Entwicklung des "Lebendigen". Dazu formulieren Maturana/Varela folgende Axiome:

(5)   Autopoietische Systeme verwirklichen sich konkret nur auf allopoietischer bzw. medialer Basis. Die konkrete Existenz eines autopoietischen Systems, die Struktur, setzt die Existenz eines Mediums voraus.

Übersetzt und illustriert heißt dies: Der Mensch benötigt zunächst die nicht-lebende (allopoietische), physikalische Umwelt (z.B. zum Atmen). Der Medium-Begriff ist jedoch umfassender. Ein Medium kann sowohl allopoietisch als auch autopoietisch sein. D.h., der Mensch benötigt Luft, Wasser etc., aber auch andere Menschen, um zu entstehen und sich zu entwickeln.

(6) Zwischen Medium und autopoietischem System kommt es zu strukturellen Kopplungen.

(7) Strukturelle Kopplungen führen zu Zustandsveränderungen im System.

Mit diesen beiden Axiomen wird ausgesagt, daß zwischen dem autopoietischen System und einer für ihn spezifischen Umwelt enge Wechselbeziehungen vorhanden sind. Autopoietisches System und Medium sind aneinander gekoppelt und miteinander verflochten. Allerdings weist der Begriff der strukturellen Kopplung eine Besonderheit auf: Wechselwirkungen kommen nur zustande, wenn Medium und System strukturelle Komplementarität aufweisen. Der biologische Begriff der "Koevolution" verdeutlicht am ehesten die komplementären, rekursiven Beziehungen, d.h. das Medium stimuliert Aktionen des autopoietischen Systems und diese bewirken umgekehrt Aktionen des Mediums.

(8) Dauerhafte Interaktionen zwischen dem autopoietischen System und seinem Medium bilden dann einen sog. "konsensuellen Bereich", wenn sich im Medium mindestens ein autopoietisches System befindet.

Aus den genannten Axiomen ergeben sich nun fünf wichtige Folgerungen:

(a) Autopoietische Systeme sind strukturdeterminiert.
Autopoietische Systeme sind mit ihrer Struktur identisch. In Abhängigkeit von dieser Struktur interpretieren sie die Welt. Was in der Struktur nicht angelegt ist, wird nicht wahrgenommen. So kann beispielsweise der Frosch nur Dinge in "seiner" Welt erkennen, die sich bewegen. Alles andere existiert nicht für ihn. Und in Abwandlung von Wittgensteins

berühmten Zitat (Satz 5.6) aus seinem "Tractatus logico philosophicus" kann man für den Menschen vermutlich feststellen: Die Grenzen seiner Sprache sind die Grenzen seiner Welt.

(b)   Autopoietische Systeme sind operational geschlossen.

Von der Struktur eines Systems ist logischerweise auch seine Handlungsfähigkeit abhängig. Handlungsweisen, die im System nicht angelegt sind, können auch nicht gelernt und umgesetzt werden. Wer nicht musikalisch ist, wird auch mit noch so viel Übung kein Mozart werden.

(c)   Das Medium bewirkt - aus der Sicht des Systems - Perturbationen (Störungen).

Da autopoietische Systeme strukturdeterminiert sind, wird alles, was von außen kommt, entweder überhaupt nicht oder nur als "Störung" wahrgenommen. Der Begriff "Perturbation" soll verdeutlichen, daß hier zunächst ein völlig unbestimmter Reiz vorliegt. In Zusammenhang mit (d) wird dieser Punkt noch klarer.

(d)   Zustandsveränderung des autopoietischen Systems sind strukturdeterminiert.

Wird ein Reiz wahrgenommen, dann drückt die Formulierung "Wahrnehmung" für uns Menschen aus, daß wir mit dem Reiz etwas Bewußtes verbinden. Reize, die nicht ins Bewußtsein vordringen, sind nicht existent. Nehmen wir aber etwas (bewußt) wahr, dann liegen spezifische Gehirnaktivitäten vor, d.h., ein Element unserer Struktur, unser Gehirn, hat den Reiz erst zu einem Reiz gemacht. Und folglich hängt die Wahrnehmung eines Reizes nicht von dem Reiz selbst, sondern von seiner Verarbeitung im Gehirn ab. Damit kann man feststellen, daß in Wirklichkeit wir agieren, wenn wir auf eine Perturbation "reagieren", weil erst ein Teil von uns den Reiz zu einem Reiz gemacht hat. Das ist mit der Formulierung von der "strukturdeterminierten Zustandsveränderung" gemeint.

(e)   Für das autopoietische System existiert kein innen und außen.

Nimmt ein autopoietisches System einen Reiz wahr, dann hat es in Wirklichkeit diesen Reiz selbst produziert. Autopoietische Systeme können demnach gar nicht reagieren, sondern immer nur agieren. Aus ihrer Sicht stellt sich nicht die Frage, ob etwas von innen oder von außen kommt, sondern ob "etwas da ist" oder nicht. Nur für einen Außenstehenden, den sog. "Beobachter", erscheint es so, als würde ein autopoietisches System reagieren. Der Beobachter sieht nämlich den Reiz und die Aktion des System. Daraus konstruiert **er** eine (zumeist kausale) Abhängigkeitsbeziehung zwischen Reiz und Reaktion.

Die "Theorie der Autopoiese" nimmt zusammengefaßt strikt die Perspektive des jeweiligen sich selbst organisierenden Systems ein. Die klassischen Kausalbeziehungen, wie wir sie als Beobachter behaupten, existieren nur als Beobachterkonstrukt. Die auf dieser Grundlage entwickelte empirisch-konstruktivistische Theorie der Erkenntnis (Epistemologie; nicht Erkenntnistheorie, denn Erkenntnistheorie ist eine normativ auf die Wissenschaft ausgerichtete Teildisziplin der Philosophie) trägt den Namen "Konstruktivismus".

5.5.2.2. Sozialwissenschaftliche Interpretation

Bevor ich Ihnen zwei sozialwissenschaftliche Interpretationen der "Theorie der Autopoiese" vorstelle, will ich ganz kurz die Frage der Übertragbarkeit des Konzeptes auf die Sozialwissenschaften anreißen. Bei der "Theorie der Autopoiese" handelt es sich um eine qualitative biologische Systemtheorie, also um ein Modell. Dabei sind präzise sprachliche Differenzierungen zu beachten, wenn man nicht typische Fehler machen möchte. Ein Beispiel dafür skizziere ich weiter unten.

Maturana/Varela sprechen von "lebenden Systemen". Ein Modell besteht aus analytischen Begriffen. Um solche handelt es sich auch, wenn sie uns ganz gebräuchlich und verständlich vorkommen. Man denkt bei "lebende Systeme" z.B. an Menschen. Was wirklich mit "lebende Systeme" gemeint ist, ist **abhängig von der im Modell dafür angegebenen Definition.** Alle Dinge, die diese Definition erfüllen, sind "lebende Systeme". Sie gilt beispielsweise auch für bestimmte Computer. Die analytische Konstruktion erlaubt eine Übertragung in jede Wissenschaft, vorausgesetzt, die modelltheoretischen Axiome werden erfüllt[98]. Für empirische Wissenschaften bedeutet dies, daß man empirische Gegenstände (empirisches

---

98. vgl. U. Druwe: Rekonstruktion der "Theorie der Autopoiese" als Gesellschafts und Steuerungsmodell, in A. Görlitz (Hg.): Politische Steuerung sozialer Systeme, Paffenweiler 1989, S. 35 ff

Relativ) suchen muß, welche die Definitionen erfüllen. Andernfalls übernimmt man die Begriffe nur als Hülsen und ordnet ihnen einen beliebigen Inhalt zu. Ein Beispiel für eine solche "Fehl-Übertragung" ist Luhmanns Adaption der "Theorie der Autopoiese".

Kritik an Luhmann

In seiner "Theorie sozialer Systeme"[99] greift N. Luhmann das Autopoiese-konzept auf und modifiziert mit dessen Begriffen seine funktionalstruk-turalistische Systemtheorie. Bei ihm ist die Gesellschaft der Prototyp eines "autopoietischen Systems": Sie entsteht und erhält sich durch Kommunikation "und was immer Kommunikation betreibt, ist eine Gesellschaft."[100] Die zirkuläre Organisation kommt bei ihm dadurch zustande, daß Kommunikation wiederum Kommunikation erzeugt. Entsprechend unterscheiden sich auch die gesellschaftlichen Subsysteme durch ihre unterschiedlichen Kommunikationen. "Jedes Funktionssystem orientiert sich an eigenen Unterscheidungen, also an eigenen Realitäts-konstruktionen."[101]

Was aber sind die Elemente und was die Relationen in diesem Konstrukt? Wie sieht eine strukturelle Kopplung aus und was ist das Medium? Zu all diesen Komponenten sagt Luhmann nichts aus. Betrachtet man diese Position, dann wird deutlich, daß Luhmanns "Theorie sozialer Systeme" die Termini der "Theorie der Autopoiese" als Hülsen für beliebige Inhalte verwendet. Luhmanns Ausführungen erfüllen in keinem Fall die Axiome, die Maturana/Varela eingeführt haben; anders formuliert: Luhmanns Konzept basiert **nicht** auf der Autopoiese-Konzeption.[102]

Überträgt man dagegen tatsächlich das Autopoiese-Modell auf die Sozialwissenschaften[103], so sind soziale Systeme als "autopoietisch" zu interpretieren, weil sie die zirkuläre Organisation aufweisen: Gesellschaf-

---

99. vgl. N. Luhmann: Soziale Systeme, Frankfurt 1984
100. N. Luhmann: Soziale Systeme, S. 555
101. N. Luhmann: Die Wirtschaft der Gesellschaft, S. 346
102. vgl. dazu U. Druwe: Selbstorganisation in den Sozialwissenschaften, in: Kölner Zeitschrift für Soziologie und Sozialpsychologie, Jg. 40, 1988, S. 762 ff.
103. vgl. dazu U. Druwe: Rekonstruktion, in: A. Görlitz, S. 35 ff.

ten entstehen dadurch, daß sie relational ihre Betandteile erzeugen und umgekehrt die Bestandteile die Relationen erzeugen. Zunächst müssen wir daher festlegen, was die Bestandteile und Relationen autopoietischer Sozialsysteme sind.

Maturana selbst hat als "Bestandteile" Individuen genannt, die durch spezifitäts-, konstitutions- und ordnungsorientierte Verhaltenskoordination (Relationen, die sich auf die Identität, die Koordination und die räumliche Struktur des Systems beziehen) auf der Basis von Sprache und Handlungen erzeugt werden. Der Mensch als Individuum ist beispielsweise das Ergebnis menschlicher Handlungen und Kommunikation, und umgekehrt produzieren nur Menschen Sprache und Handlungen, also die genannten relationalen Verhaltenskoordinationen[104]. Der wechselseitige Bezug von Individuen und Verhaltenskoordinationen erzeugt die zirkuläre, autopoietische Struktur sozialer Systeme.

Ergebnis individueller sprach- und handlungsmäßiger Interaktionen sind autopoietische Sozialsysteme, beispielsweise die Familie, der Freundeskreis etc. bis hin zu Gesellschaften. Gesellschaften sind damit autopoietische Sozialsysteme höherer Ordnung. Sie bestehen aus einer Vielzahl strukturdeterminierter, operational geschlossener Sozialsysteme, die miteinander in permanenter Interaktion stehen und somit konsensuelle Bereiche bilden.

Wenn soziale, autopoietische Systeme real existieren, dann weisen sie eine bestimmte Struktur auf, mit der sie sich von ihrer Umwelt - anderen Sozialsystemen oder der physikalischen Umwelt - unterscheiden. Betrachten wir zwei konkrete Gesellschaften, etwa die deutsche und die japanische, so sind beide zwar zirkulär organisiert, in ihrer Ausprägung weisen sie allerdings charakteristische Unterschiede auf (z.B. ihre räumliche Ausdehnung). Sie sind also voneinander unterscheidbar.

Die reale Existenz autopoietischer Sozialsysteme verweist darauf, daß es ein adäquates Medium gibt, an das sie gekoppelt sind, worüber der

---

104.   vgl. H. Maturana: Biologie der Sozialität, in: Delfin, 1985, S. 6 ff.

Prozeß der Selbstorganisation ermöglicht und in Gang gehalten wird. Die heutige Bundesrepublik Deutschland existiert in einem bestimmten internationalen System, sie weist eine bestimmte geopolitische Situation, eine bestimmte Wirtschaftsstruktur auf etc., d.h., sie ist an ein für sie spezifisches Medium gekoppelt.

Die strukturelle Kopplung zwischen Medium und autopoietischem System wird durch einen Beobachter als wechselseitiger Anpassungsprozeß beschrieben. Aus der Sicht des Sozialsystems selbst handelt es sich jedoch **nicht** um Anpassung (Woran sollte man sich anpassen, wenn es kein innen und außen gibt?), sondern um Aktionen des Sozialsystems. Von außen kommen lediglich Perturbationen (Störungen), deren Wahrnehmung und Verarbeitung vom Sozialsystem selbst abhängen. Alle Aktionen des Sozialsystems sind strukturdeterminiert und operational geschlossen, d.h., sie verlaufen immer relativ zur eigenen Wahrnehmungs-, Handlungs- und Kommunikationsstruktur.

Die Folge dieses Konstruktes ist, daß Sozialsysteme nicht beliebig variabel sind. Es kann durchaus vorkommen, daß in ihrer Struktur keine Handlungsmöglichkeit für eine Perturbation angelegt ist. Die Folge könnte sein, daß ein Sozialsystem "stirbt".

Für die Politikwissenschaft ist nun sowohl das politische Verhalten der einzelnen, als auch das kollektive Verhalten von Organisationen Untersuchungsgegenstand. Individuen sind selbst autopoietische Sozialsysteme, d.h. sie agieren strukturdeterminiert und operational geschlossen, wobei sie mit einem Medium strukturell gekoppelt sind. Teil des individuellen Mediums sind andere Individuen. Strukturelle Kopplung basiert daher teilweise auf sprachlicher und handlungsmäßiger Interaktion, wobei nur diese für die Sozialwissenschaften relevant sind.

Autopoietische Sozialsysteme höherer Ordnung entstehen durch Prozesse struktureller Kopplung. Betrachten wir dazu das Beispiel einer Gesellschaft. Jede Gesellschaft besteht ihrerseits aus autopoietischen Sozialsystemen, d.h. aus Individuen und Gruppen, die via Sprache und Handlung strukturell gekoppelt sind. Dadurch wird ein gesellschaftstypisches

Relationennetzwerk bzw. eine spezifische Systemrationalität hergestellt, die die Struktur der Gesellschaft bestimmt. Diese Struktur ist dynamisch, d.h., es finden permanente komplementäre Interaktionen zwischen den Gesellschaftselementen statt[105]. Bei diesen Interaktionen kommt es auf jedes Mitglied an.

Wie verhalten sich in diesem Konstrukt Organisationen? Sozialsysteme verstehen die Welt immer nur relativ zu ihrer Struktur. Zustandsveränderungen gehen auf die Mitglieder eines Sozialsystems (die Elemente des Systems) und deren sprachliche und handlungsmäßige Interaktionen zurück. Anders formuliert: Eine Organisation reagiert nicht, sondern agiert durch ihre Mitglieder.

Fassen wir das Gesagte etwas präziser zusammen:

(1) Soziale Systeme - als solche werden Individuen, Gruppen, Gesellschaften bis hin zum Internationalen System gesetzt - weisen eine zirkuläre, autopoietische Organisation auf. Ihre Bestandteile/Elemente (dies gilt nicht für die Person als Organismus; dessen Bestandteile sind biologische Elemente wie z.B. das Nervensystem oder Organe) sind Aktoren oder Aktorengruppen. Diese erzeugen Relationen, d.h. sprachliche und handlungsmäßige Verhaltenskoordinationen. Umgekehrt werden die Aktoren der jeweiligen sozialen Systeme durch Verhaltenskoordinationen (Handlung, Sprache) erzeugt.

(2) Die konkrete Realisierung der autopoietischen, sozialen Organisation, d.h. die Struktur des autopoietischen Sozialsystems, setzt die Existenz eines Mediums voraus. Solche Medien sind die natürliche Umwelt und andere Sozialsysteme.

(3) Zwischen Medium und autopoietischem Sozialsystem liegen strukturelle Kopplungen vor, das bedeutet z.B., daß sich Menschen "verstehen" und "kooperieren".

(4) Dauerhafte Interaktionen (Sprache und Handlung) zwischen Medium und autopoietischen Sozialsystemen bilden konsensuelle

---

105. vgl. H. Maturana: Biologie der Sozialität, in: S. Schmidt (Hg.): Der Diskurs des Radikalen Konstruktivismus, Frankfurt 1988, S. 292

358

Bereiche, beispielsweise die Familie oder der Freundeskreis.

(5) Autopoietische Sozialsysteme sind strukturdeterminiert und operational geschlossen, d.h., sie agieren gemäß ihrer Struktur, ihren Fähigkeiten. Sie sehen die Welt selektiv zur ihrer Struktur. Für die Wissenschaft hat beispielsweise Thomas Kuhn diese Strukturdeterminiertheit dargelegt: Wissenschaftler gehen ihre Probleme aus der Sicht eines Paradigmas an; Zwischen den An-hängern verschiedener Paradigmata ist eine Diskussion aus Gründen der Inkommensurabilität der Paradigmata nicht möglich (vgl. 6.1.3.).

(6) Zustandsveränderungen des autopoietischen Sozialsystems können immer nur relativ zur gegebenen Struktur verlaufen. Nicht äußere Faktoren, die Perturbationen, determinieren Zustandsveränderungen, sondern von der jeweiligen Struktur ist es abhängig, ob die Perturbation überhaupt wahrgenommen wird und wenn ja, wie agiert wird (nicht reagiert wird, weil der Terminus "Reaktion" einen Kausalzusammenhang unterstellt).

5.5.2.3. Politikwissenschaftliche Anwendungen

Wie beim Strukturfunktionalismus stellt sich auch beim systemtheoretischen Autopoiesemodell die Frage seines politikwissenschaftlichen Nutzens.

Ein zentrales Problem politikwissenschaftlicher Forschung besteht in der "Effektuierung von Policies, also politischen Outputs".[106] Allgemeiner formuliert hat das politische System die Aufgabe, verbindliche Entscheidungen für die Gesellschaft zu fällen und auch durchzusetzen. Dies ist die politische Steuerungsfunktion. Praktisch wird dieses Problem im Rahmen der Politikfeldanalyse untersucht. In diesem Zusammenhang stellen sich zwei fundamentale Fragen:

1. Kann das politische System die Gesellschaft steuern (Steuerungsfähigkeit)?

---

106. U. Druwe/A. Görlitz: Politikfeldanalyse als mediale Steuerungsanalyse, in: H. Bußhoff (Hg.) Politische Steuerung, Baden-Baden 1992, S. 143

2.   Ist die Gesellschaft zu steuern (Steuerbarkeit)?

"Die Steuerungsanalyse aus politikfeldanalytischer Sicht fragt also nach der Machbarkeit, Umsetzungsfähigkeit und der Wirkung politischer Steuerung. Antwortvoraussetzung ist ein praktikabler Steuerungsbegriff".[107]

Dieser setzt an der Perspektive des politischen Systems an. Damit ist zumeist ein handlungstheoretischer, akteursorientierter Steuerungsbegriff verbunden, wie er insbesondere von R. Mayntz formuliert wird. Bei ihr steuert ein Steuerungssubjekt oder ein Steuerungsakteur durch bestimmte Steuerungsinstrumente ein Steuerungsobjekt. "Politische Steuerung erscheint damit erstens prinzipiell möglich und zweitens als Kausalkonzept rekonstruierbar, d.h., das Steuerungsobjekt ist in einem Ursache-Wirkung-Zusammenhang an das Steuerungssubjekt gebunden. Genau diese Vorstellung liegt allen politikfeldorientierten Steuerungsüberlegungen zugrunde, die als Planungs-, Implementations und Evaluationsansätze firmieren."[108]

Trotz einiger Erfolge konnten zentrale Probleme politischer Steuerung mit den bisherigen Konzepten nicht bewältigt werden. Dazu gehört das von Fritz Scharpf thematisierte sog. Komplexitätsproblem. Demnach ist es "bisher nur mit außerordentlichen Schwierigkeiten und in relativ geringem Maße möglich ..., auch die realen Interdependenzen der Problemzusammenhänge in der sozioökonomischen Umwelt durch entsprechende Verknüpfungsmuster der politisch-administrativen Problemverarbeitung zu reproduzieren."[109] Die Beherrschung der Komplexität des Steuerungsobjektes verlangt nach einer ihm parallel auf allen Ebenen zugeordneten adäquaten Struktur des politisch-administrativen Apparates, mit der Folge, daß es zu einer Überbürokratisierung kommt.

"Gravierend für den Prozeß der politischen Steuerung ist auch das Problem der politisch-administrativen Informationsgewinnung und -verarbeitung, das alle Planungsbemühungen durchzieht. Für den Pla-

---

107.   U. Druwe/A. Görlitz, S. 146
108.   U. Druwe/A. Görlitz, S. 147
109.   F. Scharpf: Planung als politischer Prozeß, Frankfurt 1973, S. 77

nungsprozeß relevante Informationen müssen rechtzeitig und problem-
gerecht verfügbar und kommunizierbar sein. Präzise zu bestimmen, was
relevante Daten sind, ist dabei prinzipiell ebenso unmöglich wie die
Lösung des Verfügbarkeits- und Kommunikationsproblems."[110]

Ebenfalls nicht zu bewältigen sind bislang das Implementationsproblem
und damit verbundene Vollzugsdefizite. Schließlich sind noch die sog.
nicht-intendierten Folgen politischer Steuerung zu erwähnen.

Dennoch halten Mayntz, Scharpf u.a. an dem handlungstheoretischen
Steuerungskonzept fest. Dagegen hat N. Luhmann - auf der Basis seiner
Selbstorganisationssystemtheorie - postuliert, daß weder das politische
System steuern könne, noch daß die Gesellschaft steuerbar sei.[111]

Angesichts empirischer Studien zur politischen Steuerung erscheint weder
der Steuerungsoptimismus von Mayntz noch der Steuerungspessimismus
Luhmanns angemessen.[112] Auf der Basis der oben skizzierten sozialwissenschaftlichen Interpretation des Autopoiesemodells wurde daher ein
neuartiges Steuerungsmodell entwickelt: die "Mediale Steuerung".[113]

Eine adäquate politikwissenschaftliche Steuerungskonzeption muß zunächst einen empirisch adäquaten Steuerungsbegriff entwickeln. Die

---

110. U. Druwe/A. Görlitz, S. 149 f.
111. vgl. N. Luhmann: Politische Steuerung, in: Politische Vierteljahresschrift, 1989,
     S. 4 ff.
112. Obwohl Luhmann selbst die Steuerungsfähigkeit des politischen Systems und
     die Steuerbarkeit sozialer Systeme verneint, haben sich interessanterweise
     auf der Grundlage seiner Autopoiese-Überlegungen andere Autoren positiv
     über Steuerung geäußert und Konzepte entwickelt, die hier zusammenfassend
     mit dem Terminus der "Kontextsteuerung" bezeichnet werden. Darunter fallen
     beispielsweise die Steuerungsvorstellungen des "reflexiven Rechts" von G.
     Teubner/H. Willke, des "strategischen Rechts" von K.-H. Ladeur, die "dezen-
     trale Gesellschaftssteuerung" von M. Glagow oder das Konzept "politischer
     Supervision" von H. Willke. Hier kann generell die Kritik der Inkonsistenz
     formuliert werden: Auf der Basis von Luhmanns Autopoiese-Interpretation
     ist politische Steuerung definitiv **nicht** möglich.
113. vgl. A. Görlitz/U. Druwe (Hg.): Politische Steuerung und Systemumwelt,
     Pfaffenweiler 1990, S. 9 ff.

angesprochenen Steuerungsprobleme verdeutlichen, daß Steuerung nicht ohne Probleme kausal konstruiert werden kann. Plausibler ist ein Steuerungsbegriffs, der die hierarchisch-kausale Struktur des klassischen Steuerungsverständnisses aufhebt und Steuerung als einen nicht-deterministischen, probabilistischen und rekursiven (rückbezüglichen) Prozeß definiert.

Ein solches Steuerungsverständnis wird auf der Basis der sozialwissenschaftlichen Interpretation der "Theorie der Autopoiese" verständlich. Zwischen einem sozialen System und seinem Medium, also einem anderem sozialen System, finden Interaktionen handlungsmäßiger und sprachlicher Art statt, die jeweils systemrational abgearbeitet werden. Die strukturelle Kopplung kennt damit nur gleichberechtigte Interaktionsteilnehmer. Die Systemrationalität eines jeden Sozialsystems erlaubt keinen Determinismus und keine Kausalität. Soziale Systeme reagieren nicht, sondern agieren nur. Diesem Umstand wird theoretisch mit dem Begriff der Perturbation Rechnung getragen. Systeme können demnach andere Systeme zwar perturbieren, aber die Abarbeitung der Perturbation ist strukturdeterminiert. Ob ein anderes System den Reiz überhaupt wahrnimmt, gegebenenfalls wie es ihn wahrnimmt und verarbeitet, ist nicht kausal determiniert, sondern von seiner Struktur, seinen Mitgliedern, seiner Rationalität, seiner Sprache, seinen Handlungsmustern etc. abhängig.

Der Mediale Steuerungsbegriff kann damit wie folgt zusammengefaßt werden.
1. Die gängige Kausalstruktur von Steuerung, also die Konzeption, daß ein Steuerungssubjekt ein Steuerungsobjekt steuert, wird aufgegeben.
2. Die hierarchische Struktur von Steuerung wird zugunsten einer auf gleicher Ebene verlaufenden Interaktionsstruktur verändert.

Als Ergebnis bleibt festzuhalten, daß Steuerung nunmehr als Selbststeuerung oder als rekursiver, komplementärer Interaktionsprozeß zwischen zwei Sozialsystemen definiert wird.

b.W.

Für das Konzept der Medialen Steuerung stellt sich nun allerdings die weitergehende Frage, wie auf dieser Grundlage politische Steuerung vonstatten gehen kann. Dabei kann Steuerung als Selbststeuerung nur versuchen, Reize zu setzen, die von der Struktur des "Steuerungsadressaten" "verstanden" und adäquat "verarbeitet" werden. Dazu müssen erstens die Struktur und Verhaltenskoordinationen der (in Mayntzscher Terminologie) Steuerungsadressaten und zweitens der Interaktionsbereich zwischen zwei Systemen, darunter immer das politische System, untersucht werden.

(1) Um die Aktionsmöglichkeiten - und darunter sind auch die Interaktionspotentiale zu subsumieren - sozialer Systeme zu verstehen, sind Kenntnisse ihrer Strukturen (Bestandteile und Verhaltenskoordinationen) sowie der hier verorteten Systemrationalitäten unabdingbar. Die Politik (-wissenschaft) muß daher die sozialen Systeme untersuchen, mit denen das politische System strukturell gekoppelt werden soll. Ihre Systemrationalitäten sind ausschlaggebend für den Steuerungs- bzw. den Kopplungserfolg.

2) Steuerung als strukturelle Kopplung findet in einem Interaktionsbereich statt, dessen Träger die Mitglieder der jeweiligen Systeme sind. Ohne das Wissen um die systemrelativen Verhaltenskoordinationen, d.h. der Sprache und Handlungsweisen, welche die Interaktionslogik der Mitglieder eines System bestimmen, kann es zu keiner strukturellen Kopplung und damit auch nicht zu einem gelungenen Interaktionsprozeß kommen. Die Politikwissenschaft muß sich daher den funktionsspezifischen Kommunikations- und Handlungssystemen des politischen und der anderen Sozialsysteme sowie den Koinzidenzbedingungen zwischen den beiden Systemen zuwenden und nach Möglichkeiten zu ihrer Kopplung suchen.

Sind diese beiden Voraussetzungen erfüllt, dann kann das politische System Steuerungsimpulse oder Perturbationen setzen. Die systemrelativen Aktionen, die solche Perturbationen vermutlich in Gang setzen, lassen sich nur schätzen. Hier kann man allerdings folgende Vermutung formulieren: Perturbationen des politischen Systems werden mit um so

363

größerer Wahrscheinlichkeit vom perturbierten System adäquat strukturell abgearbeitet werden, je höher der Grad an struktureller Kopplung
der Kommunikations- und Handlungssysteme ist. Diese Kopplung wiederum ist um so wahrscheinlicher, je fundierter die wahrscheinlichen Kenntnisse über die jeweilige Struktur der zu perturbierenden sozialen Systeme
sind.

6. Aktuelle Probleme der Wissenschaftstheorie der Politikwissenschaft

Dieses Lehrbuch begann mit Überlegungen zur Wissenschaftstheorie der Politikwissenschaft, vgl. Kapitel 2. Dabei stand die Frage im Mittelpunkt, auf welcher wissenschaftstheoretischen Basis Politikwissenschaft systematisch betrieben werden kann. Die Entscheidung fiel zugunsten des empirisch-analytischen Ansatzes, weil er dem Rationalitätspostulat weitgehend gerecht wird. Mit einer Skizze neuerer empirisch-analytischer wissenschaftstheoretischer Überlegungen mit besonderer Relevanz für die Politikwissenschaft, die zum besseren Verständnis an einem Beispiel erläutert werden, will ich das Buch abschließen.

Ich beginne mit einer Zusammenfassung der Positionen der älteren empirisch-analytischen Wissenschaftskonzepte sowie der hieran geäußerten Kritik. Insbesondere will ich auf die Kritik eingehen, die der Kritische Rationalismus Karl Poppers erfahren hat, weil sein Ansatz in der Politischen Theorie besonders verbreitet ist. Maßgeblich verantwortlich für diese Kritik sind u.a. der Wissenschaftshistoriker Kuhn und der Logiker Quine.

Die Diskussion um einen "new approach" in der Wissenschaftstheorie hat zu Ansätzen geführt, die in der Literatur mit dem Begriff "nachpositivistische Wissenschaftstheorie" zusammengefaßt werden. Im Mittelpunkt steht das sog. "strukturalistische Theorienkonzept" von Joseph Sneed und Wolfgang Stegmüller sowie die Wissenschaftsphilosophie Willard Van Orman Quines.

Insbesondere auf der Basis der letzteren will ich mich dann mit der Frage auseinandersetzen, welche Bedeutung wissenschaftstheoretische Fragestellungen für das Fach Politikwissenschaft haben. Dabei greife ich als Beispiel das Problem heraus, ob und wie Normen begründet werden können, vgl. Abschnitt 4.1.2.

6.1. Zur Kritik am empirisch-analytischen Wissenschaftskonzept

Mit dem Namen "empirisch-analytisches Wissenschaftskonzept" werden verschiedene wissenschaftstheoretische Positionen zusammengefaßt, beispielsweise der Verifikationismus des Wiener Kreises, der Falsifikationismus Poppers bis hin zu einem modifizierten Kritischen Rationalismus, wie ihn beispielsweise Imre Lakatos vertritt, vgl. 2.2.3. Gemeinsamer Hintergrund aller modernen empirisch-analytischen Wissenschaftstheorien ist dabei das Bemühen um Klärung der Grundlagen sicherer Erkenntnis.

6.1.1. Wiener Kreis

Auf den sog. Wiener Kreis[1] um Rudolf Carnap, Otto Neurath, Moritz Schlick, Ernst Mach, Phillip Frank, Richard van Mises, Hans Hahn, Herbert Feigl, Kurt Gödel u.a. geht seit den 20er Jahren dieses Jahrhunderts die linguistische Wende in der Wissenschaftstheorie zurück. Dabei ging man davon aus, daß sichere Erkenntnisse nur auf der Basis präziser Sprache zustandekommen können. Nur präzise Begriffe/Sätze sind verstehbar und in der Folge auch kontrollierbar. Man versuchte daher, die Forderung nach einer präzisen Wissenschaftssprache in die Tat umzusetzen.

R. Carnap entwickelte dazu das Zweistufenkonzept der Wissenschaftssprache. Danach gibt es prinzipiell nur zwei Klassen präziser Sprachen, die analytische ("theoretische" in der Terminologie Carnaps) und die empirische Sprache. Erstere enthält beispielsweise die analytischen Begriffe von Logik und Mathematik. Empirisch sind dagegen nur solche Begriffe, die sich auf "unmittelbar Gegebenes" beziehen.

---

1. Der Wiener Kreis entstand in den Jahren vor dem ersten Weltkrieg. Die genannten jungen Wissenschaftler kamen jeden Donnerstag in einem Wiener Café zusammen, um über Grundlagenprobleme der Mathematik und Logik zu diskutieren. Als philosophische Richtung profilierte sich der Wiener Kreis 1929 auf einem internationalen Kongreß in Prag. "Sprachrohr" der Gruppe war die seit 1930 von Carnap und Reichenbach herausgegebene Zeitschrift "Erkenntnis". 1938 löste sich der Kreis durch Emigration zahlreicher Mitglieder weitgehend auf.

In seinem Buch "Der logische Aufbau der Welt" (1928) versucht Carnap durch Zurückführung aller empirischen Begriffe auf Sinnesqualitäten (Reduktionismus) sein Zweistufenkonzept umzusetzen. Ähnlich argumentiert Otto Neurath, wenn er "Protokollsätze" einführt: Jedes von einer Person an einer bestimmten Raum-Zeit-Stelle wahrgenommene Ereignis läßt sich demnach in einem Protokollsatz formulieren.

Aus Protokollsätzen werden induktiv Hypothesen gewonnen. Wie Sie sich erinnern, hatten wir jedoch im 2. Kapitel festgestellt, daß induktive Schlüsse logisch gesehen falsche Schlüsse sind. Carnap versuchte, durch die Entwicklung einer "Induktiven Logik" dieses "irrationale" Verfahren, das die Erfahrungswissenschaften nicht umgehen können, zu rationalisieren. Seine "Induktive Logik" ist deshalb i.e.S. keine Logik, denn man formuliert keine Schlußfolgerungen, sondern eine personale Wahrscheinlichkeitstheorie der Entscheidung für bestimmte Hypothesen.[2]

Die formulierten Hypothesen werden nach den Vertretern des Wiener Kreises anhand von Protokollsätzen verifiziert, d.h. durch Beobachtungen, die eine Person an einer bestimmten Raum-Zeit-Stelle macht (Psychologismus). Hier wird der enge Zusammenhang zwischen Wissenschaftssprache und Wahrheitskonzept deutlich: Das Zweistufenkonzept der Wissenschaftssprache führt zu zwei Wahrheitstheorien.

Empirische Sätze können anhand von Basis- oder Protokollsätzen getestet[3], analytische Sätze mittels Logik geprüft und damit verifiziert werden. Die beiden klassischen Wahrheitstheorien des empirisch-analytischen Ansatzes, die Korrespondenz- und die Kohärenztheorie der Wahrheit, werden als Verifikationskonzepte interpretiert. Wahre analytische Sätze sind a priori wahr, weil sie kraft der in ihnen verwendeten Terme

---

2. vgl. R. Carnap/ W. Stegmüller: Induktive Logik und Wahrscheinlichkeit, Wien 1958
3. Bei dieser Formulierung wird verständlich, weshalb es notwendig ist, empirische Begriffe/Sätze auf unmittelbar Gegebenes zurückzuführen, denn nur dann kann man die umgangssprachliche Formulierung akzeptieren, empirische Sätze würden anhand der Realität getestet. Im strikten Sinn können Sätze nur mit Sätze geprüft werden; der Bezug zur Realität verlangt dann, daß diese Sätze eineindeutig mit Sinnesdaten gekoppelt sind.

gültig sind. Moritz Schlick formulierte für empirisch wahre Sätze das sog. "empiristische Signifikanzkriterium" mit der Formel: "Der Sinn eines Satzes besteht in der Methode seiner Verifikation."[4] Der Wiener Kreis vertritt damit den "Verifikationismus" oder "Induktivismus".

In der Folge erfuhr der Verifikationismus des Wiener Kreises vielfältige Kritik.

1. Zunächst mußte Carnap selbst feststellen, daß sich nicht alle nicht-theoretischen Begriffe auf Beobachtungsprädikate zurückführen lassen. Damit war Carnaps Zweistufenkonzept hinfällig, weil es nicht-theoretische Begriffe gibt, die zugleich auch nicht-empirische Begriffe sind. Carnap nannte diese Begriffe "Dispositionsprädikate". Ein Beispiel dafür ist der Begriff "löslich". Dispositionen sind keine Eigenschaften oder Beziehungen, die man unmittelbar wahrnehmen kann, sie erfordern vielmehr die **theoriegestützte** Beobachtung.[5]

2. Der Schluß von Protokollsätzen auf Hypothesen ist logisch nicht zu rechtfertigen, da es sich um Induktion handelt.

3. Schließlich gilt, daß eine definitive Verifikation nicht möglich ist. Dies hat drei Gründe:

   a) Verifikation ist ein induktives Vorgehen, da die Zahl der Überprüfungen immer endlich ist;

   b) Verifikation über Protokollsätze ist subjektiv, weil sie auf die Wahrnehmung einer Person Bezug nimmt (Psychologismus);

   c) Verifikation scheitert schon allein wegen des unvollständigen Sprachkonzeptes - wie überprüft man z.B. die Dispositionsprädikate?[6] Man muß hier bereits eine Theorie als **richtig** akzeptieren, weil die Dispositionsprädikate nur in ihrem Rahmen vorkommen und definiert sind. Damit kann man sie jedoch nicht mehr ohne Zirkel testen.

---

4. M. Schlick: Die Probleme der Philosophie in ihrem Zusammenhang, Frankfurt 1986, S. 166

5. vgl. W. Stegmüller: Theorie und Erfahrung, S. 213 ff.

6. vgl. W. Stegmüller: Theorie und Erfahrung, S. 192 ff.

Das Zweistufenkonzept der Wissenschaftssprache wurde in Folge der Kritik von Carnap und Hempel erweitert. Demnach gibt es die logisch-analytische Sprache, empirische Beobachtungsterme und als dritte, neue Gruppe, die "theoretischen Terme", d.h. Begriffe, die nur im Rahmen einer Theorie bestimmt sind.

Das Induktionsproblem nahm Popper zum Anlaß, ein eigenes wissenschaftstheoretisches Konzept zu formulieren. Er glaubte, daß das Induktionsproblem durch seinen Falsifikationismus gelöst werden könnte.

6.1.2. Popper

Auch Popper geht es um die Klärung der Grundlagen sicheren Wissens. Er akzeptiert das modifizierte Zweistufenkonzept der Wissenschaftssprache mit entsprechendem Bezug auf zwei Wahrheitstheorien. Innerhalb dieses Rahmens basiert Poppers Wissenschaftskonzept auf einer Kritik des Verifikationismus bzw. Induktivismus des Wiener Kreises.

Nach Popper ist eine Verifikation von Allsätzen durch endliche Überprüfungen nicht möglich. Möglich ist dagegen die Falsifikation, d.h. der Beweis, daß eine Hypothese endgültig falsch ist. Stichwortartig sieht Poppers eigenes Konzept folgendermaßen aus (vgl. 2.3.):

1. Es wird eine "kühne Vermutung" konzipiert, die so formuliert sein muß, daß sie prinzipiell anhand der Erfahrung scheitern kann (Immunisierungsverbot). Unerheblich ist das Zustandekommen der Vermutung, weil dies eine psychologische Frage ist (Intuition, Zufall, Genie).

2. Die Vermutung bzw. einzelne, daraus abgeleitete Folgerungen werden strengen empirischen Tests ("experimentum crucis") unterzogen. Die Überprüfung erfolgt letztlich anhand sog. "Basissätze"[7] (singuläre Existenzsätze der Form: An der Raum-Zeit-Stelle X gibt es Y) durch Deduktion.

3. Falls die Vermutung/Folgerung den strengen Tests standhält, hat sie sich bewährt; andernfalls ist sie zu verwerfen.

---

7. Diese entsprechen Neuraths Protokollsätzen.

4.   Durch Eliminierung falscher Theorien nähert sich die Wissenschaft sukzessive der Wahrheit an.

Auch Poppers Wissenschaftskonzept wurde massiv angegriffen.

1.   Im Mittelpunkt der Kritik stand die Unschärfe seiner Begriffe (Was sind z.B. strenge Tests? [8]).

2.   Popper hat das Induktionsproblem nicht gelöst, sondern nur verlagert. Dies wird deutlich, wenn man das sog. Prognoseproblem betrachtet: Aussagen, die nur bewährt sind, aber eben nicht wahr, haben keinen genauen Prognosewert[9]. Anders formuliert: Der Schluß von nicht definitiv wahren Aussagen auf Wahrheitsannäherung oder ein zukünftiges Ereignis impliziert Induktion.

4.   Problematisch ist auch der Falsifikationsgedanke selbst. In seiner strikten Variante ist er nicht haltbar. Dies liegt an den Basissätzen. Deren Wahrheitswert ist nicht zweifelsfrei, denn sie beruhen entweder auf subjektiven Wahrnehmungen oder auf Konvention. Faßt man Basissätze als empirische Sätze auf, so gilt, daß sie nicht aus Tatsachen logisch folgen; Sätze müssen mit der Realität erst verbunden werden. Dies räumt Popper selbst ein. Beruhen Basissätze jedoch auf Konvention, dann können sie für empirische Tests gar nicht verwendet werden. Dies räumt Popper selbst ein.[10]

5.   Ein weitere Kritik lautet: "...'wissenschaftlich' ist eine Theorie nur dann, wenn sie eine empirische Basis hat. Die empirische Basis einer Theorie ist die Menge ihrer potentiellen Falsifikatoren, d.h. die Menge jener Beobachtungssätze, die sie widerlegen können."[11]

---

8.   Dazu verweise ich auf die Kritik von A. Grünbaum: Can a Theory Answer more Questions than one of its Rivals? in: British Journal of Philosophy of Science, 1976, S. 1 - 23

9.   vgl. dazu W. Salmon: Rational Prediction, in: British Journal of Philosophy of Science, 1981, S. 115 ff.

10.   "Wer in den empirischen Wissenschaften strenge Beweise verlangt (und strenge Widerlegungen sind strenge Beweise, U.D.), wird nie durch Erfahrung eines Besseren belehrt werden können." zit. nach I. Lakatos: Falsifikation und die Methodologie wissenschaftlicher Forschungsprogramme, in: I. Lakatos/ A. Musgrave (Hg.): Kritik und Erkenntnisfortschritt, Braunschweig 1974, S. 98, Fußnote 24

11.   I. Lakatos: Forschungsprogramme, in: I. Lakatos/ A. Musgrave, S. 96, Fußnote 18

Nach diesem Kriterium wären z.B. alle probabilistischen Theorien nicht falsifizierbar, denn keine endliche Stichprobe widerlegt eine universelle probabilistische Theorie. In den empirischen Wissenschaften, und vor allem in den Sozialwissenschaften, wird aber zunehmend probabilistisch gearbeitet. Für sie ist dann Poppers Konzept nicht brauchbar.

Eine weitere fundamentale Kritik an Poppers Wissenschaftsauffassung stammt von dem Wissenschaftshistoriker Thomas Kuhn. Sie entzündete sich an Poppers Fortschrittstheorie. Popper stand vor dem Problem, erklären zu müssen, wie sich Falsifikation und - in den Naturwissenschaften unbestreitbar - wissenschaftlicher Fortschritt verbinden lassen. Dazu entwickelte Popper eine empirische Theorie der wissenschaftlichen Evolution. Sie will ich kurz skizzieren.

Popper entwickelte diese historische Theorie der wissenschaftlichen Entwicklung und des wissenschaftlichen Fortschritts, seine sog. "Theorie der Wahrheitsannäherung", in der von ihm 1961 gehaltenen Herbert-Spencer-Vorlesung in Oxford unter dem Titel "Evolution and the Tree of Knowledge" sowie in seinem Buch "Conjectures and Refutations" (1963). Hier finden sich zahlreiche wissenschaftshistorische Beispiele, mit denen er seine Überlegungen illustriert.

Popper stellt fest, daß jeder Beobachtung eine Erwartung bzw. eine "Theorie" vorausgeht (Bitte bedenken Sie, daß Popper hier den Theoriebegriff in naiver Form verwendet; jede beliebige Idee ist eine "Theorie"), "und daß die grundlegende Aufgabe von Beobachtungen und experimentellen Prüfungen die ist, einige unserer Theorien als falsch zu erweisen und uns so zur Aufstellung besserer anzuregen."[12] Hieraus resultiert die erste Definition der wissenschaftlichen Entwicklung: "Man kann also sagen, der Erkenntnisfortschritt bewege sich von alten Problemen hin zu neuen, und zwar mittels Vermutungen und Widerlegungen."[13] So kommt es zu "Berichtigungen und Abänderung vorhandenen Wissens"[14].

12. K. Popper: Objektive Erkenntnis, Hamburg 1975, S. 285
13. K. Popper: Objektive Erkenntnis, S. 285
14. K. Popper: Objektive Erkenntnis, S. 286

Nach Popper basiert die wissenschaftliche Entwicklung damit auf **der** wissenschaftlichen Methode schlechthin: Angesichts bestimmter Erwartungen werden "kühne Vermutungen" oder Theorien aufgestellt, die man zu falsifizieren versucht. Dies führt zu verbesserten Vermutungen, die wieder falsifiziert werden usw.[15]

Diesen Prozeß vergleicht Popper mit Darwins Evolutionstheorie: "...es gibt also eine natürliche Auslese von Hypothesen: unsere Erkenntnis besteht zu jedem Zeitpunkt aus denjenigen Hypothesen, die ihre (relative) Tüchtigkeit dadurch gezeigt haben, daß sie bis dahin in ihrem Existenzkampf überlebt haben, einem Konkurrenzkampf, der die untüchtigen Hypothesen ausmerzt."[16] Der "Baum der Erkenntnis" entspringt aus vielen Wurzeln, die sich schließlich zu einem Stamm vereinigen.[17] Dieser Stamm ist der oben angeführte Grenzwert Wahrheit, denn in "der Wissenschaft suchen wir nach Wahrheit."[18]

Poppers Falsifikationskonzept der Wissenschaft mündet somit in seine Theorie der Wahrheitsannäherung. Paul Tichy hat Poppers Ansatz deswegen als "optimistischen Skeptizismus" bezeichnet: Theorien können zwar nur falsifiziert werden, dennoch macht die Wissenschaft Fortschritte, weil eine Theorie weniger falsch sein kann als eine andere, und eine weniger falsche Theorie ist wahrheitsähnlicher.[19]

Fassen wir die Kernpunkte der Popperschen Fortschrittsthese zusammen:
1. Wissenschaftler verwenden die Falsifikationsmethode.
2. Alte Theorien werden, wenn sie falsifiziert wurden, verworfen.
3. Wissenschaft nähert sich - über weniger Falschheit - der Wahrheit an.
4. Wissenschaft verläuft evolutionär.

---

15. vgl. K. Popper: Objektive Erkenntnis, S. 67
16. K. Popper: Objektive Erkenntnis, S. 288
17. K. Popper: Objektive Erkenntnis, S. 289 f.
18. K. Popper: Objektive Erkenntnis, S. 83
19. vgl. K. Popper: Objektive Erkenntnis, S. 69

Vor allem der amerikanische Wissenschaftshistoriker Thomas Kuhn hat an diesem Konzept scharfe Kritik geübt.[20] Kuhn stellt fest, daß die Falsifikationsmethode empirisch gesehen nicht die zentrale wissenschaftliche Methode ist, für die sie Popper hält, sondern daß sie in der Wissenschaftsgeschichte äußerst selten praktiziert wird. Nach Kuhn geht wirklich kritischen Diskussionen unter Wissenschaftlern immer eine Krise voraus, so daß sie genötigt sind, die Grundlagen ihrer Wissenschaft zu überdenken. Außerdem muß Popper selbst einräumen, daß Theorien auch ersetzt werden, **ohne** daß sie empirisch überprüft worden wären, dies geschah beispielsweise mit dem Konzept von Ptolemäus.[21]

Zum zweiten belegt Kuhn an zahlreichen Beispielen aus der Vorzeigewissenschaft Physik, daß kritisierte Theorien nicht verworfen werden, sondern daß sie vielmehr durch das Hinzufügen von Ad-Hoc-Hypothesen in der Regel gerettet, also immunisiert werden.[22] Teilweise überleben sie auch als Spezialfall der neuen Theorie. Das Verhältnis Newtonsche Mechanik und Spezielle Relativitätstheorie ist ein solches Überlebensbeispiel.

Als Historiker verwirft Kuhn auch die teleologische Struktur der wissenschaftlichen Entwicklung (Wahrheitsannäherung), wie sie Popper behauptet. Übrigens ist Poppers Konzept auch nicht evolutionär. Der Evolutionsbegriff Darwins ist offener, also nicht auf ein bestimmtes Ziel hin orientiert. Popper hat dagegen ein bestimmtes Ziel, die Annäherung an Wahrheit, vor Augen, ohne "Wahrheit" präzisieren zu können. Kuhn verweist als Argument auf seine These von der völligen Unvereinbarkeit verschiedener Theorien (Inkommensurabilität).

Poppers wissenschaftshistorische Theorie der Wahrheitsannäherung ist, angesichts der historischen Fakten, nicht aufrecht zu erhalten; sie ist fal-

---

20. vgl. dazu T. Kuhn: Logik der Forschung oder Psychologie der wissenschaftlichen Arbeit, in: I. Lakatos/A. Musgrave, S. 1 ff.
21. vgl. K. Popper: Conjectures and Refutations, London 1963, S. 246
22. vgl. dazu das Beispiel von Lakatos, in: I. Lakatos: Forschungsprogramme, in: I. Lakatos/ A. Musgrave, S. 98 f.

sifiziert. "Die Geschichte 'falsifiziert' den Falsifikationismus"[23] als wissenschaftshistorisches Konzept. Implizit kann man über die verfehlte Fortschrittskonzeption auch Poppers Wissenschaftstheorie selbst angreifen. Die moderne Wissenschaftstheorie versteht sich als analytisches Konzept, d.h. als rationale Rekonstruktion dessen, was der Wissenschaftler tatsächlich tut. Die wissenschaftliche Praxis ist jedoch, das haben Kuhns und auch Imre Lakatos' Studien belegt, nicht mit Poppers Ansatz rekonstruierbar. Damit hat man nur die Möglichkeiten, Poppers Konzept aufzugeben oder es als Erkenntnistheorie (d.h. als normatives Konzept) zu aufzufassen.

Gegen Poppers Überlegungen können dann aber noch logische Argumente angeführt werden, so daß es auch als Erkenntnistheorie zu verwerfen ist. Vor allem A. Grünbaum konnte die logische Inadäquatheit[24] von Poppers Wahrheitsannäherungskonzept aufzeigen. Dies kann man sich verdeutlichen, wenn man die Formulierung von Poppers Fortschrittsthese betrachtet: "Die stärkere Theorie, die mit dem größeren Gehalt, ist nun auch die Theorie mit der größeren Wahrheitsähnlichkeit, falls nicht ihr Falschheitsgehalt auch größer ist."[25] Wie soll jedoch eine Annäherung an etwas möglich sein, wovon wir gar keinen Begriff haben? Was soll "Falschheitsgehalt" sein? Eine Theorie ist falsch oder nicht falsch, aber nicht "weniger falsch"; auch "wenig falsch" ist falsch.

6.1.3. Kuhn

Thomas Kuhn[26] legt zunächst ein anderes Konzept der wissenschaftlichen Entwicklung vor. Implizit kann daraus eine neuartige Wissenschaftskonzeption abgeleitet werden. Dies gelang jedoch nicht Kuhn selbst,

23. I. Lakatos: Die Geschichte der Wissenschaft und ihre rationalen Rekonstruktionen, in: I. Lakatos/A. Musgrave, S. 292; In der zweiten Auflage seines Buches "Die beiden Grundprobleme der Erkenntnistheorie", Tübingen 1994, hat Popper seine Wahrheitsannäherungstheorie daher modifiziert. Er bezeichnet sie nun nur noch als "Vorschlag", vgl. ebd., S. XXVII.
24. A. Grünbaum: Is the Method of Bold Conjectures and Attempted Refutations Justifiably the Method of Science, in: BJPS, Jg. 27, 1976, S. 105 ff.
25. K. Popper: Objektive Erkenntnis, S. 67
26. T. Kuhn: Die Struktur wissenschaftlicher Revolutionen, Frankfurt 1979

sondern Imre Lakatos und Wolfgang Stegmüller; ich gehe auf sie erst im Abschnitt 6.2.1. ein. Betrachten wir zunächst Kuhns Theorie der wissenschaftlichen Entwicklung, die bei ihm "revolutionär" verläuft.

Nach Kuhn besteht Wissenschaft aus zwei Formen, einer "normalen" und einer "außerordentlichen Forschung". Die normale Forschung basiert auf einem für die wissenschaftliche Gemeinschaft verbindlichen Paradigma (Summe der für richtig gehaltenenen Theorien, Konzepte und Forschungsansätze in einer Teil-Disziplin). Auf der Basis des Paradigmas werden "Rätsel" gelöst und wissenschaftliche Fortschritte gemacht. So kommt es zu ständiger Verbesserung des Wissens, präziseren Prognosen, neuen Erfindungen im technischen Bereich etc.

Im Laufe der Zeit treten sog. "Anomalien", d.h. Widersprüche zwischen Empirie und Paradigma, auf. Sie werden zunächst geleugnet oder durch Immunisierung "beseitigt". Irgendwann jedoch schlagen alle Rettungsversuche fehl und es kommt zu einer wissenschaftlichen "Krise". In dieser Krise entsteht mit der Suche nach neuen Konzepten und Strategien die außerordentliche Forschung.

Wie verläuft nun die wissenschaftliche Entwicklung? Zwischen Vertretern des alten Paradigmas und neuer Konzepte ist nach Kuhn ein rationaler Diskurs nicht möglich. Im Rahmen eines Konzeptes sieht man die Welt anders, spricht eine andere Sprache, erkennt andere Fragestellungen als bedeutsam an etc. Das ist Kuhns Inkommensurabilitätsthese (völlige Unvereinbarkeit verschiedener Theorien). Deshalb muß sich ein neues Konzept gegen das alte Paradigma praktisch durchsetzen.

Gelingt es dem neuen Konzept, die Anomalien zu erklären und sich gegen das alte Paradigma durchzusetzen, dann hat eine wissenschaftliche Revolution stattgefunden (Paradigmawechsel). Der Theorienwechsel ist nach Kuhn ein irrationaler Vorgang: Alte Theorien werden nicht widerlegt - dies ist wegen der völligen Unvereinbarkeit zwischen alter und neue Theorie nicht möglich -, sondern verdrängt. Wissenschaftlicher Fortschritt (etwa als Wahrheitsannäherung im Sinne Poppers) ist unter diesen Umständen nicht möglich, denn es fehlt ein rationales Vergleichs-

375

kriterium zwischen den Theorien. Stattdessen gibt es nur wissenschaftlichen Wandel. Kuhn formuliert, daß die Vertreter der alten Theorie irgendwann einfach "aussterben".

Gegen Kuhns Thesen ist ebenfalls gravierende Kritik eingewendet worden[27]:

- So weisen S. Toulmin und M. Masterman auf Kuhns unscharfe Begriffe hin, z.b. die unklare Abgrenzung zwischen normaler und außerordentlicher Wissenschaft oder die von Mastermann gefundenen 21 Varianten des Paradigmabegriffs[28];
- J. Watkins kritisiert die Überbetonung der normalen Wissenschaft[29];
- D. Davidson kritisiert die totale Inkomensurabilitätsthese, denn wie kann man feststellen, daß Inkommensurabilität besteht, wenn es keinen einheitlichen Begriffsrahmen gibt?[30].

Diese Kritik bezieht sich jedoch fast durchgängig auf die immanent bei Kuhn enthaltene Wissenschaftstheorie. Seine wissenschaftshistorischen Aussagen werden nur relativiert, nicht aber grundsätzlich bestritten, so beispielsweise durch die Feststellung Toulmins, daß es nicht nur revolutionären, sondern auch evolutionären Wissenschaftswandel gibt[31], oder durch die Erkenntnis, daß alte Theorien als Spezialfall einer neuen Theorie interpretiert werden und damit den Paradigmawechsel überleben können.

Zusammengefaßt ergibt sich jedenfalls, daß die wissenschaftliche Entwicklung u.a. durch revolutionären Wandel charakterisiert ist. Eine solche

27. vgl. dazu W. Stegmüller: Theorie und Erfahrung, S. 169 ff.
28. vgl. S. Toulmin: Ist die Unterscheidung zwischen Normalwissenschaft und revolutionärer Wissenschaft stichhaltig? S. 39 ff. und M. Mastermann: Die Natur des Paradigmas, S. 59 ff., beides in: I. Lakatos/A. Musgrave
29. vgl. J. Watkins: Gegen die 'Normalwissenschaft', in: I. Lakatos/A. Musgrave, S. 25 ff.
30. D. Davidson: Inquiries into Truth and Interpretation, Oxford 1986, S. 183 ff.
31. vgl. S. Toulmin: Die evolutionäre Entwicklung der Naturwissenschaften, in: W. Diederich (Hg.): Theorien der Wissenschaftsgeschichte, Frankfurt 1974, S. 249 ff.

Feststellung hat beträchtliche Konsequenzen für das Rationalitätsbewußt-
sein der Wissenschaft: Gibt es wissenschaftliche Revolutionen, also nur
übergangslosen Wandel, dann ist die wissenschaftliche Entwicklung kein
rationaler Prozeß. Ist die wissenschaftliche Entwicklung nicht rational,
dann ist auch die Wissenschaft selbst nicht rational, weil es offensichtlich
keine rationalen Argumente für oder gegen bestimmte Theorien gibt.
"Jeder Verfechter wissenschaftlicher Rationalität wird geneigt sein, zu
sagen: 'Aber das kann doch nicht stimmen; was Kuhn behauptet, muß
doch Unsinn sein! In der Wissenschaft und nur in ihr wird doch argumentiert; nur in ihr versucht man, andere allein durch Argumente zu
überzeugen!'"[32] Vor allem die Anhänger Poppers haben überwiegend
so reagiert; hier spricht man von der "Popper-Kuhn-Kontroverse".

Lediglich Imre Lakatos und Wolfgang Stegmüller versuchten, mit einer
Modifikation des Kritischen Rationalismus bzw. mit einem neuen Theori-
enverständnis die Kuhnsche Herausforderung aufzugreifen.

6.1.4. Lakatos

Imre Lakatos entwickelte 1965 seine "Methodologie der Forschungsprogramme", um die Überlegungen zur wissenschaftlichen Entwicklung und
Rationalität wieder zur Deckung zu bringen. Lakatos bestätigt mit seinen
wissenschaftshistorischen Untersuchungen weitgehend Kuhns Resultate.
Er modifiziert zugleich Popppers Wissenschaftstheorie, weil er sich nicht
auf die Position zurückzieht, Poppers Konzept sei nur auf die außerordentliche Forschung gerichtet, zumal diese ebenfalls kaum falsifikativ
vorgeht.

"Die Methodologie der Forschungsprogramme gibt ein Bild vom Spiel
der Wissenschaft ... Die beste Eröffnung des Spiels ist nicht eine fal-
sifizierbare ... Hypothese, sondern ein Forschungsprogramm."[33] Ein solches Forschungsprogramm besteht aus einem "unwiderlegbaren" harten
Kern, der aus einer Reihe von Theorien besteht. "Jedes neue Glied

32. W. Stegmüller: Hauptströmungen der Gegenwartsphilosophie, Bd. II, Stuttgart 1979, S. 733
33. I. Lakatos: Geschichte der Wissenschaft, in: I. Lakatos/A. Musgrave, S. 280

entsteht dadurch, daß man der vorangehenden Theorie Hilfsklauseln hinzufügt ... um sie an eine Anomalie anzupassen, wobei jede Theorie einen Gehalt besitzt, der dem nicht-widerlegten Gehalt des Vorgängers entweder gleicht oder ihn übertrifft. Wir nennen eine solche Reihe theoretisch progressiv."[34]

Der Kern eines Forschungsprogramms ist von einer "positiven Heuristik" umgeben, die Probleme, Hilfshypothesen, Strategien und Methodik definiert, die im Rahmen des Forschungsprogramms untersucht werden können. Auf der Basis des Forschungsprogramms bzw. mittels der positiven Heuristik werden Probleme gelöst und Fortschritte erzielt, die sich in der progressiven Reihe des Forschungsprogramms niederschlagen. Dabei werden Anomalien so lange nicht beachtet, bis die "treibende Kraft der positiven Heuristik nachläßt"[35].

Die Bewertung von Theorien bezieht sich bei Lakatos nun nicht mehr auf eine einzelne Theorie, sondern auf dieses Forschungsprogramm. Dies nennt Lakatos "raffinierter Falsifikationismus". Weder der Nachweis eines Widerspruchs noch der von Anomalien kann ein Forschungsprogramm sofort schlagen.[36] Es gibt auch kein experimentum crucis, das für sich allein komplett ein Forschungsprogramm falsifiziert.[37]

Das Forschungsprogramm ist solange "befriedigend", wie es wächst und neue Tatsachen produziert. Kein strenger Test, kein Basissatz kann allein zu einer Falsifikation des Programms führen. Die negative Heuristik verbietet sogar (als rationale Entscheidung), sich gegen den harten Kern zu richten, zumindest solange der bewährte empirische Gehalt der Hypothesen zunimmt. Man hat den Eindruck, daß die "Verifikationen" das Programm in Gang halten.[38] Innerhalb eines solchen Programms kann

34. I. Lakatos: Forschungsprogramme, in: I. Lakatos/A. Musgrave, S. 115
35. I. Lakatos: Geschichte der Wissenschaft, in: I. Lakatos/A. Musgrave, S. 280
36. vgl. I. Lakatos: Geschichte der Wissenschaft, in: I. Lakatos/A. Musgrave, S. 282
37. vgl. I. Lakatos: Geschichte der Wissenschaft, in: I. Lakatos/A. Musgrave, S. 281
38. I. Lakatos: Forschungsprogramme, in: I. Lakatos/A. Musgrave, S. 133

es daher zu wissenschaftlichem Fortschritt durch Wissensakkumulation kommen.

Wie verläuft die "raffinierte Falsifikation" eines Forschungsprogramms? Jedes Forschungsprogramm wird irgendwann mit Anomalien konfrontiert. Diese werden ignoriert, insbesondere solange es keinen Konkurrenten für das Forschungsprogramm gibt. "Es gibt keine Falsifikation vor dem Auftauchen einer besseren Theorie."[39] Gibt es Konkurrenz, dann kommt es zum Wettbewerb zwischen den Programmen. Es "gewinnt" das bessere Forschungsprogramm. Besser ist ein Forschungsprogramm dann, wenn es ähnliche Leistungen wie ein anderes erbringt, und wenn es neue Tatsachen mit Erfolg vorhersagt (sog. "progressive Problemverschiebung").

Dieses Fortschrittskriterium beruht auf dem direkten Vergleich der entsprechenden Forschungsprogramme.[40] Damit füllt Lakatos die "Rationalitätslücke" bei Kuhn. Nach seiner Vorstellung ist ein Leistungsvergleich zwischen Forschungsprogrammen möglich, weil man ihre Anwendungen vergleichen kann. Auf der Ebene der Anwendungen gibt es nach Lakatos keine Inkommensurabilität zwischen den Forschungsprogrammen.

6.1.5. Probleme des linguistischen Theorienkonzeptes

Im Mittelpunkt des empirisch-analytischen Wissenschaftskonzepts - und hier des Verifikationismus und des Falsifikationismus - steht das Bemühen um Klärung der Grundlagen sicherer Erkenntnis. Durch die linguistische Wende wurde hieraus ein Problem der Sprache. Die Lösung bestand in der Einführung präziser Wissenschaftssprachen. Wissenschaftliche Ergebnisse werden seitdem in empirischer und/oder analytischer Sprache formuliert; ihre rationale Rekonstruktion erfolgt auf der Basis logischer Formalisierung.

---

39. I. Lakatos: Forschungsprogramme, in: I. Lakatos/A. Musgrave, S. 117
40. Für Kritik an diesem Konzept möchte ich an dieser Stelle nur auf W. Steg-müller: Theorienstrukturen und Theoriendynamik, Berlin 1973, S. 287 ff. verweisen.

Man spricht hier vom "Aussagenkonzept", "linguistischen Theorienkonzept" oder vom "Statement-View" der Wissenschaftstheorie. Auf diesem Konzept beruhen der Verifikationismus und der Falsifikationismus. Es wurde von Vertretern des "new approach" (Kuhn, Hanson, Quine u.a.) ebenfalls heftig kritisiert.

Der Wahrheitswert analytischer Sätze im Aussagenkonzept ist allein vom Sinn der verwendeten Ausdrücke abhängig. Sie sind a priori, d.h. kraft sprachlicher Konvention wahr (Kohärenztheorie der Wahrheit). Demgegenüber ist die Wahrheit empirischer Sätze sowohl von den verwendeten Ausdrücken als auch von den bezeichneten Fakten abhängig (Korrespondenztheorie der Wahrheit). Wir haben es hier mit dem Glauben zu tun, "daß jede sinnvolle Aussage äquivalent einem logischen Konstrukt aus Termen sei, die auf unmittelbare Erfahrung referieren."[41] Diesen Zusammenhang bezeichnet man als "Verifikationstheorie der Bedeutung".

6.1.5.1. Das Basisproblem

Empirische Aussagen erhalten anhand der Erfahrung ihre Bedeutung und sind hieran zu überprüfen. Dieser banal anmutende Satz führt zu dem Problem, welches die letzten Instanzen zur Überprüfung empirischer Theorien, Hypothesen, Sätze und Begriffe sind.[42]

Die Antwort: Überprüfung anhand der Erfahrung oder der Realität ist falsch, denn Theorien sind Sätze, und daher nur mittels anderer Sätze zu kontrollieren. Erfahrungen und Beobachtungen werden daher in empirische Aussagen übersetzt, um als Überprüfungsinstanz zu dienen. Sätze dieser Art werden als "Protokoll-" oder "Basissätze" bezeichnet[43], wobei sich die Prädikate auf Beobachtbares der Form: "an der Raumstelle x und der Zeitstelle y gibt es z" beziehen müssen. Gibt es aber sichere,

---

41. W. Quine: Zwei Dogmen des Empirismus, in: der.: Von einem logischen Standpunkt, Frankfurt 1979, S. 27
42. vgl. zum folgenden: W. Stegmüller: Metaphysik. Skepsis. Wissenschaft, Berlin 1969, S. 308 ff.
41. Damit sind auch Poppers Basissätze, Schlicks Beobachtungssätze oder Neuraths Protokollsätze gemeint.

unbezweifelbare Basissätze? Für Basissätze müssen objektive Gründe anführbar sein. Was kann dies bedeuten?

Offensichtlich ist hier auf eine empirische Evidenz zu rekurrieren, die sich auf das unmittelbar Gegebene erstreckt. Eine solche Evidenz birgt die Probleme der Täuschung, des Irrtums und des Vergessens in sich. Dieses Problem ist in keinem Fall zu umgehen, betrifft es doch nicht nur das Wahrgenommene, sondern auch das darüber sprachlich Vermittelte. Damit ist die Basis der Erfahrungserkenntnis an trügerische Evidenz gekoppelt, weshalb keine Objektivität möglich ist. So scheint das Problem der unzweifelhaften Basissätze negativ gelöst zu sein, und die Konsequenz berechtigt, Basissätze als Konventionen zu etikettieren, wie dies z.B. gewisse Formulierungen Poppers nahelegen.[44]

Sind Basissätze Konvention, so ist damit die Formulierung "Überprüfung anhand der Realität" sinnlos geworden. Die Auswahl der entsprechenden Basissätze wäre ein Problem der Entscheidung von Wissenschaftlern bzw. letztlich eine Frage der Logik. Damit wäre aber der Status von empirischen und analytischen Sätzen derselbe. Eine konventionelle Basis der Erfahrung muß daher abgelehnt, eine objektive Basis kann aber auch nicht gerechtfertigt werden. Die Erfahrungswissenschaften gründen sich also auf den metaphysischen Glauben der zeitlichen Sprachkontinuität und auf den ebenfalls metaphysischen Glauben der Übereinstimmung von Sprache und Beobachtbarem. Wenigstens diese Form der "Verifikation der Bedeutung" muß der Verifikationsgegner Popper auch voraussetzen.

6.1.5.2. Theoretischer Terme

Für empirische Wissenschaften ist die Beobachtung zentral. Sie bestimmt "empirische" Begriffe. Bereits Carnap hatte festgestellt, daß es Begriffe gibt, die nicht analytisch sind, sich aber auch nicht durch den Bezug auf

---

44. "Kriterien der Widerlegung müssen im vorhinein angegeben werden; man muß sich **einigen**, welche beobachtbaren Situationen im Falle der Beobachtung die Theorie falsifizieren." K. Popper: Conjectures and Refutations, S. 38, Anm. 3

"direkt beobachtbare Qualitäten" definieren lassen. Beispiele dafür sind die Begriffe "löslich", "demokratisch" usw. Er nannte diese Begriffe "Dispositionsbegriffe".

Man spricht heute generell von "theoretischen Termen". Beispiele dafür sind: löslich, Atom, Elektron, Bewußtsein. Theoretische Terme erhalten erst durch den theoretischen Kontext eine sinnvolle Bedeutung, d.h. sie beziehen sich eben nicht auf "unmittelbar Gegebenes", sondern man "erkennt" ihre Bedeutung erst, wenn man eine bestimmte Theorie als **richtig voraussetzt**.

Bei genauerer Untersuchung stellt sich heraus, daß alle Beobachtungsterme theorieabhängig sind, und zwar in dem Sinn, daß ihre Bestimmung auf der Basis bestimmter Vorannahmen erfolgt. Was heißt denn "direkt beobachtbar"? Man beobachtet mit den Sinnen bzw. mit Instrumenten. Aber die Sinne nehmen nicht unmittelbar wahr, sondern das Gehirn interpretiert das Wahrgenommene. Direkt Beobachtbares gibt es nicht, weil bereits die Wahrnehmung durch den Menschen mit Interpretationen verbunden ist, die der beobachtende Mensch auf der Basis seiner Erfahrung, Sozialisation etc. vornimmt. Für diesen Zusammenhang, daß immer theoriegeleitet beobachtet wird, hat sich die von N. Hanson geprägte Bezeichnung "Theorienbeladenheit der Beobachtung"[45] eingebürgert.

Hier stellt sich für das linguistische Theorienkonzept die grundlegende Frage, woher theoretische Terme ihre Bedeutung beziehen und wie zwischen Beobachtungstermen und theoretischen Termen (wenn überhaupt) zu trennen ist. Das Problem der theoretischen Terme konnte bislang im Rahmen des linguistischen Theorienkonzeptes nicht gelöst werden. Damit sind nun gravierende Konsequenzen verbunden. Im strikten Sinne ist nämlich eine unabhängige empirische Prüfung nicht mehr gegeben, wenn eine Theorie theoretische Terme enthält. Der grund dafür ist der entstehende Zirkel: Die Theorie setzt etwas voraus - die Existenz dessen, was theoretische Terme bezeichnen -, was Resultat der Prüfung sein

---

45. Popper formuliert dazu: "Unsere Sprache ist von Theorien durchsetzt: es gibt keine reinen Beobachtungssätze." in: Logik der Forschung, Tübingen 1976, S. 76

müßte. Anders formuliert: Um das zu "sehen" und zu "testen", was theoretische Terme bezeichnen, muß man die Korrektheit der Theorie, die erst die theoretischen Terme bereitstellt, voraussetzen.

Dies bleibt als logisches Problem immer existent, d.h., man kann nicht einfach sagen, die Gültigkeit von Theorien sei nur theoretisch vorausgesetzt.

6.1.5.3. Zusammenfassung

Das linguistische Theorienkonzept - basierend auf der These, es gäbe eine empirische Sprache - hat vor allem mit dem Basisproblem und dem Problem theoretischer Terme zu kämpfen. Vor allem die Unmöglichkeit, die letztgenannte Schwierigkeit in den Griff zu bekommen - und damit eine zirkelfreie empirische Überprüfung zu ermöglichen - hat zu neuen Ansätzen im Rahmen des empirisch-analytischen Wissenschaftskonzeptes geführt.

6.2. Nachpositivistische Strömungen

Unter dem Namen "nachpositivistische" Strömungen[46] werden in der aktuellen Wissenschaftstheorie verschiedene Positionen zusammengefaßt. Im folgenden will ich Ihnen nur zwei Ansätze vorstellen: das sog. "strukturalistische Theorienkonzept", welches eine Gegenposition zum linguistischen Theorienkonzept darstellt, und den Holismus Quines, der den Empirismus radikalisiert.

6.2.1. Das strukturalistische Theorienkonzept

Das strukturalistische Theorienkonzept stammt von Joseph Sneed[47] und Wolfgang Stegmüller. Es basiert auf einem Ansatz, der Theorien nicht mit formaler Logik rekonstruiert, sondern mit mengentheoretischen Konzepten. Hintergrund dieses Vorgehens ist a) die Tatsache, daß man

---

46. vgl. W. Stegmüller: Hauptströmungen der Gegenwartsphilosophie, Bd. II, S. 221 ff.
47. vgl. J. Sneed: The Logical Structure of Mathematical Physics, Dordrecht 1971

nicht einmal physikalische Theorien so axiomatisch-logisch exakt aufbauen kann, daß dies den modernen Ansprüchen genügen würde, und
b) "unsere Begrenztheit im praktischen Umgang mit vollformalisierten
physikalischen Theorien"[48], d.h., selbst wenn es gelingen würde, physikalische Theorien, die unter allen empirischen Theorien die präzisesten sind,
mittels Logik vollständig zu formalisieren, dann wäre der Umgang mit
diesen rekonstruierten Theorien kaum möglich, weil sie zu komplex
wären.

Die mengentheoretische Darstellung ist dagegen in der Handhabung viel
einfacher. Sie verwandelt sprachliche Konstrukte/Theorien in mathematische Strukturen.[49] Die formale Darstellung sieht nun wie folgt aus.

Die Theorie wird zum mengentheoretischen Prädikat der Form "... ist
ein X". Teil des Prädikates sind die Axiome. Systeme, die das Prädikat,
d.h. alle Axiome oder Definitionen des Prädikates erfüllen, heißen **Modell M**. Die Menge der Modelle zerfällt wiederum in Modelle, die keine
axiomatischen Bestimmungen enthalten (**potentielle Modelle Mp**) und
in Modelle, in denen die auf die jeweilige Theorie bezogenen theoretischen Terme entfernt wurden (**partielle potentielle Modelle Mpp**). Eine
eigene Menge bilden spezielle Gesetze und Nebenbedingungen (**Con-
straints C**). Die Nebenbedingungen garantieren, daß gleichen Elementen
in unterschiedlichen Systemen die gleichen Merkmale zugeordnet werden. So wird etwa der Erde in den Systemen Erde - Sonne und Erde -
Mond via Nebenbedingung jeweils die gleiche Masse zugeordnet. M, Mp,
Mpp und C bilden den **Kern K** der Theorie. Alle Axiome der Theorie
werden Definitionsbestandteil des mengentheoretischen Prädikates.

Diese Struktur ist nun keine Entität, von der man behaupten kann, sie
sei empirisch nachprüfbar. Nach Sneed ist dies bei Originaltheorien aber
auch nicht möglich, und zwar wegen des Problems der theoretischen
Terme, die bei Überprüfung zu einem Zirkel führen. Die theoretischen
Terme definiert Sneed zunächst immer in Bezug auf eine Theorie. Sie

48.   W. Stegmüller: Hauptströmungen der Gegenwartsphilosophie, Bd. II, S. 471
49.   vgl. zum folgenden U. Druwe: Theoriendynamik und wissenschaftlicher Fort-
       schritt in den Erfahrungswissenschaften, Freiburg 1985, S. 27 ff.

können in einer strukturalistisch rekonstruierten Theorie eliminiert werden, indem man sie zu Existenzaussagen, dem sog. "Ramsay-Sneed-Satz" umformuliert.

Gegen dieses Verfahren wurde von Kritikern eingewendet, daß empirische Theorien doch mehr seien, als mathematische Strukturen; schließlich werden Theorien auf die Realität angewendet. Dieser Anwendungsaspekt wurde von Sneed ergänzt. Er definierte eine weitere Menge, die sog. **intendierten Anwendungen I**. Es handelt sich um eine offene Menge, d.h. ihre Elemente werden aufgezählt, da man nicht angeben kann, welche Anwendungen eine Theorie hat/haben wird. I kann sich im Laufe der Zeit beliebig ändern, je nachdem, wie sich die Forschung entwickelt.

Jede Theorie kann nun durch die Struktur $<K,I>$, d.h. den Kern und die intendierten Anwendungen, präzise dargestellt werden. "Selbstverständlich impliziert die strukturalistische Auffassung nicht, daß empirische Hypothesen gegenstandslos oder auch nur nebensächlich werden. (...) Das, worauf es ankommt, ist lediglich die scharfe Unterscheidung zwischen den ... Theorieelementen ($<K,I>$, U.D.) auf der einen Seite und den diesen ... entsprechenden empirischen Behauptungen oder Hypothesen auf der anderen."[50]

Die Hypothesen werden rekonstruiert, indem eine passende Anwendungsoperation A definiert wird, die ihre Argumente aus dem Kern K der Theorie bezieht. Entsprechend kann man, je nach Umfang des Kerns bzw. des aus mehreren Kernen bestehenden Netzes, Fundamental- und Spezialhypothesen bestimmen.

Das strukturalistische Theorienkonzept unterscheidet sich folglich in der Aussage nicht vom linguistischen Theorienkonzept. Während dieses aber die sprachliche Ebene beibehält, überführt man hier Sprache in mathematische Strukturen (deshalb die Namen "linguistisches Theorienkonzept" oder "Statement-View" und "strukturalistisches Theorienkonzept" oder

---

50. W. Stegmüller: Hauptströmungen der Gegenwartsphilosophie, Bd. II, S. 483 f.

"Non-Statement-View"). Dadurch werden weitere Differenzierungen und Ergänzungen möglich, z.B. die, Kuhns Ideen der Wissenschaftsentwicklung dynamisch-rational zu rekonstruieren. Im Abschnitt 6.1.3. hatte ich darauf verwiesen, daß Kuhn implizit eine neue Wissenschaftskonzeption vorlegt, die erst von Stegmüller, auf der Basis des strukturalistischen Theorienkonzeptes rekonstruiert werden konnte. Betrachten wir kurz dieses rekonstruierte Konzept.

Kuhns Konzept propagiert wissenschaftlichen Fortschritt im Sinne von Verbesserungen, Präzisierung etc. auf der Basis eines Paradigmas, d.h. im Rahmen der normalen Forschung. In der Sprache des strukturalistischen Theorienkonzeptes bedeutet dies: Die Menge der Anwendungen I ist veränderbar bis hin zum völligen Austausch, nur der Kern K, die mathematische Struktur mit den Fundamentalgesetzen oder das Paradigma, bleibt gleich. Die normale Forschung ist damit die Suche nach Kernerweiterungen, wobei die Grundstruktur gleich bleibt, und neuen oder anderen Anwendungen.

Kuhns Konzept der wissenschaftlichen Revolutionen kann ebenfalls rekonstruiert werden. Nach Kuhn gibt es nur wissenschaftlichen Wandel, denn unterschiedliche Paradigmata sind inkommensurabel. Theorien werden im Rahmen des strukturalistischen Theorienkonzeptes in mengentheoretische Prädikate "übersetzt", d.h., die Inkommensurabilität auf sprachlicher Ebene muß nicht aufgegeben werden; für deren Existenz hat Kuhn auch zahlreiche Beispiele als Beleg angeführt.

Durch die Überführung einer Theorie in ein mengentheoretisches Prädikat kann auch der Begriff des Wandels präzisiert werden, und zwar durch den formalen Begriff "strukturelle Reduktion". Auf dieser formalen Basis kann ein Leistungsvergleich durchgeführt werden. Eine Theorie ist dann fortschrittlicher, wenn ihre Vorgängerin auf sie strukturell reduzierbar ist. Zur Durchführung des Vergleichs, der Reduktion, werden Reduktionsrelationen formuliert. In aller Regel gelten die Reduktionsrelationen nur in angenäherter (approximativer) Form. Bei diesem Beispiel wird deutlich, daß Wissenschaftstheorie immer nur rekonstruiert, was der Wissenschaftler tut: Wissenschaftlicher Wandel muß stattgefunden haben, dann kann der Wissenschaftstheoretiker hergehen, und mittels der strukturellen Reduktion prüfen, ob der Wandel rational rekonstruierbar ist.

Im Ergebnis zeigt sich, daß Fortschritt im Sinne der Reduktion kein linearer Prozeß ist; es kann z.B. zu Verzweigungen kommen, d.h. es gibt mehrere Nachfolgertheorien. Man kann aber auch wissenschaftlichen Rückschritt konstatieren. Alle Varianten des wissenschaftlichen Wandels finden sich in der Wissenschaftsgeschichte.

Mit dem strukturalistischen Theorienkonzept gelingt es, ein rationales Konzept des wissenschaftlichen Wandels vorzulegen, d.h. ein Konzept, welches mit den empirischen Tatsachen der Wissenschaftsgeschichte übereinstimmt und zugleich das Verhalten des Wissenschaftlers als rational rekonstruieren kann.

Daneben versucht sich das strukturalistische Theorienkonzept an der Lösung des zentralen Problems des linguistischen Theorienkonzeptes: dem der theoretischen Terme. Sneeds Lösung definiert theoretische Terme als theoretisch in Bezug auf **eine** Theorie. Diese kann man dann mittels bestimmter mengentheoretischer Verfahren - der sog. Ramsay-Elimination - aus der Theorie "entfernen" und zu einer empirischen Existenzbehauptungen umformen.[51]

In der Literatur gibt es allerdings ein starkes Argument, das auch diese Vorgehensweise in Frage stellt: Es wird argumentiert, daß letztlich alle Terme theorienbeladen sind, und daß es folglich überhaupt keine unabhängige Prüfung von Theorien geben kann. Durch Sneeds Kriterium würde das Problem "nur" auf tiefere Ebenen verlagert: Nicht-theoretische Terme in einer Theorie X sind theoretische Terme in einer anderen Theorie Y, auf die aber zur Messung von X zurückgegriffen wird.

Es scheint heute klar zu sein, daß das Problem der theoretischen Terme in der bisherigen Vorgehensweise gar nicht lösbar ist. Spätestens bei der

---

51. vgl. W. Stegmüller: Hauptströmungen der Gegenwartsphilosophie, Bd. II, S. 476 ff.

Überprüfung greift man immer auf Hintergrundwissen, auf Wissen aus anderen Theorien, die ebenfalls theoretische Terme aufweisen, zurück. Zwischen theoretischen Termen und nicht-theoretischen Termen kann nicht eindeutig differenziert werden. Norwood Hanson spricht von der "Theorienbeladenheit der Beobachtung"[52], Popper formuliert: "Unsere Sprache ist von Theorien durchsetzt: es gibt keine reinen Beobachtungssätze."[53]

Damit stehen die Erfahrungswissenschaften vor immensen Problemen. Wo bleibt jetzt die wissenschaftliche Rationalität? Einen Ausweg hierfür bietet beispielsweise die holistische Argumentation Willard Van Orman Quines.

6.2.2. Der Holismus Quines

Quines Argumentation läuft auf einen radikalen Empirismus hinaus. Sie besteht aus folgenden Schritten:
1. Kritik am klassischen Sprachkonzept des empirisch-analytischen Ansatzes;
2. Beschäftigung mit der klassisch-ontologischen Frage "was gibt es?";
3. Aufbau einer eigenen Sprachkonzeption;
4. Herstellung einer Verbindung zwischen Sprache und Empirie.

1. Quines Kritik am Sprachkonzept des logischen Empirismus findet sich in einem kleinen, jedoch grundlegenden Aufsatz mit dem Titel "Zwei Dogmen des Empirismus"[54]. Dort erläutert Quine, weshalb für ihn die Trennung zwischen empirischen und analytischen Begriffen/Sätzen sinnlos ist. Analytische Sätze waren dadurch charakterisiert, daß sie kraft der Bedeutung der Sprache gültig oder widersprüchlich sind. Der Satz "Ein Junggeselle ist ein unverheirateter Mann." ist folglich wegen der Bedeutung der Begriffe "Junggeselle" und "unverheirateter Mann" a priori wahr. Dies hängt damit zusammen, daß beide Begriffe als bedeu-

52. N. Hanson: Patterns of Discovery, Cambridge 1983, S. 51
53. K. Popper: Logik der Forschung, Tübingen 1976, S. 76
54. W. Quine: Zwei Dogmen des Empirismus, in: ders.: Von einem logischen Standpunkt, Frankfurt 1979, S. 27 ff.

tungsgleich oder synonym angesehen werden. Synonymität von Begriffen kann man jedoch nur behaupten, wenn man eine Sprache und ihre Begriffe versteht. Damit kann gefolgert werden: "Analytizitätsbehauptungen bezüglich natürlicher Sprachen sind stets empirische Hypothesen."[55]

Wie aber steht es mit Analytizitätsbehauptungen für analytische Sprachen, also etwa für mathematische Beziehungen? Hier verschiebt sich das Problem lediglich um eine Dimension. Analytische Sprachen bestehen aus Setzungen, Axiomen und bestimmten Regeln. Nur im Rahmen dieser Regeln und Axiome kann man "sprechen", "Schlüsse ziehen" und "Analytizität" behaupten. Um das letztere sinnvoll tun zu können, muß man jedoch schon **wissen**, was Analytizität ist. Anders formuliert: Wenn jemand nicht weiß, was Analytizität ist, kann er nicht Analytizität im Rahmen analytischer Sprachen definieren.

Sie sehen, der empirisch-analytische Wissenschaftler befindet sich in einem Zirkel: Um einen bestimmten Begriff definieren zu können, muß er ihn vorher verstanden haben. Analytizitätsbehaupten bezüglich analytischer Sprache beruhen folglich auf empirischem Wissen über die Sprache. Eine klare Trennung zwischen empirischen und analytischen Termen ist damit nicht möglich.

Damit hat Quine ein wichtiges Resultat erzielt: Die Trennung zwischen empirischen und analytischen Termen ist nicht präzisierbar; dann kann sie auch nicht aufrecht erhalten werden.[56] Hieraus folgt weiter "die Haltlosigkeit der linguistischen Lehre von der logischen Wahrheit, nach welcher die Wahrheiten der Logik und Mathematik 'kraft Konvention wahr' sind."[57]

2. Wenn zwischen empirischen und analytischen Begriffen nicht klar zu differenzieren und offensichtlich empirisches Wissen in analytischen Termen und Axiomen enthalten ist, dann stellt sich die ontologische

---

55. W. Stegmüller: Hauptströmungen der Gegenwartsphilosophie, Bd. II, S. 234
56. vgl. Quine: Zwei Dogmen des Empirismus, S. 42
57. W. Stegmüller: Hauptströmungen der Gegenwartsphilosophie, Bd. II, S. 249

Frage: Was gibt es?[58] Gibt es zum Beispiel Zahlen oder Klassen? Die
Antwort Quines besteht zunächst einmal darin, Ontologie neuartig zu
interpretieren, nämlich als Hypothese, d.h. als empirische Vermutung
über das, was es gibt.[59] Wenn man dies akzeptiert, dann ist einsichtig,
daß die **Wahl** der Hypothese, in diesem Falle der Ontologie, eine Frage
der Plausibilität, der (subjektiven) Vernunft, der Einfachheit oder ähnlicher Gründe ist. Und aus der Sicht Quines ist es sinnvoll, **hypothetisch**
die Existenz von Zahlen, Klassen und anderer abstrakter Konstrukte
sowie die physikalischer Objekte zu behaupten. Quine selbst formuliert:
"...die Übernahme einer Ontologie ist im gleichen - und nicht in höherem
- Maß eine Angelegenheit der Sprache."[60]

3. Mit diesen Überlegungen können wir uns der Quineschen Sprachkonzeption zuwenden. Quines sprachphilosophisches Hauptwerk von 1959
trägt den Titel "Wort und Gegenstand"[61]. Im Mittelpunkt steht die empirische Untersuchung von Sprache und das bedeutet für den Empiriker
Quine, "das Sprachverhalten derer zu studieren, die diese Sprache beherrschen."[62]

Dabei stellt er fest, daß der Mensch in der Gesellschaft so "geschult
(wird, U.D.), daß dabei etwas herauskommt, das als Rede von Dingen
erkennbar und von der Wahrheit über die Welt nicht zu unterscheiden
ist."[63] "Jeder von uns lernt seine Sprache von anderen, durch das wahr-
nehmbare Aussprechen der Wörter unter augenfällig intersubjektiven
Umständen. (...) Es sind zuallererst ... Dinge, auf die sich die Wörter
beziehen"[64] und wir identifizieren Ding und Satzbestandteil. Neue Sätze
lernt man durch Verknüpfung bekannter Satzteile: "Ein Satz belebt den
anderen".[65] Wie man nach Quine die Sprache im Detail erlernt, braucht

---

58.   vgl. W. Quine: Was es gibt, in: ders: Von einem logischen Standpunkt,
       S. 9 ff.
59.   vgl. W. Quine: Was es gibt, S. 23
60.   W. Quine: Was es gibt, S. 23
61.   vgl. W. Quine: Wort und Gegenstand, Stuttgart 1980
62.   W. Stegmüller: Hauptströmungen der Gegenwartsphilosophie, Bd. II, S. 286
63.   W. Quine: Wort und Gegenstand, S. 59
64.   W. Quine: Wort und Gegenstand, S. 17
65.   W. Quine: Wort und Gegenstand, S. 30

uns an dieser Stelle nicht weiter zu beschäftigen. Wichtig ist allein die Feststellung, daß unsere Kenntnis der Welt mittels Sprache erzeugt wird, wie dies auch schon Wittgenstein in seinem berühmten "Tractatus logico-philosophicus" postulierte. Die Welt existiert so, wie sie von uns als existierend abgesehen wird, durch die Sprache.

Um das Verhältnis Sprache und Realität näher zu beleuchten, entfaltet Quine im folgenden sein berühmtes "Gavagai"-Beispiel[66]. Man stelle sich vor, die Sprache eines unbekannten Stammes erlernen zu wollen. "Ein Kaninchen huscht vorbei, der Eingeborene sagt 'Gavagai'..."[67] Der Sprachforscher hat nun mehrere Möglichkeiten, "Gavagai" zu übersetzen, z.B. "Kaninchen!", "Sieh, ein Kaninchen.", "Tier!", "Unsere Gottheit." usw. Es gibt keine Möglichkeit herauszufinden, was genau der Eingeborene mit "Gavagai" meint. Sämtliche (analytischen) Übersetzungen sind folglich aus empirischer Sicht gleichwertig.

Sprachverhalten korrespondiert offensichtlich mit verschiedenen Übersetzungen. Quine spricht in diesem Zusammenhang zunächst von der "Unbestimmtheit der Bedeutung" und weiter behauptet er, daß die präzise Bedeutung von Begriffen letztlich nicht erforscht werden kann (Unerforschlichkeit der Referenz), weil Individuen Begriffe immer nur ähnlich, nicht aber wirklich gleich verstehen.

Diese Ergebnisse faßt Quine in seiner zentralen sprachphilosophischen These zusammen, wonach Aussagen nicht präzise zu übersetzen sind (Übersetzungsunbestimmtheit). Nachdem Sprachverhalten mit verschiedenen Sätzen korrespondiert, also verschiedene Übersetzungen nebeneinander gültig sind, besteht keine Möglichkeit, eine Übersetzung als die wirklich richtige zu bezeichnen. Übersetzungen sind daher unbestimmt.

4. Die These von der Übersetzungsunbestimmtheit hat insbesondere für den empirischen Wissenschaftler Konsequenzen. Aus dieser These kann nämlich eine zweite zentrale These Quines abgeleitet werden: die der

---

66. vgl. W. Quine: Wort und Gegenstand, S. 63 ff.
67. W. Quine: Wort und Gegenstand, S. 63

Unterbestimmtheit unserer Theorie von der Natur. Quines Sprachphilosophie hatte ergeben, daß nur ein Teilbereich der Sprache "sinnvoll durch Reizbedingungen begriffen werden kann"[68], d.h. innerhalb der Sprache besteht ein Spielraum, wie man sich auf Reize beziehen kann. Ein Reiz kann unterschiedlich und doch korrekt übersetzt werden. Die These von der Unterbestimmtheit unserer Theorie der Natur ist damit ein Spezialfall der These von der Übersetzungsunbestimmtheit.

Die Reize der Natur korrespondieren mit verschiedenen Theorien. Präziser formuliert: "Physikalische Theorien (oder allgemein: Theorien über die Natur) können logisch unverträglich und trotzdem empirisch äquivalent und sogar alle empirisch zutreffend sein."[69] Innerhalb der Politikwissenschaft kann man prima facie die Theorien, die entweder auf dem methodologischen Individualismus oder dem methodologischen Kollektivismus beruhen, als Beispiel für diese These anführen. Sie sind logisch unverträglich und trotzdem (bei bestimmten Problemen) empirisch äquivalent und zutreffend.

Damit sind nun die wesentlichen Aspekte der Quineschen Überlegungen dargestellt. Fassen wir sie jetzt im Rahmen seiner Wissenschaftsphilosophie des **Holismus** zusammen.

Über die Erfahrung erhält die Sprache ihre Bedeutung; umgekehrt ist die Sprache "das" System des Wissens. Auf dieser Basis ist es letztlich sinnlos, zwischen empirischen und analytischen Sätzen zu unterscheiden, weil diese Unterscheidung nicht präzise eingeführt werden kann. Wenn diese Unterscheidung sinnlos ist, weil man nicht differenzieren kann, was es "wirklich gibt" (weil es nichts unabhängig von der Sprache gibt), dann muß man sich für das, was es gibt, entscheiden. Jede Ontologie wird damit zu einer Hypothese. Ob sie brauchbar ist, hängt von der Sprache ab und damit die Sprache brauchbar ist, benötigt sie Allgemeinbegriffe oder Abstrakta.

---

68.   W. Quine: Wort und Gegenstand, S. 59
69.   W. Stegmüller: Hauptströmungen der Gegenwartsphilosophie, Bd. II, S. 260

Im Rahmen der Quineschen Ontologie existieren folglich physikalische Dinge, aber auch Abstrakta, wie Klassen. Mit beidem baut sich der Mensch sein sprachliches Netz auf. Dabei liegen die Abstrakta eher im Kern des Sprachnetzes, und die Begriffe, die sich auf Reize beziehen, eher am Rand.

Die Sprache als Ganzes verkörpert das Wissen. Allerdings sind Sprache/ Wissen "erfahrungs- bzw. reizunterbestimmt", d.h. die Erfahrung ist mit völlig divergierenden Klassifikationen und Interpretationen (Sprachen und Wissenssystemen) vereinbar. Objektive, neutrale Beschreibungen gibt es nicht. Präzise spricht Quine in diesem Zusammenhang von der Unterbestimmtheit der Theorien (Wissenssysteme) gegenüber der Erfahrung und von der Unbestimmtheit der Übersetzung[70].

Die Unterbestimmtheit der Theorien gegenüber der Erfahrung bedeutet, daß ein Realitätsausschnitt durch unterschiedliche, logisch nicht ineinander übersetzbare Theorien erklärt werden kann. Zudem impliziert die Übersetzungsunbestimmtheit die prinzipielle Unmöglichkeit, Begriffe exakt in andere Sprachen zu übertragen - dies erinnert an Kuhns Inkommensurabilitätsthese.

Die Konsequenz ist, daß die Konfrontation der Sprache mit der Erfahrung nicht für einzelne Sätze, sondern nur für das Gesamtsystem der Sätze, des Wissens, sinnvoll ist. Die Erfahrung hat immer nur Folgen für das gesamte Wissen und die gesamte Sprache.[71]

Die Kontrolle des gesamten Wissens kann nur auf empirischer Grundlage erfolgen. Üblicherweise werden bei der Überprüfung von Wissen aus dem System einzelne Bereiche herausgelöst, bei einer wissenschaftlichen Theorie etwa eine Hypothese/Prognose, die dann anhand ihrer beobachtbaren Aussagen getestet wird. Eine solche Vorgehensweise beachtet nur ungenügend, daß Wissen ein System ist. Hypothesen werden durch beobachtbare Daten kontrolliert. Deren Erkennbarkeit erfolgt

---

70. vgl. Quine: Wort und Gegenstand, S. 135 ff.
71. vgl. zum folgenden W. Stegmüller: Hauptströmungen der Gegenwartsphilosophie, Bd. II, S. 265 ff.

unter Feststellung bestimmter Anfangs- und Randbedingungen, für die selbstverständlich auf Hintergrundwissen zurückgegriffen werden muß. Die Überprüfung von Hypothesen kann also nur unter Rückgriff auf weitere Hypothesen bzw. gegebenenfalls auf das gesamte Hintergrundwissen erfolgen.

Ist nun eine Hypothese empirisch nicht zu belegen, so ist sie nicht notwendig falsch. Es wurde nämlich nicht nur diese Hypothese, sondern das gesamte Hintergrundwissen überprüft. Mehrere gleichwertige Möglichkeiten stehen daher offen:
1. Korrektur der Hypothese,
2. Korrektur einer Hintergrundhypothese,
3. Korrektur der Anfangs- und/oder Randbedingungen,
4. Korrektur des Meßinstrumentes,
5. Korrektur der Ableitungsregeln, auf deren Grundlage die Hypothese gebildet wurde.

Die Wahlmöglichkeiten werden wiederum vom Gesamtsystem des Wissens/der Sprache gelenkt. Quine führt dafür folgende Prinzipien auf:
1. "Je grundlegender ein Gesetz für unser Begriffsnetz ist, desto weniger gern werden wir es für eine Änderung in Betracht ziehen."[72]
2. Bei Systemveränderungen werden unter sonst gleichen Bedingungen die Änderungen vorgenommen, die das System als ganzes am wenigsten stören.
3. Veränderungen werden am ehesten dann vorgenommen, wenn damit Systemvereinfachungen verbunden sind.[73]

Insgesamt muß man mit Quine feststellen, daß prinzipiell alle Sätze verworfen werden können, auch die ehemals als "analytisch" und damit als a priori wahr bezeichneten Sätze. Es gibt folglich überhaupt kein Wissen, das nicht verworfen werden könnte; alles ist abhängig von der Erfahrung. Zu solchen gravierenden Einschnitten in das Begriffsnetz/

---

72. W. Quine: Grundzüge der Logik, Frankfurt 1974, S. 19
73. W. Quine: Grundzüge der Logik, S. 104

Wissen kommt es jedoch nur im äußersten Notfall. Ein Beispiel dafür ist die Aufgabe der Euklidschen Geometrie in der Allgemeinen Relativitätstheorie Einsteins.

Jedenfalls wird bei diesen Überlegungen deutlich, weshalb Quine als radikaler Empirist gilt. Schließlich beruht alles, was für wissenschaftliche Aussagen relevant ist, auf der Erfahrung; dies gilt insbesondere für die Zuweisung von Bedeutungen für Begriffe und Sätze.

Welche Konsequenzen haben die skizzierten nachpositivistischen Wissenschaftstheorien für die Politikwissenschaft? Ganz allgemein formuliert kann man sagen, daß sich zentrale Probleme des Faches in einem anderen Licht präsentieren und einer Lösung zugeführt werden können. Dies will ich wenigstens an einem Beispiel genauer diskutieren, das für die Politikwissenschaft von zentraler Bedeutung ist, nämlich dem bereits erwähnten Problem der normativen Begründung, vgl. 4.1.2.

6.3. Das Problem der normativen Begründung

Ein zentrales Problem der Politischen Theorie bezieht sich auf den Umgang mit Normen.[74] Die Beschäftigung mit politischen Normen und Wertungen wird im Teilbereich Politische Philosophie vorgenommmen. Nachdem sich jedoch der empirisch-analytische Ansatz - vor allem in der Variante Poppers - durchgesetzt hat, gelten Normen als nicht "wahrheitsfähig", oder anders formuliert: "Wertungen gelten weithin als unwissenschaftlich."[75]2 Der Moralphilosoph A. MacIntyre spricht in diesem Kontext vom Phänomen der moralischen Krise, die ihren Ursprung im "Projekt der Aufklärung" hat.[76]

Hauptgrund für die vernichtende Einschätzung, daß Ethik nicht wahrheitsfähig ist, ist die "Herleitung und Begründung der Wertbasis. Hier

74.   vgl. H.-H. v. Arnim: Zur normativen Politikwissenschaft, in: Der Staat, Jg. 26, 1987, S. 487
75.   H.-H. v. Arnim, S. 477
76.   vgl. A. MacIntyre: Der Verlust der Tugend, Frankfurt 1987, Einleitung

liegt das wissenschaftliche Kernproblem des normativen Ansatzes. (Auch die, U.D.) Politikwissenschaft hat hier bisher keine klaren Antworten zu geben vermocht. Sie geht teilweise von einer ontologischen Grundvorstellung aus, die es erlaube, Grundwerte zu erkennen, sie zu 'schauen'. Derartige Versuche erweisen sich aber notwendig als Sackgasse, da es eine ontologische Ableitung, die Anspruch auf Allgemeingültigkeit erheben könnte, nicht geben kann."[77] Damit stellt sich für den Politischen Philosophen das Problem, wie er auf empirisch-analytischer Basis mit Normen wissenschaftlich adäquat umgehen kann. Im 4. Kapitel über Politische Philosophie habe ich skizziert, daß man gegenwärtig normative Sätze analog zu analytischen Sätzen auffaßt, oder - als klassischer Politischer Philosoph - das Problem der normativen Begründung einfach ignoriert (vgl. 4.1.2.).

In der Konsequenz folgte aus dem (bisherigen) Scheitern, normative Urteile zu begründen, vor allem der Ausschluß normativer Probleme aus dem wissenschaftlichen Diskurs. Es erscheint als bittere Ironie, wenn ausgerechnet ein so "lebenswichtiger" Bereich, wie die Unterscheidung zwischen richtig und falsch, gut und böse, wissenschaftlich nicht diskutierbar wäre. Jegliche ethische oder auch politikethische Konzeption verfällt daher dem Verdikt der Unwissenschaftlichkeit, so lange das Begründungsproblem nicht gelöst wurde. "Nur insofern prinzipiell überhaupt die Möglichkeit besteht, normativ-moralische Urteile intersubjektiv zu begründen, kann das Bemühen der normativen Ethik als einer ... auf Erkenntnis (moralische Erkenntnis, U.D.) ausgerichteten Disziplin sinnvoll erscheinen ..."[78]

Wie kann man nun, auf der Basis nachpositivistischer Wissenschaftstheorien, das Problem neu angehen? Im Mittelpunkt steht die Konzeption einer neuen metaethischen Argumentation, da die traditionelle Metaethik auf dem traditionellen empirisch-analytischen Wissenschaftskonzept beruht.

77. A. MacIntyre, S. 487
78. D. Birnbacher/ N. Hoerster (Hg.): Texte zur Ethik, München 1980, S. 23

Die traditionellen empirisch-analytischen Wissenschaftstheorien basieren wie gesehen auf dem Konzept der Wissenschaftssprache von Carnap, d.h. es gibt im Prinzip die beiden Sprachklassen der empirischen und analytischen Sätze, die mit entsprechenden Wahrheitstheorien (Korrespondenz- oder Kohärenztheorie) übereinstimmen. Normative Sätze sind auf dieser Basis nicht einmal präzise zu formulieren, da eine Reduktion auf empirische Sätze zum naturalistischen Fehlschluß führt und eine Zurückführung auf analytische Sätze den empirischen Gehalt normativer Sätze eliminiert[79].

Gegen die Trennung analytisch-empirisch läßt sich nun die Quinesche Kritik ins Feld führen, weil sie nicht präzisierbar ist. Außerdem scheitern endgültige Überprüfungen: Die Verifikation scheitert - wie schon Popper ausführte - am Induktionsproblem; die Falsifikation scheitert an der Unterbestimmtheit unserer Theorien von der Natur.

Die Metaethik, wie sie bislang betrieben wird, basiert auf dem traditionellen Sprachkonzept des empirisch-analytischen Wissenschaftskonzeptes. Damit wird sowohl das Bedeutungsproblem normativer Begriffe als auch das Begründungsproblem aus der Sicht des linguistischen Theorienkonzeptes gesehen. Wie die kurzen Hinweise unter gezeigt haben, ist auf dieser Grundlage das normative Begründungsproblem nicht lösbar, weil normative Sätze nicht korrekt auf empirische oder analytische Sätze zurückgeführt werden können. Deshalb dominiert in der Metaethik gegenwärtig die Position des Nonkognitivismus, d.h. eine Position, die meint, normative Sätze seien nicht wahrheitsfähig.

Nachdem die traditionelle Metaethik auf der Basis des linguistischen Theorienkonzeptes an dem Problem der normativen Begründung scheitert, soll in Anlehnung an Quine eine holistische Metaethik skizziert werden.[80]

---

79. Normative Sätze haben jedoch Bezug zur Realität; schließlich wollen sie Handlungen verbieten oder vorschreiben.
80. vgl. zum folgenden: U. Druwe-Mikusin, S. 73 ff.

Nach Quine ist die Trennung empirisch-analytisch zu verwerfen. Es gibt letztlich nur die empirische Sprache, da die Bedeutungsverleihung der Sprache von ihrem Gebrauch abhängt. Die Sprache ist damit zugleich Ontologie und Welttheorie: Es existieren die Dinge, die sprachlich zu fassen sind.

Innerhalb des Sprachnetzes gibt es moralische Begriffe/Sätze, d.h. in genau diesem Sinne gibt es auch Moral, da das, was es gibt, durch die Sprache bestimmt wird. (Im Sinne Quines müssen Sie diese Aussage jedoch als Hypothese interpretieren.)

So relativ wie die Sprache ist die mit der Sprache verbundene Theorie über die Welt; Quine spricht von der Unterbestimmtheit aller Theorien gegenüber der Realität. Dies bedingt eine "relative Wahrheitstheorie", die wie folgt strukturiert ist: An ihren Rändern findet sich eine Korrespondenztheorie der Wahrheit, ihr Kern ist aber eine Kohärenztheorie, weil erst die zentralen logischen Sätze das Aussagensystem aufbauen. Die Gültigkeit dieser Sätze beruht auf der Übereinstimmung mit dem Aussagensystem als Ganzem.

Innerhalb eines jeden Sprachsystems finden sich "normative" Sätze. (Die Anführungszeichen symbolisieren, daß diese Bezeichnung als Name zu lesen ist, damit besser verstehbar ist, welche Sätze gemeint sind. Bei Quine gibt es nur die empirische Sprache.) Für diese "normativen" Sätze gilt daher ebenfalls eine Kohärenztheorie der Wahrheit, d.h. sie sind gültig, wenn sie aus dem Aussagensystem als Ganzem widerspruchsfrei deduzierbar sind. Für alle ethischen Systeme heißt das: Sie sind begründet, wenn sie "gebraucht" werden, d.h. Bedeutung haben und wenn sie keine logischen Fehler aufweisen, weil unser gängiges Aussagensystem auf Widerspruchsfreiheit aufbaut.

Resultat ist die Feststellung, daß moralische Sätze ebenso gut begründet (wahrheitsfähig) sind wie logische. Allerdings gilt auch für Moralsysteme, daß sie unterbestimmt sind, d.h. hier ist die gleiche Einschränkung bezüglich der Gültigkeit zu machen wie für alle Theorien.

Mittels sprachlicher Deduktion können verschiedenste Moralphilosophien (z.B. von Aristoteles, Thomas, Kant usw.) jeweils begründet werden, es kann aber nicht entschieden werden, welcher Ansatz richtig ist. Die Folge der moralischen Unterbestimmtheit ist moralische Pluralität, d.h. verschiedene Moralsysteme können nebeneinander Geltung beanspruchen.

Zusammenfassend kann man in Anlehnung an Quine feststellen, daß normativen Sätzen der wissenschaftliche Status nicht bestritten werden kann, und daß sie begründbar sind. Damit ist allerdings keine Entscheidung für eine bestimmte Moral verbunden. Vermutlich hängen ethische Irritationen mit diesem Resultat zusammen: Von Wissenschaft erwartet man definitive Aussagen der Form: So ist es! Mit Quine können wir nun begründen, weshalb dies nicht nur bei Moralphilosophie unmöglich ist, sondern auch bei "analytischen" und "empirischen" Aussagen: "Wahrheit ist inexplikabel. (...)

> "Wir haben keine Vorstellung von einem archimedischen Punkt außerhalb unserer selbst. Bauen wir alles auf Einsicht auf? Aber 'hinter' der Einsicht steht ein Entschluß. Haben wir also alles auf Nichts gestellt? Die einzige Antwort: Wir haben überhaupt nicht auf etwas gestellt. Wir schweben." (Wolfgang Stegmüller)[81]

> "Wie Schiffer sind wir, die ihr Schiff auf offener See umbauen müssen, ohne es jemals in einem Dock zerlegen und aus besten Bestandteilen neu errichten zu können." (Otto Neurath)[82]

---

81. W. Stegmüller: Metaphysik. Skepsis. Wissenschaft, S. 456
82. O. Neurath, zit. n.: W. Quine: Ontologische Relativität und andere Schriften, Stuttgart 1975, S. 219

Anhang

A. Glossar

AGIL-Schema: Nach Parsons muß jedes System vier Funktionen (Anpassung, Zieler-
    reichung, Integration und Strukturanpassung) erfüllen, die als Funktionen-
    schema zusammengefaßt werden; vgl. 5.5.1.1.

Analytische Sprache: Begriffe/Sätze, die durch Bezug auf andere Begriffe/Sätze
    definiert werden und deren Wahrheitsgehalt allein durch die Bedeutung der
    Terme festgestellt wird.

Antagonismus: Gegensatz.

Antecedens: Einzelfall, der unter Rückgriff auf eine Theorie erklärt werden soll.

Äquivalenzrelation: Eineindeutige Beziehung zwischen zwei Objekten.

Autopoietisches System: Selbstorganisierendes System; vgl. 5.5.2.

Axiom: Unbewiesener Grundsatz, Setzung.

Basissatz: Singulärer Existenzsatz der Form "An der Raum-Zeit-Stelle x gibt es y."

Basisproblem: Problem der Objektivität einer empirischen Überprüfung von
    Aussagen durch Basissätze; vgl. 6.1.5.1.

Begriffe, Begriffsbildung: Unterschieden werden qualitative, komparative und
    quantitative Begriffe; vgl. 2.3.

Belohnung: Positiver Reiz zur Verstärkung einer Reaktion.

Bestrafung: Negativer Reiz zur Abschwächung einer Reaktion.

Bewährung: Poppers Begriff für Hypothesen, die einen Falsifikationsversuch
    überstanden haben.

Deduktion: Logische Schlußfolgerung von Allgemeinem auf Spezielles.

Deontologische Ethik: Pflichtethik; Paradigmatisch vertreten durch Kant.

Dialektik: Argumentationsprinzip; bei Hegel ist Dialektik die Entwicklung des
    Denkens; sie besteht aus den drei Schritten These - Antithese - Synthese; im
    Marxismus bezeichnet Dialektik auch das allgemeine Entwicklungsprinzip des
    Menschen (Marx) und der Natur (Engels); vgl. 3.1.2.3.

Dialektischer Materialismus (DIAMAT): Engels Naturphilosophie, nach der sich
    die Natur dialektisch entwickelt.

Dispositionsprädikate: Begriffe, die weder empirisch noch analytisch sind, sondern
    zu deren Bestimmung ein theoretischer Kontext notwendig ist.

Empirisch-analytisches Wissenschaftskonzept: Wissenschaftsverständnis, nach dem
    ein Gegenstandsbereich mit präzisen empirischen und analytischen Begriffen
    beschrieben, erklärt und prognostiziert wird; vgl. 2.2.3. und 2.3.

Empirische Sprache: Begriffe/Sätze, die durch Bezug (Äquivalenzrelation) auf die Realität definiert werden und deren Wahrheitsgehalt nur anhand der Realität überprüft werden kann.

Empirisches Relativ: Realitätsausschnitt, der die Definitionen eines Modells erfüllt.

Entität: Gegebene Größe.

Erfahrungswissenschaft: Wissenschaft, die Aussagen über die Realität machen will; sämtliche Natur- und Sozialwissenschaften.

Erkenntnistheorie: Teilbereich der Philosophie, der über Wissenschaft normative Aussagen macht.

Evidenz: Höchste, absolute Gewißheit.

Explanandum: Logisch korrekter Schluß aus dem Explanans.

Explanans: Es besteht aus allgemeinen Gesetzesaussagen und Antecedensbedingungen, die den einzelnen Sachverhalt beschreiben.

Falsifikation: Bei Popper die Widerlegung von Hypothesen.

Formalwissenschaft: Wissenschaften, die ausschließlich mit analytischer Sprache arbeiten, z.B. Mathematik, Logik, reine Linguistik, Informatik.

Forschungsprogramm: Nach Lakatos eine Folge von Theorien, bestehend aus einem unwiderlegbaren Kern, positiver Heuristik (Methodik des Forschungsprogramms) und negativer Heuristik (Schutzvorschriften für den Kern).

Frankfurter Schule: auch Kritische Theorie; Hauptvertreter sind Adorno, Horkheimer, Marcuse und Habermas; im Mittelpunkt des Ansatzes steht das Bemühen um Emanzipation; vgl. 2.1.2.

Funktion: Aufgabe; Abhängigkeitsbeziehung zwischen zwei Entitäten.

Funktionale Differenzierung: In Umsetzung bestimmter Funktionen erfolgter Aufbau neuer Strukturen.

Gesetz: Langfristig bewährte Theorie.

Gültigkeit: Wahre analytische Sätze sind gültige Sätze.

Handlung: Bewußte, auf Intentionen (Entscheidung, Ziel, Zweck) basierende Aktion.

Hedonismus: Ethische Richtung, die die Lust als Motiv sittlichen Handelns betrachtet.

Hermeneutik: Methodenlehre des Sinnverstehens; vgl. 3.1.2.1.

Historischer Materialismus (HISTOMAT): Geschichtsphilosophie Marx', nach der sich die menschliche Gesellschaft notwendig zu einer klassenlosen Gesellschaft hin entwickelt; vgl. 3.4.2.

Homo oeconomicus: Modell eines Menschen, der strikt nutzenmaximierend und kostenminimierend verfährt; vgl. 5.4.1.

Holismus: Wissenschaftstheoretisches Konzept Willard V. O. Quines, vgl. 6.2.2.

Hypothese: Empirische Vermutung.

Hypothetischer Realismus: Wissenschaftstheoretische Position, die hypothetisch von der Existenz einer von der Vernunft unabhängigen Realität ausgeht.

Hypothetischer Vertrag: Bei Hobbes, Kant und Rawls ein Vernunftargument, um Kooperation zu erklären.

Idealismus: Erkenntnistheorie, die die Realität als "Produkt" der menschlichen Vernunft auffaßt.

Impliziter Vertrag: Ein Vertrag, der sich aus dem Handeln der Personen ergibt; Locke verwendet den Terminus "stillschweigender Vertrag".

Induktion: Logisch falscher Schluß von Speziellem auf Allgemeines.

Induktivismus: Wissenschaftskonzept des klassischen Empirismus und des Wiener Kreises.

Inkommensurabilität: Nach Kuhn sind verschiedene Paradigmata völlig unvereinbar, ihre Anhänger sprechen verschiedene Sprachen und sehen die Welt unterschiedlich.

Intention: Absicht, Ziel oder Zweck einer Handlung.

Interaktion: Wechselseitig aufeinander bezogenes Handeln mindestens zweier Menschen.

Internalisierung: Verinnerlichung.

Intersubjektivität: Eine Bedingung des Rationalitätspostulats der Wissenschaft, nach der wissenschaftliche Aktivitäten im Prinzip für alle Menschen nachvollziehbar sein müssen.

Intervallskala: Herstellung einer Rangordnung zwischen den Ausprägungen eines Phänomens, wobei die Intervalle gleich groß sind; Ordnung quantitativer Begriffe. Beispiel: Einteilung der Temperatur in Grad Celsius; der Unterschied zwischen 17 und 18 Grad ist genauso groß, wie der Unterschied zwischen 3 und 4 Grad.

Intuitionismus: Metaethische Position, nach der es zur "Erfahrung" der Moral einen besonderen Sinn gibt.

Kausalität: Ursache-Wirkung-Zusammenhang; logisch wird Kausalität so definiert: Wenn A dann B und wenn Nicht-A dann auch Nicht-B.

Kollektive Güter: Güter, von deren Nutzen niemand ausgeschlossen werden kann, wenn sie vorhanden sind, z.B. saubere Luft.

Konflikt: Positionsdifferenzen über ein Gut.

Kohärenztheorie: Wahrheitstheorie, wonach analytische Sätze dann wahr sind, wenn sie sich aus anderen wahren analytischen Sätzen ableiten lassen.

Korrespondenztheorie: Wahrheitstheorie, nach der empirische Sätze dann wahr sind, wenn die damit bezeichnete Realität dem Satz entspricht.

Kontradiktion: Widerspruch; falsche analytische Sätze heißen kontradiktorische Sätze.

Kritisch-dialektisches Wissenschaftskonzept: vgl. 2.2.2.

Kritischer Rationalismus: Wissenschaftstheoretisches Konzept Karl Poppers.

402

Kultur: Summe gemeinsamer Werte und Normen.

Legitimation: Sittlich-moralische Rechtfertigung.
Linguistisches Theorienkonzept: Konzept, nach dem Theorien aus empirischen und
analytischen Sätzen bestehen; vgl. 6.1.5.

Medium: Bei Parsons Austauschmechanismus eines Systems; im Autopoiesemodell
allgemeiner Begriff für die Umwelt eines autopoietischen Systems.
Metaethik: Teildisziplin der Analytischen Philosophie, in der es um das Problem der
ethischer Begründung geht.
Methodologischer Individualismus: Theoretische Position, die kollektive Phänomene
durch Zurückführung auf individuelles Verhalten erklärt (Reduktionismus).
Methodologischer Kollektivismus: Theoretische Position, die das Ganze nicht nur
als die Summe seiner Teile auffaßt; individuelles Verhalten wird aus makrosoziologischen Generalisierungen abgeleitet.
Modell: System analytischer Sätze.

Naturalismus: Metaethische Position, nach der normative Sätze in empirische Sätze
übersetzt werden können und deshalb empirisch begründet werden können.
Naturalistischer Fehlschluß (oder Humesches Gesetz): Logischer Fehlschluß von
einem Sein auf das Sollen.
Nominalskala: Ordnung von Phänomenen anhand des Kriteriums Gleichheit - Ver-
schiedenheit; Ordnung qualitativer Begriffe.
Nonkognitivismus: Metaethische Position, die die Wahrheitsfähigkeit normativ-
ethischer Sätze bestreitet.
Norm: Handlungsregel.
Normativ-ontologisches Wissenschaftskonzept: Erkenntnistheorie, nach der der
Wissenschaftler nach dem Wesen der Dinge forscht; vgl. 2.2.1.
Nutzen: Ziel, das ein Individuum mit einer Handlung erreichen möchte.
Nutzenmaximierung: Ziel-Mittel-Analyse; entweder versucht man, ein Ziel mit mög-
lichst geringem Mitteleinsatz zu erreichen, oder man versucht, bei gegebenem
Mitteleinsatz ein optimales Ziel zu verwirklichen.

Ökonomik: Methoden der Entscheidungstheorie und Wirtschaftswissenschaften.
Ontologie: Absolut gegebene Seinsordnung; vgl. 2.2.1.
Operationalisierung: Angabe von Indikatoren, um einen Begriff empirisch überprüf-
bar zu machen.
Ordinalskala: Herstellung einer Rangordnung zwischen den Ausprägungen eines
Phänomens; Ordnung komparativer Begriffe. Beispiel: die Ordnung von
Menschen nach Größe.

Paradigma: Beispiel, Muster; bei T. Kuhn allgemeiner, für eine wissenschaftliche Gemeinschaft verbindlicher Forschungsrahmen, der Fragestellungen, Methodik etc. umfaßt.

Paradigmawechsel: Durch wissenschaftliche Revolution zustandegekommene Veränderung eines Paradigmas.

Perturbation: Störung.

Phänomenologie: Philosophische Methodenlehre, die das Wesen der Dinge zu erfassen sucht; vgl. 3.1.2.2.

Polis (Plural: Poleis): Stadtstaat im antiken Griechenland.

Politische Kultur: Politikwissenschaftliches Konzept, begründet von G. Almond, zur Untersuchung individueller politischer Einstellungen bezüglich des politischen Systems.

Postulat: Behauptung.

Präferenz: Vorliebe, Nutzen.

Präferenzordnung: Ordnung der Präferenzen in einer widerspruchslosen Reihenfolge als Ordinalskala.

Primärgruppe: Gruppe, zu der man erstmals Beziehungen aufbaut, z.B. Eltern, Familie und Freundeskreis.

Rationale Rekonstruktion: Logische Analyse von Texten; vgl. 3.1.2.4.

Rationalität: Zweck-Mittel-Denken; in der Wissenschaftstheorie sprachliche Präzision und die Einhaltung logischer Regeln.

Rationalitätspostulat: Forderung, wonach Wissenschaft präzise, intersubjektiv und begründend vorgehen muß; vgl. 2.1.

Realismus: Erkenntnistheoretische Position, die von der Existenz der Realität unabhängig vom menschlichen Bewußtsein ausgeht.

Reduktionismus: a) Versuch Carnaps, alle empirischen Begriffe auf "unmittelbar Gegebenes" zurückzuführen; b) Vorstellung des methodologischen Individualismus, wonach Kollektivphänomene durch Zurückführung auf individuelles Verhalten erklärt werden können.

Reliabilität: Zuverlässigkeit.

Rolle: Verhaltenserwartungen, die sich mit einer bestimmten gesellschaftlichen Position verbinden.

Sekundärgruppe: Gruppe, zu der man, nach Primärgruppen, emotionale Beziehungen aufbaut, z.B. Gewerkschaft, Kirche.

Sozialisation: Eingliederung des einzelnen in die Gesellschaft.

Sozialisationsinstanzen: Am Sozialisationsprozeß beteiligte Personen und Gruppen.

Spieltheorie: Mathematisches Modell von Morgenstern/v. Neumann zur Simulation rationaler Entscheidungen; bekanntestes Spiel ist das Gefangenendilemma; vgl. 4.3.1.1.

Struktur: Relativ stabile Beziehungen zwischen Systemelementen; reales autopoietisches System

Strukturalistisches Theorienkonzept: Auffassung, demzufolge Theorien keine
Satzsysteme, sondern mengentheoretische Prädikate oder Strukturen sind;
vgl. 6.2.1.

Strukturfunktionalismus: Systemtheorien Parsons' und Eastons, wonach die Erfüllung
bestimmter Funktionen notwendig zur Ausbildung entsprechender Strukturen
führt; vgl. 5.5.1.

Subsystem: Durch Differenzierung entstandener, relativ autonomer Teilbereich eines
Systems.

System(konzepte): Im strukturalen Systemkonzept sind Systeme verknüpfte Elemente,
die Elemente sind funktional charakterisiert; im funktionalen Systemkonzept
ist das System eine durch Zustände charakterisierte black box, die mit der
Umwelt durch inputs und outputs verbunden ist.

Teleologie: Erklärung eines Phänomens durch Bezug auf sein Ziel.

Theoretische Terme: Terme, deren Verständnis die Korrektheit der Theorie voraussetzt, die die Terme einführt.

Theorie: System empirisch-analytischer Sätze, die sich bewährt haben.

Theoriendynamik: Wissenschaftlicher Wandel.

Topik: Argumentation mittels evidenter, für jedermann einsichtige Begriffe (Topoi).

Transzendentalphilosophie: Mit Descartes beginnende Epoche der Vernunftphilosophie.

Trittbrettfahrer: Jemand, der am Nutzen kollektiver Güter partizipiert, ohne einen
entsprechenden Beitrag geleistet zu haben.

Umwelt: Alles außerhalb eines Systems.

Urvertrag: Konkret abgeschlossener Vertrag zur Gesellschafts- und Staatsgründung.

Utilitarismus: Ethische Position, die als Ziel moralischen Handelns das größtmögliche
Glück der größtmöglichen Zahl von Menschen betrachtet.

Validität: Gültigkeit.

Verhalten: Durch Reize kausal-notwendig zustandegekommene Aktivität; Reaktion.

Wahrheit: Übereinstimmung von empirischen Sätzen mit der Realität (Korrespondenz); wahre analytische Sätze sind gültig.

Wert: Normative Orientierung.

Werturteilsfreiheit: Postulat Max Webers, nachdem sich die Wissenschaft nicht
begründbarer Wertungen enthalten muß.

Wiener Kreis: Gruppe von Wissenschaftstheoretikern um Carnap, Schlick, Neurath
und Reichenbach; vgl. 6.1.1.

Wissenschaftsmonismus: These, nach der alle Wissenschaften mit gleichen Methoden arbeiten können/sollen.

Wissenschaftsdualismus: These, wonach die Wissenschaften, je nach Gegenstand, unterschiedliche Methoden benutzen müssen.

Wissenschaftssprache: vgl. analytische und empirische Sprache.

Wissenschaftstheorie: Teildisziplin der Philosophie, die sich rein analytisch mit wissenschaftlichem Arbeiten (Begriffs- und Hypothesenbildung, Theorieüberprüfung etc.) befaßt; vgl. Kapitel 2 und 6.

B. Literatur

1. Politische Ideengeschichte

QUELLEN

Aristoteles: Nikomachische Ethik, München 1972
ders.: Politik, München 1973
W. Capelle (Hg.): Die Vorsokratiker, Stuttgart 1968
Platon: Politeia, Hamburg 1970
T. Hobbes: De Cive/Vom Menschen. Vom Bürger, Hamburg 1967
ders.: Leviathan, Stuttgart 1970
J. Locke: Zwei Abhandlungen über die Regierung, Frankfurt 1977
ders: Über die Regierung, Stuttgart 1974 (enthält nur die 2. Abhandlung)
N. Machiavelli: Der Fürst, Stuttgart 1961
ders.: Discorsi, Stuttgart 1977
K. Marx: Deutsche Ideologie, in: K. Marx/F. Engels: Werke (MEW), Bd. 3, Ostberlin 1958
ders.: Einleitung zur Kritik der Politischen Ökonomie, in: K. Marx/F. Engels: Werke (MEW), Bd. 13, Ostberlin 1975
ders./F. Engels: Manifest der Kommunistischen Partei, Stuttgart 1974
J.-J. Rousseau: Diskurs über die Ungleichheit, Paderborn 1990
ders.: Vom Gesellschaftsvertrag, Stuttgart 1977
M. Weber: Die 'Objektivität' sozialwissenschaftlicher und wirtschaftswissenschaftlicher Erkenntnis, in: Gesammelte Werke zur Wissenschaftslehre, Tübingen 1973
ders.: Wissenschaft als Beruf, in: M. Weber: Gesammelte Werke zur Wissenschaftslehre, Tübingen 1973
ders.: Politik als Beruf, in: M. Weber: Gesammelte Werke zur Wissenschaftslehre, Tübingen 1973

IDEENGESCHICHTLICHE METHODIK

U. Bermbach (Hg.): Politische Theoriegeschichte, Opladen 1984
E. Betti: Allgemeine Auslegungslehre als Methodik der Geisteswissenschaften, Tübingen 1967
R. Bubner/K. Cramer/R. Wiehl (Hg.): Hermeneutik und Dialektik I, Tübingen 1970
S. Toulmin: Der Gebrauch von Argumenten, Kronberg 1975
K. Wuchterl: Methoden der Gegenwartsphilosophie, Stuttgart 1987

SEKUNDÄRLITERATUR ZUR IDEENGESCHICHTE:

GRIECHENLAND, ROM:

G. Bien: Die Grundlegung der politischen Philosophie bei Aristoteles, Freiburg/München 1973
O. Gigon: Gegenwärtigkeit und Utopie. Eine Interpretation von Platons Staat, München 1976
O. Höffe: Ethik und Politik, Frankfurt 1979
A. Kamp: Die politische Philosophie des Aristoteles und ihrer metaphysischen Grundlagen, Freiburg/ München 1985
C. Meier: Die Entstehung des Politischen bei den Griechen, Frankfurt 1980
P. Weber-Schäfer: Einführung in die antike politische Theorie, Darmstadt 1976

MITTELALTER

K. Flasch: Augustin, Stuttgart 1980
ders.: Einführung in die Philosophie des Mittelalters, Darmstadt 1994
W. Kamlah: Christentum und Geschichtlichkeit, Stuttgart 1951
R. Klein (Hg.): Das frühe Christentum im römischen Staat, Darmstadt 1971
K. Löwith: Weltgeschichte und Heilsgeschehen, Stuttgart 1953
E. Stakemeier: Civitas Dei, Paderborn 1955
J. R. Weinberg: Medieval Philosophy, Princeton 1964

RENAISSANCE

H. B. Gerl: Einführung in die Philosophie der Renaissance, Darmstadt 1989
S. Otto: Renaissance und frühe Neuzeit, Stuttgart 1984
H. Münkler: Machiavelli, Frankfurt 1982

NEUZEIT

A. Baruzzi: Einführung in die politische Philosophie der Neuzeit, Darmstadt 1983
U. Bermbach/ K. Kodalle (Hg.): Furcht und Freiheit, Opladen 1982
E. Cassirer: Die Philosophie der Aufklärung, Tübingen 1932
W. Euchner: Naturrecht und Politik bei John Locke, Frankfurt 1969
I. Fetscher: Rousseaus politische Philosophie, Frankfurt 1975
ders.: Von Marx zur Sowjetideologie, Frankfurt 1972
J. Gough: John Locke's Political Philosophy, Oxford 1956
ders.: The Social Contract, Oxford 1936
K. Hartmann: Die Marxsche Lehre, Berlin 1970

M. Imboden: Montesquieu und die Lehre der Gewaltenteilung, Berlin 1959

J. Loy: Montesquieu, New York 1969

C. B. MacPherson: Die politische Theorie des Besitzindividualismus, Frankfurt 1967

R. MacShea: The Political Philosophy of Spinoza, New York 1968

H. Medick: Naturzustand und Naturgeschichte der bürgerlichen Gesellschaft, Göttingen 1973

J. Mittelstraß: Neuzeit und Aufklärung, Berlin 1970

H. Münkler: Thomas Hobbes, Frankfurt 1993

M. Riedel: Bürgerliche Gesellschaft und Staat bei Hegel, Neuwied 1970

ders. (Hg.): Materialien zu Hegels Rechtsphilosophie, Frankfurt 1974

W. Röd: Geometrischer Geist und Naturrecht, München 1970

J. Starobinski: Rousseau, Frankfurt 1988

U. Steinvorth: Stationen der politischen Theorie, Stuttgart 1981

M. Stolleis (Hg.): Staatsdenker im 17. und 18. Jahrhundert, Frankfurt 1977

C. Taylor: Hegel, Frankfurt 1983

E. Topitsch/ G. Streminger (Hg.): Hume, Darmstadt 1981

U. Weiß: Das philosophische System von Thomas Hobbes, Stuttgart 1980

ÜBERBLICKE

H. Fenske/ D. Mertens/ W. Reinhard/ K. Rosen: Geschichte Politischer Ideen, Frankfurt 1991

H.-J. Lieber (Hg.): Politische Ideen von der Antike bis zur Gegenwart, Bonn 1991

H. Maier/ H. Rausch/ H. Denzer (Hg.): Klassiker des politischen Denkens, 2. Bände, München 1972

H. Münkler/ I. Fetscher (Hg.): Pipers Handbuch Politischer Ideen, 5 Bände, München 1985 ff.

2. Politische Philosophie

W. Becker: Die Freiheit, die wir meinen, München 1982

A. Brown: Modern Political Philosophy, Harmondsworth 1986

J. Buchanan: Die Grenzen der Freiheit, Tübingen 1984

U. Druwe-Mikusin: Moralische Pluralität - Grundlegung einer Analytischen Ethik der Politik, Würzburg 1991

Y. Harsanyi: Morality and the Theory of Rational Behavior, in: Social Research, Jg. 44, 1977, S. 623 - 656

H. L. A. Hart: Law, Liberty, and Morality, Stanford 1963

O. Höffe: Politische Gerechtigkeit, Frankfurt 1987

N. Hoerster (Hg.): Recht und Moral. Texte zur Rechtsphilosophie, München 1980

ders./D. Birnbacher (Hg.): Texte zur Ethik, München 1980

A. Honneth (Hg.): Kommunitarismus, Frankfurt 1993

A. Hügli/P. Lübcke (Hg.): Philosophie im 20. Jahrhundert, 2. Bd., Reinbek 1993

L. Kern/J. Nida-Rümelin: Logik kollektiver Entscheidungen, München 1994

P. Koller: Neue Theorien des Sozialkontrakts, Berlin 1987

M. Kriele: Einführung in die Staatslehre, Hamburg 1975

N. Luhmann: Legitimation durch Verfahren, Frankfurt 1983

A. MacIntyre: Geschichte der Ethik im Überblick, Hain 1984

ders.: Der Verlust der Tugend, Frankfurt 1987

U. Matz (Hg.): Grundprobleme der Demokratie, Darmstadt 1973

G. Maluschke: Philosophische Grundlagen des demokratischen Verfassungsstaates, Freiburg 1982

R. Nozick: Anarchie, Staat und Utopia, München 1976

J. Rawls: Eine Theorie der Gerechtigkeit, Frankfurt 1975

F. Scharpf: Demokratietheorie zwischen Utopie und Anpassung, Konstanz 1975

A. Sen: Collective Choice and Social Welfare, San Francisco 1970

M. Walzer: Sphären der Gerechtigkeit, Frankfurt 1992

R. Zintl: Individualistische Theorien und die Ordnung der Gesellschaft, Berlin 1983

3. Moderne Politische Theorie

ALLGEMEINES

K. v. Beyme: Die politischen Theorien der Gegenwart, München 1992
J. S. Coleman: Grundlagen der Sozialtheorie, München 1995
D. Easton: Varieties of Political Theory, Englewood Cliffs 1967
H. Esser: Soziologie, Frankfurt 1993
A. Görlitz: Politikwissenschaftliche Theorien, Stuttgart 1980
K.-D. Opp: Methodologie der Sozialwissenschaften, Hamburg 1970
H. Reimann/B. Giesen/D. Goetze/M. Schmid: Basale Soziologie: Theoretische
  Modelle, Opladen 1991

BEHAVIORALISMUS

B. Abel: Grundlagen der Erklärung menschlichen Handelns, Tübingen 1983
P. L. Berger/ T. Luckmann: Die gesellschaftliche Konstruktion der Wirklichkeit,
  Frankfurt 1969
H. Blumer: Symbolic Interactionism, Englewood Cliffs 1969
R. A. Dahl: Modern Political Analysis, Englewood Cliffs 1963
L. Festinger: A Theory of Cognitive Dissonance, New York 1957
J. G. Holland/ B. F. Skinner: The Analysis of Behavior, New York 1961
G. C. Homans: Elementarformen sozialen Verhaltens, Opladen 1974
H. G. Lasswell: The Analysis of Political Behavior - An Empirical Approach, New
  York 1948
S. M. Lipset: Political Man, Garden City 1960
B. Miebach: Soziologische Handlungstheorie, Opladen 1991
K.-D. Opp: Soziales Handeln, Rollen und soziale Systeme, Stuttgart 1970
ders./ H. J. Hummel: Soziales Verhalten und soziale Systeme, Stuttgart 1970
T. Parsons: The Structure of Social Action, 2. Bd., New York 1968
J. Piaget: Gesammelte Werke, 10 Bd., Stuttgart 1975
S. Verba: Small Groups and Political Behavior, Princeton 1961
H. Werbik: Handlungstheorien, Stuttgart 1976
E. O. Wilson: Die soziobiologischen Grundlagen menschlichen Verhaltens, Frankfurt
  1980

NEUE POLITISCHE ÖKONOMIE

K. Arrow: Social Choice and Individual Value, New York 1963
R. Axelrod: Die Evolution der Kooperation, München 1988
B. Barry: Neue Politische Ökonomie, Frankfurt 1975
G. S. Becker: Der ökonomische Ansatz zur Erklärung menschlichen Verhaltens,
  Tübingen 1976

J. Buchanan/G. Tullock. The Calculus of Consent: Logical Foundations of Constitutional Democracy, Ann Arbor 1962

R. H. Coase: The New Institutional Economics, in: Zeitschrift für die gesamte Staatswissenschaft, Jg. 140, 1984, S. 229 - 231

A. Downs: Ökonomische Theorie der Demokratie, Tübingen 1968

U. Druwe/V. Kunz (Hg.): Rational Choice in der Politikwissenschaft, Opladen 1994

B. Frey: Ökonomie ist Sozialwissenschaft. Die Anwendung der Ökonomie auf neue Gebiete, München 1990

G. Kirchgässner: Homo Oeconomicus, Tübingen 1992

A. de Jasay: The State, Oxford 1985

W. Niskanen: Bureaucracy and Representative Government, Chicago 1971

M. Olson: Die Logik des kollektiven Handelns, Tübingen 1968

ders.: Aufstieg und Niedergang von Nationen, Tübingen 1985

A. Rapoport: Fights, Games, and Decisions, Ann Arbor 1960

E. Weede: Wirtschaft, Staat und Gesellschaft, Tübingen 1990

SYSTEMTHEORIE

L. v. Bertalanffy: General Systems Theory, New York 1968

K. W. Deutsch: Politische Kybernetik, Freiburg 1969

H. v. Foerster/W. Zapf (Hg.): Principles of Self-Organization, New York 1962

A. Görlitz (Hg.): Politische Steuerung sozialer Systeme, Pfaffenweiler 1989

A. Görlitz/U. Druwe (Hg.): Politische Steuerung und Systemumwelt, Pfaffenweiler 1990

A. Görlitz/U. Druwe/H.-P. Burth: Politische Steuerung, Opladen 1995

D. Easton: A Framework for Political Analysis, Englewood Cliffs 1965

D. Easton: A System Analysis of Political Life, Englewood Cliffs 1965

ders.: The Political System, New York 1968

S. Jensen (Hg.): Zur Theorie sozialer Systeme, Opladen 1976

N. Luhmann: Soziale Systeme, Frankfurt 1984

H. Maturana: Erkennen, Braunschweig 1982

T. Parsons: Soziologische Theorie, Neuwied 1968

N. Wiener: Kybernetik, Düsseldorf 1967

H. Willke: Systemtheorie, Stuttgart 1982

M. Zelleny: Autopoiesis: A Theory of Living Organizations, New York 1981

4. Wissenschaftstheorie der Politikwissenschaft

H. Albert: Theorie und Realität, Tübingen 1972
K. Apel: Transformation der Philosophie, 2 Bd., Frankfurt 1976
R. Carnap: Einführung in die Philosophie der Naturwissenschaften, München 1969
D. Davidson: Inquiries into Truth and Interpretation, Oxford 1986
U. Druwe: Theoriendynamik und wissenschaftlicher Fortschritt in den Erfahrungs-
    wissenschaften, Freiburg 1985
U. Druwe-Mikusin: Moralische Pluralität. Zur Grundlegung einer Analytischen Ethik
    der Politik, Würzburg 1991
W. Diederich (Hg.): Theorien der Wissenschaftsgeschichte, Frankfurt 1974
J. Habermas: Zur Logik der Sozialwissenschaften, Tübingen 1967
N. Hanson: Patterns of Discovery, Cambridge 1983
C. G. Hempel: Aspects of Scientific Explanation, New York 1965
A. Hügli/P. Lübcke (Hg.): Philosophie im 20. Jahrhundert, 2. Bd., Reinbek 1993
T. S. Kuhn: Die Struktur wissenschaftlicher Revolutionen, Frankfurt 1976
I. Lakatos/A. Musgrave (Hg.): Kritik und Erkenntnisfortschritt, Braunschweig 1974
K. Popper: Conjectures and Refutations, London 1963
ders.: Objektive Erkenntnis, Hamburg 1975
ders.: Logik der Forschung, Tübingen 1976
W. V. O. Quine: Grundzüge der Logik, Frankfurt 1974
ders.: Von einem logischen Standpunkt, Frankfurt 1979
ders.: Wort und Gegenstand, Stuttgart 1980
J. Speck (Hg.): Handbuch wissenschaftstheoretischer Begriffe, 3 Bd., Göttingen 1980
W. Stegmüller: Probleme und Resultate der Wissenschaftstheorie und Analytischen
    Philosophie, 4. Bände; Berlin 1969 ff.
    Bd. I: Wissenschaftliche Erklärung und Begründung;
    Bd. II: Theorie und Erfahrung;
    Bd. III: Strukturtypen der Logik;
    Bd. IV: Personelle und Statistische Wahrscheinlichkeit
ders.: Metaphysik. Skepsis. Wissenschaft, Berlin 1969
ders.: Hauptströmungen der Gegenwartsphilosophie, 4. Bd., Stuttgart 1989 ff.
E. Topitsch: Logik der Sozialwissenschaften, Köln 1970
G. H. v. Wright: Erklären und Verstehen, Frankfurt 1974

C. Prüfungsfragen

I. Politische Ideengeschichte

1. Diskutieren Sie Leistungen und Grenzen der verschiedenen ideengeschichtlichen Methoden. (vgl. 3.1.2.)
2. Welche ideengeschichtlichen Methoden benutzen Sie, wenn Sie erklären wollen, warum ein Theoretiker bestimmte Gedanken entwickelte? (vgl. 3.1.2.1.)
3. Wenn es Ihnen darum geht, die wissenschaftliche Brauchbarkeit eines ideengeschichtlichen Konzeptes zu bestimmen, mit welcher Methode untersuchen Sie dann politische Ideen? (vgl. 3.1.2.4)
4. Wie begründet Platon die Philosophenherrschaft? (vgl. 3.2.3.3.)
5. Diskutieren Sie die aktuelle Relevanz Platons, d.h. für welche aktuellen Problemstellungen der Politischen Theorie liefert Platon Argumente? (vgl. 3.2.3.5.)
6. Warum skizziert Aristoteles einen real besten Staat und wie sieht dieser aus? (vgl. 3.2.4.1.)
7. Diskutieren Sie Aristoteles' Anthropologie. (vgl. 3.2.4.3.)
8. Vergleichen Sie die politischen Ideen der Antike mit denen der Neuzeit; welche charakteristischen Unterschiede lassen sich finden? (vgl. 3.2. und 3.3.)
9. Die klassische Kritik an Hobbes wirft diesem vor, den Absolutismus zu rechtfertigen. Weisen Sie diese Kritik durch eine Rekonstruktion und daraus abzuleitende Argumente zurück. (vgl. 3.3.2.2.)
10. Locke versteht seine Überlegungen im "Second Treatise" als Theorie. Weshalb müssen Sie sie dennoch als Modell rekonstruieren? (vgl. 3.3.3.2.)
11. Vergleichen Sie die Vertragsbegriffe von Hobbes, Locke und Rousseau. (vgl. 3.3.2., 3.3.3. und 3.3.4.3.)
12. Diskutieren Sie die Relevanz des Gewaltenteilungskonzeptes Montesquieus anhand aktueller Beispiele. (vgl. 3.3.4.2.)
13. Erläutern Sie Marx' Geschichtsphilosophie und diskutieren Sie Einwände. (vgl. 3.4.2.)
14. Wie begründet Max Weber sein Postulat der Werturteilsfreiheit? (vgl. 3.4.3.)

II. Politische Philosophie

1. Diskutieren Sie die Frage, ob normative Sätze wahrheitsfähig sind. (vgl. 4.1.2. und 6.3.)
2. Warum vertritt die empirisch-analytische Wissenschaftstheorie die These, normative Sätze seien bislang wissenschaftlich unbrauchbar? (vgl. 4.1.2. und 6.3.)
3. Wie gelingt es der analytischen Politischen Philosophie - trotz des Problems der normativen Begründung - "normative" Fragen rational zu diskutieren? (vgl. 4.1.3.)
4. Entfalten Sie die verschiedenen Dimensionen des Begriffs "politische Gerechtigkeit". (vgl. 4.2.)
5. Rekonstruieren Sie die Argumentation für die beiden Prinzipien der Gerechtigkeit von John Rawls. (vgl. 4.2.1.)
6. Wie kann man auf der Basis der Neuen Politischen Ökonomie zu politischer Legitimation gelangen? (vgl. 4.3.1.1.)
7. Begründen Sie die These, nicht-demokratische Staaten seien nicht legitimierbar. (vgl. 4.3.2.2.)
8. Wie begründen liberale Theoretiker ihr individualistisches Menschenbild? (vgl. 4.4.1.1.)
9. Wie können Kommunitaristen begründen, daß der Staat gemeinwohlorientiert sein muß? (vgl. 4.4.1.2. und 4.4.2.1.)
10. Welche Probleme folgen aus der kommunitaristischen These, daß Moral relativ zu einer Gesellschaft ist? (vgl. 4.4.2.2.)
11. Welche Elemente sind Ihrer Meinung nach für eine Demokratie unverzichtbar? Begründen Sie Ihre Wahl. (vgl. 4.5.)

III. Moderne Politische Theorie

1. Diskutieren Sie den Unterschied zwischen methodologischem Individualismus und Kollektivismus. (vgl. 5.1.)
2. Welchen Erklärungswert haben analytische Methoden? (vgl. 5.2.2.)
3. Welche Argumente bringen Handlungstheoretiker gegen die Plausibilität der Verhaltenstheorie vor? (vgl. 5.3.2.)
4. Auf welche Faktoren führt man ganz generell politisches Verhalten zurück? (vgl. 5.3.3.)
5. Bei welchen Fragestellungen der Politikwissenschaft muß man notwendig auf der Basis des Behavioralismus arbeiten? (vgl. 5.3.3.)
6. Weshalb kann man entscheidungstheoretische und ökonomische Methoden bzw. Analyseraster in der Politikwissenschaft überhaupt anwenden? (vgl. 5.4.1. und 5.4.3.)
7. In welchem Abhängigkeitsverhältnis stehen - gemäß der ökonomischen Theorie der Demokratie von Downs - Wahlverhalten und Parteiensystem? Läßt sich diese These empirisch belegen? (vgl. 5.4.2.1.)
8. Worin unterscheiden sich individuelle und kollektive Rationalität? (vgl. 5.4.2.2.)
9. Wie kann man die Ineffektivität von Organisationen, Bürokratien und Gesellschaften rational erklären? (vgl. 5.4.2.)
10. Wie kann man den "Untergang von Nationen" durch das Aufkommen von Verteilungskoalitionen "erklären"? (vgl. 5.4.2.4.)
11. Welchen Nutzen haben Systemtheorien in der Politischen Theorie? (vgl. 5.5.1.3.)
12. Operationalisieren Sie die Systemtheorie Eastons anhand der BRD. (vgl. 5.5.1.2.)
13. Worin unterscheiden sich Strukturfunktionalismus und die "Theorie der Autopoiese"? (vgl. 5.5.1. und 5.5.2.1.)
14. Welches Steuerungskonzept folgt aus handlungstheoretischen bzw. strukturfunktionalistischen Überlegungen einerseits und dem Autopoiesekonzept andererseits? (vgl. 5.5.1. und 5.5.2.2.)

IV. Wissenschaftstheorie

1. Was versteht man unter dem Rationalitätspostulat? (vgl. 2.1.)
2. In der Philosophie beschäftigen sich die Erkenntnistheorie und die Wissenschaftstheorie mit Wissenschaft. Worin liegen die Unterschiede? (vgl. 2.2.)
3. Die gängigen Wissenschaftskonzepte unterscheiden sich bezüglich ihrer Einstellung zu Normen. Vergleichen und diskutieren sie die gegensätzlichen Argumente. (vgl. 2.2.4.)
4. Skizzieren Sie die wissenschaftstheoretische Position Karl Poppers und diskutieren Sie kritische Einwände. (vgl. 2.3. und 6.1.2.)
5. Carnap - und mit ihm der empirisch-analytische Wissenschaftsansatz - argumentieren auf der Basis des sog. Zweistufenkonzeptes der Wissenschaftssprache. Skizzieren Sie dieses Sprachkonzept und diskutieren Sie dazu die Kritik Quines. (vgl. 2.2.3., 2.3. und 6.2.2.)
6. Diskutieren Sie das Basisproblem. (vgl. 6.1.5.1.)
7. Erläutern Sie Quines These von der Übersetzungsunbestimmtheit. (vgl. 6.2.2.)
8. Der empirisch-analytische Ansatz behauptet, derzeit sei es noch nicht möglich, normative Sätze zu begründen. Fassen Sie die entsprechenden Argumente zusammen und diskutieren Sie dagegen gerichtete Kritik. (vgl. 4.1.2., 6.2.2. und 6.3.)
9. Skizzieren den politikwissenschaftlichen Erklärungsbegriff. (vgl. 2.3.5.)

417

D. Register

1. Personenregister

Abendroth, W. 29, 49
Ackermann, B. 241, 251
Adorno, T. W. 27, 29, 35, 298
Aischylos 65, 66
Alker, H. 286
Alkidamas 71
Almond, G. 300, 346 f.
Anaximander 67
Antiphon 71
Apel, K.-O. 56
Archelaos 70
Arendt, H. 27
Aristoteles 25, 74, 94 ff.,
    202, 211, 213, 215, 242,
    248, 268, 398
Arnim, H.-H. 394 f.
Arrow, K. 16, 216, 269
Asher, H. B. 301
Augustinus 112, 242
Axelrod, R. 223, 225 ff.

Bachrach, P. 232, 257
Bacon, F. 29, 127
Barber, B. 241, 252
Baron, H. 113
Becker, W. 231 ff.
Bentham, J. 169, 190, 216
Bergstraesser, A. 49
Bermbach, U. 49 f.
Birnbacher, D. 189
Blumer, H. 296
Buchanan, J. 137, 154, 169,
    207, 209 f., 227 f. 241,
    245, 307
Burke, E. 149
Burth, H.-P. 199, 221

Capelle, W. 67 ff.
Carnap, R. 30, 365 ff.

Cicero 112
Colonna, V. 114
Comte, A. 29
Converse, P. 302
Cortès, J. D. 171
Czempiel, E.-O. 27

Dante 117 f.
Darwin, C. 371 f.
Davidson, D. 375
Davies, M. D. 223
Descartes, R. 29, 127 f.
Dewey, J. 213
Dilthey, W. 52
Downs, A. 304, 308 ff., 321 ff.
Drakon 64
Druwe, U. 51, 53, 92, 119 ff., 179,
    176, 199, 280, 358 ff.
Dworkin, R. 241, 246, 251

Easton, D. 233, 274, 335, 342 ff.
Eigen, M. 348
Elsenhans, H. 29
Engels, F. 27, 173, 174, 178
Ephialtes 65
Erasmus v. Rotterdam 114
Eucken, W. 215
Euklid 127
Euripides 65

Falter, J. W. 12, 288
Festinger, L. 292
Fetscher, I. 50
Ficino, M. 119, 243
Figgis, J. F. 263
Filmer, R. 139
Findlay, J. 90
Forrester, J. 286

2. Sachregister

422

E. Zum Autor

Prof. Dr. Ulrich Druwe-Mikusin, geb. 1955, studierte seit SS 1977 die Hauptfächer Politikwissenschaft und Wissenschaftstheorie/Logik sowie Soziologie, Psychologie, Jura, Ökonomie und Neuere Geschichte im Nebenfach an der Ludwig-Maximilians-Universität München. Das Studium schloß er 1983 mit dem Magister Artium in beiden Studiengängen und der Promotion ab. 1990 erfolgte die Habilitation im Fach Politikwissenschaft an der Universität Augsburg. 1995 wurde er zum Professor für Politikwissenschaft an der Johannes Gutenberg-Universität Mainz berufen.

Wichtige Veröffentlichungen zur Politischen Theorie:

Theoriendynamik und wissenschaftlicher Fortschritt in den Erfahrungswissenschaften. Evolution und Struktur politischer Theorien, Alber Verlag, Freiburg/München 1985

The structural identity of the natural and the social sciences, in: Zeitschrift für allgemeine Wissenschaftstheorie, XVIII, 1987, S. 96 - 109

Vertragstheorie als Staatslegitimation, in: Archiv für Rechts- und Sozialphilosophie, LXXIV, 1988, S. 394 - 399

Selbstorganisation in den Sozialwissenschaften - wissenschaftstheoretische Anmerkungen zur Übertragung der naturwissenschaftlichen Selbstorganisationsmodelle auf sozialwissenschaftliche Fragestellungen, in: Kölner Zeitschrift für Soziologie und Sozialpsychologie, Jg. 40, 1988, S. 762 - 775

Rekonstruktion der "Theorie der Autopoiese" als Gesellschafts- und Steuerungstheorie, in: Görlitz, A. (Hg.): Politische Steuerung sozialer Systeme, Centaurus Verlag, Pfaffenweiler 1989, S. 35 - 58

Moralische Pluralität - Grundlegung einer Analytischen Ethik der Politik, acta politica, Bd. 1, hg. von H. Bußhoff/J. Gebhardt, Verlag Königshausen und Neumann, Würzburg 1991

Steuerungstheoretische Problemlösungsansätze, in: A. Görlitz (Hg.): Umweltpolitische Steuerung, Baden-Baden 1994, S. 57 - 78

mit V. Kunz (Hg.): Rational Choice in der Politikwissenschaft, Leske und Budrich, Opladen 1994

Klassische politikwissenschaftliche Modelle, Oldenbourg Verlag, München 1996